청소년과 사회

청소년기의 심리, 건강, 행동 그리고 관계의 본질

청소년과 사회

청소년기의 심리, 건강, 행동 그리고 관계의 본질

John C. Coleman, Leo B. Hendry 지음
강영배, 김기헌, 이은주 옮김

since1973 도서출판 iT
성안당 .com
www.cyber.co.kr / www.sungandang.com

청소년은 매우 역동적이다.

때로는 너무 역동적이라 그들의 움직임을 따라갈 수 없을 지경이다. 또한 쉴 새 없이 변화하는 사회와 더불어 청소년도 변화하고 있다. 어제의 기준으로 오늘의 청소년을 이해할 수 없으며, 어제의 청소년을 오늘의 기준으로 이해할 수 없을 정도로 청소년들은 어딘가로 쉼 없이 내달리고 있다. 이러한 청소년들을 이해하기란 그리 쉬운 일이 아니다. 특히 현대사회처럼 청소년들과 어른들이 분리되어 있어 '나'라는 존재를 강조하며 살아가는 상황하에서 청소년을 이해하기란 결코 쉬운 일이 아니다. 간혹 어른들은 과거 언젠가 자신들이 청소년기를 경험했다는 이유만으로 청소년을 이해하고 있다고 자만하지만, 그러한 자만은 청소년들과 성인 사이에 건널 수 없는 강이 되고 만다. 옛말에 '열 길 물속은 알아도 한 길 사람속은 모른다'고 하지 않았던가. 그만큼 누군가를 이해한다는 것은 부단한 노력과 정성을 필요로 하는 작업이다. 청소년도 마찬가지다. 감히 주장하건대 부모를 비롯한 형제, 친구, 교사들이 청소년에 대한 이해를 지극히 제한된 경험적 인식의 수준에서 접근한다면, 그들은 큰 낭패를 볼 것이다. 많은 이들은 내 아이를, 내 친구를, 내 학생을 알고 있다고 생각했는데… 지나고 보니 내가 알고 있다고 생각한 것은 그들의 껍데기에 불과했다는 경험을 하게 된다. 이에 우리들은 청소년들을 알고 있다고 하는 오만을 버리고, 모른다고 하는 제로(zero)의 상태에서 접근하여야 할 것이다. 이러한 인식이 결국 이 책을 번역하게 만들었다.

이 책은 John C. Coleman과 Leo B. Hendry의 *The Nature of Adolescence*(3rd Edition)(London : Routledge, 1999)를 번역한 것이다. 먼저, 저자에 대해 간략하게 소개하면, Coleman 박사는 런던대학(London University)에서 박사학위를 취득하였으며, 임상심리사로도 활동하였다. 청소년 연구 분야의 국제적인 학술지인 *Journal of Adolescence*의 편집장을 역임하기도 하는 등 영국을 대표하는 세계적인 청소년 심리학자이다. 그는 1989년 사재를 털어 청소년연구재단(Trust of Adolescence Research)을 설립하였으며, 현재 소장(director)을 맡고 있다. 그는 청소년에 관한 연구를 이론적 수준에서 그치는 것이 아니라 실증적인 연구 방법론을 도입하는 등 매우 실천적인 청소년 연구자라 할 수 있겠다. 공저자인 Hendry 박사는 애버딘대학(Aberdeen University)에서 박사학위를 취득하였다. 그는 연구자로서는 특이하게 프로축구 선수로도 활약한 경험을 가지고 있다. 현재, 애버딘대학의 명예교수이며, 아울러 노르웨이 과학기술대학 아동연구센터의 심리학 교수이기도 하다. 그는 청소년기뿐만 아니라 인간의 전생애적 발달, 학습전략 등에 관해서도 연구하고 있다.

이 책의 특징을 다음의 네 가지로 정리할 수 있겠다.

첫째, 이 책은 청소년 심리학에 기초를 두고 있으나, 심리학적 차원에 그치지 않고 청소년을 다양한 시각에서 접근하고 있으며, 아울러 최근의 연구동향에 대해서도 폭넓게 소개하고 있다는 점이다. 저자들이 청소년(기)에 관한 방대한 수준의 문헌들을 매우 간략하게 정리하고 있는 점은 연구자의 한 사람으로서 배워야 할 점이라고 할 수 있다. 또한 저자들이 주로 유럽권에서 활동하고 있는 관계로 영국을 비롯한 유럽지역의 청소년 연구 동향에 대해 자세하게 소개하고 있는 점도 이 책의 특징 중 하나라고 할 수 있겠다.

둘째, 청소년을 사회적 맥락(social context)의 틀 속에서 이해하려 하고 있으며, 빈곤(poverty)·인종(ethnicity)·젠더(gender) 등과 같은 새로운 시각에서 접근하고 있다는 점이다. 특히 이 책은 사회의 주변부에 내몰려 있는 청소년들에 대해서도 관심을 가지고 다루고 있으며, 섹스(sex), 정치, 여가, 범죄 등과 같이 부모, 교사, 청소년 활동가 등이 관심을 가지고 있는 문제들에 대해서도 자세히 다루고 있다. 또한 이 책은 청소년의 성과 여가, 범죄 등과 같은 문제들을 가치판단의 문제로 보기보다는 객관적 실증분석의 입장을 취하고 있는 것이 특징이라고 할 수 있겠다. 즉, 청소년을 일종의 색안경을 쓰고 바라보는 것이 아니라, 있는 그대로의 모습을 투명하고 선명한 시선으로 바라보고 있다는 것이다.

셋째, 청소년 이해를 위한 다양한 시사점을 제공하고 있다. 기본적으로 이 책은 청소년(기)의 이해를 목적으로 하고 있지만, 궁극적으로는 청소년들의 이해를 도모하기 위하여 부모, 교사, 청소년 전문가들에게 다양한 시사점을 제공하고자 한다는 점이다. 청소년은 다른 사회현상과는 달리 단지 '보고 이해' 하는 수준에서 끝나는 것이 아니라, 그들이 가지고 안고 있는 여러 가지 어려움, 고민들을 해결해 주는 것이 중요하기 때문에, 이 책이 제공하고 있는 다양한 시사점은 청소년 이해를 위한 실천적 노력에 있어 크게 도움이 되리라 생각한다.

넷째, 이 책은 단순한 교재의 수준을 넘어서 독창성을 지닌 연구서라고 할 수 있겠다. 그중 하나로 Coleman 박사는 청소년기의 발달을 설명하는 이론으로 "초점이론(focal theory)"을 제시하고 있다. 아울러 이 책에는 저자들의 독창적인 이론이나 견해들이 다수 소개되어 있다. 현대의 청소년 연구에 있어 중요한 과제 가운데 하나가 여러 가지 위험에 처한 청소년들에 대한 설명보다는 그다지 어려움을 겪고 있지 않은 보통의 청소년들의 발달을 어떻게 설명할 것이냐이다. 이런 맥락에서 이 책은 청소년을 연구하는 학부생, 대학원생, 연구자들에게도 큰 도움이 될 것으로 생각한다.

마지막으로, 역자(강영배)는 일본 유학시절, 청소년기의 심리적 · 경제적 자립에 관심을 가지고 있었으며, 박사학위 논문을 작업하고 있던 시기에 이 책을 접하게 되었다. 귀국 후 대학에서 청소년과 관련된 과목을 가르치면서 청소년을 보다 다차원적 시각에서 접근하고 있는 책이 없을까 고민하던 차에 이 책의 번역 · 출판을 결심하게 되었다. 때마침 유학시절의 동료인 공동번역자들(김기헌 박사, 이은주 교수)과 이 책의 번역에 대한 필요성을 공감하게 되어 2005년 봄 이후부터 번역 작업에 들어가게 되었다. 번역 작업은 제1장, 제4장, 제5장, 제6장, 제8장은 강영배가, 제9장, 제10장, 제11장은 김기헌 박사가, 제2장, 제3장, 제7장, 제12장은 이은주 교수가 담당하였다. 번역의 분담에 있어 역자들의 전공과 연구관심을 최대한 고려하였으며, 이러한 고려가 번역의 충실에도 도움이 되었을 것으로 기대한다.

끝으로 이 책이 청소년을 공부하는 대학생, 대학원생, 학부모, 교사, 청소년 전문가들에게 도움이 되었으면 하면 바람이며, 어려운 출판 여건에도 불구하고 흔쾌히 출판을 허락해 주신 성안당 편집부 관계자 여러분들에게 감사의 말을 전한다.

2006년 3월
역자 대표
강영배

Contents 차 례

04 자아와 정체성 *The Self and identity*

05 가족 *Families*

청소년과 사회 : 청소년기의 심리, 건강, 행동 그리고 관계의 본질

11 정치, 이타주의와 사회적 행위
Politics, altruism and social action

12 스트레스, 대처와 적응 Stress, coping and adjustment

■ 그림

■ 표

01

The Nature of
Adolescence

서론
Introduction

사회적 변화
Social change

이행의 본질
The nature of the transition

발달적 맥락주의
Developmental contextualism

초점 모델
The focal model

청소년기는 사회적 · 정치적 변화의 영향을 받으며 성장한다. 제 1장에서는 최근의 사회적 · 정치적 변화에 있어 가장 중요한 사항들에 대해 개괄적으로 살펴보고, 오늘날의 청소년들이 어떠한 맥락(context) 속에서 생활하고 있는가에 대해 분석해 보고자 한다. 청소년기는 아동기에서 성인기로 이행하는 시기라고 일컬어지고 있다. 과거 20년간 사회적, 정치적 사건들이 이행기의 질적 특성 및 변화에 중요한 영향을 미쳐왔다. 그 때문에 본 장에서는 최근 청소년기의 이행이 어떻게 변화했는지에 대해 초점을 맞추고자 한다. 또한 청소년기에 관한 최근의 이론들에 대해 개괄적으로 살펴볼 필요가 있으며, 이러한 작업을 통해 다양한 이론적 관점에서 청소년들의 성장과 발달에 대한 다양한 시각을 견지할 수 있을 것이다. 이미 알려진 바와 같이, 최근의 이론들은 이전에 비해 두드러지게 발전해 왔으며, 인간의 발달을 이해함에 있어도 맥락을 중요시 여기게 되었다. 최근 여러 연구들은 가족이나 사회, 지역사회 등과 같은 환경들도 청소년기에 중요한 영향을 미친다는 점을 거듭 밝혀주고 있다. 본 장에서는 이러한 견해에 대해서도 살펴보고자 한다. 마지막으로 초점 모델에 대해 개괄적으로 소개하고자 한다. 초점 모델은 유용한 모델이며, 청소년의 장점과 가치, 잠재적으로 상처받기 쉬운 특성들을 검토하는 데 효과적이라 할 수 있다. 또한 청소년기의 발달적 측면에서의 긍정적 요소를 강조하면서 마지막으로 초점 모델을 소개함으로써, 그 유용한 분석의 틀에 기초하여 대처방법과 적응방법에 대해 논하고자 한다.

사회적 변화

Social change

최근 들어 사회, 정치적 영역에서 다양한 변화가 일어나고 있다. 이러한 변화는 청소년들의 생활에도 깊은 영향을 미치기 때문에 사회적 · 정치적 변화의 성질에 대해 개괄적으로 살펴보는 것도 중요할 것이다. 아마 가장 커다란 변화는 주로 두 가지 영역, 즉 가족과 노동시장의 영역에서 일어났으며, 또한 인종과 젠더(gender)에 대한 인식의 변화, 공산주의의 패배 또는 소비에트연방의 붕괴 등 정치적 상황의 변화로부터의 영향, 나아가서는 유럽연합에서의 영국 등과 같은 국가에 대한 유럽의 영향이 커진 것과도 관련성이 있다.

먼저 고용상황에 대하여 분석하고, 노동시장의 변화가 청소년기에 어떠한 영향을 미치고 있는지에 대해 살펴보도록 하자. 여기에서는 영국의 사례에 대해 주로 살펴보고자 하나, 서유럽 국가들도 영국과 비슷한 환경에 처해 있기 때문에 비슷한 유형의 문제가 같은 시기에 발생하고 있다고 할 수 있다. 실제 영국에서 실업이 급격하게 증가한 것은 1970년대 말부터 1980년대 초반에 걸친 시기이다. 예들 들어 영국에서는 16세에서 24세까지의 남자청소년들의 실업률이 1974년부터 1984년의 10년 동안 5%에서 25%로 급격하게 상승했다(Coleman, 1997a). 여자청소년들도 눈에 띌 정도는 아니었지만 남자청소년들과 마찬가지로 상승 경향을 나타냈다. 게다가 두드러진 동향으로는 노동시장 전체에서 청소년들의 수가 감소했다는 것이다. 노동시장에서의 16세에서 24세까지의 청소년들의 수는 그림 1-1에서 나타내고 있는 바와 같이 1984년에서 1994년에 걸쳐 25% 이상 감소했다.

청소년 고용의 변화는 광범위한 분야에 걸쳐 영향을 미쳤다. 첫 번째 영향으로 정부는 상당수의 직업훈련과 직업준비과정을 도입함으로써 청소년들의 취직을 지원했다. 이러한 과정들은 노동시장으로의 진입을 지연시켰으며, 실업률 통계를 통해 나타나는 수치들을 낮추는 이차적 효과를 가져다 주었다. 두 번째 영향은 청소년들의 상당수가 의무교육이 끝나는 시점 이후에 고등교육기관으로 진학했다는 점이다. 영국에서는 1970년대에는 상당수의 청소년들이 학교를 떠나게 되는 16세 이후에는 일을 했다. 20세기 말에는 거의 대부분의 청소년들은 16세 이후에도 일을 하지

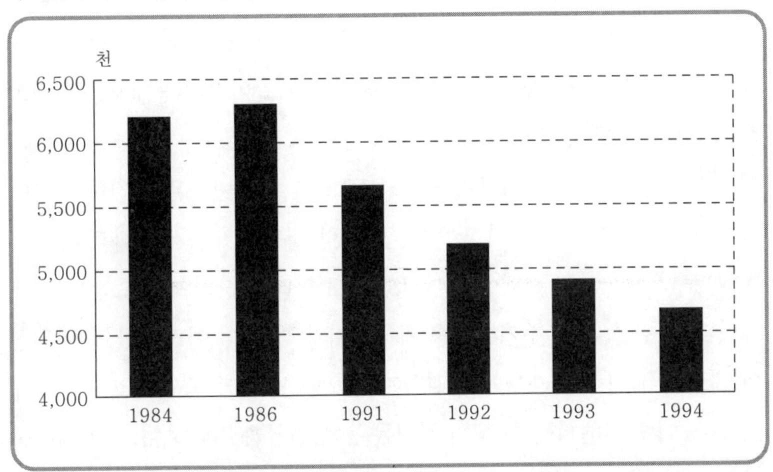

출처 : Coleman(1997a).

않았으며, 현재는 약 70%의 청소년들이 고등교육기관 또는 기타 교육기관에 진학하고 있으며, 나머지 청소년들은 기타 직업훈련기관 및 교육과정으로 이행하고 있는 실정이다.

청소년들의 노동시장으로의 진입이 한층 더 어려워지고 있는 바, 이러한 점은 단순히 청소년기와의 적합성이 변화한 것만을 의미하는 것은 아니며, 노동시장의 구조가 변화한 점도 이유로 들 수 있다. Hickman(1997)에 따르면, 20세기 후반 영국 전체 노동시장의 35%를 차지하던 수공업분야에 대한 고용이 16%까지 감소했으며, 반대로 서비스업은 8%에서 23%까지 증가했다. 이러한 변화는 남자청소년들은 그들이 종사하던 일터를 잃어버리게 되었고, 여자청소년들은 새로운 노동의 기회를 얻었음을 의미한다. 게다가 사회적인 불리함도 고용기회에 영향을 미쳤는데, 이는 소수민족 출신의 청소년들은 백인 청소년들에 비해 실업률이 높다는 점을 통해 알 수 있다. 보다 상세한 내용은 제9장에서 다루기로 하겠다.

노동시장의 변화가 청소년들에게 미친 가장 큰 영향으로는 의심할 여지 없이 경제적 자립—이는 명확한 성숙의 징후이다—을 지연시켰다는 것이다. 그 결과, 청소년의 이행의 본질 자체라고 여겨지는 내용들이 변화하고 있다. 16세에서 20세까지의 연령은 전통적으로는 청소년이 성인기에 접어드는 시기라고 여겨져 왔으나, 오늘날 청소년들은 여전히 부모나 국가에 지속적으로 의존하고 있다. 이처럼 청소년기는 장기화되고 있으며, 부모나 친구와의 관계에 있어서도 새로운 타협을 하지 않으면 안 되게 되었다. 또한 독립된 주거환경을 획득하기가 한층 더 어려워졌으며, 일련의 새로운 심리적 문제들을 해결하지 않으면 안 되게 되었다고 여겨지게 되었다. 이에 대해서는 이 책의 전체를 통해 언급하고자 하며, 여기에서는 이행의 성질로 다시 돌아가고자 한다.

단, 그전에 청소년들에게 영향을 미치는 사회적 변화 가운데 몇 가지 점들에 대해 검토해 보기로 하겠다. 가족구조의 변화도 아동기를 거쳐 청소년기로 성장함에 있어 커다란 영향을 미친다. 잘 알려진 바와 같이 이혼율은 이미 1970년대와 1980년대 사이에 지속적으로 증가하고 있으며, 이러한 현상은 영국뿐만 아니라 미국이나 다수의 유럽국가들도 마찬가지 상황이다. 이혼율은 1990년대에 들어서 안정세를 유지하였으나 또 다른 측면에서는 이전에 나타나지 않았던 새로운 변화들이 확연히 드러나기 시작했으며, 특히 상당수의 아이들이 혼외 출산으로 탄생되었다는 사실이다. 청소년(young adult)[1] 사이에서 이러한 현상이 두드러지게 나타났다. 최근의 조사 자료에 의하면 영국에서는 20세 이하의 부모 밑에서 태어

---

1) 역자 주 : young adult는 심리학에서는 주로 20-40대 사이의 이들을 가리키며, 인간 발달(human development) 영역에서는 청소년기(adolescence)와 성인기(adulthood) 사이의 발달단계를 가리키는데, 통상 15-24세의 이들이 여기에 해당된다. 이 책에서도 10대 후반에서 20대 초반의 이들을 young adult에 해당하는 것으로 볼 수 있다.

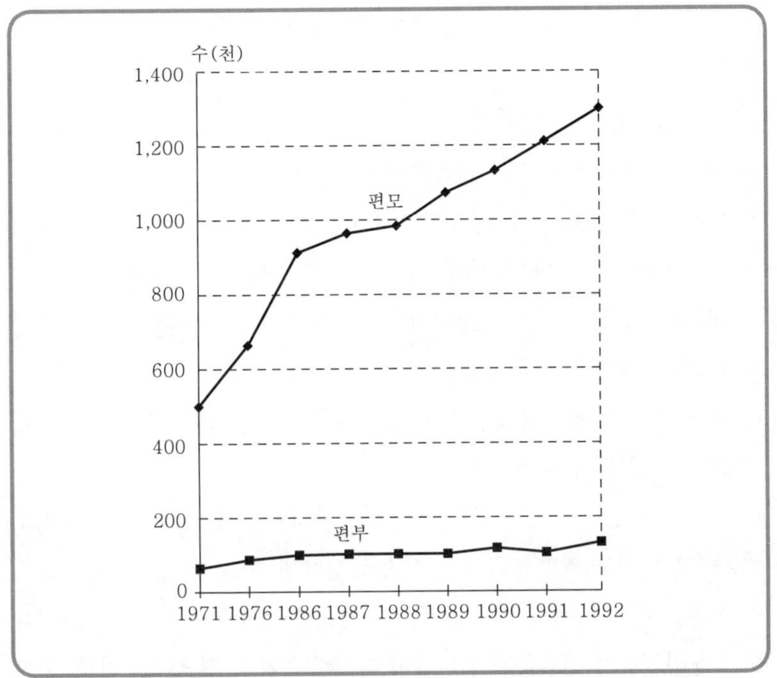

출처 : Coleman(1997a).

난 아이들의 3/4 이상이 혼외 출산이었다(Coleman, 1997a). 이처럼 한부모가정의 증가는 이혼을 통해 일어나기도 하지만 결혼 및 출산에 대한 협력적 태도의 변화를 통해서도 일어난다. 즉, 과거 수십 년간 영국의 한 부모 가족의 증가는 그림 1-2와 같다.

　　오늘날에는 몇몇 유럽 국가들에서 청소년의 약 25%가 16세가 되기 전에 부모의 이혼을 경험하고 있으며, 미국에서는 33%에 달한다. 이러한 가족 구조의 변화가 일정 범위의 영역에 대해 영향을 미치고 있는 것이다. 우선 상당수의 아동이나 10대 청소년들은 가족붕괴 및 한쪽 부모의 상실에 대해서도 적절하게 대처하지 않으면 안 되는 상황에 처해 있다. 이러한 상황은 청소년들의 스트레스 수준을 높게 되며, 주변 및 지역사회의 지원을 필요로 한다.

게다가 다양하면서도 새로운 가족 형태가 나타나게 되는데, 이는 주로 복합가족(혈연관계에 있지 않은 가족)이나 동거, 이혼 등과 같은 형태를 통해 나타나게 된다. 물론 부모가 이혼한 경우의 청소년들만이 이러한 영향을 받는 것은 아니다. 실제로는 누구나가 영향을 받는다. 왜냐하면 거의 대부분의 사람들은 가족의 누군가가 이혼했거나 또는 일정한 형태의 생활환경의 변화를 경험하고 있는 친구 또는 이웃, 친척을 두고 있기 때문이다. 결혼에 대한 태도는 변화하고 있으며, 지금으로부터 수십 년 전보다 다양한 가족형태를 경험하게 된 것이다.

가족을 재건하는 데 따른 스트레스 이외에도 가족구조의 변동이 청소년들에게 미치는 영향으로는 두 가지를 생각해 볼 수 있다. 첫째, 아버지나 어머니 때에 비해 그다지 안정되지 못한 가정환경 속에서는 청소년들이 성장과정에서 경험하게 되는 일종의 발달과제인 결혼이나 가족, 부모가 된다는 것이 의미하는 가치나 신념이 변화할 것이라는 점이다. 이러한 영향을 청소년들이 어떠한 형태로 받고 있는가에 대해서는 충분한 규명이 이루어지지 못하고 있다. 가까운 미래에 이들의 영향관계에 관한 연구를 추진하고자 한다. 현 시점에서 얘기할 수 있는 것은 결혼이란 여전히 높은 가치를 지니고 있긴 하나, 이러한 상황은 안심할 만큼 안정적이지 못하다. 또한 결혼과 부모가 된다는 것이 별개의 문제로 인식되고 있기 때문에 더 이상 결혼을 해서 아이를 갖는다는 것이 필수요건은 아니다. 또한 가족구조의 두 번째 영향은 10대 청소년들을 키우는 것이 더 큰 문제로 대두되었다는 점이다. 한 부모나 양부모, 새로운 파트너가 부모로서의 역할을 수행하기는 어려우나 이것은 이혼을 한다거나 별거상태인 부모가 아이들로부터 떨어져 생활하면서 부모의 역할을 수행하는 것이 어렵다는 것과 유사한 문제이다. 자신감이 결여된 자녀양육은 10대 청소년들에게 있어서도 부모에게 있어서도 그다지 바람직하지 못하다. 특히, 청소년기는 가족생활에 있어 어떠한 다른 시기보다도 양육에 대한 자신감이 중요한 시기이기 때문이다. 이 문제에 대해서는 제5장에서 자세하게 언급하기로 한다.

고용과 가족의 변화는 가장 두드러진, 대표적 사회변화의 일례이며, 그 밖에도 주목해야 할 점들이 많다. 예를 들어 최근까지 젠더(gender)나 인종에 대한 태도에 중요한 변화가 있었다. 이러한 태도의 변화도 청소년들을 이해하는 데 매우 중요하다. 젠더에 관해서는 1980년대가 여자청소년과 불평등에 대한 관심의 시대였다고 한다면 1990년대는 남자청소년들이 경험하는 불리함이 표면화된 10년이었다고 말할 수 있다. 이러한 점에서 여자청소년들이 몇몇 영역, 특히 고용에 있어서 더 이상 불리한 상황에 처해 있지 않다고 하는 주장은 일부 과장된 측면이 있으며, 여성 문제에 대해 지속적으로 관심을 기울일 필요가 있다. 그러나 여러 가지 이유에서 남자청소년이나 그다지 능력을 발휘하지 못하는 사람들, 불리한 환경에서 성장한 사람들의 요구에 대해 지금까지 이상으로 관심을 기울이게 되었다. 이미 언급한 바와 같이, 노동시장의 구성이 변화했으며, 수공업 영역에서의 일자리도 없어졌다. 이것은 남자청소년들의 고용기회가 줄어들게 되었다는 점을 의미한다. 게다가 청소년들의 자살률이 급격하게 증가하여 그들의 정신건강에 관한 요구가 주목을 받게 되었으며, 이러한 점은 지금까지는 경험하지 못한 일들이다. 이 문제에 대해서는 제7장에서 자세하게 언급하기로 하겠다. 흥미롭게도 여자청소년이 남자청소년에 비해 다양한 영역에서 발군의 능력을 발휘하고 있는데 가장 눈에 띄는 사례로는 시험의 결과를 들 수 있다(그림 1-3 참조). 이는 여자청소년들이 자신

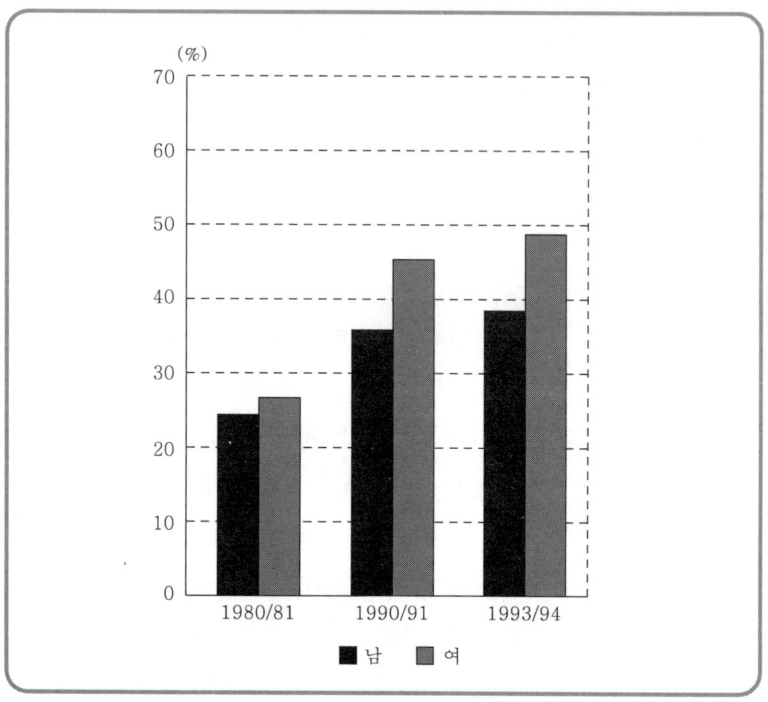

출처 : Coleman(1997a).

감이 강해지고 있다는 결과이며, 새로운 고용 기회가 제공됨으로써 동기부여가 높아졌다는 결과이기도 하다는 점에서 중요하다. 단, 청소년과 여성 모두 서로 다른 영역에서 불리한 대우를 받고 있는 바, 양자의 요구에 대해 주의를 기울여야 할 것이다.

이미 언급한 바와 같이 영국에서 소수 인종 출신들의 실업문제를 생각함에 있어 인종은 중요한 의미를 지닌다. 의심의 여지가 없긴 하나 인종문제는 1990년대 유럽국가들에서 불거진 문제이다. 이는 일정 부분은 북아프리카, 중동지역으로부터의 이민의 증가와 관련이 있으며, 과거 20년간에 걸쳐 이민이 가장 적었던 영국에서 조차 다문화 사회라고 하는 현실이 인지되게 되었다. 우리들은 청소년들의 민족차별주의나 민족학대의 영향에 대하여 많은 점들을 알게 되었으며, 10대의 흑인 청소년이 겪고 있는 차별화된 불리함에 대해서도 잘 알고 있다. 예를 들면 영국에서 학교로부터 배제되는 이들 가운데 아프리카 출신이나 중동지역 출신 청소년들이 예상보다 높은 비율을 차지하고 있었다. 이 문제에 대한 중요한 논문 중 하나인 Bahattacharyya와 Gabriel(1997)은 영국에서의 기회균등의 영향을 개괄적으로 살피고 있다. 편견이나 차별이 폭넓은 영역에서 잔재해 있는 반면, 특히 흑인 출신에 의한 민족차별주의에 대한 저항의 사례가 있다고 말한다. 이들은 스포츠나 영화, 그 밖의 예술 미디어 등의 영역에서 성공한 사례가 청소년들에게 역할 모델을 제공하며, 청소년들이 그러한 활동을 한층 더 지지하게 되었다는 점을 지적하고 있다. 이 점과 관련하여 민족적 정체성(ethnic identity)에 관한 문제에도 관심이 높아지고 있는데, 이에 관해서는 제4장에서 자세하게 다루도록 하겠다. 이처럼 발전하고 있다는 것은 소수 인종들에게는 물론, 어떻게 상황과 인간의 발달이 상호작용하는가(Rattansi and Phoenix, 1997)에 대해 이해하고자 하는 모든 이들에게도 중요하다.

마지막으로 이 절에서는 정치적인 변화가 청소년들의 생활에 미치는 영향에 관해 언급하고자 한다. 제11장에서 구체적으로 언급하겠지만 청소년은 성인들이 생각하는 것만큼 정치적 세계로부터 분리되어 있지 않다. 영국의 대처 총리 시대(1979-1990년)나 보수당 정책이 계승되고 있다는 것은 미래에 청소년들의 태도나 기대에 영향을 미칠 것으로 여겨진다. 국가정책과 더불어 과거 10년간은 영국과 다른 나라들이 연합하여 하나의 유럽을 이룩하고자 하는 커다란 변화가 있었다. 국가들의 연계는 더욱 밀접해졌으며, 유럽연합을 통하여 교육과 고용의 기회가 증가하여 각 국가들이 다른 나라에서 일어난 일들로 인해 커다란 영향을 받게 되었다.

게다가 정치상의 특정한 사건으로 인해 연구자는 보다 명확한 정치적 변화가 청소년에게 미치는 영향에 대해 이해할 수 있었다. 예를 들면 독일의 재통합으로 인해 현실생활에 있어 청소년들이 어떻게 정치적 격변에 순응하는가에 관한 연구가 가능하게 되었다. 우리들은 이 연구의 결과에 대해 다음 장에서 소개하고자 한다. 유럽사회에서 사회과학자들의 연계가 증대하였으며, 자녀양육, 성이나 성교육에 대한 태도, 노동에 대한 참여, 가족으로부터의 독립, 그 밖의 청소년들의 중요한 문제라고 할 수 있는 주제를 가지고 국가 간 비교연구가 가능하게 된 것이다(예를 들면 Alsaker and Flammer, 1998을 참조). 본서에서는 이러한 연구결과들에 대하여 소개하고자 하며, 청소년기의 체험을 이해하고자 하는 사람들로 하여금 인간발달에 있어서의 청소년기에 대한 폭넓은 이미지를 가질 수 있도록 하고자 한다.

이행의 본질

The nature of the transition

청소년기에 관한 다수의 저서들은 20세기 초반에 발간된 미국의 심리학자 G. Stanley Hall[2](Muuss, 1996을 참조)의 주요 연구물들이 소개된 이래

---

2) 역자 주 : G. Stanley Hall(1844-1924)은 심리학자이자 교육학자이며, 미국심리학회(American Psychological Association)의 초대회장을 역임했다. 그는 청소년기를 '질풍노도(Storm and Stress)'로 표현하고 있으며, 이 시기의 특징으로 부모와의 갈등, 심리적 혼란, 위험한 행동을 들고 있다. 최근의 청소년기에 대한 연구에서는 청소년기를 보편적으로 판단할 것이 아니라, 개인차, 문화적 다양성을 고려해야 한다는 주장이 강하게 제기되고 있다.

청소년기를 이행기(transition)로 묘사하는 것이 통례가 되었다. 청소년기의 성질을 묘사하는 여러 가지 방법들 가운데 이것이 가장 지름길이며, 나중에 살펴보겠지만 이 발달단계로 돌아올 수 있는 이행의 특징이 많다는 것은 의심의 여지가 없다. 그러나 관심을 가지게 하는 것은 청소년기가 장기간에 걸쳐 진행된다는 사실이다. 인간의 생애 가운데 7년 또는 8년간을 이행기로 볼 수 있는 시기는 아마도 없을 것이다. 이 때문에 청소년기를 논하는 연구자는 전기 또는 중기, 후기와 같은 하위단계를 설정한다. 그러나 이것은 주로 각각의 하위단계의 정의나 연령이 상이하기 때문에 많은 이들에게 불만을 갖게 한다.

오늘날 이러한 상황은 한층 더 복잡해졌다. 그 이유로 청소년기라고 하는 단계가 그 시작과 끝이 길어졌기 때문이다. 이미 언급한 바와 같이 노동시장에 뛰어들기까지는 상당한 기간이 소요되는 바, 그 때문에 10년 또는 20년 전과 비교해 늦은 시기에 노동시장에 참여하게 되었다. 또한 이러한 점은 청소년들이 보다 긴 기간 동안 부모밑에서 의존생활을 지속하면서 종종 20대가 될 때까지 경제적으로 독립하지 못함을 의미한다. 이에 덧붙여 사춘기(puberty)는 이전에 비해 일찍 시작되는 것으로 보인다. 이 점에 관해서는 여러 가지 논쟁의 여지가 있다. 우리들은 이 점에 관해서 제2장에서 보다 심도 있게 다룰 것이다. 그럼에도 불구하고 거의 의심의 여지가 없는 점은 청소년들이 오늘날 보다 이른 연령대에 사회적으로 성숙해졌다는 점이다. 성에 대한 의식은 이전에 비해 빠른 시기에 형성되며, 이성과의 만남 등 청소년기에 일어날 수 있는 행동들을 이전보다 이른 시기에 경험하게 된다. 아울러, 복장, 음악, 그 밖에 10대 청소년들이 흥미를 가지는 것에 대한 관심이 지금으로부터 수십 년 전에는 전(前)사춘기라고 기술되어 온 이들의 마음을 사로잡고 있었던 것처럼 보인다. 따라서 청소년단계가 지금은 9세 또는 10세와 같이 빠른 시기에 시작되는 경우도 있으며, 많은 이들에게 있어서 20대 초반 또는 중반까지 지속된다. 우리들은 이러한 단계를 어떻게 이해해야 하는 것일까? 실제로 그것은 하나의 단계로 성립될 수 있는 것일까? 이러한 딜레마를 해결하는 방법에는 두 가지가 있다. 어떤 사회과학자는 청소년기는 여러 가지 많은 개별적인 이행으로 구성되어 있으며, 이러한 것들은 각각 개별적인 현상으로 보고 연구 및 이해해야 한다고 한다. 그렇다고 한다면 사춘기도 이러한 틀 안에서 생각해야만 할지도 모른다. 청소년기의 시작에 발생하는 생물학적 변화와 성숙이 이루어지는 2년간은 인생에 있어 의미 있는(significant) 이행기로서 주목할 만한 가치가 있는 것이다. 사춘기에 대해 연구해 온 많은 이들은 이러한 견해에 대해 대체로 찬성하는 것 같다. Silbereisen과 Kracke(1993)나 Alsaker(1996)도 그런 사람들에 포함된다. 사춘기 이외에도 인생의 다른 단계에서 이행과정을 발견할 수 있다. 예를 들면, 진학이라고 하는 이행이다 (예를 들면, Simmons and Blyth, 1987; Kalakoski nad Nurmi, 1998). 그러나 청소년기의 불연속적인 측면에 대해 주목해 온 연구자들에게 있어 가장 일반적인 관심사는 청소년기를 마치고 성인기로 진입하는 이행과정에 대한 검토였다.

이러한 질문에 대하여 방대한 양의 연구가 유럽사회에서도 이루어졌다. 예를 들면 유럽 내 국가 간 비교연구를 실시하고자 하는 연구자들이 있다. Malmberg와 Trempala(1997)는 불황상태에 있는 핀란드와 같은 나라들을 관찰하였으며, 사회주의에서 시장경제로 변화한 폴란드와 같은 나라들을 비교하였다. 흥미로운 사실은 두 나라 사이에서 나타나는 차이점은 남자청소년과 여자청소년들 사이의 차이보다, 또는 상이한 교육수준 간의 차이보다 적었다는 점이다. Bynner 등(1997)과 Chisholm과 Hurrelmann (1995)도 보다 폭넓은 관점에서 모든 유럽국가들을 관찰함으로써 20세기 후반의 이행의 일반적인 특징에 관한 결론을 내리고 있다. 이러한 저작들

   청소년과 사회 : 청소년기의 심리, 건강, 행동 그리고 관계의 본질

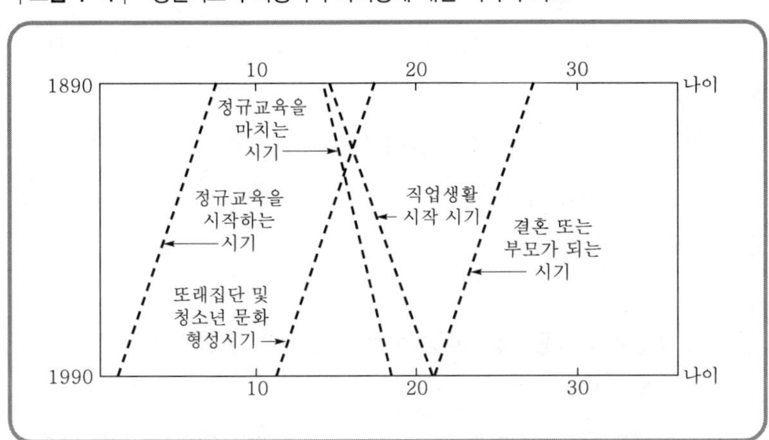

출처 : Chisholm and Hurrelman(1995).

은 한결같이 청소년기는 모든 나라들에 있어 장기화되고 있으며, 성인기로의 이행과정은 점점 더 다원화, 단편화되고 있다고 주장한다. 그림 1-4는 Chisholm과 Hurrelmann이 1890년대와 1990년대를 비교하여 역사적 변화를 개념화하여 묘사한 것이다.

이러한 연구자들이 주장하고 있는 내용, 즉 성인기로의 이행이 점차 지연되고 있다고 하는 것에 대하여 많은 이들이 최근 수년간 관심을 가지고 여러 가지 의견들을 제시하고 있다. 실제로 Annett과 Taber(1994)는 「청소년기는 끝이 있는 것인가 아니면 끝이 없는 것인가? 청소년기는 언제 끝나는가?」라고 하는 제목의 논문을 저술하였으며, 이제 더 이상 청소년기와 성인기의 구분이 모호해졌을 뿐만 아니라 청소년기에 대한 정의 자체가 곤란해지는 시대로 진입하고 있다는 사실을 강조하고 있다. 이러한 점은 청소년 자신들에게 있어서도, 사회 전체에 있어서도 다양한 시사점을 제시한다. 이 점에 대하여 많은 연구자들은 청소년기를 벗어나는 이행의 기준에 대해 생각하게 되었으며, 상이한 가정적, 사회적 배경을 갖고 있는 이들에게 있어서 이러한 기준들이 어떻게 기능하는지에 대해서도 검토하게 되었다.

영국에서는 Jones(1995)와 Coles(1995)가 이러한 문제에 대해 연구를 수행해 왔다. 그들은 성인기로의 진입을 다음의 세 가지 상태의 이행과 관련된 것으로 간주한다.

1. **학교에서 노동시장으로의 이행.** 청소년은 전일제 학교를 마치고 노동시장으로 진입한다.
2. **가정으로부터의 이행.** 청소년들은 자신들이 태어나 자란 가족으로부터(상대적으로) 독립한다.
3. **주거의 이행.** 부모가 사는 집에서 항구적(영원히)으로 떨어져 생활하게 된다.

이러한 세 가지의 이행에 초점을 맞춤으로써 Jones와 Coles, 그리고 그러한 흐름을 받아들이는 연구자들은 성인의 상태에 도달함에 있어 여러 가지 불리함과 문제점을 가진 청소년들을 밝은 곳으로 이끌어 냈다. 주변으로부터 보살핌을 받지 못하는 청소년들, 장애를 가진 청소년들, 그리고 민족적으로 소수집단에 속하는 이들에 대하여 관심을 가지게 되었다. 실제로 Williamson(1997)은 '제로 상태(status ZerO)' 에 있는 이들에 대하여 글을 썼다. 여기서 말하는 '제로 상태' 란 사회와 거의 단절된 채 주거나 고용, 침체된 생활들에 대하여 제한된 기대밖에 가지지 못하는 이들이 직면하고 있는 곤란함을 강조하기 위하여 사용된 표현이다. 결국 이러한 관심들의 초점이 모아지는 곳은 사회적 배제(social exclusion)의 과정이며, 상당한 불이익을 당하고 있는 청소년들이 어떠한 희망도 가지지 못한 채 성장하여 영구적으로 주변인으로 남아 있게 될 가능성이 있다(Coles, 1997; MacDonald, 1997).

두 번째로 앞에서 제시한 이행에 관한 관점과는 상이한 접근으로는 Graber와 Brooks-Gunn(1996)의 논문에 언급되어 있다. 이 논문에서 저자는 청소년기를 언급할 때 '이행'이라고 하는 용어를 사용하고 있는데, 예를 들면 어떤 학교에서 다른 학교로 진학한다고 하는 중요한 계기에 대해 설명할 때에는 전환점(turning point)이라는 개념을 사용해야 한다고 제안했다. 이러한 구별은 그들이 말하는 바와 같이 일정 부분 유용하지만 어떤 전환점이 필요하며, 누구를 연구대상으로 설정해야 할지에 대해 결정해야 한다고 하는 문제가 남아 있다.

> 이행과 전환점이라고 하는 개념을 통합함에 있어서 필요한 전제는 이행기가 비교적 보편적이면서도 발달적인 도전에 의해 특징지어 진다고 하는 점이다. 즉, 대부분의 사람들은 이행기를 통과하지만 이러한 이행기에는 생물학적, 심리학적, 사회적 변화에 대한 순응의 양식이 필요하게 된다는 것이다. 따라서 개념의 정의에서 보았을 때 이행기의 맥락적 상황에서 발생하는 전환점은 개인 또는 개인의 집합체인 집단에게 있어서 특히 두드러지게 나타날지도 모른다. 이러한 것들의 전환점은 자주 행동 측면에서의 변화를 발생시키기도 하며, 이행기의 맥락적 상황 이외의 장면에서 발생하는 전환점과 비교해 보다 방대하며 장기적인 변화가 될지도 모른다.
>
> (Graber and Brooks-Gunn, 1996, p. 769)

아울러 저자들은 이행기 내의 전환점이 어떠한 환경속에서 특정한 개인들은 어떠한 사항들에 대해 힘들어 하는가를 알아보고자 지속적으로 연구를 수행하고 있다. 그들은 그러한 상황들을 다음과 같은 것으로 보고 있다.

(a) 이행기의 전환점의 타이밍이 불필요한 스트레스, 예를 들면 전
    (前) 사춘기에나 있을 법한 불필요한 스트레스가 발생할 경우

(b) 몇 가지 사건들이 지속적으로 또는 동시에 일어나 그 사람이 한
    번에 대처하기 힘든 정도의 상황에 부딪치게 되었을 경우

(c) 전환점을 극복하지 않으면 안 되는 문제와 정신적인 건강의 문제
    가 동시에 발생했을 경우

(d) 예를 들면, 공부를 좋아하는 10대 청소년이 열악한 학교환경에
    처해 있는 것과 같이 이행 중의 맥락적 상황과 행동의 접합성이
    결여된 경우

이러한 사고는 특히 본 장의 종반부에서 청소년기에 관한 이론에 대해
검토할 때 유용할 것으로 여겨진다. 발달의 맥락을 강조하는 것은 적응의
중심적 결정요인으로서 사건이 발생하는 타이밍에 주의를 기울이는 것과
더불어 상당히 중요하다고 하겠다. Graber와 Brooks-Gunn(1996)은 청소
년기가 보편적인 경험이라고 하는 사실에 입각하여 청소년기를 이행기라
고 봐도 좋다고 하는 입장에 도달하게 된다. 그리고 우리들은 이러한 입장
에 어느 정도 공감하고 있다. 이행은 많은 특징들을 가지고 있다고 한다.
이행과 관련된 사항들로는 다음과 같은 것들이 있다.

1. 미래에 대한 열의 있는 기대감
2. 지나온 (발달상의) 과정에 대한 후회
3. 미래에 관한 불안감
4. 주된 심리적 재적응
5. 이행기간 중의 일정 부분의 애매함

앞으로는 좀더 명확하게 밝혀지겠지만 이러한 모든 특징들은 청소년기에 거의 적용된다. 성인기는 성인이 되면 상당히 매력적으로 보이는 자유와 기회를 손에 넣을 수 있다고 유혹한다. 그러나 지나온 과정에 대해 후회와 안타까움을 느끼게 되듯이 종종 듣게 되는 것처럼 모든 청소년들의 내부에는 어디론가 도망치고 싶어 안달하는 마음이 자리잡고 있다. 청소년들은 자신들이 경험해야 할 것들에 대해 걱정한다. 아마도 이전에 비해 그 걱정의 정도가 강해진 것 같다. 일과 주거, 인간관계가 불확실한 것처럼 여겨질 때 청소년들이 미래에 대하여 불안해하는 것은 그리 놀랄 일은 아니다. 나중에 살펴보겠지만, 상당한 심리적 재적응이 청소년기의 수년간에 걸쳐 요구된다. 그리고 이것은 모든 활동영역에 적용된다. 즉, 가족이나 친구, 가족 이외의 성인들 사이에서는 물론 자기 자신의 정체성과의 관계에 있어서도 적용된다. 마지막으로, 청소년기 전반에 걸쳐 여러 가지 주제들을 다루게 되는데, 거기에서는 상태에 대한 관심이 강해지거나 역할에 대해 재적응하기도 한다. 따라서 우리들은 청소년기를 이행의 시기로 간주하는 것이 의미 있다고 여기게 됨과 동시에 이 단계에서 나중의 단계에 대한 순응에 있어서 중심적인 의미를 가지는 많은 전환점이 있다고 인정한다.

발달적 맥락주의

Developmental contextualism

청소년기를 이행기로서 이해하고자 할 때 이론이 중요한 역할을 담당한다는 것은 명확한 사실이며, 우리들은 상호 연관성을 지니는 두 가지 이론적 관점에 대해 개괄적으로 살펴보고자 한다. 우리들은 이 책에서 청소년기에 관한 모든 이론들에 관해 검토할 순 없지만, Muuss(1996)의 지금까지의 연구결과에 대해 정리를 했다. 단, 여기에서 우리들은 초기의 또는 '고전적인' 이론에 관해서는 논하지 않기로 했다. 정신분석이론 또는 혼란이나 정신적 외상(trauma)에 관한 이론들에 대해서는 제12장에서 다루게 될 '질풍노도'를 제외하고는 그다지 세부적인 내용까지 언급하지는 않았다. 우리들의 생각으로는 이러한 견해들은 시대적으로 많이 뒤떨어져 있으며, 이 책에서는 개인차에 중점을 두고 있는 이론들에 대해 주로 검토하고자 한다. 특히 우리들은 청소년들에게 상처를 입히기 쉬운 환경뿐만 아니라 그로부터 벗어나기 위하여 청소년들이 사용할 수 있는 자원과 가능성에 대해 주의를 기울이고 있는 견해들에 대해 흥미를 가지고 있다. 따라서 발달적 맥락주의에 대해 살펴보는 것이 적당할 것으로 여겨진다.

이 책의 제2판에서 우리들은 생애발달심리학에 관해서 다루었으며, 이러한 이론적 입장의 근간이 되는 많은 원칙들에 대해 개괄적으로 언급하고자 한다. 또한 1980년대의 몇몇 중심적 연구들에 대한 노력을 계통적으로 정리할 수 있는 틀도 제공했다. 오늘날에는 이러한 원칙의 대부분이 발달적 맥락주의로 알려진 견해로 통합되었다. 이러한 이론적 입장에 있어서의 중심이 되는 인물로는 John Hill과 Urie Bronfenbrenner, Paul Baltes, Rechard Lerner 등을 꼽을 수 있다. 이러한 연구자들은 모두 나름대로의 독자적인 공헌을 하고 있으며, 이러한 이론적 입장의 표준이 되는 개괄적인 견해는 아직까지 정리되어 있진 않지만, 이러한 견해의 요소들을 합해서 묘사하는 것은 가능하다. 이것은 주로 Adams 등(1996)의 『청소년기의 심리사회적 발달—발달 맥락주의의 진보』란 제목의 저작과 Muuss(1996)의 리뷰에 있는 Bronfenbrenner와 Lerner의 입장을 정리한 것, 그리고 Magnusson과 Stattin(1998)에 의한 개인과 맥락과의 상호작용 이론의 리뷰에 기초한 것이다. 이후의 내용에서 자세하게 설명하겠지만

청소년과 사회 : 청소년기의 심리, 건강, 행동 그리고 관계의 본질

이러한 대부분의 원칙들은 생애발달심리학의 논의 속에서 도출된 것들과 거의 동일하다.

인간생태학 또는 인간발달의 맥락이 있다

첫 번째 원칙은 상당수의 연구들로부터 찾아볼 수 있는데, 이와 가장 밀접한 관련을 가지고 있는 연구자가 Bronfenbrenner이다. 이 원칙이 의도하고 있는 것은 가장 폭넓은 의미에서의 환경의 중요성을 강조하는 것이다. 그 밖에 강조하고자 하는 바는 아동과 청소년들에게 있어서의 발달의 맥락이란 가족뿐만 아니라 그 가족도 지리적, 역사적, 사회적 그리고 정치적인 환경 속에서 생활하고 있다는 사실이다. Muuss(1996)에 의한 청소년기의 이론에 관한 리뷰에서는 하나의 장 전체가 Bronfenbrenner의 생태학적 관점에 관한 기술로 할애되어 있다.

인간의 발달에는 연속성이 있다

이 원칙은 생애발달의 모델에서 유래하고 있으며, 두 가지 점이 중요하다. 우선 첫 번째 단계 간의 유사점과 차이점에 대해 주의를 기울이며, 그것들로 인해 청소년기의 이행이 다른 이행, 예를 들어 직장을 그만두고 은퇴를 하게 되는 이행과 비교할 수 있다는 것이다. 두 번째로 청소년기의 단계는 갑자기 찾아오는 것이 아니라 아동기의 발달의 연장선상에 있다는 사실을 강조했다는 것이다. 연구자는 청소년기를 인생의 다른 발달단계로 분리하여 다루는 경향이 강하다. 이러한 원칙은 아동기와 청소년기 사이에는 상호작용이 이루어지고 있음을 강조하고 있는 것이다.

개인과 그 가족은 상호보완적 관계를 유지하며 영향을 미친다

이러한 원칙은 Rechard Lerner(Muuss(1996) 리뷰를 참조)에 의한 이론에 가장 가깝다. 그것은 아이들도 그리고 가족들도 정적인 존재가 아니라고 하는 사실을 일깨워 주는 것이다. 각자 성장·발달·변화한다는 것이다. 그리고 무엇보다 중요한 것은 항상 그들은 서로 영향을 미친다고 하는 것이다. 청소년은 성장해 가면서 가족 내에서 변화를 주도하며 동시에 부모의 행동변화나 가족의 작용에 의해 영향을 받는다.

학제 간 접근(multi-disciplinary approach)으로 인간의 발달을 연구한다

이것은 너무나 자명한 것처럼 여겨질지는 모르나 인생발달론자들과 발달적 맥락주의자는 이러한 원칙을 특히 중시함으로써 놀랄 만한 성과를 거두어 왔다. 그들은 생물학자, 소아과 의사, 사회학자, 생태학자, 교육학자, 정신과 의사와 협력하여 인간발달에 관한 공동연구를 실시하였으며, 의심의 여지가 없을 만큼 상당한 성과를 이루어 왔다.

개인은 자기 자신의 발달의 프로듀서(producer)이다

이것은 발달적 맥락주의(developmental contextualism)의 중심적인 원칙의 하나이다. 여기에서 주의를 기울여야 할 것은 어떤 연령대의 사람이라 하더라도 모든 개인은 자신의 발달을 수행함에 있어 달성해 가고 있는 역할이다. 이러한 혁신적인 원칙은 사회과학의 연구에 여러 가지 시사점을 제공하고 있다. 아동이나 청소년의 발달이 다양한 원인의 상호작용을 통해 이루어지고 있다고 하는 것은 일반적으로 받아들여지고 있으나, 개별적인 청소년들이 자기 자신의 발달을 수행한다거나 결정함에 있어 '능동적인 수행자(active agent)' 라고 하는 발상은 이 분야의 연구자들에게는 일반적으로 배척되고 있다. 그러나 이 원칙은 오늘날 인간의 발달을 연구하는 사람들의 생각이나 논문 작성에 있어 상당한 영향을 미치고 있다. 특히 이 장의 다음 절에서 우리들이 고찰해야 할 초점 모델(focal model)에 있어서 특히 중요하다.

인간과 맥락 간의 상호작용에 관한 연구에는 적합도라는 개념을 고려해야 한다

적합도(goodness of fit)라고 하는 개념은 가장 넓은 의미에서의 개인과 환경의 관계를 고려한 것이며, 개인의 욕구 또는 목표가 어느 정도까지 그 맥락과 일치하는지를 문제삼는다. 따라서 발달의 결과가 적응적인지의 여부는 단순히 그 개인의 특성에 의한 것이 아니라 특징적 또는 사회적 환경의 성질에 기인하기도 한다는 것이다. 오히려 그 결과는 그러한 두 가지 시스템이 상호 적합한지의 여부에 의한 것이며 연구를 수행함에 있어 역점을 두어야 할 것은 양쪽의 요소를 모두 검토해야 한다는 것이며, 그러한 것들이 어느 정도 일치하고 있는지의 여부를 확인하는 것이다.

발달적 맥락주의의 틀(framework)을 이용하여 개념화된 연구 프로그램의 사례는 상당수 존재한다. Brooks-Gunn 등(1985), Paikoff 등(1991), Silbereisen과 Kracke(1993)에 의해 수행된 사춘기에 관한 연구는 사춘기에서의 발달의 결정요인으로 맥락(context)을 고려하였다. 이러한 연구의 상당수는 학제 간 접근을 통해 이루어졌으며, 개인과 환경이 상호 영향을 미치는 형태에 대해 역점을 두어 왔다. Stattin과 Magnusson(1996)의 분가에 대한 연구에서는 발달적 맥락주의의 원칙을 청소년기의 발달분야에 적용한 탁월한 별도의 모델을 제공하고 있다. 이러한 연구자들은 가출(leaving home)은 청소년들의 인생에 있어 초기에 일어나는 일이다. 특히 아동기와 청소년 전기의 갈등이나 조화롭지 못한 관계와의 관련성을 제시했다. 그들이 말한 바와 같이 '가출 시기(timing)는 청소년과 부모의 생활에 있어 이전부터 이어져 온 발달과정의 끝에 위치하고 있다' (p. 67). 즉, 만약 상보성(reciprocity), 연속성(continuity), 접합도(goodness of fit)라고 하는 개념이 모두 방정식의 구성에 고려되지 않는다면 하나의 사건(event)은 그것이 아무리 중요하다고 하더라도 이해될 수 없을 것이다.

발달적 맥락주의는 많은 요소들을 조합하여 하나의 사상을 묘사하고 있다. Bronfenbrenner 자신이 인정하고 있는 바와 같이 그의 이론의 개념은 Lewin이나 Vygotsky와 같은 심리학 이전의 사상가들에 기초하고 있다. 그러나 오늘날 청소년기의 발달에 관한 다양한 측면을 모색하기 위하여 질적 수준이 높은 연구를 구상하고자 하는 이들은 위에서 언급한 바와 같은 원칙을 고려할 필요가 있다. 이미 우리들은 눈에 보이는 것들의 한 쪽 측면만을 고려할 수는 없는 것이다. 개인과 맥락은 불가분의 관계에 있다. 무엇보다 중요한 것은 발달적 맥락주의가 우리들에게 자신만의 세계를 구축함에 있어 개인의 역할에 눈을 돌리게 해 주었다는 것이며, 또한 그 원칙이야말로 다음에 언급할 초점 모델과 밀접한 관련성을 지니고 있다.

초점 모델

The focal model

초점 모델은 정상적인 청소년기의 발달에 관한 연구 결과를 통해 도출된 것이다(Coleman, 1974). 간단히 얘기해서 11, 13, 15, 17세의 다수의 남자 청소년들과 여자청소년들 집단에 동일한 실험을 실시함으로써, 넓은 범위의 대인관계에 관한 태도 및 의견을 도출했다. 자료는 자기 이미지, 혼자라는 것, 이성과의 관계, 부모와의 관계, 우정 그리고 대규모 집단 속에 있을 때의 느낌들에 관한 것이었다. 이 자료는 이러한 대인관계 속에 있을 때 나타나는 긍정적, 부정적 요소 및 이 연구에 참가한 청소년들이 표현하는 공통된 주제에 관하여 분석했다. 그 결과 모든 대인관계에 대한 태도는 연령이 높아짐에 따라 변화하였다. 그러나 무엇보다 중요한 것은 상이한 문제에 대한 관심이 청소년기의 상이한 단계에서 정점에 도달한다는 것이다.

　이러한 결과에 따라 초점 모델이 구축된 것이다. 이 모델은 특정한 종류의 대인관계의 패턴이 각각 상이한 연령대에서 가장 두드러진다는 의미에서 초점화되는(focused) 것이기 때문에 어떠한 패턴도 하나의 연령에만 한정된다고 할 수는 없다. 다시 말해 패턴은 서로 겹쳐져 있으며 상이한 문제는 상이한 시기에 초점화되는 것이지만 어떤 문제가 특정 연령대에서 가장 두드러진 특징은 아니라고 하는 이유만으로 그 문제가 그 연령대의 청소년에게 있어서는 중요하지 않다는 것을 의미하는 것은 아니다. 이 모델을 상징적으로 표현한 것이 그림 1-5다.

　이러한 생각은 어떠한 전통적인 단계이론과도 여러 가지 면에서 상이하다고는 할 수 없다. 그러나 그것은 발달에 관한 훨씬 더 유연한 견해를 제공하며, 그로 인해 세 가지 중요한 점에서 단계이론과는 다르다. 첫 번째로 어떤 문제의 해결이 다음 문제에 전념하기 위한 필수 조건은 아니라는 점이다. 실제로 한 번에 두 가지 이상의 문제에 직면하는 것은 극히 일

│그림 1-5│ 각 곡선은 상이한 문제 또는 관계를 표시

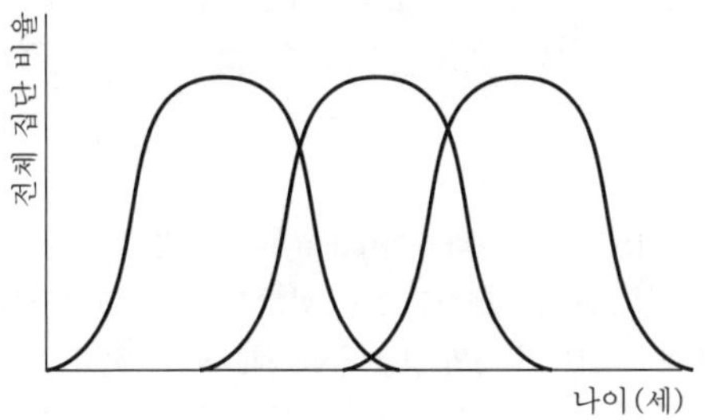

전체 집단 비율

나이 (세)

출처 : Coleman(1974).

부 사람들에 한정된다는 점을 확실하게 예측할 수 있다. 두 번째로 이 모델은 단계 간의 특정 연령대와 결부되지 않는다. 세 번째로 그 가운데의 계열은 불변하지 않는다. 최초 연구를 실시한 문화권에서 개인은 청소년기의 초기단계에서 특정 문제에 직면하며, 별도의 단계에서 또 다른 문제에 직면하는 경향이 나타나지만 초점 모델은 고정된 계열이 있다는 것을 강조하지 않는다. Kloep(1999), Goosens와 Marcoen(1999a)의 서로 다른 문화에서의 문제의 계열에 주목한 최근의 연구에 대해 검토해 보는 것도 좋을 것이다. 이러한 연구에 관한 토론은 다음과 같다.

이전의 논문에서 저자의 한 사람(Coleman, 1978)은 왜 청소년은 청소년기의 넓은 범위의 이행에 직면하면서도 어느 정도 과도한 심리적 외상(trauma)[3]이나 스트레스에 휩싸이지 않은 채 대처할 수 있는 것처럼 보이는가에 대해 검토한 바 있다. 청소년기의 이행의 발달적 요구에 대해 상당히 많은 청소년들이 잘 적응하는 것에 대해서는 초점이론을 통해 찾을 수 있다. 이 모델을 통한 시사점은 그들은 한 번에 한 가지 문제를 다룸으로써 문제들의 상황에 대해 적절하게 대처해 왔다는 것이다. 그들은 순응의 과정을 수년간에 걸쳐 확장하며, 우선 한 가지 문제를 해결한 다음 또 다른 문제를 해결하고자 한다. 다양한 어려운 문제들, 다시 말해 다양한 대인관계의 문제를 상이한 단계에서 초점화해서 접근하기 때문에 새로운 행동양식에 순응하기 위해 필요한 다양한 스트레스는 거의 한 번에 집중

---

3) 역자 주 : 심리적 외상, 소위 트라우마(trauma)는 일반적인 의학용어로는 '외상(外傷)'을 뜻하나, 심리학에서는 '정신적 또는 심리적 외상', '(영구적인 정신 장애를 남기는) 충격'을 뜻하며, 보통 후자의 경우에 한정해서 사용한다. 트라우마는 선명한 시각적 이미지를 동반하는 일이 극히 많으며 이러한 이미지는 장기간 동안 기억되는데, 트라우마의 예로는 사고로 인한 외상이나 정신적인 충격 때문에 사고 당시와 비슷한 상황이 되었을 때 불안해지는 것을 들 수 있다.

청소년과 사회 : 청소년기의 심리, 건강, 행동 그리고 관계의 본질

해서 나타나지 않는다는 것이다.

　이러한 점들을 통해 나타나는 당연한 귀결로, 어떠한 이유이든 간에 두 가지 이상의 문제에 대처하는 사람들에게 문제가 발생할 가능성이 높다고 할 수 있겠다. 예를 들어 사춘기나 급격한 성장이 정상적인 시기에 일어나면 교사나 또래집단 등으로부터 또 다른 압박이 가해지기 전에 청소년들은 이러한 변화에 쉽게 적응할 수 있다. 그러나 성숙이 늦은 청소년들에게 압박은 같은 시기에 일어나기 쉬우며, 필연적으로 보다 폭넓은 문제에 적응할 것을 강요당한다. Feldman과 Elliott은 그들의 생각을 다음과 같이 표현했다(Feldman and Elliott, p. 485).

> 일반적으로, 청소년들은 본질적으로 생활의 모든 측면에서 변화에 직면한다. 다시 말해 그 변화에 대처하는 그들의 능력은 내적인 힘 또는 외적인 지원에 기인할 뿐만 아니라 스트레스의 타이밍에 기인하기도 한다. 만약 혼란스러운 경우가 너무 많이 발생하게 되거나 단기간에 커다란 변화를 요구받게 되면 위험한 상황에 처하게 될지도 모른다. 커다란 변화가 동시에 일어날 경우, 예를 들어 새로운 학교에 입학해서 친구들과 맺은 관계의 축을 잃어버리게 됨과 동시에 사춘기를 겪어야 하는 것은 많은 청소년들에게 있어 그들의 해결능력 범위를 벗어나는 것이다. 빈곤과 관련된 어려운 문제는 빈곤이 청소년들과 그들의 가족들도 제어할 수 없는 변화를 일으키기 때문에 발생하는 것이다.

초점 모델은 청소년기 발달을 개념화하는 많은 방법들 가운데 하나에 불과하지만 두 가지의 고유한 이점이 있다. 첫 번째로 실증적인 증거에 직접적으로 기초하고 있다는 점, 두 번째로 이행 과정에 필요한 순응의 양과 그 과정에 특유의 압력에 잘 대처하기 위해 대부분의 청소년들의 능력 사이에 존재하는 명백한 모순의 해결에 일정부분 도움이 된다는 점이다. 초점 이론이 실증적으로 타당하다고 하는 이론에는 아직 많은 시간이 필요할 것이다. 하지만 이 모델을 지지하는 몇몇 유익한 연구들이 있다. 즉, Kroger(1985), Goosens와 Marcoen(1991a)은 다양한 문화에 있어서 대인관계에 대한 관심의 계열을 연구했다. Kroger는 뉴질랜드와 미국 청소년들을 비교하였으며, Goosens와 Marcoen은 벨기에서 연구를 수행했다. 이러한 연구들의 결과 서로 다른 문제는 상이한 시기에 표면으로 부상한다고 하는 생각에 입각해 있다. Goosens와 Marcoen은 다음과 같이 주장한다. '청소년의 대인관계에 대한 관심에 관해서 정점을 맞이하는 연령의 일반적인 패턴은 초점 이론을 지지한다. 혼자라는 것, 부모와의 관계, 이성과의 관계, 소집단, 그리고 대집단으로부터의 거절에 대한 부정적인 감정은 한 번에 일어나는 것이 아니라 한 번에 한 가지 문제를 다루는 것처럼 보인다' (1999a, pp. 65-80).

노르웨이에서 수행된 다른 연구에서 Kloep(1999)는 마찬가지 연구 결과를 제시했다. 그녀는 청소년들에 따라서는 상이한 문제에 대한 관심—예를 들어 지구에 대한 관심—이 현저하게 나타난다는 점을 제시하고 있으며, 이 연구는 가능한 시기에는 한 번에 모든 것들이 아닌 한 번에 한 가지 문제를 다루려고 하는 생각을 강하게 지지하는 결과를 제시했다. 그 밖에 다른 연구자들은 초점이론을 조금 다른 문제들에 적용했다. 즉, Hendry 등(1993)은 여가활동에 주목하여 청소년들이 청소년기를 거침과 동시에 어떤 활동이나 대인관계로부터 다른 것으로 이동에 가는 형태를 바라보는 시점을 제시하기 위하여 초점 모델을 이용했다. Stein(1997)은 가족으로부터 충분한 관심을 받지 못하는 청소년들에 관한 연구에서 상처받기 쉬운 청소년들에게 있어서 가족으로부터 충분한 관심을 받지 못한다는 것은 그들에게 상당히 높은 수준에서 스트레스를 제공할 여지가 있다는 점을 설명하기 위하여 초점 모델의 발상을 적용했다. 마지막으로

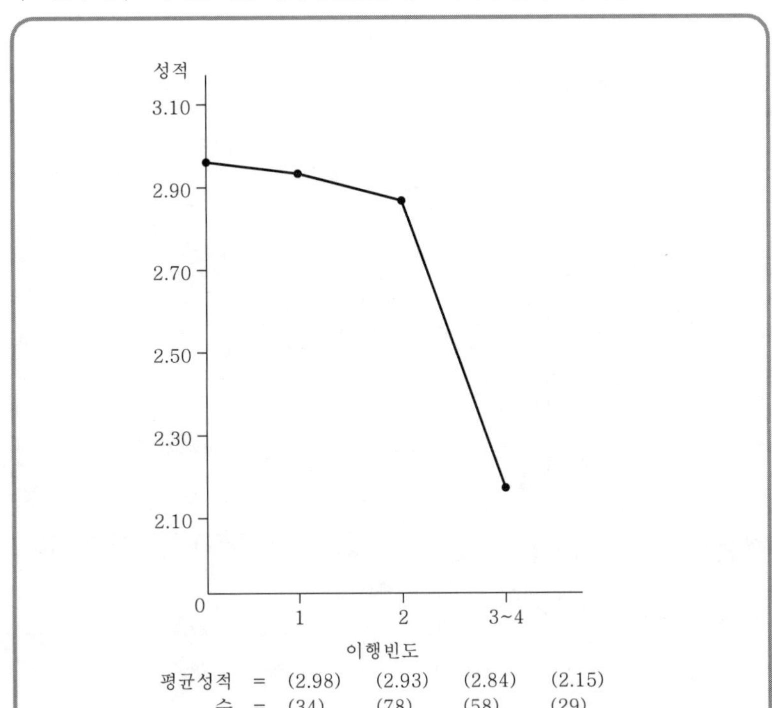

출처 : Simmons and Blyth(1987).

미국에서의 중요한 연구로서 Simmons와 Blyth(1987)는 인생에서 두 가지 이상의 이행에 직면한 이들은 학교에서 좋은 성적을 거두지 못했거나 낮은 수준의 자존감정을 가지는 경향이 높음을 제시했다. Simmons와 Blyth 의 결과는 그림 1-6, 그림 1-7과 같다.

초점 모델에 대해서는 Dohrenwend의 이론(Dohrenwend and Dohren-wend, 1974)을 청소년기에 적용했을 뿐이라는 비판도 있다. 어떤 면에서

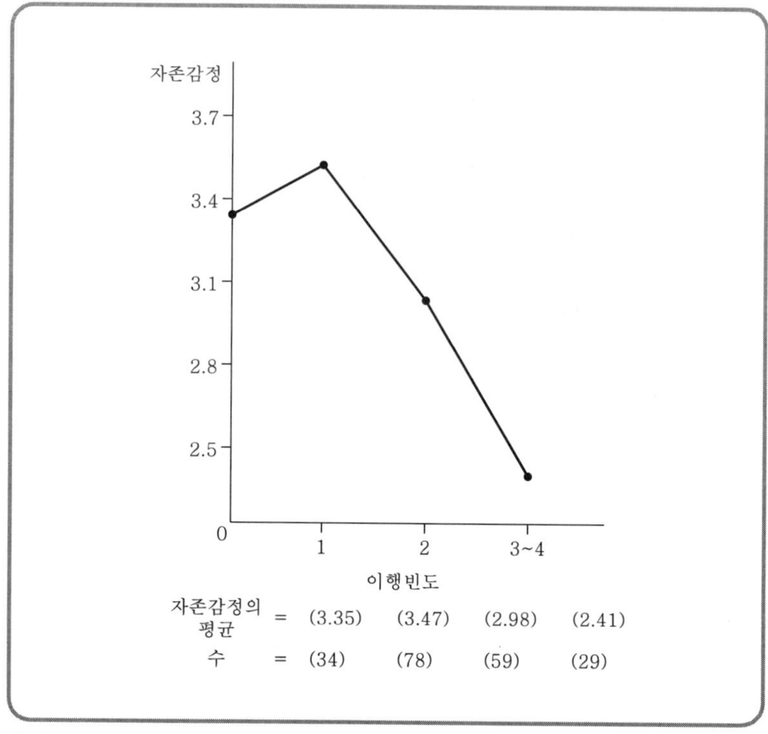

출처 : Simmons and Blyth(1987).

는 이러한 지적도 타당하다고 하겠다. 확실히 초점 모델에서는 청소년들이 대처해야 할 '문제'가 많을수록 발생할 수 있는 스트레스의 징후도 높다는 점을 논하고 있다. Simmons와 Blyth(1987)의 결과는 이러한 점을 잘 보여주고 있다. 그러나 초점 모델은 그것보다 훨씬 더 많은 점들을 제시하고 있다. 즉, 이는 라이프이벤트(life event) 이론과는 어떤 중요한 점에서 차이를 보이고 있기 때문이다. 라이프이벤트 이론은 단순히 개인의 인생에서 벌어지는 일들이 많으면 많을수록 그에 동반되는 스트레스도 증가한다는 점을 의미하는 것에 지나지 않는다는 점에 비해 초점 모델은 청소년들은 자기 자신의 발달의 주체이며, 가능한 시기에는 한 번에 한 가지 문제들을 해결함으로써 청소년기의 이행을 청소년들 자신이 제어한다는 점을 보여주고 있다.

물론 이것은 발달적 맥락주의에 관한 우리들의 토론에 있어서 이미 개략적으로 소개한 원칙들 가운데 하나이다. 그것은 Jackson과 Bosma(1992)가 청소년기에 대한 새로운 접근에 관한 개관(槪觀)에서 강조하고 있으며, Lerner(1985), Damon과 Lerner(1998)가 자신의 저작에서 상세하게 논하고 있다. 이 발상은 쉽게 이해하기 어려울지도 모르지만 주의를 기울여 생각해 보면 이 개념은 결국 크게 다를 바가 없다는 것을 알 수 있다. 개인이 현재의 대인관계에서 얻을 수 있는 선택의 폭을 염두에 두어야 한다. 하루의 일상에서도 청소년들은 아침식사 자리에서 부모들과 대립하거나 형제들과 싸우기, 부모의 친구들로부터 지적 받기, 권위주의적 교사에 대항하기, 또래집단의 압력에 복종하기, 남자친구 또는 여자친구의 설득에 저항하기 등을 선택할 수 있다. 이러한 상황의 어떠한 것들도 청소년들에게 선택의 여지를 제공하며, 모든 것들이 초점 모델이 말하는 대인적 문제이며, 상당한 의미가 있다는 것이다. 대부분의 청소년들은 자기 자신이 청소년기의 이행을 조정하고 있다는 것을 시사하는 것은 굉장히 현실적이다. 그들의 대부분은 자신은 무엇에 대하여 대처가 가능하며 무엇에 대해 대처하지 못하는지를 느끼고 있으며, 진정한 의미에서 자기 자신의 발달의 능동적 주체가 될 것이다.

주체성이라고 하는 개념에 관해서는 이 영역의 많은 연구자들이 연구를 거듭해 왔다. Roberts(1997)는 성인기로의 이행의 단편화를 고찰하는 가운데 빈곤이나 불리에 순응하지 않으면 안 되는 청소년에게 있어 개인의 주체성의 중요성을 강조했다. 나아가 Grob(1988)은 인지된 통제라고 하는 개념에 관해 논하고 있으며, 인지된 통제와 청소년의 적응과의 관계에 대한 연구가 더욱 필요하다는 점을 주장하고 있다. 그의 주장은 Feldman과 Elliott(1990)의 저작에서 제시하고 있는 내용과 거의 동일하다. 이 연구자들은 향후의 연구계획을 설명하면서 청소년들이 자신들의 발달에 있어서 수행하는 능동적 역할이 우리들의 중심적 관심이 되어야 함을 강조하고 있다.

향후 연구에서는 특정한 맥락을 형성함에 있어 개인의 역할을 상세하게 검토할 필요가 있을 것이다. 맥락이 여러 가지 측면에서 다양하게 존재한다는 것은 적어도 어떤 종류의 제약에 직면한다 하더라도 개인에게 자신의 상황을 형성할 수 있어 상당한 자유도를 제공한다. 청소년은 너무 자주 타자가 그들에게 제공하는 환경이나 자원의 수동적 수신자로 묘사되고 있다. 정말로 그들은 그들이 그러한 환경 속에서 접하는 맥락—친구, 활동, 라이프스타일—을 선택하며, 형태를 구축함에 있어 능동적인 역할을 수행하고 있다. 건전한 발달을 촉진하는 환경을 제공하고 있다고 하는 부모나 사회의 바람은 10대들이 왜, 어떻게 해서 그러한 노력에 저항하고 있으며, 협력하고 있는지에 대해 연구자들이 보다 명확하게 이해할 수 있다면 단순화시킬 수 있을지도 모른다는 것이다.

(1990, p. 495)

결론적으로, 발달적 맥락주의와 초점 모델은 청소년기를 이해하기 위한 보다 현실적인 개념의 틀을 만드는 데 공헌하고 있다. 양쪽의 접근에 따라 청소년들은 혼란이나 곤란을 마음 속에 간직한다고 하는 생각으로부터 분리될 수 있다. 이 영역의 연구자들이 직면하는 중심적 질문은 몇 명의 청소년들이 적응에 어려움을 겪고 있는가가 아니라 성공적인 적응적 대처(adaptive coping)의 과정이다. 양쪽의 이론적 접근은 이행의 과정에 있는 청소년을 지원하는 요인의 탐구를 촉진하며, 이것은 상당히 바람직한 일이다. 이 책을 통해서 맥락이 어떻게 발달에 영향을 미치는지에 대해 생각하며, 청소년기 발달의 다양한 차원에 대해 살펴보도록 하겠다. 이러한 차원을 개괄적으로 살펴본 다음 마지막 장에서 대처와 적응이라고 하는 주제에 대해 보다 철저하게 고찰하고자 한다.

참고도서

Adams, G, Montemayor, R and Gullotta, T (Eds) (1996) *Psychosocial development during adolescence: progress in developmental contextualism.* Sage. London.
This edited book contains a series of essays in honour of John Hill, and shows how developmental contextualism applies to adolescence.

Feldman, S and Elliott, G (Eds) (1990) *At the threshold: the developing adolescent.* Harvard University Press. Cambridge, MA.
This is a key text, with contributions on almost all topics to do with adolescent development. The writing was funded by the Carnegie Corporation, and the authors were able to write some superb essays. The book represents a landmark in the history of literature on adolescence, and cannot be too highly recommended.

Heaven, P (1994) *Contemporary adolescence.* Macmillan. London.
Heaven has written a textbook on adolescence that is eclectic and very readable. Because the author is based in Australia there is an international feel about the book, and this is a good choice for readers who want an introduction to the subject.

Muuss, R (1996) *Theories of adolescence: 6th Edition.* McGraw-Hill. New York.
This is the sixth edition of one of the classics in the literature. It covers a wide range of theories, and provides interesting information about those who have been responsible for conceptual thinking in this field of human development.

Roche, J and Tucker, S (Eds) (1997) *Youth in society.* Sage. London.
This is an edited collection of short articles by mainly British authors. The book was produced as part of an Open University course on working with adolescents, and has an emphasis on applied topics.

Steinberg, L (1996) *Adolescence: 4th Edition.* McGraw-Hill. New York.
Steinberg's textbook was produced for the North American market, but it is undoubtedly the best available work of its kind. It is very accessible, and covers a wide range of topics. Excellent as an introduction for those who want a US perspective.

02

신체적 발달
Physical development

사춘기

청소년기에 경험하게 되는 많은 변화들 중, 이 책에서 처음 설명하고자 하는 것은 흔히 사춘기(puberty)라고 일컫는 신체적 발달이다. Puberty는 성인기를 의미하는 라틴어 pubertas에서 파생된 단어로, 주로 여자 아이의 경우 생리가 시작되는 시기를, 남자 아이의 경우 음부에 털이 나기 시작하는 시기를 의미하는 것이라고 본다. 그러나 사춘기는 실제로 많은 신체적 변화를 겪게 되는 복잡한 성장과정이므로, 이렇게 쉽게 관찰될 수 있는 두 가지 변화는 아주 작은 부분에 불과하다. 사춘기가 성적 성숙과 연관되어 있다는 것은 잘 알려진 사실이다. 그러나 이 시기에는 생식계의 변화나 2차성징뿐만 아니라, 심장과 심혈관계의 변화, 호흡계에 영향을 미치는 폐의 변화, 근육의 힘과 크기의 변화 등이 동반된다. 따라서 사춘기는 넓은 의미의 신체적 사건이며, 이 장에서 가장 중요한 부분이라고 할 수 있다.

사춘기와 관련된 많은 변화 중 하나로 급성장(growth spurt)을 들 수 있다. 이 용어는 주로 초기 청소년기에 나타나는 가속화된 신장과 체중의 증가율을 의미하는 것으로 받아들여진다. 전형적인 개인 성장률을 그림 2-1에 나타냈다. 그러나 그림 2-2와 그림 2-3에서 나타낸 것처럼 완벽한 정상 아동 사이에서도 발현 연령과 급성장 기간에는 큰 개인차가 있다는 것을 염두에 둘 필요가 있다. 이러한 사실을 이해하지 못하여 불필요한 걱정을 하게 되는 부모와 청소년기의 아이들을 종종 보게 된다.

남자 아이들의 급성장은 가장 빠르는 9세 경에서 시작하며, 늦는 경우에는 15세에 시작되기도 한다. 반면, 여자 아이의 경우엔 빠르면 7세나 8세에 시작될 수 있지만 개인에 따라 12, 13세 또는 14세까지도 시작되지 않는 경우도 있다. 평균적인 남자 아이의 성장은 12세 경에 시작되어, 13

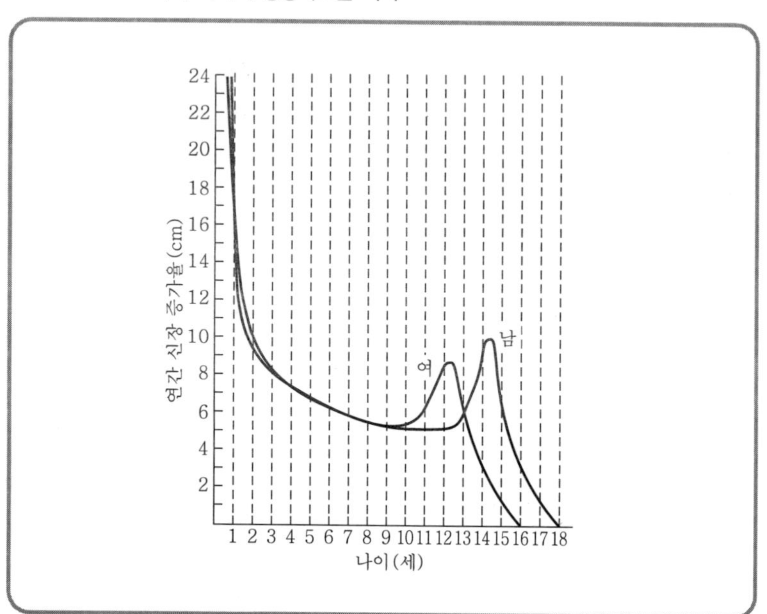

출처 : Tanner et al.(1966).

세의 어느 시점에 절정에 다다르는 듯하다. 여자 아이의 경우, 10세 경에 급성장이 시작되며, 신장과 몸무게의 증가가 절정에 이르는 것은 11세이다. 그러나 지난 몇 년간에 걸쳐 사춘기의 연령에 대한 과학적 문헌에서는 여러 가지 논쟁점들을 제시하고 있다. 과거 이삼십 년 동안 사춘기의 시작 연령에는 거의 차이가 없었다고 하는 주장(Leffert and Petersen, 1995)이 있는 반면, 최소한 사춘기 과정의 일부 측면들은 10년 또는 20년 전보다 유의하게 더 빨라졌다고 보는 주장도 있다(Hermann-Giddens et al., 1997).

앞에서 언급한 것처럼, 신장과 몸무게의 변화와는 분리된 다른 현상들 역시 급성장과 연관이 있다. 심장의 무게가 거의 두 배로 늘어나며, 폐의

| **그림 2-2** | 여성의 성징(sexual characteristics) 발달의 정상적 범위와 평균연령

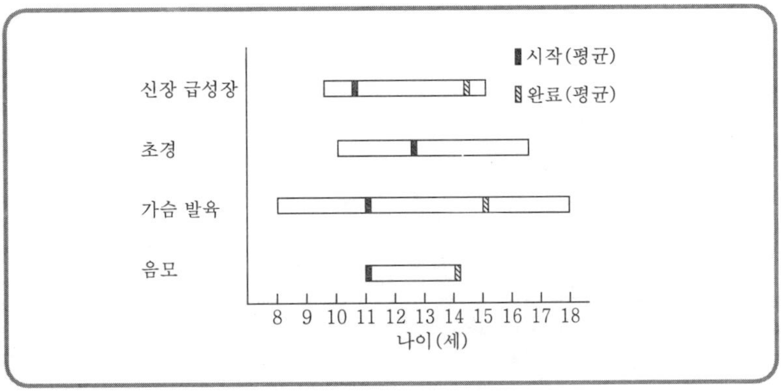

출처 : Tanner(1973).

| **그림 2-3** | 남성의 성징 발달의 정상적 범위와 평균연령

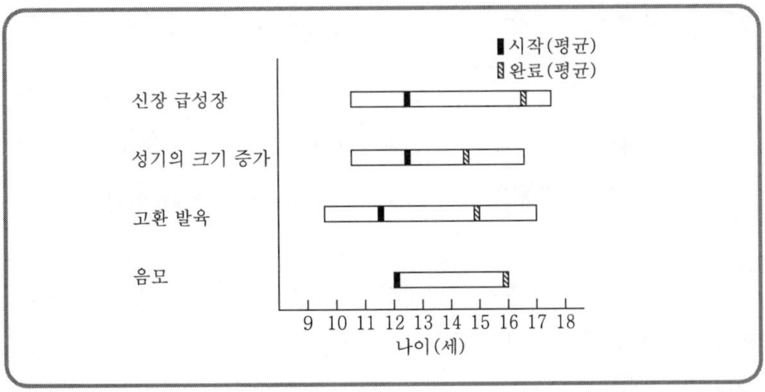

출처 : Tanner(1973).

급속한 성장, 기초 대사(basal metabolism)의 변화 등이 나타난다. 특히 남자 아이들의 경우, 아이들 스스로도 신체적인 힘과 지구력이 현저히 증가했다는 것을 느낀다. Bancroft와 Reinisch(1990)가 지적하는 것처럼, 외적으로 잘 나타나지 않는 변화에서 성별차이를 보이기도 한다. 예를 들

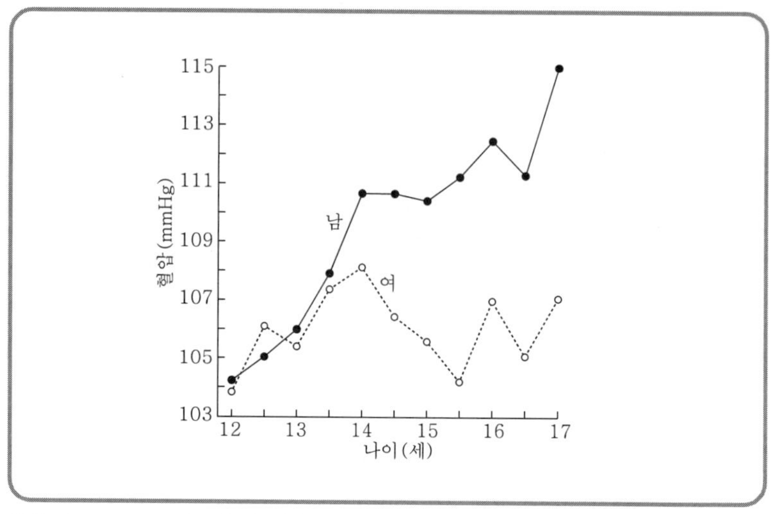

출처 : Montagna and Sadler(Eds)(1974).

어, 적혈구 수의 증가나, 수축기 혈압의 증가와 같은 변화는 여자 아이들보다 남자 아이들에게 훨씬 더 크게 나타난다. 이러한 차이는 진화적인 것, 그리고 신체적 활동을 하기 위한 남성의 더 큰 능력과 연관되어 있는 것 같다(그림 2-4).

Tanner(1978)는 사춘기의 전체적인 일련의 사건들 중, 신장의 급성장과 관련하여 남자 아이와 여자 아이 간에 중요한 차이가 있다는 것을 지적했다. 여자 아이들이 남자 아이들보다 상당히 조기에 신장의 급성장을 경험하게 된다는 것을 종단연구[1]를 통해 밝혀 냈다(Eveleth and Turner, 1977). 음모가 나타나는 시기의 차이가 약 9개월 정도인 것에 반해, 성장

---

1) 집단 또는 개인을 시간에 따라서 연속적으로 측정하는 연구방법으로 발달의 개인차, 환경의 영향, 역사적 조건 등 한 시점에서 행하는 횡단연구에서는 파악할 수 없는 시간 경과에 따른 변화를 볼 수 있다.

| **그림 2-5** | 여성이 겪는 일련의 청소년기의 사건들. 평균연령을 의미(각 사건의 발생 연령 범위는 막대선 바로 아래에 표시)

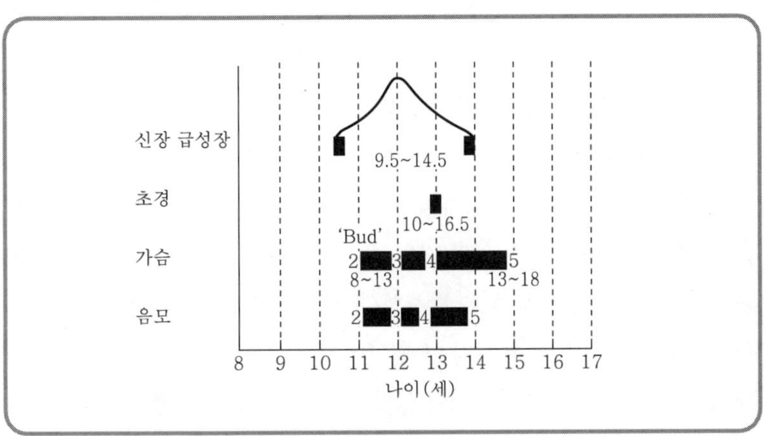

역자 주 : 막대선 사이에 있는 숫자는 발달단계를 의미

출처 : Tanner(1962).

| **그림 2-6** | 남성이 겪는 일련의 청소년기의 사건들. 평균연령을 의미(각 사건이 시작되고 끝나는 연령범위를 막대선 바로 아래에 표시)

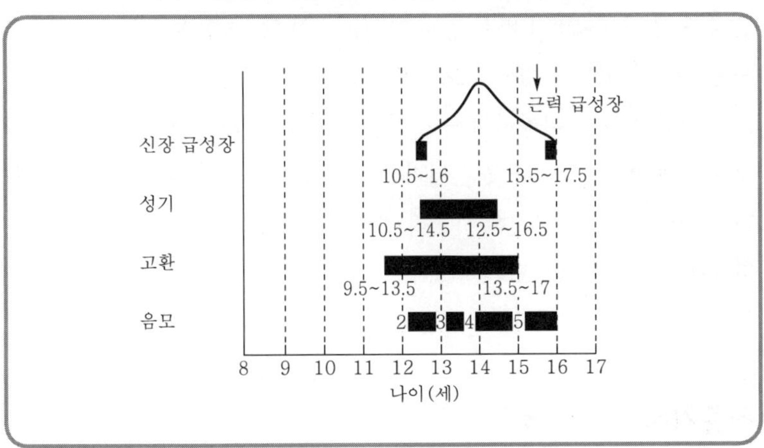

역자 주 : 막대선 사이에 있는 숫자는 발달단계를 의미함.

출처 : Marshall and Tanner(1970).

속도가 최고가 되는 나이의 남녀 간의 차이는 약 2년 정도가 된다.

여자 아이들의 유방이 처음으로 나타나는 시기는 남자 아이들의 고환이 커지는 것과 비슷한 시기인 듯 보이나, 실은 그 이전이다. 즉, 여자 아이들의 성장 급변은 남자 아이들보다 모든 사춘기 징후에 있어서 빠르다. 여자 아이들의 경우, 신장의 변화가 첫 번째 사춘기 징후인 경우가 많으나, 이에 대해서는 자주 인식하지 못한다. 반면에 남자 아이들에게 있어서 최고 신장 증가속도는 일련의 변화 중 음모가 나타나고 생식기가 자라기 시작한 이후인, 후기에 주로 발생한다. 따라서 Tanner가 지적한 것처럼 동료들보다 키가 작아서 나중이 되어서야 성숙하는 남자 아이들은 만약 생식기의 발달이 아직 진행되지 않았다면, 이후에 키의 급성장이 찾아올 수 있다. 반면, 키가 너무 커서 걱정하는 여자 아이들은 만약 이미 생리가 시작되었다면, 키의 급성장이 거의 끝났다고 생각할 수 있다.

Silbereisen과 Kracke(1993; 1997)은 종단연구를 통해 위의 결과를 뒷받침하였다. 그들은 전기 청소년기를 보았을 때, 성숙이 느린 남자 아이들은 성숙이 보통이거나 빠른 남자 아이들에 비해 키가 많이 작은 반면, 조숙한 여자 아이들은 성숙이 보통이거나 늦은 아이들에 비해서 키가 크다고 보고하고 있다. 따라서 조숙한 여자 아이들은 키로 인하여 다른 아이들보다 눈에 띄며, 성숙이 늦은 남자 아이는 작은 키로 인해 구별되어 보인다. 이러한 결과는 당연히 사회적 발달에 영향을 미친다. 이에 대해서는 다음에 자세히 알아보도록 하겠다.

사춘기의 심리적 영향

Psychological effects of puberty

앞에서 언급한 변화들은 개인에게 큰 영향을 미치게 된다. 신체의 크기나

형태가 급격히 변하기 때문에 많은 청소년들이 이러한 변화의 시작에 적응하기 위해 불편함을 느끼거나, 자의식을 높이는 것은 당연한 현상이라 할 수 있다. 신체는 기능 면에서도 변화를 보이는 바, 새로운 신체경험, 즉 여자 아이의 초경이나 남자 아이의 첫 몽정 등을 들 수 있다. 이러한 징후들은 누국가에게 이야기하기 어렵기 때문에 이 단계에 느끼게 되는 불안이 일반적이라는 것은 매우 잘 알려져 있다. 여기서 두 여자 아이의 초경에 대한 이야기를 들어보겠다.

> "뭐라고 해야 할까? 그 날의 일. 생각은 나는데, 초경에 대해서는 처음으로 친구로부터 이야기를 들었습니다. 그때 저는 뭐, 끔찍해! 라고 말했습니다. 믿을 수 없었기 때문에 집에 돌아가서 엄마에게 물었더니, 사실이라고 대답해 주셨습니다. 엄마가 사실이 아니라고 말해줄 거라고 믿고 있었던 저는 매우 놀랐습니다."
>
> (Coleman, 1995, p. 8)

> "생각나는 것은 우선 무섭고, 그리고 너무 싫었다는 것입니다. 장기간 그런 것을 경험하고 싶지는 않다고 생각했습니다. 그리고 정말로 그렇게 된 것이 싫었습니다. 앉아서 울고불고, 단지 그렇게 되지 않기만을 빌었습니다. 그렇게 될 것을 각오하지 않았던 것도 아니고, 그렇게 될 것이라는 사실을 알고는 있었습니다. 그래도 마음의 준비가 전혀 되어 있지 않았습니다. 어떤 식으로 생각을 해야 할까? 매월 이것을 경험할 것이라고 하는 기분 등. 여하간, 그런 일이 있고 나서, 엄마가 저를 인정해 주었다고 할까요? 엄마는 하늘이 준 선물이라고, 제가 생각하는 것처럼 고문 같은 것이 아니라고 하셨어요. 그래도 매달 경험하는 것인 만큼 아무리 싫다고 생각해도 별 수 없다고 봐요."
>
> (Coleman, 1995, p. 7)

호주의 11세 여학생들을 대상으로 한 연구(Moore, 1995)에서 청소년들은 초경에 대한 당혹감이나 고민, 걱정이 크다는 것을 알 수 있었으며, 여기서 인용한 인터뷰처럼, 이 감정은 아마도 일반적으로 알려진 것보다 더 큰 것이라고 생각된다. Moore의 연구는 여자 아이들이 월경에 대해서 잘 모른다고 하는 사실을 일러 주었다. 그러나 연구의 협력자였던 여자 아이들이 살고 있었던 지역 학교는 커리큘럼 전반에 성교육에 대한 프로그램이 잘 구비되어 있었다고 하는 점에서 매우 놀랍다고 할 수 있었다. Stein과 Reiser(1994)가 비슷한 연구를 남학생들에게 실시하였다. 남학생들 또한 성교육을 받고 있었음에도 불구하고, 첫 번째 사정 경험에 대한 심적 준비가 되어 있지 않았던 것으로 나타났다. 준비되어 있었던 학생들은 보다 긍정적인 태도를 보였으나, 대부분의 학생들은 누구에게도 말하지 않았다거나, 당혹감으로 밤을 새웠다고 했다. 이 두 연구는 학교에서 성교육이 이루어지고 있다고 해도, 그것이 학생들에게 유용한 정보를 주거나 마음의 준비를 할 수 있는 방식으로 이루어지지 못하고 있다는 사실을 알려준다. 이러한 연구결과를 근거로 한 수업 개선이 매우 시급하다고 하겠다.

다음으로, 정체성에 대한 사춘기의 영향에 대해서 검토해 보도록 하겠다. 많은 청소년들이 지적하는 것처럼, 개인의 정체성을 발달시키기 위해서는 사신이 타인과는 다른 별개의 존재라고 생각하는 것뿐만 아니라, 자기에 대한 일관성 있는 감각이나 다른 사람들에게 자신이 어떻게 보여지고 있는가에 대한 명확한 지식도 필요하다. 신체의 변화는 정체성의 이러한 측면에 영향을 미치며, 대부분의 청소년은 이에 순응해야만 한다. 그러나 불행히도 대부분의 성인은—교사나 지도자조차도—사춘기의 신체 변화가 심리에 미치는 영향에 대해 잘 알고 있지 못하다.

최근의 연구들은 청소년들이 청소년 전반기의 신체 변화를 어떻게 느끼고 있는지를 알려 준다(Alsker, 1995, 1996). 특히 10대들의 경우, 신체적 매력에 대해 이상화된 규범(idealized norms)을 가지고 있기 십상이다. 그것이 비현실적인 규범이라고 해도, 자신이 그에 부합되지 않으면 자신이 부적합한 사람이라고 느끼는 듯하다. 대부분의 사람들이 가질 수 없는 신체적 매력에 의한 성공이나 미에 대한 이미지를 증폭시키는 데는 대중매체가 큰 영향을 미친 것이 분명하다. 흥미롭게도 외모는 청소년 전반기 동안 남학생보다도 여학생에게 있어서 자기개념(self-concept)을 확립하는 데 더욱 현저한 요소가 된다(예를 들어, Harter, 1990 참조). 또한 여학생은 남학생보다도 자신의 신체에 불만을 많이 갖고 있는 듯하다. 좀더 자세히 말하자면, 남학생은 자신의 신장에 불만인 것에 반해, 여학생은 자신의 체중에 대해 더욱 고민하는 경향이 있다(Stattin and Magusson, 1990). 자기개념의 발달에 대한 많은 연구들에 의하면(Harter, 1990; Bulcroft, 1991; Abell and Richards, 1996 참조), 청소년기 초반 몇 년 동안은 남녀 모두 자신의 특징에 대해 생각할 때 신체적인 특징만을 언급한다고 한다. 그러나 시간이 지나면서 청소년들은 성격의 지적 또는 사회적 측면을 통해 자신의 특징을 인식하게 되며, 신체상이나 신체적 특징에 의존하지 않는다. 또한 10대의 경우, 신체적 특징을 혐오하고 지적 특징이나 사회적 특징을 선호하는 경향이 있다. 따라서 신체가 가장 급격히 변화하는 시기에만 용모가 정체성이나 자존감정에 있어서, 그리고 친구나 동료 사이의 인기에 있어서 결정적인 요인이 된다고 할 수 있다.

연구논문에서 나타난 사춘기에 영향을 미치는 요인으로 부모와 자녀의 관계를 들 수 있다. 예를 들어, Papini 등에 의한 연구에 따르면 사춘기가 시작될 때, 가족관계로 인해 긴장하거나(Papini and Sebby, 1987), 개인적 습관을 둘러싼 가족과의 말다툼이 증가한다(Papini and Clark, 1989). 그러나 이 결과를 의문시하는 연구자도 있어, 사춘기 상태를 보다 정확하게 측정할 필요가 있다고 주장한다. 실제로 이 시기는 대립이 감소한다거나(Paikoff et al., 1991), 사춘기 상태는 아무런 영향을 미치지 않는 다거나(Simmons and Blyth, 1987), 대립이 증가하는가 하면 부모와의 관계에 불만이 높아지기도 한다(Stattin and Magnusson, 1990)는 등의 연구도 있다.

이러한 상반된 결과들이 나오는 것은, 이 영역의 주요 문제의 한 가지이기도 한 측정상의 문제 때문이다. 사춘기 발달은 다양한 영역에서 발생하기 때문에 실제로 사춘기 상태를 측정하는 것은 복잡한 작업이다. 단지 초경시기를 묻는 것만으로는 불충분하나, 그렇다고 해서 Tanner(1962)의 기준에 맞추어 정확한 상태를 사정하기에는 너무 많은 연구자의 시간과 훈련이 요구된다. 모순된 연구결과는 방법론의 차이에 의한 것이라는 사실을 염두에 둘 필요가 있다. 훌륭한 연구 중 하나로, Steinberg(1987)의 연구를 들 수 있다. 그는 사춘기 상태에 대해 다양한 사정방법을 사용했을 뿐 아니라, 연령이나 사춘기의 상태, 성숙의 시기라고 하는 중요한 변수를 고려하였다. 그 결과, 사춘기의 성숙은 부모 자식 간의 정서적 거리를 넓혀 놓게 되는데, 그것은 연령이나 성별과는 상관없다고 하였다. 단, 모녀의 경우 다른 가족구성원들 간의 관계보다 그 대립 정도가 심했다. 이것은 이후의 종단연구에서도 확인되었다(Steinberg, 1988).

성숙이 빠른 이들과 느린 이들

Early and Late developers

성숙의 속도는 개인차가 크기 때문에 13세 소녀라고 해도 키가 작거나 가슴이 발달하지 않아 아동처럼 보이는 경우가 있다. 반면, 같은 나이라도 성인 여성처럼 보이는 경우도 있다. 이러한 신체상의 현저한 차이가 심리적 적응에 어떠한 영향을 줄 것인지 궁금해진다. 많은 연구에서 남자의 경우 조숙은 사회적으로 유리하며, 만숙은 문제가 많다고 한다. 조숙한 남자 아이가 자기 자신의 신체에 대해 긍정적으로 느끼며 자신의 발달에 만족하는 경향이 크다(Tobin-Richards et al., 1983; Simmons and Blyth, 1987). 다른 연구에서도 조숙한 남자 아이는 인기가 있으며 학업 성적도 좋다는 결과가 나타났다(Silbereisena and Kracke, 1993, 1997). 반대로 성장이 느린 남자 아이는 인기가 없으며, 학업 성적도 좋지 못하고 겁쟁이로, 어른에게도 친구들에게도 매력적으로 보이지 않는다고 한다(Petersen and Crokett, 1985).

여성의 경우는 조숙으로 인해 손실과 이득 모두를 얻기 때문에 더욱 복잡하다. 많은 연구자들은 다른 또래들보다 월등히 조숙한 여자 아이는 인기가 없으며(적어도 여자 아이들 사이에서는), 내적인 혼란의 징후를 나타낸다(Buchanan, 1991; Alsaker, 1992)고 했다. 자신의 신체에 대해서도 만족하지 못하는 듯하다(Silbereisen and Kracke, 1997). 과거의 문헌(Clausen, 1975)에서는 여자 아이의 조숙은 나쁜 것이 아니며, 경우에 따라서는 오히려 또래아이들보다도 빨리 사춘기에 들어선 것에 대해 자신감과 사회적인 자랑거리를 갖는다고 보았다. 그러나 최근에는 불리한 면이 강조되고 있어, 심신증의 징후가 나타난다거나(Stattin and Magnusson, 1990), 섭식문제를 갖기 쉽다거나(Brooks-Gunn et al., 1989), 우울증세를 보이는 수준이 높다거나(Alsaker, 1992), 일탈 또래들과 사귀기 쉽다(Silbereisen and Kracke, 1993)고 보고 있다.

사춘기의 시작이라고 하는 테마는 많은 연구자들이 관심을 가지고 있었으나, 이 영역은 Brooks-Gunn이나 Petersen의 연구를 중심으로, 문제 제기가 진행되거나 새로운 방법론이 개발되어 왔다. *Journal of Youth and Adolescence*의 두 특집호에서 주요 연구들을 찾아볼 수 있다(Brooks-Gunn et al., 1985). 이 특집호에서는 두 가지 이슈가 다뤄지고 있다. 첫 번째는 사춘기는 자신과 자신 주변의 환경에 있어서 어떤 의미를 갖는가이며 두 번째는 사춘기에 들어서는 타이밍에 영향을 주는 요인은 무엇인가이다. 생애발달적인 접근이 이 연구에 큰 자극을 주었다는 것을 지적하고 싶다. 중요한 것으로 '일탈(deviance)' 가설을 들 수 있다(Petersen and Crokett, 1985; Alsaker, 1996). 일탈가설에 따르면, 조숙아도 만숙아도 또래집단의 구성원들로부터 일탈되어 있기 때문에, 일반 청소년들과 다르다고 한다. 조숙한 여자 아이와 만숙한 남자 아이가 적응에 있어서 큰 위험을 가지고 있다고 생각되는 것은 이 두 집단이 성숙에 관해 가장 일탈적이기 때문이다. 또한 Lerner 등(1989)은 개인과 환경의 상호보완적인 관계의 중요성을 강조하였으며, 이 논문은 개념 모델을 사춘기의 성숙에 적용한 훌륭한 예가 되고 있다.

이러한 접근방식의 예로 두 가지 고전적인 연구를 소개하겠다. 우선, Grooks-Gunn과 Warren(1985)의 연구에서는 정기 모델(on-time model)을 사용하여 청소년 무용수의 조사결과를 고찰하였다. 무용학교와 그렇지 않은 학교의 여학생의 사춘기 상태를 비교하였다. 무용학교의 학생들은 체중이 가볍지 않으면 안 되기 때문에 발달이 느린 쪽이 춤을 추는 데 유리할 것이라고 생각되었다. 조사결과, 무용학교 학생의 55%가 만숙 아동들이었으며, 이는 다른 학교의 29%보다 높은 비율이었다. 또한, 무용학교에서 일반적인 시기에 사춘기에 접어든 학생(on-time dancers, 이미 사춘기에 접어든 학생)들은 성격이나 섭식에 문제가 있는 경우가 많았다. 무용수는 무용 때문에 체중을 가볍게 하지 않으면 안 되기 때문에, 일반적인 시기의 발달(on-time, 체중이 더 무거움)은 불리하게 작용한다. 무조건 체중이 중요하다고만 할 수 없는 여자 아이들의 경우, 정기(on-time)의 발달이 유리하다고 할 수 있으며, 적어도 나쁘다고는 생각되지 않는다.

Simmons와 Blyth 등의 연구는 지금도 가치 있는 연구로 평가받고 있으며, 사춘기를 개인의 사회적, 신체적 발달의 하나라고 본 연구들의 발전된 예로서 자주 인용된다. Blyth 등(1985)은 사춘기의 타이밍이 청소년기 여아의 신체상의 만족도와 자존감에 미치는 영향을 종단연구로 검토하였다. 그 결과, 청소년이 그 문화의 이상이라고 할 수 있는 수준 정도로 말라 있거나, 환경의 변화(전학)와 신체의(사춘기 초기의) 변화를 동시에 체험하고 있지 않는 경우, 보다 더 나은 신체상이나 자존감을 나타낸다는 사실을 알 수 있었다. Simmons와 Blyth(1987)는 이 견해를 남녀비교로도 확장시켰다. 남자의 경우 정기가 아닌 경우(off-time), 즉 또래와 보조가 맞지 않을 경우, 부정적인 영향을 받는데, 특히 극단적으로 조숙하거나 만숙한 경우에는 부정적인 영향을 더 받는다고 보았다.

이러한 연구들의 요점은 많은 변수가 고려되고 있다는 것과 생애발달적 관점에서 보고 있다는 것이다. 위와 같은 사회과학자들의 연구에 의해 주로 청소년의 인생에 사춘기가 어떠한 위치에 있는지를 알 수 있다.

연차적 추이

The secular trend

과거 수백 년에 걸쳐, 청소년의 신체발육이 가속화 되었으며, 성숙의 속도도 급속히 빨라졌다. 이러한 생물학적 사실을 '연차적 추이(secular trend)' 라고 부른다. 이러한 경향은 2-5세 아동의 발육속도에서도 현저하게 나타나나, 청소년기의 발육에 있어서도 많은 시사점을 준다. 성인의 신장증가는 매우 이른 연령(16-18세 사이)에서 멈추며, 최종적인 신장이나 체중이 증가한 점을 미루어 많은 연구자들이 청소년기의 신장이나 체중이 과거보다도 오늘날 현격히 증가했다고 보고하고 있다(Eveleth and Tanner, 1990).

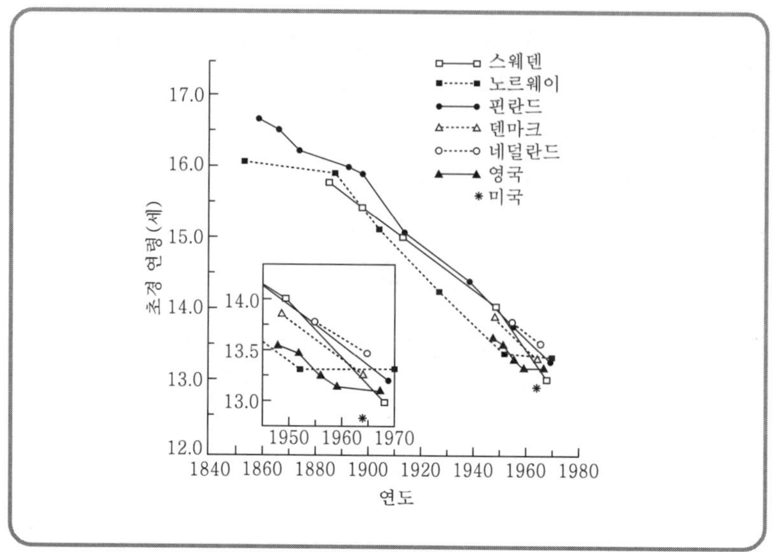

출처 : Tanner(1978).

신장과 체중의 변화만이 아니라, 생식계의 성숙도 영향을 받고 있다. Tanner(1978)는 서구의 평균 초경연령이 1850년 이후 10년에 4개월 정도 빨라지고 있다고 보았다. 이러한 경향을 그림 2-7에 나타내었다. 이 그림을 보면, 이와 비슷한 초경연령의 저연령화가 많은 나라에서 발생하고 있다는 것을 알 수 있다. 이러한 경향의 원인에는 여러 가지 주장이 있으나, 대부분 일치하고 있는 주장은, 건강관리나 영양의 향상이 1차적인 원인이라는 것이다.

Tanner와 그의 동료들의 연구이래, 이 영역에서는 거의 두드러진 연구가 없었다. 단, 초경연령은 적어도 유럽이나 북미에서는 최근 수십 년간 변화하지 않았다는 지적이 있다(Wyshak and Frisch, 1982; Leefert and Petersen, 1995). 이는 교사나 다른 대부분의 사람들이 요즘의 청소년들이

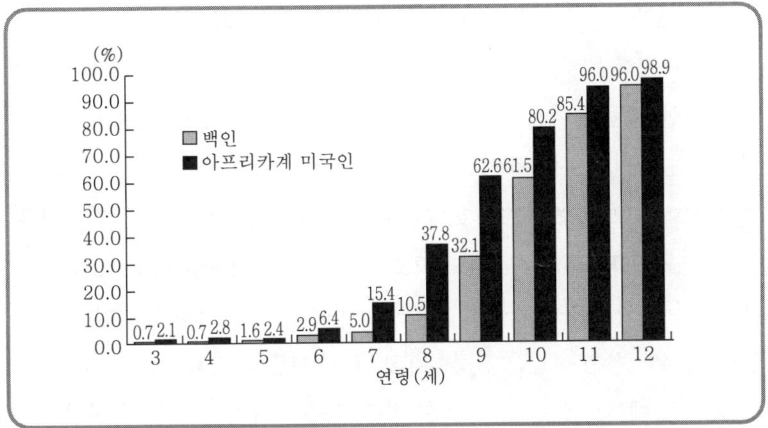

출처 : Hermann-Giddens et al.(1997).

과거보다도 성숙이 빠르다고 생각하고 있는 것과는 매우 대조적이다.

이 의문에 답하기 위해 Hermann-Giddens 등(1997)은 미국의 소아과에 온 3-12세 17,000명의 여자 아이를 대상으로 연구를 하였다. 그 결과, 의문점에 대한 해결과 동시에 또 다른 많은 의문점들이 생겨났다. 첫 번째로, 초경연령은 과거 50년간 북미의 백인여자에서는 전혀 변하지 않았다고 보고되었다. 1948년의 초경연령은 평균 12.9세였으며, 1992년에는 12.8세였다. 아프리카계 미국인 여자는 1992년에는 초경연령 평균이 12.2세였으나, 흑인여자 집단의 경우는 과거의 데이터가 거의 없다. 단, 유방의 발달을 기준으로 하면, 분명히 과거보다 발육 시작이 빨라졌다고 할 수 있다. 이를 그림 2-8에 나타냈다. 이 그림을 보면, 백인여자의 60%, 아프리카계 미국인 여자의 80%가 10세까지, 이른바 Tanner의 단계 2까지 발달하였다. 만약 이것을 현존하는 소아과 자료(Harlan et al., 1980)와 비교해 본다면, 사춘기의 발육 초기단계는 지금도 계속해서 장기적인 경향을 따라가고 있다고 할 수 있다.

최근에는 성에 관한 관심이 빨라졌으며, 성경험에 대한 개방적인 태도도 청소년들에게 영향을 미치고 있다. 이 문제에 대해서는 제6장에서 다시 검토하도록 하겠다. 단, 만약 많은 사람들이 믿고 있는 것처럼 성적으로 성숙한 행동이 이전보다도 빨리 발생하고 있다고 한다면, 이것은 생물학적인 현상인지, 사회적인 현상인지를 밝히는 것이 중요하다. 초경의 연차적 추이가 거의 변화하지 않았다고 생각한다면, 여기서는 사회적인 요인이 중요하다고 해야 할지도 모르겠다. 그러나 Hermann-Giddens 등(1997)의 연구는 사춘기가 복잡한 현상이라는 것을 나타내고 있다. 예를 들어, 초경연령은 수년간 일정했다고 해도, 사춘기 전체 과정이 장기화되고 있는 것에서도 이를 설명할 수 있다. 사춘기의 초기 징후가 어린 나이에서부터 나타나기 때문에, 남자도 여자도 과거 수십 년 전보다 조숙해졌다는 인상을 주고 있는 것이다.

시 · 사 · 점   *Implications for practice*

1. 사춘기에 대한 이해는 아직 부족하나, 그것은 10대 자신만이 아니라 주변의 어른들에게도 해당되는 문제이다. 부모나 이들을 돌보는 많은 사람들은 가장 많은 정보를 알고 있을 필요가 있다. 연구결과로부터 알 수 있는 것처럼, 사춘기가 오는 것에 대해 확실한 준비를 하고 있는 청소년은 전혀 준비하고 있지 않은 청소년들보다 잘 적응한다.

2. 이 점에 관해서 초등학교의 건강교육을 보다 효과적으로 실행할 필요가 있다. 생물학적 성숙의 속도에 대해 여러 가지 이견이 있으나, 11세 이하의 아이들 중 상당수가 사춘기에 대한 적절한 지식을 필요로 하고 있다는 것은 분명하며, 그 지식이 도움이 되어 중학교 입학 이전에 경

 청소년과 사회 : 청소년기의 심리, 건강, 행동 그리고 관계의 본질

험할 신체변화에 대응할 수 있을 것이다.

3. 성숙이 빠른 경우나 느린 경우 각각이 가지는 요구와 잠재적 문제에 주
   의를 기울이는 것은, 부모나 교사를 비롯한 청소년들과 관계되어 있는
   사람들에게 있어서 반드시 알고 있어야 할 지식이다. 본 장에서 설명한
   것처럼 성숙이 빠른 경우도, 느린 경우도 자신의 사회적, 정동적 발달
   에 취약성(vulnerable)을 가질 수 있으므로, 주변의 성인들이 좋은 기
   회를 놓치지 않고 도움을 주는 것이 청소년들의 적응에 매우 중요하다
   고 할 수 있겠다.

4. 마지막으로 연구 리뷰에서 알 수 있었던 것으로, 이 영역의 연구가 더
   욱 더 필요하다는 것이다. 우리들은 사춘기 발달에 있어서 민족에 따른
   차이를 잘 알지 못한다. 그러나 사춘기의 발달에 대한 장기적 경향을
   더욱 더 명확히 할 필요가 있다. 또한 사춘기가 오늘날의 환경 속에서
   청소년에게 있어서 어떠한 의미를 갖는지에 대해서도 더 많은 지식이
   필요하다. 만약 청소년들이 적절하면서도 원조적인 정보나 충고를 얻
   을 수 있다면, 청소년들이 사춘기 발달을 이해하는 데 필요한 지식들은
   그들에게 기대 이상의 이득을 가져다 줄 것이다.

참고도서

Adams, G, Montemayor, R and Gullotta, T (Eds) (1989) *Biology of adolescent behaviour and development*. Sage. London.
This is an edited collection of articles by North American authors. Its primary focus is on the biology of puberty and sexual development.

Alsaker, F (1996) The impact of puberty. *Journal of Child Psychology and Psychiatry*. 37. 249–258.
An excellent review article, which considers a variety of topics on puberty. It includes many references to European work.

Bancroft, J and Reinisch, J (Eds) (1990) *Adolescence and puberty*. Oxford University Press. Oxford.
Another edited collection of papers originating from a conference which took place in Oxford in 1988. This book has a strongly biological focus.

Brooks-Gunn, J, Petersen, A and Eichorn, D (Eds) (1985) The time of maturation and psychosocial functioning in adolescence: Parts 1 and 2. *Journal of Youth and Adolescence.* 14(3) and 14(4).
These two special issues contain some classic papers in the field. Strongly recommended.

Silbereisen, R and Kracke, B (1993) Variation in maturational timing and adjustment in adolescence. In Jackson, S and Rodriguez-Tome, H (Eds) *The social worlds of adolescence.* Erlbaum. Hove.
This chapter reports results from one of the most important European studies of puberty. It is a model of its kind, and worth hunting down in a library.

03

사고와 추론
Thinking and reasoning

형식적 조작
Formal operations

사회적 인지
Social cognition

도덕적 사고
Moral thought

시사점
Implications for practice

 **겉**으로는 청소년의 인지발달을 관찰하기 어렵다. 신체적 발달과 달리, 눈으로 무엇이 발생하고 있는지를 알 수 있는 외적인 징후가 없다. 그러나 시시각각 계속해서 이 영역에서의 변화가 일어나고 있다. 또한 지적 기능의 변화는 행동과 태도에 걸친 광범위한 영역에 있어 많은 영향을 미친다. 이러한 변화는 사고나 행위를 독립적으로 행할 수 있도록 하며, 청소년으로 하여금 미래를 향한 포부, 희망을 펼쳐나가게 함으로써, 보다 성숙된 인간관계를 촉진시켜주며, 의사소통 기술의 발달에 도움을 준다. 그리고 이러한 변화는 결국, 사회에서 성인의 역할을 행하기 위한 개개인의 능력이 된다. 이 장에서는 우선, 이 영역에 있어서의 Piaget[1]의 업적에 대해서 알아보도록 한다. Piaget는 최초로 사춘기 지적 발달의 중요성에 대해 주목한 학자이다. 또한 사회적 인지에 대한 이슈와 Elkind가 말하는 자기중심성에 대한 생각 그리고 도덕적 사고의 발달에 대해서 알아보도록 하겠다.

형식적 조작

Formal operations

스위스의 심리학자 Jean Piaget의 연구는 10대의 인지발달에 대해 고찰함에 있어 가장 명확한 출발점이다. 단순한 인지적 기술의 증가가 아니라 정신능력의 성질이 질적으로 변화한다는 것, 게다가 그것이 사춘기 전후에 발생한다는 것을 최초로 지적한 것이 Piaget이다. 그는 또한 발달의 이 시점에 형식적 조작에 기반한 사고가 처음으로 가능해진다고 논하였다 (Inhelder and Piaget, 1958).

　　Piaget의 인지발달단계 전체를 설명하는 것은 이 책의 범위를 벗어나

---

1) 역자 주 : Jean Piaget(1896-1980)는 스위스의 발달심리학자로 아동의 정신발달에 관한 연구를 통해 인식론의 제반 문제를 추구하였다.

는 것이므로, 아동발달에 관한 서적을 참고하길 바란다. 우선 중요한 것은 Piaget가 구체적 조작과 형식적 조작을 구별하였다는 것이다. 구체적 조작기(보통 7-11세) 동안, 아동의 사고는 '관계적'이다. 점차적으로 아동은 분류(class), 관계, 양의 개념을 습득하기 시작한다. 보존이나 계열화도 가능해지는데, 이러한 기술이 발달하게 되면, 개인은 구체적인 사건에 대해 가설을 세우거나 설명을 할 수 있게 된다. 이러한 인지조작은 아동에 의한 단순한 지적 도구이며, 지적 도구로 만들어낸 것을 지각현상이라고 본다. 다시 말하면, 이 시기의 아이들은 지각으로 받아들인 것과 지적으로 구성된 것을 구별하는 것이 아직 불가능하다. 아이들이 어떤 가설을 세우려고 한다면, 그것은 어떤 데이터에 기반한 것이며, 사람의 내면에서부터 나온 것이 아니다. 만약 모순된 데이터가 새롭게 발견되면, 아이들은 가설을 바꾸려하기보다는 오히려 데이터를 바꾸거나, 다른 여러 방법으로 가설을 합리화하려고 한다.

형식적 조작이 나타나면 몇 가지 중요한 능력을 사용할 수 있게 된다. 이 능력들 중 가장 중요한 것은 아마도 '사실에 반해서(contrary-to-fact)' 가정을 할 수 있는 능력일 것이다. 이러한 변화는 청소년들의 사고의 중심이 '현실(real)'에서부터 '가능성(possible)'으로 이행하는 것, 그리고 이것이 문제해결이나 명제 논리학을 이해하는 데 있어 가설연역적인 접근을 가능하게 하는 것으로써 설명된다. 또한 개인은 지적 구성물을 조작 가능한 대상으로서 생각하는 것이 가능해지며, 확률이나 신념이라고 하는 개념을 사용할 수 있게 된다.

접근법에 있어서 아동과 청소년의 근본적인 차이는 Elkind에 의해 행해진 고전적 연구에서 명확하게 나타나고 있다. 8세, 9세 아동과 13세, 14세 아동의 두 집단에게 두 가지 그림을 제시하고 그 중에서 선택할 수 있도록 개념형성과제를 주었다. 그림은 두 개가 짝으로 제시되며, 이 두 그림 중 하나는 반드시 바퀴가 달린 것(예를 들어 자동차)이며, 다른 하나는 바퀴가 없는 것(예를 들어 우주선)이다. 바퀴가 있는 것을 고르면 램프가 켜지며, 바퀴가 없는 것을 고르면 램프가 켜지지 않는다. 이들에게 주어진 과제는 램프가 켜지는 것은 무엇인지를 선택하게 하는 것이었다. 아동그룹은 절반만이 이 과제에 성공을 했으며, 성공을 한 아이들도 주어진 72회 시행이 거의 끝나서야 성공했다. 반면, 청소년그룹은 전원이 정답을 맞혔으며, 대부분이 10회도 시행하기 전에 문제를 해결했다. 문제를 푸는 중에 자발적으로 한 혼잣말로부터 알 수 있었던 것은 청소년그룹은 다른 가설을 세우는 것이 가능했으며(예를 들어, '이거 혹시 교통수단인가? 아니야, 분명 다른 것일거야. 그럼 이것을 선택해 볼까?'), 각각의 가설을 사실에 대해 검증하고 잘못되었다고 판단된 가설은 버릴 수 있었던 것이다.

그러나 아동그룹은 데이터로부터 강하게 시사된 첫 가설(예를 들어, 도구인지 아닌지, 타는 것인지 아닌지, 등)에 집착하는 것처럼 보였다. 아동들은 대부분 검증은 불가능하나, 처음의 가설에만 계속해서 집착했던 것이다.

이러한 상황에 대한 또 다른 예가 '인형과 지팡이 문제' (그림 3-1 참조)이다. 9세 아동은 문제없이 이 인형을 크기 순으로 배열할 수 있었으며, 지팡이를 인형의 크기에 맞추어 대응시킬 수 있었다. 인형과 지팡이 어느 쪽이 먼저 제시되었냐는 결과와 관계가 없었다. 그러나 같은 문제가 추상적인 표현으로 제시되면, 이 연령의 아이들은 과제를 풀 수 없었다. 예를 들어, 'B는 C보다 낮고, A는 C보다 높다면, 무엇이 가장 높은가' 라고 하는 과제는 형식적 조작이 발달할 때까지 해결이 불가능하다는 것이다.

분명히 Inhelder와 Piaget(1958)는 논리적 사고의 많은 다른 측면을 조사하기 위하여 일련의 교묘한 과제를 만들었으며, 이 중에서 몇 가지는 다

출처 : Muuss(1996).

른 연구자에 의해 널리 사용되어져 왔다. 이러한 테스트 과제 중 하나가 '진자문제'이다. 이 문제는 진자의 진동속도를 결정하는 것이 어떤 요인인지, 또는 어떤 조합인지를 발견하는 것이다. 이 과제는 그림 3-2에 소개되어 있다. 이 문제의 해결은 성립할 수 있는 가설을 계속해서 시험해 가는 개인의 능력에 달려 있다.

Murray(1990)는 자신의 책 속에서 형식적 조작에 의한 추론의 기준을 다음의 다섯 가지로 정리하였다.

1. **지속**(duration). 조작적 사고는 시간을 넘어 계속된다. 그 결과, 문제가 처음에 제시된 후부터 아무리 시간이 지나도 항상 같은 결과를 얻어낼 수 있다.

2. **반대 설명에 대한 저항**(resistance to counter-suggestion). 조작적 사고가 가능한 청소년은 설득되거나 다른 설명에 의한 논의가 맞지 않는 것으로 나타나도 영향을 받지 않는다.

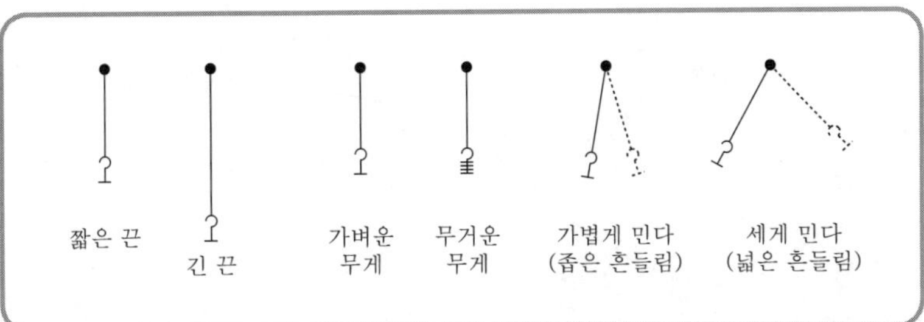

출처 : Original research for M. Shayer(1979).

3. **특정 전이**(spicific transfer). 예를 들어 재료나 상황이 바뀌어도 본 래의 문제해결능력은 영향을 받지 않으며 그대로 전이된다.

4. **특정적이지 않은 전이**(non-specific transfer). 청소년은 문제해결 배후의 원리를 이해하며, 한 가지 영역에서 얻게 된 학습을 다른 영역에 응용할 수 있다.

5. **필연성**(necessity). 이 개념은 물리적 추상 및 물질에 있어서의 연 속성 개념을 나타낸다. 즉, 어떤 것이 어떤 형태로 나타난다고 해 도, 필연성을 가지며, 그것은 겉보기와는 상관없이 동일한 것이 다. 조작을 사용해서 사고하는 사람은 이 원리를 이해할 수 있다.

최근, Piaget 이론에 대해 많은 비판이 있었다. 많은 사람들은 이렇게 확실한 인지발달단계가 분명히 존재하는지에 대해 의문을 던지고 있다. Piaget가 처음에 생각했던 것과 같은 단계적 구별이 존재한다고는 생각되 지 않는다(Sutherland, 1992). 또한 형식적 조작단계는, 그 이전 단계들과 는 달리 명확하게 정의되어 있지 않으며, 제대로 확인하는 것도 어렵다. 특히, Piaget의 이론은 청소년기에 검증되었지만, 여기에는 주로 자연과 학이나 수학에서 가져온 자료들이 사용되고 있다. 예술이나 문학 영역에

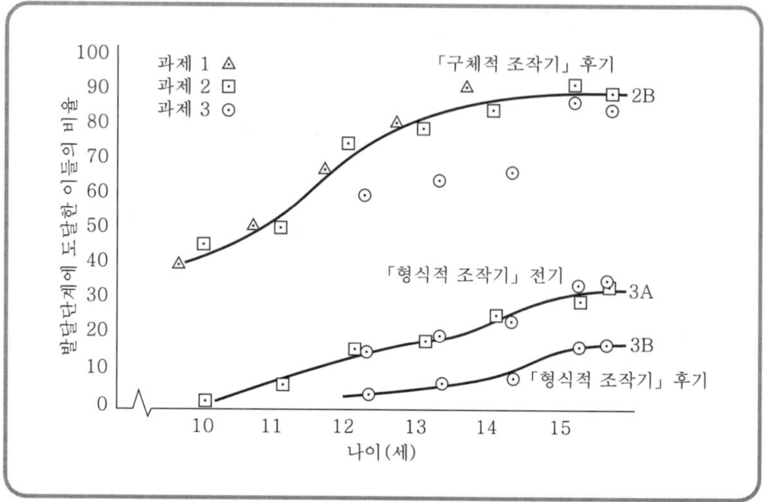

출처 : Shayer and Wylam(1978).

있어서도 역시 고도의 추론기술이 필요함에도 불구하고, 그 분야에서의 형식적 사고에는 거의 주목하지 않았던 것이다.

형식적 조작이 갖는 큰 문제점 중 한 가지는 아마도, Piaget가 너무 낙천적으로 모든 청소년들이 이 인지발달단계에 도달할 것이라고 믿었던 점일 것이다. 다른 연령수준에서 다양한 발달단계에 도달한 사람들이 어느 정도 있는지, 그 정확한 비율에 대해 일치된 견해는 없으나, 16세까지 형식적 사고라고 하는 가장 높은 단계에 도달할 수 있는 것은 극히 소수의 청소년들뿐이었다는 점에서는 대부분 의견이 일치하고 있다.

영국의 Shayer 등(1976), 그리고 Shayer와 Wylam(1978)은 몇 가지 과학 관련 문제를 사용한(진자문제를 포함), 1,000명 이상의 청소년을 대상으로 한 표준적인 연구에서, 16세 전기에 형식적 사고단계에 도달한 청소년은 30% 이하이며, 고도의 형식적 사고수준에 도달한 청소년은 10%에 지나지 않았다는 것을 제시하였다. 그 결과는 그림 3-3에서 볼 수 있다. 이 외에도 많은 연구가 이 결과를 지지하고 있으며, Keating(1990)과 Muuss(1996)의 저서에 잘 정리되어 있다.

이러한 견해에 따라, 연구의 중점이 Piaget의 이론에서부터, 보다 맥락적 접근을 취하는 이론으로, 또는 청소년기의 정보처리 구성요소에 중점을 둔 이론으로 전이하게 되었다. 예를 들면, Keating(1990)은 사회적 내지는 대인적 관계와 관련된 내용에 대해서는 형식적 추론을 보이나, 과학적 과제에 대해서는 형식적 추론을 할 수 없는 청소년들이 있다는 것을 밝혔다. 다른 연구자들, 예를 들어 Ward와 Overton(1990)은 능력과 달성을 구별하여 많은 사람들은 형식적 추론능력이 있으나, 만약 과제가 흥미 롭지 못한 것인 경우, 자신이 가지고 있는 최고의 능력수준에서 과제를 수행하지 않는다고 보고 있다. 그들은 두 가지 타입의 자료를 이용해, 이 구별을 보여주었다. 한 가지는 학교에서 규칙위반에 대한 벌에 관한 과제였으며, 다른 한 가지는 퇴직에 직면한 사람들에 관한 문제였다. 결과는 뚜렷했다. 17세의 경우, 학교의 규칙에 관한 문제는 70%의 학생들이 형식적 사고를 사용한 것에 비해, 퇴직에 관한 문제에 대해서는 형식적 사고를 나타낸 경우가 겨우 30%에 지나지 않았다.

몇몇 연구자들은 논리적 추론만을 생각하는 것은 다소 시야가 좁은 생각이라고 논하고 있다. 그리고 많은 청소년들은 지적 발달에 있어서 Sternberg(1988)가 '구성요소적' 접근이라고 칭하는 것과 같은 이론을 사용하는 것을 즐기고 있다. Sternberg(1996)는 자신의 이론에 포함되어 있는 다섯 가지 요소에 대해 기술하고 있다. 첫 번째 요소는 주의이다. 청소년은 선택적 주의(어떤 힌트에 주안점을 두는 것이 좋은지를 아는 것)와, 분할적 주의(동시에 한 가지 이상의 힌트에 주안점을 두는 것)에 있어 진보를 보인다. 두 번째로, 10대는 단기기억과 장기기억 모두에 진보를 보이는 바, 이는 시험공부나 다른 학교생활에 있어 큰 도움이 된다(Keating, 1990).

다음으로 청소년기의 정보처리속도에 관심이 끌렸다(Hale, 1990; Kail, 1991). 인지적 과제의 종류에 상관없이, 연구자들은 나이가 더 많은 청소년의 경우가 보다 빠른 속도로 정보를 처리할 수 있다는 것을 밝혀냈다. 청소년들의 조직적인 방략에도 진보가 있다(Siegler, 1988). 10대가 되면 기억이나 학습을 포함한 과제를 계획하는 경향이 있으며, 특정 상황에 있어서 어떤 방략이 가장 효과적인지를 잠시 서서 자문할 수 있게 된다. 최종적으로 청소년은 성숙해짐에 따라, 자기 자신의 사고과정에 대해서 보다 잘 생각할 수 있게 된다. 이것은 다양한 측면에서 추론의 영역에 있어 중요한 가치를 지닐 뿐만 아니라 자기의식(self-consciousness)의 증대를 가져온다. 여기서 다음으로 자기의식의 문제를 다뤄보도록 하겠다.

사회적 인지

Social cognition

오늘날 Piaget의 이론은 청소년기를 이해하는 데에 있어 주변적인 것으로 평가되고 있으나, 10대의 사고발달에 대한 흥미는 모두 Piaget의 사고로부터 출발하고 있다. Elkind는 사회적 인지영역에 관심을 갖게 한 연구자 중 한 명이며, 동시에 Piaget의 연구를 얼마나 정밀화할 수 있는가에 대한 좋은 예를 제시해 주고 있다. Elkind(1967)는 중요한 방식으로 청소년들의 추론에 대한 지식을 넓혀 주었다. Elkind는 형식적 추론의 획득은 개인을 많은 점에 있어서 아동기의 자기중심성에서부터 벗어나게 해줄 수 있지만, 이와 동시에 역설적으로 새로운 형태의 자기중심성에 사로잡히게 된다고 논한다. 이것은 형식적 추론의 달성에 의해(우리들이 앞에서 설명한 것처럼) 청소년이 자기 자신의 사고에 대해서 생각하게 되는 것뿐만 아니라, 다른 사람들의 사고에 대해서도 생각할 수 있게 되기 때문이다.

Elkind는 타인의 사고를 고려하는 것이 가능한 능력이 청소년기의 자기중심성의 기초가 된다고 생각하였다. 타인이 생각하고 있는 것과 자기 자신의 관심을 구별하는 것은 매우 어렵다. 따라서 청소년들은 자신이 어떤 생각이나 문제에 봉착하게 되면, 타인도 그것에 관심을 가지고 있음이 분명하다고 생각해 버린다. Elkind는 구체적인 예로, 청소년의 용모를 들고 있다. 10대들은 자신이 타인의 눈에 어떻게 비치고 있는지에 대해 매우 신경을 쓰며, 타인도 자기 자신처럼 용모에 관심을 갖는다고 생각한다. Elkind는 이것을 '상상 속의 관객'이라는 개념과 연결시켰다. 자기중심성 때문에 청소년들은 현실의 사회상황이든, 상상 속의 상황이든, 타인의 반응을 항상 주시하고 있다. 그러나 이러한 반응은 타인도 자기 자신에 대해서 자기 자신만큼 비판하거나 칭찬하고 있다는 생각의 전제하에 성립된다. 이처럼 10대는 끊임없이 상상 속의 관객을 구성하고, 그것을 향해 반응하고 있다. 그리고 그것은 Elkind에 의하면, 청소년 행동의 많은 부분을 설명해 주고 있다고 한다. 예를 들어 청소년의 자의식이라거나, 프라이버시를 원하거나, 복장에 대한 관심이나, 거울 앞에서 장시간 서 있는 것 등은 모두 이 '상상 속의 관객'이라고 하는 개념과 연관되어 있다는 것이다.

청소년기의 자기중심성 중 중요한 한 가지, 예를 들어 감정의 과도한 분화(over-differentiation of feeling)가 나타나는 것을 Elkind는 '개인적 우화(personal fable)'라고 말했다. 아마도 청소년들은 자기 자신이 많은 사람들에게 있어서 매우 중요한 존재라고 믿고 있기 때문에, 자신의 관심이나 감정은 매우 특수하며 독자적인 것이라고 생각하게 된다는 것이다. 자기 자신의 개인적인 비참함이나 고통이 독자적인 것이라고 하는 신념은 물론 문학에 있어서는 자주 나타나는 테마로, Elkind는 이것이 청소년이 개인적 우화를 만들어내는 기초가 된다고 생각했다. 본질적으로 이것은 자기 자신에 대한 개인적인 이야기이며, 전능함이나 불사라고 하는 환상을 포함한 창작된 신화이다. 이것은 사실적인 이야기는 아니나 가치 있는 목적을 가진 것으로, 몇 가지 유명한 청소년의 일기가 이러한 좋은 예가 되고 있다. 이러한 종류의 자료들을 통해, 청소년기의 경험이 보편적인 중요성을 갖는다고 하는 신념에 이르게 되며, 개인적 우화가 만들어지는 것 역시 이러한 신념에서 출발한다. Elkind는 상상 속의 관객과 개인적 우화라고 하는 청소년의 자기중심성의 기초가 되는 이 두 가지 측면은 청소년기의 인지적 행동을 설명하는 데 도움이 되는 것으로, 문제를 안고 있는 청소년의 치료에도 도움이 된다고 하였다. 그는 한 가지 예로 청소년 범죄자를 들고 있다. 이 경우에는 본인이 현실의 관객과 상상 속의 관객을 구별할 수 있도록 하는 것이 가장 중요하며, Elkind가 지적하는 것처럼, 이것은 결국에는 대부분 현실의 부모와 상상 속의 부모를 구별시키는 것이 된다.

많은 연구자들이 자기중심성의 성질을 실증적으로 탐구하였다. Elkind와 Bowen(1979)이나 Enright 등(1980)은 자기중심성의 다양한 측면을 측정하는 척도를 개발하였다. 이러한 연구들은 자기중심성이 청소년기 전기에서부터 후기로 이동하면서 감소한다는 것을 뒷받침하고 있다. 그러나 결과는 그다지 확실한 것이 아니며, 최근의 연구는 이에 비판적이다. 몇몇 연구자들은 이것에 대해 발달적 경향을 확인하는 것은 어렵다고 생각하고 있다(Riley et al., 1984). 이에 대해 다른 연구자들은 자기중심성의 특정 측면(예를 들어, 개인적 우화)은 청소년기 전체를 통해 일정하게 존재하며, 성인기에 이르러서도 계속해서 존재한다고 주장한다(Goossens et al., 1992; Quardrel et al., 1993). 가장 본질적인 비판으로,

자기중심성 연구는 지금까지 질문지에 의해 행해져 왔으며 청소년이 사회생활에 있어서 실제로 직면한 상황(가정환경 등)을 고려하지 않았다고 하는 비판이 있다. 예를 들어, Jahnk와 Blanchard-Fields(1993)의 연구에 따르면, 자기중심성은 인지능력보다는 청소년의 대인관계에 밀접하게 관련되어 있다. 결론적으로, Elkind가 자기중심성은 청소년기 전반기의 특징이라고 주장한 것은 사실일지 모르나, 이 설명은 인지적 능력보다는 사회적, 정서적 발달과 보다 더 많이 관련되어 있는 것 같다.

Elkind 외의 몇몇 다른 연구자들도 청소년기의 사회적 인지문제에 대해 탐구하였다. Barenboim(1981)은 인상형성에 주목하였으며, Turiel(1978)은 사회적 습관에 대한 청소년의 이해를 탐구하였다. Selman(1980)은 10대들의 사회적 시점취득이나 상호 역할취득을 분명히 하기 위한 틀을 만들었다. Selman의 연구는 청소년에 대한 개입에 있어 중요한 의미를 지닌다. 여기서 그의 이론적 입장을 자세히 살펴보도록 하겠다. Selman의 견해에 있어서 사회적 인지란, 아동과 청소년이 타인을 이해하기 위한 개념화를 하며 배워나가는 과정이다. 즉, 사고, 바람, 감정, 타인에 대한 태도, 그리고 사회적 행동이다. 사회적 인지에는 역할취득, 시점취득, 공감, 도덕적 추론, 대인적 문제해결, 자기지식이 연관된다. Selman은 역할취득과 사회적 시점취득 관계의 중요한 차이점에 대해 설명하고 있다. 역할취득은 사회적, 심리적 정보가 타인의 입장에서는 어떻게 보이는가라는 문제와 연관되어 있다. 사회적 시점취득은 보다 일반적으로, '인간의 시점이 어떻게 서로 관련되며, 조정되는지에 대한 이해'를 말한다(Selman, 1980, p. 22). Selman의 가장 중요한 공헌은 사회적 인지단계이론에 대한 제안이다. 가장 일반적인 용어로, Selman은 사회적 시점취득에 네 가지 발달단계가 있다고 보았다(Selman, 1977, 1980).

제1단계 : 차이 있는, 또는 주관적 시점취득(5-9세).

이 단계에서 아이들은 다른 사람들이 자신과는 다른 사회적 시점을 가질 수 있다는 것을 이해하기 시작한다.

제2단계 : 자기 내성적 사고 내지는 상호적 시점취득(7-12세)

이 단계에서 아이들은 다른 사람들이 자기 자신과 같은 시점을 가지고 있는 것에 대해 알아차릴 수 있을 뿐만 아니라 그 타인이 자기 자신의 시점을 고려해 줄 것이라는 것을 이해하게 된다. 이리하여 여기서 중요한 인지적 진전은 타인의 시점을 고려하는 능력이 생기는 것이다.

제3단계 : 제3자 내지는 상호적 시점취득(10-15세)

청소년기 전반기의 시점취득기술은 보다 복잡한 사회적 인지를 가능케 하는 능력을 가져다 준다. 청소년은 단지 다른 사람의 시점을(왔다 갔다 하는 방식으로) 취득하는 것을 넘어서, 당사자 모두의 시점을 보다 일반적인 제3자의 입장에서부터 보는 것이 가능해진다.

제4단계 : 심화된 사회적 시점취득(15세 이상)

이 시기가 되면, 개인은 보다 고도이며 보다 추상적인 수준의 대인적 시점취득으로 전진한다. 그것은 사회적 시점을 개인이나 집단의 시점과 조정하는 것과도 연관된다.

이러한 단계가 Selman 이론의 발달적인 구조를 가져온다. 여기서 주장하는 것은 청소년이 한 가지 단계에서부터 다른 단계로 발전할 때, 자기와 타인의 관계를 질적으로 다른 방식으로 보게 된다는 것이다. Selman은 자신의 연구에서 사회적 시점취득에 관해서, 연령에 따라 발달할 수 있다고 했다. 특히, Selman은 이러한 단계를 네 가지 다른 영역, 즉 개인적 영역,

 청소년과 사회 : 청소년기의 심리, 건강, 행동 그리고 관계의 본질

친구영역, 동료집단영역, 부모자녀영역에 적용시킬 수 있다고 생각했다. 영역 고유의 틀이 있다면, 이러한 다른 영역마다의 개인의 진보를 알 수 있으며, 단계구조가 적용 가능한 대인적 문제를 식별할 수 있다.

Selman의 접근의 큰 장점 중 하나는, 사회적 발달세계로의 적용 가능성이다. 사회적 기술이 부족하며, 고립되어 친구도 없고, 사회적 환경 속에서 상처 입기 쉬운 사람에 대한 치료에 이 이론이 적용 가능하다는 것이다. Selman은 시점취득이나 역할취득에 직접 관여된 실천적 문제를 어떻게 밝혀내고 있는지를 알기 위하여, 그가 친구영역에 있어서 가장 중요하다고 생각한 여섯 가지 테마를 들어보겠다.

1. **우정의 형성.** 우정은 어떻게, 왜 형성되는가? 무엇이 이상적인 친구를 갖게 하는가?

2. **우정의 친밀도.** 우정에는 어떠한 타입이 있는가? 우정에 있어서 친밀도란 무엇인가?

3. **우정에 있어서 신뢰의 역할.** 사람은 어떠한 상황에 처하게 될 경우 친구에 대해 무엇을 해줄 수 있을 것인가? 우정에 있어서 호혜성은 어떠한 역할을 할 것인가?

4. **우정에 있어서의 질투.** 이미 확립된 친구관계에 다른 사람이 끼어들었을 때, 사람은 어떻게 느끼는가?

5. **갈등의 해결.** 친구 간에 불화가 있었을 때 갈등을 어떻게 해결하는가?

6. **우정의 종결.** 우정은 어떻게, 왜 끝나는가?

Selman은 자신의 생각을 발전시킴에 있어, 여러 임상적인 문제에 적용시켜 보는 큰 관심을 가졌다. 그는 특히 친구를 만드는 기술은 어떻게 발달되는지, 또한 친구관계에 문제가 생겼을 때, 어떻게 도움을 줄 수 있는지에 특히 관심을 가졌다. Selman은 짝치료(pair-therapy)라고 하는 모델을 만들었다. 이 치료의 목표는 사회적 시점취득 능력을 높이는 것이며, 어떠한 청소년이라도 좌절하거나 성인의 도움을 필요로 하지 않고 친구관계를 조절해 가는 능력을 갖게 되는 것이다. 이 연구는 Selman과 Schultz(1990) 및 Nakkula와 Selman(1991)이 설명해 주고 있다. 청소년이 사회적 문제를 다루는 데는 네 가지 단계가 필요하다고 설명한다. (1) 청소년이 지각하고 있는 사회적 문제를 정의한다. (2) 여러 가지 문제해결방략을 찾아낸다. (3) 청소년의 시점에서 보았을 때, 가장 적절하다고 생각되는 방략을 선택한다. (4) 결과를 평가한다. 즉 결과가 만족할 만한 것이 아니라면 새로운 문제해결방략을 찾아낸다.

여기서 중요한 것은 Selman의 이론적 구조가 임상적 개입을 개발할 수 있게 했으며, 치료자나 다른 사람들이 문제를 안고 있는 청소년들에게 어떻게 관여해야 하는지에 대한 광범위한 시사를 제시해 주었다는 점이다. 발달심리학의 영역에서 이렇게 직접적으로 응용할 수 있는 이론이 많지 않기 때문에, Selman의 연구는 미래의 이론가들에게 용기를 주는 모델을 제공하고 있다고 할 수 있다.

도덕적 사고

도덕적 사고는 사회적 인지의 한 측면이나, 이것은 여러 가지 관점에서 우리들이 지금까지 논의해 왔던 테마와는 다른 독립성을 갖고 있다. 때문에 여기서는 도덕적 사고에 대해 별도로 고찰해 보도록 하겠다. 도덕적 발달에 관해서도, Elkind와 Selman 외의 여러 연구자들에게 있어서 Piaget의 생각이 이후의 이론에 대한 발판이 되었다. 청소년에게 있어서 도덕적 관념의 발달을 설명하기 위해 여러 가지 이론이 주장되었으나, 청소년기에 대한 Piaget와 Kohlberg의 '인지발달론적' 접근이 가장 중요하다는 것에는 의심의 여지가 없다. Piaget는 그의 저서 『아동의 도덕 판단』(1932)에서 도덕적 사고의 두 가지 주요한 단계를 기술하고 있다. 첫 번째 단계는 그가 '도덕적 사실주의'라고 부르는 것으로, 이것은 아동들이 객관적 근거에 의해, 예를 들어 발생한 피해의 정도를 평가하는 것에 의해 판단을 하는 단계이다. 따라서 상황의 여하를 막론하고 12개의 컵을 깬 아이는 컵 1개밖에 깨지 않은 아이보다 나쁜 아이라고 본다. 제2단계는 보통 8-12세 아동에게 적용되는 것으로, 협동의 도덕 또는 상호성 도덕이라고 부른다. 이 단계에서는 도덕에 관한 의사결정은 보통 주관적 기준에 기반한다. 즉, 결과보다도 의도의 평가에 기반하여 행해진다는 것이다.

Kohlberg(1981, 1984)는 Piaget의 이론적 틀을 발전시켜, 여섯 단계의 발달이론을 완성시켰다. 그 방법은 다른 연령의 청소년들에게 도덕적 딜레마를 포함한 가공의 이야기를 제시하고, 그에 대한 그들의 반응을 도덕적 발달단계이론에 입각하여 평가하는 것이었다. 많은 연구자들이 사용하게 되면서 널리 알려진 도덕적 딜레마로 다음과 같은 이야기를 예로 들수 있다.

유럽에서 어떤 여성이 악성병으로 사망하게 되었습니다. 그것은 특수한 암이었습니다. 의사는 그녀를 구할 수 있을지도 모르는 약이 한 가지 있다고 하였습니다. 그것은 라듐의 일종으로, 같은 마을에 살고 있는 약사가 최근 개발한 것이었습니다. 그 약은 만드는 데 많은 비용이 들었으며, 이 약사는 만드는 데 필요했던 비용의 10배의 값을 붙였습니다. 즉, 그는 이 라듐을 만드는 데 200달러를 들였으나, 소량의 약값으로 2000달러라는 가격을 붙인 것이었습니다. 병에 걸린 여자의 남편인 하인츠는 아는 사람의 집에 가서 돈을 빌려보았습니다만, 1000달러밖에 구하지 못했습니다. 약값의 반밖에 구하지 못한 것입니다. 그는 약사에게 자신의 아내가 죽어가고 있다는 것을 이야기하고, 약을 싸게 팔아주거나, 나중에 돈을 내도록 해달라고 부탁하였습니다. 그러나 약사는 말했습니다. '그렇게 할 수 없습니다. 제가 이 약을 만들었습니다. 저는 이 약으로 많은 돈을 벌어들일 계획입니다.' 하인츠는 절망하여 아내를 위해 약을 훔치러 약국의 창고에 들어갔습니다.

질문 : 남편은 이렇게 했어야만 했을까요?

(Kohlberg, 1981)

이러한 종류의 질문에 대한 해답에 기반하여, Kohlberg(1981)는 도덕적 발달에 대해서 다음과 같은 단계를 설정하였다.

전관습적 수준(Pre-conventional)

제1단계   벌 복종지향. 벌을 받는 행위는 나쁜 것으로 본다.

제2단계   도구적 쾌락주의. 보상을 얻기 위해 규칙을 따른다.

관습적 수준(Conventional)

제3단계   대인관계지향. 좋은 행동이란 상대를 기쁘게 하거나 도와주어 상대방으로부터 인정을 받는 행동이다.

제4단계   사회적 질서의 유지. 좋은 행동이란 스스로의 의무를 지키며, 권위에 대해 존경심을 가지고 사회적 질서를 자기목적으로 유지하는 것이다.

탈관습적 수준(Post-conventional)

제5단계   사회계약 또는 양심지향. 이 단계의 전기에는 도덕적 행동이 사회 전체에 의해 합의된 일반적 권리나 기준이라고 생각한다. 그러나 후기에는 양심에 의한 내면의 결단에 중점을 두게 된다.

제6단계   보편적 윤리원칙. 이 단계에서는 추상적인 윤리원칙(예를 들어, 황금률 — 다른 사람이 자기에게 해주었으면 하는 것을 해야 함 — 이나 칸트의 정언명법 — 누구에게도 적용될 수 있는 규칙에 기반하여 행동해야 함 — 등)을 구축하여 이에 따라 행동하려고 한다.

(Kohlberg, 1981)

Kohlberg의 도덕발달이론은 여려 논쟁을 불러일으켰으며, 그의 저서는 많은 비판을 받게 되었다(Muuss, 1996). 특히, 도덕적 딜레마를 검증하고 평가할 때의 방법론적인 문제가 비판되었다. 그 결과, 이를 대신할 몇 가지 평가방법이 연구되기에 이르렀다. 이 중에서 가장 잘 알려진 것이 문제정의검사 DIT(Defining Issues Test)이다(Rest, 1973). 이것은 다지 선택 방식을 취하여 객관적으로 평가할 수 있다. 또 한 가지 비판점은 발달단계의 순서 불변성에 대한 것이다. Kohlberg는 이것을 자신의 이론의 중핵이라고 생각하였다. 많은 연구는 발달단계의 불변성을 지지하는 결과를 도출해 내고 있으나(Kohlberg and Nisan, 1984; Walker, 1989), 다른 연구자들은 피험자가 보다 낮은 도덕단계로 퇴행하는 경우가 있다는 사실을 보여주고 있다(Mulphy and Gilligan, 1980). 이 테마에 대한 가장 흥미로운 연구 중 하나로, 여러 문화에 걸친 도덕적 발달 연구가 있다. 그림 3-4 및 그림 3-5에서 볼 수 있는 것처럼, 세 가지 현저히 다른 문화에 있어서 발달단계는 거의 같은 시간적 순서대로 나타나고 있는 것처럼 보인다. 문화 간의 차이는 발달속도에 따른 차이이며, 발전 정도가 낮은 사회의 경우 탈관습적 단계의 사고는 거의 사용되고 있지 않다.

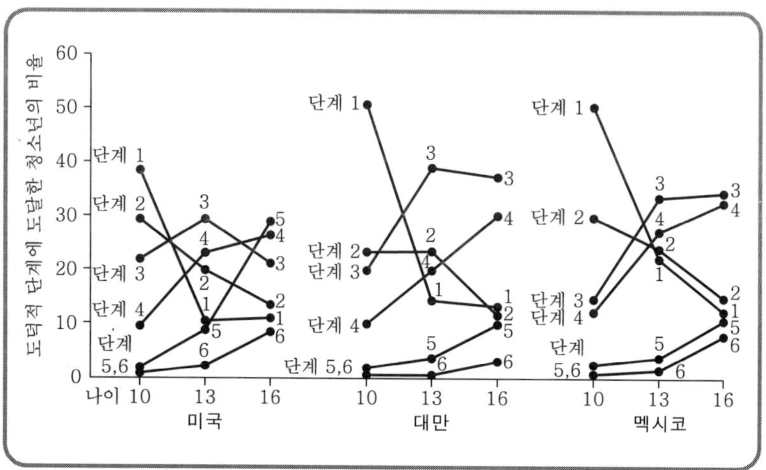

| 그림 3-4 | 미국, 대만, 멕시코의 도시 중산층의 남자청소년. 10세 때에는 낮은 단계의 사고를 하는 비율이 높다. 13세 때에는 세 나라 모두 제3단계가 가장 많이 사용된다. 16세가 되면 미국의 남자청소년들은 10세 때와는 반대의 비율을 보인다(제6단계를 제외). 대만과 멕시코에서는 16세에도 관습적 단계(3-4)가 가장 많으며, 제5단계는 거의 사용되지 않는다.

출처 : Kohlberg and Gilligan(1971).

Kohlberg의 이론에 대한 가장 강력한 비판은 Gilligan(1982)에 의해 이루어졌다. 그녀의 논점을 종합해서 말하면, 여성에게 있어서 도덕의 성질은 남성과는 다르다. Kohlberg의 단계이론에는 본질적인 결함이 있다. 왜냐하면 그것은 도덕성에 대한 남성적 관점에 기반한 것이기 때문이다. Gilligan은 전통적으로 여성에게 있어 '선(善)'으로 규정되어온 특질, 예를 들어 타인을 돌보는 것이나 감수성 등은 남성에게 있어서는 그다지 평가받지 못하는 특질이라고 설명하고 있다. 분명 Kohlberg의 이론에서 대인적으로 규정된 도덕성은 제3단계이며, 제4단계의 인간관계는 규칙에 종속되어 있다. 그리고 제5, 6단계에서 규칙은 보편적인 정의의 원리에 종속되어 있다는 것이다.

Gilligan은 Kohlberg가 사용하고 있는 딜레마 이야기의 대부분이 젊은

청소년과 사회 : 청소년기의 심리, 건강, 행동 그리고 관계의 본질

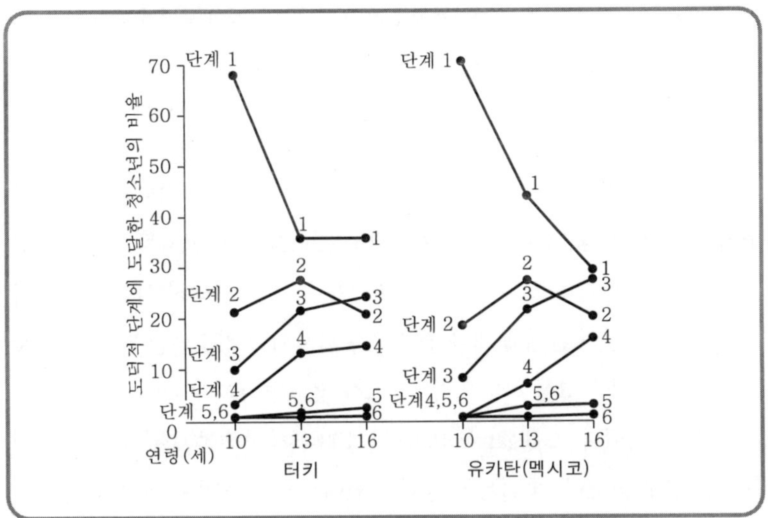

출처 : Kohlberg and Gilligan(1971).

남녀가 일상생활 속에서 직면할 수 있는 도덕적 딜레마와 관계가 없다고 주장한다. 예를 들어 앞에서 기술한 하인츠의 상황은 일상적이고 개인적인 실존적, 도덕적 딜레마와는 거의 아무런 관계가 없는 추상적 생각에 지나지 않는다. Gilligan 등은 청소년의 도덕적 사고에 보다 밀접하다고 생각되는 다른 상황을 개발하였다. 예를 들면, 다음과 같은 상황이다.

어떤 여자 고등학생의 부모가 주말에 외출을 하고, 그 학생은 혼자서 집에 있었다. 금요일 저녁에 생각지도 않게 그녀의 남자 친구가 찾아왔다. 둘은 집에서 밤을 함께 보내게 되었으며 결국은 서로를 안고 애무하기 시작했다.

질문 : 이것은 옳은 일일까요? 잘못된 일일까요? 이 두 학생이 만약 그대로

성관계를 갖게 된다면, 어떻게 해야 할까요? 그것은 옳은 일일까요? 잘못된
일일까요? 이 여학생은 남학생보다 이런 행위를 하고 싶은 기분이 아닐 것
이라고 생각해 주십시오. 당신이 그녀였다면 그렇게 생각하는 데는 어떠한
이유가 있습니까? 당신은 성관계에 관한 문제는 도덕성의 문제와 관계가 있
다고 생각합니까?

(Gilligan et al., 1990)

Gilligan 등(1990)은 이러한 세 가지 딜레마를 만들어, 다양한 젊은 남
녀집단을 대상으로 설문을 하였다. 결국 Kohlberg 비판자들이 예상했던
것처럼, 대상 딜레마가 추상적인 것이었을 경우의 도덕적 사고는 유의하
게 높았으나, 성적 관계에 대한 딜레마가 제시되면 청소년은 남녀 모두 보
다 낮은 수준의 사고를 하였으며, 그 저하 정도는 여자보다도 남자에게 있
어 더욱 현저했다. Gilligan과 Belenky(1980)는 중절문제에 중점을 두어
유사한 연구를 했다. 중절은 여성에게 있어서 중심적인 관심사이며, 자기
이해와 타인에 대한 배려와의 갈등이 가장 중시되는 문제이기도 하다. 이
연구에 참가한 여성들의 대다수가 다른 연구에서 보였던 것과 같은 결과
를 보였다. 즉, 개인적 문제가 대상이 되면 도덕적 사고수준이 저하되는
경향을 보였던 것이다. 이러한 연구를 통해 인간은 자신의 개인적인 이해
와 직접적으로 관련이 되는 문제에 직면하면, 도덕적 사고능력을 충분히
발휘할 수 없게 된다는 것을 알 수 있다.

Kohlberg의 본래 이론이 후속 연구에 의한 비판을 피해갈 수 없다는
것은 분명하다. 타인에 대한 배려가 보편적 명법에 따르는 것과 같은 도덕
적 원리에 기반한 것이라는 점을 인식하지 못했다는 것은, 분명 Kohlberg
이론의 중대한 결함일 것이다. 또한 도덕적 사고를 측정하는 데 있어서 추
상적인 도덕 딜레마에 의거했다는 것도 중대한 문제이다. 최근의 연구는
정의의 개념에 주목하고 있으나, 정의의 개념은 도덕이론의 본질을 구성

하는 것이기는 하나 문화에 따라 크게 다르다는 것이 강조되고 있다. 그럼에도 불구하고, Lapsley(1992)가 지적한 것처럼 지금도 Kohlberg의 이론은 도덕적 발달에 대한 대다수의 연구에 있어서 기초가 되는 것이다. Kohlberg의 연구는 이 테마에 대해 우리들의 이해를 추진해 나가는 데 있어서 가장 중요한 공헌을 하였다. 앞으로도 계속해서 수정될 것이나, 이 이론이 도덕성 이론에 계속해서 큰 공헌을 할 것임은 자명하다.

시·사·점   *Implications for practice*

1. 우선, 10대들과 자주 접하는 어른이라면, 10대 초반의 아이들은 추상적인 사고가 가능해진다고 하는 사실을 염두에 두어야 할 것이다. 논리적, 과학적 추론능력의 증대가 청소년의 의사소통, 의사결정, 교섭의 기술에 영향을 미친다.

2. 이와 함께 학교 커리큘럼에 대해서, 그리고 그것이 오늘날 청소년의 사고양식에 미치는 영향에 대해 광범위한 관심이 집중되고 있다. 커리큘럼은 형식적 조작사고를 촉진시킬 것인가? 아니면 그 발달을 억제할 것인가? 몇몇 저자는(Keating and Sasse, 1996) 실제로 그들이 '마음의 비판적 습관(critical habits of mind)'이라고 부르는 청소년들의 능력을 현행 교육실천이 억제하고 있는 것은 아닌지에 대해 우려하였다. 그들에 의하면 학교는 상상력과 창조적 사고를 촉진하는 것과는 반대로 시험성적에만 중점을 둔 장소이다.

3. 자기중심성 개념 등 사회적 인지가 청소년 간의 일상적 교류에 어떻게 적용되는지를 나타내는 몇 가지 예를 들었다. 우리들은 Elkind와 Selman 등이 자신의 이론을 새로운 임상적 개입방법을 개발하기 위해 이용했다는 것을 알았으며, 이러한 이론이 중요한 것은 이 때문만이 아니라, 예를 들어 자기중심성이라고 하면, 아동들이 자기 자신을 어떻

게 보고 있는가를 아는 것이 부모나 사회복지사 그 외의 사람들에게 있어서 도움을 줄 수 있기 때문이라고 할 수 있다. 청소년들과 함께 생활하는 일을 하는 사람들의 입장에서 봤을 때, 청소년들이 아마도 자기중심적인 것처럼 보일지도 모른다. 그러나 자기중심성은 청소년기 인지발달의 정상적인 요소라는 것을 안다면, 이러한 청소년의 행동을 보다 잘 이해할 수 있을 것이다.

4. 도덕적 사고를 이해하는 것은 여러 가지 의미에서 실천적인 시사를 준다. Kohlberg(1970) 스스로가 청소년의 도덕적 발달을 촉진시키기 위한 트레이닝 코스를 기획하였으나 많은 사람들은 이러한 훈련의 효용성에 대해 큰 의문을 제시했다. 그러나 청소년들을 대상으로 한 프로그램에서 Kohlberg의 틀을 활용하려고 하는 수많은 시도들이 있었다. 이 중 몇 가지는, 예를 들어 Nucci와 Webber(1991)의 연구에서 볼 수 있는 것처럼, 가치교육이라고 하는 큰 영역 속에서 시행되고 있다. 여기서는 도덕성과 사회적 관습 간의 차이를 알게 되며, 학생은 어떻게 사회가 사회적 관습 속에서는 다양할 수 있으나 유사한 도덕성 체계를 갖는지를 배우게 된다.

5. Kohlberg 이론이 적용될 수 있는 또 다른 하나의 영역은 젊은 범죄자들에 대한 적용이다. 이러한 생각은 북미(Ross et al., 1998)나 영국(Thornton and Reid, 1982)의 연구에서 심화되어 왔다. 그러나 범죄행동이 인지적 기술훈련에 의해 수정될 수 있다는 생각은 전면적으로 받아들여지지 못하고 있다. 몇몇 연구들은 이러한 프로그램은 어린 범죄자의 경우에는 어떠한 효과도 얻지 못한다고 보고하고 있으나(Robinson, 1995), 다른 연구에서는 그 효과가 범죄유형에 따라 달라진다고 보고 있다(Nelson et al., 1990).

6. 결론적으로, 청소년기의 사고나 추론을 이해하는 것은 많은 점에서 실제에 응용할 수 있는 가능성을 가지고 있다. 전문가는 너무 자주 청소년들의 행동에 눈을 빼앗겨, 발달이라고 하는 눈에 잘 보이지 않는 측

면을 무시하기 쉽다. 사고와 추리의 변화는 그 구체적인 예이다. 어린 청소년은 사고기술에 있어 한계를 가지고 있다는 점을 고려하는 것, 그리고 그 기술이 연령에 따라서 어떻게 성장하며, 후기 청소년이 되면 일련의 새로운 능력이 나타난다고 하는 것들을 이해하는 것이 중요하다.

참고도서

Keating, D (1990) Adolescent thinking. In Feldman, S and Elliott, G (Eds) *At the threshold: the developing adolescent.* Harvard University Press. Cambridge, MA.
This chapter in Feldman and Elliott's book offers a fine summary of research on the topic of adolescent thought, and its development through the teenage years.

Keating, D and Sasse, D (1996) Cognitive socialization in adolescence: critical period for a critical habit of mind. In Adams, G, Montemayor, R and Gullotta, T (Eds) *Psychosocial development during adolescence: progress in developmental contextualism.* Sage. London.
This chapter explores how thinking is socialised during adolescence, and addresses itself particularly to the role of the school in either inhibiting or facilitating creative thought during this stage.

Muuss, R (1996) *Theories of adolescence: 6th edition.* McGraw-Hill. New York.
We have already referred to this book, at the end of Chapter 1. It contains good summaries of the theories of Piaget, Kohlberg, Selman and others concerned with thinking during adolescence.

The Nature of
Adolescence

자아와 정체성
The Self and identity

자아개념 발달과 관련된 요인
Factors associated with self-concept development

자아존중감
Self-esteem

정체성 발달에 대한 이론적 접근
Theoretical approaches to identity development

민족적 정체성에 관한 연구에 대한 검토
A review of research on ethnic identity

시사점
Implications for practice

자아개념(self concept)에 대해 살펴보면 대체로 청소년기는 변화와 안정 시기라고 불려 왔다. 이에는 이유가 있다. 첫 번째로, 제2장에서 검토한 주요한 신체의 변화가 신체 이미지의 변화를 초래하며, 그로 인해 자아감각에 변화를 가져오기 때문이다. 두 번째로, 앞에서도 살펴본 바와 같이 청소년기에는 지적 측면이 성장하기 때문에 보다 복잡하고 발달된 자아개념을 가질 수 있게 된다. 세 번째로, 자아개념 속에는 정서적인 자립이 높아져 직업, 가치관, 성행동, 우정의 선택 등과 같은 중요한 결정이 가까워진 결과로써 발달하는 부분이 있다. 네 번째로 청소년기의 이행에 동반되는 특징, 특히 이 시기에 경험하는 역할의 변화가 자아개념의 변화에 결부되는 것으로 받아들여진다.

청소년이 자기 자신이나 자신의 주체성, 성격을 어떻게 이해하고 인식하느냐에 따라 라이프이벤트(life event)에 대한 반응형태는 크게 변화한다. 개인적 차원의 청소년들이 사회로부터 인정받는 구성원이 되고 싶다고 바라면 '적절한 역할을 연기할 것' 과 '자기 자신으로 존재할 것' 의 사이에서 본질적인 딜레마를 경험하게 된다. 한편으로는 다양한 사회적 환경 속에서 적절한 역할의 연기가 가능할 것, 그 상황 속에서 정해진 규칙에 순응할 수 있을 것 등이 중요시 된다. 그러나 다른 측면으로는 개성이나 자기 자신이라는 점을 유지할 수 있다는 것도 마찬가지로 중요하다. 청소년기는 개인이 자기 자신이 진정 자기답게 존재하기 위해서는 어떠한 것들이 중요한지를 명확하게 하기 위하여 고군분투하는 시기이며, 선택한 일련의 사항들을 통합하여 전체가 일관될 수 있도록 인간의 본질을 구축하고, 부모와 그 밖의 발달적 영향으로부터 완전히 분리하는 것들에 대해 관심을 기울이는 시기이다. 개성을 구축하는 이러한 과정이 없을 경우 청소년은 자기라는 존재가 소멸된 것처럼 여기게 될지도 모른다. 청소년은 역할과 역할구조의 형태를 다양하게 하거나 집 밖에서 성장하기 위한 사회적 · 환경적 맥락을 선택함으로써 규칙으로 정해진 행동으로부터 조금은 벗어날 수 있는 자유를 얻을 수 있다.

사회화의 과정에서 청소년들이 관련된 다양한 성인(부모, 교사, 청소년 지도자)이 역할 모델이나 사회 대리인(social agent)으로서 중요하며, 자기 자신이라는 점, 유능함에 대한 인식, 일관된 정체성의 기능 또한 중요하다. 청소년들은 사회에 대해 의미를 부여하며, 거기에 자신들이 머물 곳을 찾기 위해 부단히 노력하고 있으며 그러한 작업은 심리적 성숙에 있어서 중요하다.

이 장에서는 청소년기의 자아개념과 관련하여 획득된 견해를 개괄적으로 살펴보고자 한다. 특히 다음의 네 가지 주제들에 대해 살펴보고자 한다.

(a) 자아개념의 발달과 관련된 요인
(b) 청소년기의 자아존중감
(c) 정체성 발달에 대한 이론적 접근
(d) 민족적 정체성에 관한 연구 논평

이 점에 관해 논하기 전에 용어에 관해 몇 가지 이야기해 두고자 한다. 안타깝게도 이 분야에서 많은 용어들이 학자 또는 연구자들에 따라 동일한 의미로 사용되는 경향이 있다. 그 때문에 예를 들면 '자아개념(self-concept)', '자아가치(self-worth)', '자아존중감(self-esteem)' 은 모두 같은 의미를 내포하고 있는 지도 모르며 다른 한편으로는 '정체성(identity)', '자아', '자아개념' 이 혼동되기도 한다. 우리들은 '자아개념' 이라고 하는 용어를 자아 감각에 관한 모든 발상으로 언급하기 위하여 사용하는 바, 이것에는 신체이미지, 자아존중감, 그 밖의 자아 차원의 개념들이 포함된다. '자아존중감' 이라고 하는 용어는 가능한 한 개인의 자기 평가 또는 자기 가치의 감각에 관해 언급할 경우에만 한정해서 사용하며, '정체성' 이라고 하는 용어는 Erikson의 연구에 관해 언급하거나, 그의 독창적인 사고에 기초한 Marcia, J. E., Waterman, A. S, Adams, G., Cote, J. E., Phinney, J. S. 등의 연구에 관해 논의할 경우에만 사용하는 것으로 한다.

자아개념 발달과 관련된 요인

자아개념을 개념화하는 방법에는 여러 가지 형태가 있다. 실제로 이것은 심리학에서 오랜 역사를 가지고 있는 화제이며, 폭넓은 이론적 입장을 문헌을 통해 확인할 수 있다. 그러나 여기에서는 청소년기의 영역에 한정하여 우선 인생의 단계 가운데 청소년기에 적용되어온 개념에 대해 살펴보고자 한다. 자아개념을 묘사하는 가장 일반적인 방법은 자아 전체를 구성하는 것으로 여겨지는 차원을 기술하는 것이다. 한 가지 좋은 사례는 Offer와 그의 동료의 연구에서 나타난다. Offer는 Offer 자신의 이미지 설문지(Offer, 1969; Offer et al., 1992)를 개발한 것으로 널리 알려져 있다. 이 설문지는 청소년의 자기 이미지는 그림 4-1과 같이 5개의 심리적 기능 영역으로 나누어져 있으며, 10개의 척도로 분류된다. Harter(1990)의 연구에서는 다차원적인 또 다른 견해를 취하고 있다. Harter는 요인분석방법에 기초하여 자아인식 접근법을 개발하였으며, 이러한 절차에 따라 자아개념의 여덟 가지 영역을 명확하게 하였다. 이러한 것에는 학업능력, 직무능력, 운동능력, 용모, 사회적 수용, 친밀한 우정, 로맨틱한 매력, 행위 등이 포함된다.

Shavelson, R.은 그림 4-2와 같은 보다 복잡한 모델을 제시하여 청소년기의 자아개념은 계층적이라고 하는 관점을 지지하고 있다. Shavelson(1976)과 Marsh 등(1988)은 모델의 정점에는 상당히 안정된 전체적인 개념이 존재하며, 이것은 학업적 및 비학업적인 자아개념이라고 하는 두 가지 주요한 차원 위에 성립되는 것으로 여겼다. 비학업적인 자아개념은 사회적, 정서적, 신체적 자아개념으로 분류되며, 각각 보다 세분화된 영역을 가지고 있다. 이러한 것들은 그다지 안정되지 못한 채 개별적 상황에 대해 특유의 성질을 가지고 있는 것으로 여겨지기 때문에 계층이 하위영

 청소년기의 자아이미지를 청소년기의 심리·사회적 기능의 다섯 가지
영역으로 분류, 아울러 자아이미지 질문지(OSIQ-53 척도)의 10개 척도
로 분류한 내용과 그 항목 수

출처 : Stoller et al.(1996).

역에 위치하고 있다.

이러한 것들만이 청소년기의 자아개념에 대해 설명하고 있는 유일한
문헌은 아니지만, 이러한 연구들을 통하여 사회과학자가 이러한 주제를
어떻게 바라보고 있는지를 알 수 있다. 또한 이러한 접근은 자아개념이 청
소년기에 어떻게 변화, 발달하는가를 검토하고자 할 때 유효할 것이다. 첫
번째로 격심한 변화가 일어난다. 먼저 자아개념의 측면은 특정한 상황과

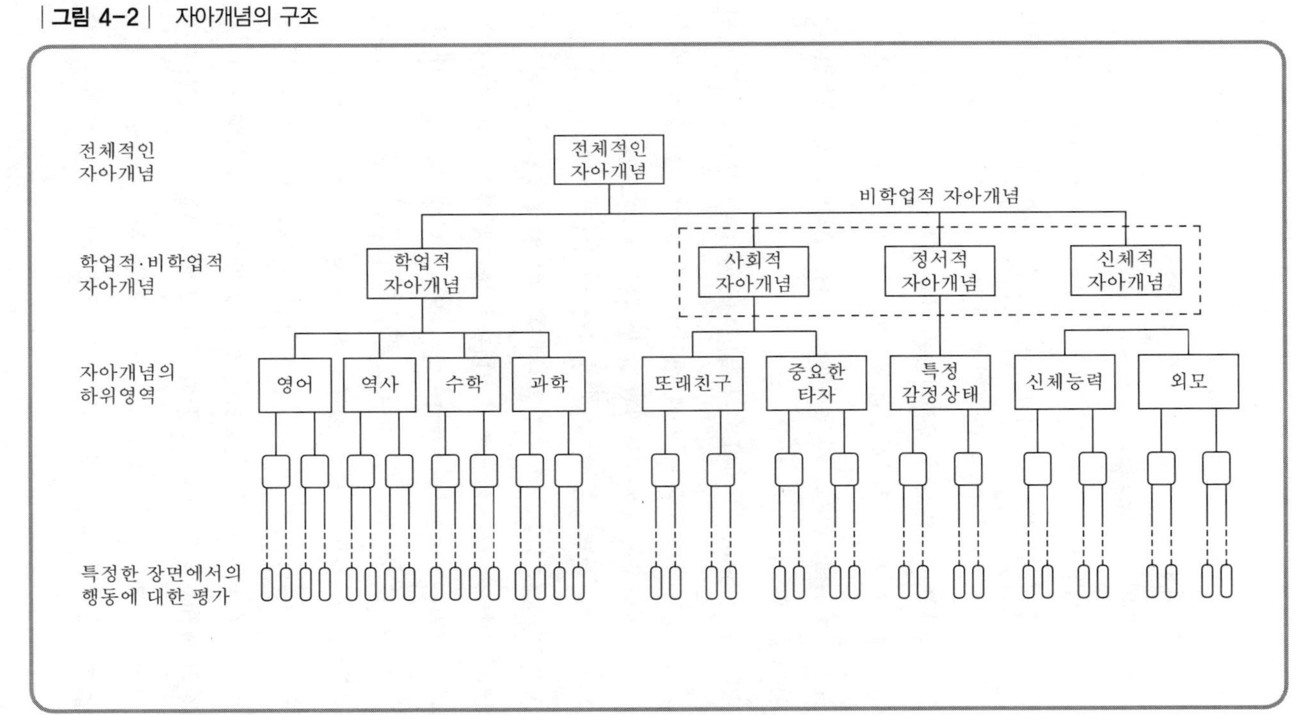

출처 : Shavelson et al.(1976).

결부되는 경향이 있다. 예를 들면 어린이들은 자기 자신을 단순히 우호적이라던가, 외롭다, 게으르다, 운동을 잘 한다 등으로 묘사하지만 10대 청소년들은 그보다도 자기 자신을 어떠한 상황에서는 우호적이라던가, 또 특정한 환경에서는 외롭다 등으로 묘사하는 경향이 있다. 다른 한편으로, 청소년들은 어렸을 때보다는 누가 이야기하고 있는가(話者)라고 하는 시점을 생각할 수 있게 된다. 예를 들면, 10대 청소년들은 다음과 같이 이야기할지도 모른다. '부모님들은 나에 대해 말할 때 말이 없고 부끄럼을 잘 탄다고 하지만 친구들은 내가 정반대라는 것을 잘 알고 있다.' 자신에 대해 다른 관점에서 볼 수 있는 이러한 능력은 청소년들이 초기 청소년기에 세상에 대한 관점을 바꾸는 중요한 특징으로, 앞 장에서도 언급한 인지발달의 차원에 의해 좌우된다.

분화될 뿐만 아니라 자신의 다른 측면이 한층 더 조직화되며, 통합되어 간다(Harter, 1990; Marsh, 1989). 자신에 대해 묘사해 줄 것을 부탁하면 어린이들은 단순히 속성을 들기만 할 뿐, 각각의 상호 관련성에 있어서는 아무런 질서나 관련성을 제시하지 못한다. 나이가 들어 감에 따라 청소년들은 속성을 조직화하는 것에 강한 욕구를 명확하게 표현할 수 있게 되며, 이러한 것들을 연결시켜 일관된 형태를 만들게 된다. 흥미롭게도 이처럼 일관된 성격을 가지는 것이 중요하다는 것을 깨닫게 되는 것이 청소년 중기이며, 이 시기에 이와 관련하여 문제가 야기된다. 즉, 이러한 깨달음을 통해 자신의 성격에 모순된 속성이 있음을 인식하게 되기 때문이다. Harter and Monsour(1992)는 중요한 연구를 수행하였으며, 청소년들에 다양한 특성 가운데 무엇보다 중요한 것을 동심원의 바깥쪽에 위치시키고 자신의 성격을 특징짓도록 요구했다. 그 결과 대부분의 청소년들은 자신이 모순된 속성을 가지고 있으며, 다른 장면에서는 다른 종류의 인간이 된다는 점을 알아냈다. 생각해 보면 이러한 모순의 해결이나 수용은 성숙

  청소년과 사회 : 청소년기의 심리, 건강, 행동 그리고 관계의 본질

을 위해 발달하는 과정의 일부이다. 이러한 점에서 자아개념을 개인이 자신에 대하여 구축한 이론으로 이해하는 것이 무엇보다 유효하다고 하는 Hater(1988) 등의 발상이 중요하다고 하겠다. 청소년기에 점진적으로 분화와 조직화가 일어나며, 진정으로 자아가 구축된다고 하는 Harter의 주장을 입증하는 증거라고 할 수 있다.

Harter는 또한 전체적인 자아개념에 관하여 두 가지 측면에 관심을 기울이고 있다. 하나는 이 시기에 자신에 대한 특유의 몰입이며, 또 다른 하나는 이 시기에 자아개념이 어느 정도 흔들리는가에 대한 의문이다. 첫 번째 문제에 대해 청소년기는 두드러지게 내성적으로 변하기 때문이라고 하는 점에는 의심의 여지가 없다. 이 점은 Erikson(1968)이나 Rosenberg(1979)가 충분히 언급하였다. 자신에 대해 눈을 뜨게 되거나 자신이 다른 사람들에게 어떻게 보이는가에 대해 눈 뜨게 되는 변화는 종종 고통을 동반하며, 다양한 요인에 의해 발생하기도 한다. 사춘기의 신체적 성장과 아울러 증가하는 인지능력이 중요한 역할을 수행하고 있다. 신체가 변화한다는 것에 자신이 변화한다고 하는 것을 느끼며, 그러한 것이 이번에는 강한 자의식을 불러일으키며 타인이나 자신이 타인에게 어떻게 보이는가에 대한 깨달음을 증가시킨다. 청소년기의 자기중심성이나 새로운 지적 기술의 발달이 새로운 사고방식을 만들어낸다는 점에 관해서는 이미 언급했다. 자기중심성과 내성(內省)은 밀접한 관련을 지닌다. 즉, 청소년은 생성되는 자아를 이해하려고 하는 새로운 단계에 접어들면 한동안은 내적 세계의 이러한 측면이 중대한 관심사가 되기 때문이다.

그런데 자아개념의 안정성의 문제에 관해 이야기하면 실제로 전체적인 자아개념의 안정성보다는 자아존중감의 안정성에 관한 실증연구가 많다. 이러한 연구들에 관해서는 다음 절에서 자세하게 설명하겠지만, 자아의 일정 부분은 다른 측면보다도 변화한다고 하는 것이 명백하다. 실제로

위에서 언급한 Shavelson의 모델에서는 자아의 요소가 상위계층에 있을 수록 안정되어 있음을 보여주고 있다. 그와 아울러 청소년들의 자아의 일정 측면이 매일 변화한다는 점을 깨닫게 된다. 그러나 이와 같은 사실을 깨닫게 된다고 하더라도 안정성이 결여되어 있다고 하는 우려가 사라지는 것은 아니다. Harter가 언급하고 있는 바와 같이 청소년들은 다음과 같은 질문을 던지게 된다. '자신이 어떻게 이렇게 빨리 변해 버렸는지 정말 모르겠다. 어떤 때에는 활기차다가 일순간 불안해지기도 하고…'(1990, p. 363). 물론 이것은 부모들에게 자주 듣게 되는 질문으로, 부모는 마치 다른 사람들이 하나가 된 것처럼 보이는 청소년들에 대한 대응에 고군분투하고 있다는 것이다.

자아존중감

자아존중감은 대처와 적응의 지표이며, 다른 어떤 개념보다 주목을 받아왔다. 이 분야의 연구에서 시작된 당초부터 자아존중감이 낮으면 적응에 어려움을 겪을 것으로 예상되고, 자아존중감이 높으면 다양한 분야에서 잘 적응할 가능성이 높다는 것이 명확하게 규명되었다. 한 가지 예를 들면, Rosenberg(1965)의 고전적인 연구는 다음과 같은 일반적인 결론을 제시하고 있다. 낮은 자아존중감은 그가 연구한 샘플의 약 20-30%의 사람들에게서 나타나고 있으며, 폭넓은 요인이 관련되어 있음이 밝혀졌다. 이 연구의 대상은 뉴욕에 있는 학교 가운데 무작위로 추출한 약 5,000명의 17-18세의 청소년들이었다. 자아존중감은 10개 항목의 자기평가형식의 척도 (예를 들면, '나는 내가 다른 사람과 비교해서 적어도 동일한 정도의 가치가 있는 인간이라고 생각한다' 고 하는 질문에 자신이 어느 정도 부합하는

가 또는 부합하지 않는가)로 측정했다.

자아존중감이 낮다는 것은 억울하다거나 불안, 낮은 학업성적과 관련이 있음을 보여주고 있다. 자아존중감이 높은 청소년들도 자아존중감이 낮은 청소년들과 마찬가지로 학교를 떠날 때의 성공을 기대하지만 자아존중감이 낮은 이들은 결코 그러한 성공을 이룰 수 없을 것으로 여기는 경향이 강했다. 또한 그들은 자신들에게는 감당하기 힘든 일을 선택하는 경향이 있으며, 성공에 필요한 자질을 갖추고 있지 못하다고 생각하는 경향도 강했다. 자아존중감이 높은 청소년들은 자아존중감이 낮은 청소년들에 비해 자신감이나 근면, 리더십 능력, 좋은 인상을 주는 능력을 자신의 이점이라고 생각하고 있었다. 자아존중감이 낮은 청소년은 대인관계능력이 결여되어 있다고 여기고 있으며, 사회적으로 고립되어 있다거나 누구나 다 자신을 이해 또는 존경하지 않을 것이라고 여기고 있었다. 또한 자아존중감이 높은 청소년은 부모가 자신에게 관심을 가지고 있지 않다는 신념을 강하게 가지고 있었다.

Rosenberg(1965)의 연구 이후 자아존중감의 다양한 측면에 관한 다수의 중요한 연구가 이루어졌다. 그런 연구들의 대부분은 자아개념만이 다면적일 뿐만 아니라 자아존중감도 다면적이라는 점을 깨닫게 되었다. 예를 들면 어떤 청소년은 축구를 좋아할 때는 자아존중감이 높지만, 교실에서 공부를 할 때나 여학생들에게 프러포즈를 할 때는 자신감이 없을지도 모른다는 것이다. 이 분야의 연구는 Rosenberg가 연구를 시작한 이래 많은 발전을 이룩해 왔으나 자아존중감의 높음이 무엇과 관련되는가라고 하는 동일한 문제만이 계속해서 검토되어 왔다. 예를 들면 Hoge 등(1995)은 학업성적과 자아존중감의 관련성에 대한 연구를 발표했다. Hoge와 그 밖의 다른 많은 연구자들(예를 들면 Marsh, 1987)이 지적하고 있는 바와 같이, 어떤 변수가 무엇에 영향을 미치고 있는가를 확인하거나 분류하는 것이 문제시되었다. 자아존중감이 강하면 학업성적이 좋아지는지 아니면 다른 요인이 있는지에 대해 질문을 했을 경우 교실에서의 성공이 자신감을 높이는 요인이 될 수 있다는 것도 충분히 생각해 볼 수 있을 것이다. Hoge(1995)는 현 시점에서는 인과관계의 방향에 관한 확고한 결론은 내릴 수 없다고 하였다. 게다가 그들의 연구는 구조방정식에 의한 모델화를 이용할 경우 열쇠가 되는 변수 사이에 낮은 상관관계밖에 존재하지 않음을 확인하였다. 결국 특정 과목의 성적 및 그 영역과 직접적인 관계가 있는 자아존중감 사이에는 가장 높은 상관관계를 보였다는 점에서 Shavelson의 계층적 모델을 통해 위에서 언급한 결과를 설명할 수 있을 것으로 생각한다.

이상과 같은 특징에 관한 연구 이외에 자아존중감에 관한 연구의 두 가지 분야가 과거 20년에 걸쳐 큰 관심을 끌어왔다. 그중 하나는 자아존중감에 가장 큰 영향을 미치는 속성을 이해하는 것, 또 다른 하나는 청소년기에 있어서의 자아존중감의 경시적인 안정성에 관한 것이다. 이와 아울러 다양한 민족집단의 자아존중감에 관한 연구는 있지만 이것은 민족적 정체성의 영역에서 다루기로 하겠다. 여기에서는 먼저 자아존중감에 영향을 미치는 속성들에 관해 살펴보고자 한다. 이 문제에 관해서는 연구자들 사이에서 놀랄 만큼 일치된 견해가 존재한다. 즉, 자아존중감에 가장 큰 영향을 미치는 것은 용모에 대한 만족도라는 점에는 대부분의 연구자들이 동의를 하는 바이다. Harter(1990, p. 367)는 어떤 청소년의 다음과 같은 말을 인용하고 있다. '나에게 있어서 정말로 소중한 것은 내가 어떻게 보이는가라고 하는 것이다. 내가 나의 외모를 마음에 들어 하면 나라고 하는 인간도 좋아지게 되는 것이다.' 청소년들, 그것도 청소년기 초기의 이들은 신체 이미지에 대한 만족도가 전체적인 자아존중감에 가장 높은 상관관계를 나타내며, 그 다음이 친구로서 인정을 받았다는 점이다. 학업

성적과 스포츠에서의 성공도 기여를 하지만 그 정도는 그리 높지 않다. 신체적인 매력이 현저하게 관련성을 지니는 것에 관해서는 명백한 성별차이가 존재하며, 남성보다 여성이 중요한 요인이었다. 청소년기 초기단계에서는 여성들이 일반적으로 자아존중감이 낮은 것으로 많은 연구를 통해 보고되었다(예를 들면 Simmons and Rosenberg, 1975; Simmons and Blyth, 1987). 이러한 결과는 자아존중감 전체 가운데 신체이미지의 만족이 차지하는 정도에 따라 설명이 가능할지도 모른다. 여성은 사춘기에 신체이미지에 특히 민감한데, 이는 특히 신체에 불만을 가지고 있기 때문이다.

자아존중감에 영향을 미치는 또 다른 요인은 중요한 타자(significant others)의 의견이다. 그러나 청소년기에는 어떠한 타인이 가장 큰 영향을 미치는 것일까? 여기에서는 Harter(1989, 1990)의 연구가 중요하다. 그녀의 연구에 의하면 거기에는 발달적인 변화가 있으며, 부모는 나이가 들수록 그 중요성이 작아진다고 한다. 다시 말해 어린이들에게 있어서는 부모의 인지가 다른 어떠한 변수보다 자아존중감을 규정하는 커다란 역할을 수행한다. 그러나 청소년기의 시작과 함께 친구들이 점점 더 중요하게 인식된다. 흥미롭게도 자아존중감에 관한 영향에 대해서는 친한 친구보다 학급 친구가 중요하다고 한다. Harter는 다음과 같이 언급하고 있다.

공공의 장소에서 친구로부터 인정을 받는다는 것은 부모로부터 개인적으로 존중받는 것보다 중요한 것 같다. 왜냐하면 친한 친구는 당연히 지원해 주기 때문에 친한 친구로부터의 긍정적인 피드백은 반드시 자아존중감을 높이는 작용을 하는 것은 아니기 때문이다. 이처럼 청소년은 자신을 확인하기 위하여 보다 객관적인 지원처 — 소위 사회적 거울이라고 할 수 있는 것 — 에 의존하지 않을 수 없다는 것이다.

(1990, p. 368)

이러한 중요한 결론이 나와 있긴 하지만 청소년기의 자아존중감에 대한 부모의 영향이 없어졌다는 증거는 없다. 부모는 계속해서 자아존중감에 대해 영향을 미치고 있다. 그러나 아동기에 명확하게 드러나던 커다란 영향력은 찾아볼 수 없다. 이미 언급한 바와 같이 부모가 학업성적에 관심을 가지는 경우 청소년은 자아존중감이 높다는 것을 Rosenberg(1965)는 제시하고 있다. 실제로 제5장에서 소개할 연구에 의하면 자아존중감은 청소년기의 양육태도가 가장 큰 영향력을 미치는 변수의 하나임을 보여주고 있다. 부모와 친구 모두가 이러한 중요한 영역에서 역할을 수행하고 있으며, 청소년기에 가정 외의 사회적 관계의 중요성을 증가시킴에 따라 두 가지 영향의 균형은 변화한다.

연구가 계속되고 있는 또 한 가지 주제는 청소년기에 자아존중감이 변화하는가라고 하는 것이다. 초기 연구는 모순된 결과를 제시하고 있으나, 지나고 보면 그러한 결과도 그리 놀랄 만한 일은 아니다. 왜냐하면 실제로 다양한 종류의 척도가 사용된 반면, 연구자는 모든 청소년들에게 적합한 하나의 답을 도출하려고 했기 때문이다. 최근의 연구는 청소년기의 자아존중감에 관해서 상이한 그룹의 청소년은 상이한 궤적을 나타낸다는 점을 밝혀냈다. 이러한 가능성을 초기에 제시한 것은 Hirsch와 DeBois(1991)로, 청소년이 자아존중감의 발달에 관해서 네 가지의 매우 상이한 경로를 밟는다는 점을 명확하게 하였다. 그녀의 조사대상자는 12-14세로, 그들 중 약 1/3이 안정적으로 높은 자아존중감을 보였으며, 15%가 안정적으로 낮은 자아존중감을 가지고 있는 것으로 분류되었다. 그러나 조사대상자의 약 반수는 2년 사이에 커다란 변화를 보였다. 연구를 수행하는 동안에 20%는 급격하게 자아존중감이 낮아졌으며, 약 1/3은 그렇게 높진 않지만 자아존중감에 유의한 증가를 보였다. 이 연구는 청소년기의 자아존중감을 보다 명확하게 이해하는 데 상당히 큰 기여를 하였으며, 일반적인 경향만을 들면 중요한 개인차가 은폐되고 만다는 점을 강조하고 있다.

　　Hirsch와 DeBois(1991)의 논문이 발표된 이후 다른 연구자들도 이 문제에 대해 관심을 갖게 되었다. 유럽의 Alsaker와 Olweus(1992)에 의하면 자아존중감은 단기간(예를 들면 1년)에는 안정적이지만 장기간(3년)에는 커다란 변화가 일어난다는 점을 지적하였다. Block과 Robins(1993)는 남자들에게 두드러지게 드러나는 것은 자아존중감이 높아지는 그룹이고 여성들에게서 두드러지게 나타나는 것은 자아존중감이 저하하는 집단이라는 점을 밝혀냈다. Zimmerman 등(1997)은 Hirsch와 DeBois(1991)의 연구보다 폭넓은 연령대를 대상으로 하고 있다. 그녀의 연구는 12-16세 청소년들을 대상으로 하여 Hirsch와 DeBois가 최초로 제시한 네 가지 변화의 궤적과 보다 넓은 의미에서 동일한 결과를 보여주고 있다는 점이 주목을 끈다. 그림 4-3는 그녀의 연구결과를 보여주고 있다.

　　Zimmerman에 의하면 자아존중감이 안정적으로 높은 사람과 상승세에 있는 사람은 친구들로부터의 압력에 저항하는 경우가 많으며, 술에 취하거나 일탈행동으로 치닫는 경우는 적다고 한다. 게다가 중요한 것은 자아존중감이 상승하는 집단과 저하하는 집단을 비교함으로써 자아존중감의 변화가 미치는 가장 두드러진 영향을 알 수 있다고 결론내리고 있다는 점이다. 이러한 두 가지 그룹은 12세에서는 거의 동일한 지점에서 출발하고 있지만 점점 더 연구가 진행되는 동안 모든 종속변수에서 점수의 차이가 벌어진다. Zimmerman(1997)이 지적하고 있는 바와 같이 이러한 결과는 간섭 프로그램에 대하여 중요한 시사점을 제공한다. 즉, 하나의 간섭 프로그램이 모든 청소년들에게 적합할 순 없다는 점을 시사하고 있다. 그들은 다음과 같이 언급하고 있다. '어떤 대책은 자아존중감이 착실하게 저하하는 청소년들에게 효과가 있을 수 있겠지만 다른 어떠한 대책들은 자아존중감이 상승해 가는 청소년들에게 효과가 있을 수도 있

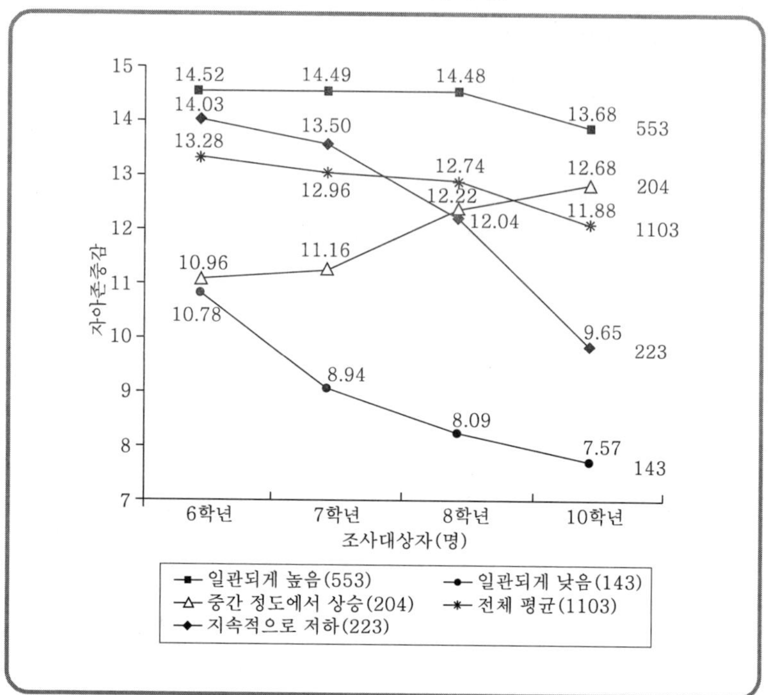

출처 : Zimmerman et al.(1997).

다'(p. 137). 마지막으로 그들은 단일 모델을 이용하여 청소년기 발달을 기술하는 것으로는 청소년에게 나타나는 의미 있는 개인차가 나타나지 않는다는 점을 이야기하고 있다. 이 연구가 자아존중감 연구에 있어서 상당히 중요함과 동시에 매우 폭넓은 범위에 걸쳐 의미를 가지고 있다는 것에 의심의 여지가 없다. 상이한 그룹의 청소년들은 상이한 길을 이용해 성장한다고 하는 사실을 설명하기 위해 한층 더 연구에 박차를 가할 필요가 있다. 또한 이러한 견해를 반영하는 방법을 적용하지 않으면 안 될 것이다.

청소년과 사회 : 청소년기의 심리, 건강, 행동 그리고 관계의 본질

정체성 발달에 대한 이론적 접근

정체성 발달에 관한 논의에 있어서도 그 중심에는 Erikson(1968)이 있었다. 그의 연구를 상세하게 읽고 싶은 분들은 Kroger(1996)의 훌륭한 논문을 참고하기 바란다. Erikson은 인생은 일련의 단계의 연속이며, 각각의 단계는 그 단계와 관련된 심리적 특성에 관해 특정한 발달과제를 가지고 있다고 생각했다. 예를 들면 유아기의 과제는 기본적 신뢰감을 확립하며, 불신감과 싸우는 것이다. 여기에서는 유아가 나중의 신뢰관계를 구축하는 기초를 다짐에 있어 어머니와의 관계가 중요한 것으로 나타났다. 청소년기에 관해서는 일관된 정체성을 확립하며, 정체성의 확산감각을 깨뜨리는 것이 과제이다. Erikson은 몇몇 요인에 의해 이 단계에서 정체성을 탐색하는 것이 무엇보다도 급선무라고 생각하고 있다. 예를 들면 Erikson은 청소년기의 급속한 생물학적ㆍ사회적 변화를 강조하며, 이 시기에 인생의 거의 모든 영역에 대하여 주된 결정을 하는 것이 중요하다는 점을 지적하고 있다. Erikson은 많은 저작들을 통해 정체성 문제를 해결하여 정체성 확산을 깨뜨리기 위해서는 청소년들에게 있어 어떤 종류의 위기가 필요하다고 언급하거나 암시를 주고 있다. 그림 4-4에서는 Erikson의 발달단계를 제시하고 있다.

Erikson(1968)에 의하면 정체성 확산에는 네 가지 주된 구성요소가 있다. 첫 번째는 친밀성의 문제이다. 자기 자신의 정체성을 상실할지도 모른다는 두려움으로 인해 친밀한 대인관계에 관여하거나 전력을 기울이기를 두려워한다는 것이다. 이러한 두려움은 정형화되어 있으며 형식적인 대인관계나 고립을 초래한다. 또는 Erikson이 말하고 있는 바와 같이 청소년은 '열광적인 도전을 몇 번이고 반복함으로써 우울한 실패에 빠지며, 존재할 것 같지도 않는 상대와의 친밀성을 요구한다' (Erikson, 1968, p.

| 그림 4-4 | Erikson의 도식(diagram)

	1	2	3	4	5	6	7	8
VIII								통합 vs 절망
VII							생식성(generativity) vs 지체	
VI						친밀감 vs 고립		
V	일시적 관점 vs 시간혼란	자아확신 vs 자의식	역할실험 vs 역할고정	견습 vs 노동 불능	정체성 vs 정체성 혼란	성적 동일성 vs 양성적(bisexual) 혼란	지도성과 복종성 vs 권위의 혼란	이념적 관여 vs 가치의 혼란
IV				근면 vs 열등감	과제 동일시 vs 무가치에 대한 감각			
III			주도성 vs 죄의식		역할예감 vs 역할억제			
II		자율성 vs 수치심, 의심			자신에 대한 의지 vs 자기의심			
I	신뢰 vs 불신				상호인지 vs 자폐적 고립			

출처 : Erikson(1968).

167). 두 번째로 시간적 전망의 확산 가능성이다. 청소년은 장래의 계획을 세울 수 없게 되거나 시간을 지각할 수 없게 된다. 이러한 문제는 변화하는 것이나 어른이 된다는 것에 대한 불안과 관계있는 것으로 생각되며, 종종 '시간과 함께 변화하는 것을 굳게 믿으려고 하지 않거나 그럼에도 불구하고 그렇게 되어 버릴지도 모른다는 것을 심하게 두려워하기도 한다' (p. 169).

다음으로 근면성의 확산이다. 청소년은 일이나 공부에 있어 현실적인 방법으로 자신의 능력을 발휘할 수 없음을 느낀다. 일이나 공부 양쪽 모두에 관여하게 돼 결국은 양쪽 모두에 집중을 하지 못하게 되거나 한 가지 과제에 대해 열광적으로 힘을 기울임으로써 다른 과제를 떨쳐 내려고 할지도 모른다. 마지막으로 Erikson은 부정적인 정체성의 개념에 대해 설명하고 있다. 이것은 부모나 그 밖의 중요한 어른들이 바라는 것과 정반대의 정체성을 청소년들이 선택하는 것이다.

> 정체성에 대한 감각의 상실은 종종 가족이나 가까운 공동체에 대해 당연히 해야 할 역할을 수행함에 있어 거만하면서도 경멸에 찬 적의의 형태로 표출된다. 요구되는 역할의 어떠한 측면도 — 그것이 남자답다거나 여자답다거나 또는 국적 여부와 계급 여부 — 청소년들이 신랄하게 비판하는 중요한 대상이 될 수도 있다.
>
> (Erikson, 1968, p. 172)

물론 정체성의 위기를 경험한 개인에게 이러한 네 가지 요소를 모두 나타내는 것은 아니지만, 이러한 것들은 정체성 확산의 중요한 특징을 구성하고 있다. 이러한 개념에 덧붙여 Erikson 이론의 중요한 특징인 또 하나의 개념에 관해 언급할 필요가 있다. 그것은 심리·사회적 유예 (moratorium)이다. 이것은 결단을 내리지 못한 채 미루는 시기를 의미한다. 청소년은 자신이 어떠한 사람이 되고 싶은지를 발견하기 위하여 사회는 주된 정체성의 선택을 지연시키거나 다양한 역할을 실험하는 인생의 시간들을 인정하는 정도밖에 권장하지 않는다. 그러한 시간은 방향을 잃어버리거나 불안하게 느껴질지도 모르지만 Erikson에 의하면 건강한 기능을 가진다고 한다. '이러한 명백한 혼란의 대부분은 사회적 유희로서, 아동기의 유희를 발생적으로 계승한 것으로 보아야 한다'(1968, p. 164).

Erikson의 생각에는 정체성 형성과정이란 원래 생물학적 자질이나 중요한 동일시, 자기방어가 사회에 의해 제공되는 역할과 통합하는 것을 의미한다. 이러한 것들의 상호작용과 상호정비를 통하여 내적인 정체성의 감각이 발생한다는 것이다. 청소년의 사회와의 관련은 우선은 직업적, 이데올로기적, 성적인 역할을 통하여 이루어지기 때문에 정체성 형성과정의 상당수는 이러한 선(線)에서 검토되어 왔다.

Erikson의 이론과 관련된 실제적인 문제는 그가 청소년기의 위기 정도에 관해 한 번도 명확하게 설명을 하고 있지 않다는 것이다. '규범적 위기' 또는 '넘쳐나는 청소년기의 병리'라고 하는 그의 용어는 모든 청소년들이 그러한 위기를 경험할지도 모른다는 것을 의미하지만 그는 청소년기의 경험의 범위가 어느 정도까지 미치는지에 대해 어디에도 언급하고 있지 않다. 그는 그것보다도 정체성 발달의 질적인 측면을 다루는 것에 관심을 쏟고 있으며, 그의 생각에 명확한 임상적 통찰은 풍부하지만 그의 생각을 실증적으로 검증할 수 있는 형태로 바꾸는 작업은 여전히 남겨진 채로 있다.

Marcia(1966, 1980, 1993)가 실시한 연구는 그러한 작업의 일종의 씨앗을 제공하고 있다. Marcia는 위기와 적극적 관여라고 하는 Erikson의 개념을 네 가지 정체성의 상태를 정의하기 위하여 사용하고 있다. 이러한 네 가지 단계, 소위 정체성 지위(identity status)는 다음과 같다.

1. **정체성 확산**(Identity diffusion). 정체성 위기를 아직 경험하지 못한 채 직업이나 신념에 관한 어떠한 관여도 하고 있지 않다. 또한 관여하기 위한 적극적인 시도의 징후도 보이지 않는다.

2. **조기완료**(Identity foreclosure). 위기를 아직 경험하고 있지 않음에도 불구하고 자신의 목표나 신념에 관여하고 있다. 이러한 것들은 상당수의 경우 타인에 의해 결정된 것들이다.

3. **유예**(Moratorium). 정체성에 대한 분투를 아직 해결하고 있지 못하며, 선택하기 위하여 적극적으로 선택사항을 모색하고 있다.

4. **정체성 달성**(Identity achievement). 위기를 경험하고, 그것을 자신만의 방법으로 해결하며 현재는 직업이나 이데올로기, 사회적 역할에 확실하게 관여하고 있다.

정체성 달성, 유예, 조기완료, 확산은 정체성이란 과제를 해결하거나 회피하거나 하는 청소년의 모습을 매우 상세하게 묘사하고 있다. 정체성을 달성한 이와 조기완료한 이들은 성인으로서의 역할에 관여하고 있다고 하는 공통점이 있다. 그러나 전자(前者)는 아동기에 동일시 했던 중요한 대상을 독자적이며 자신만의 형태로 통합하고 있는 데 반하여 후자(後者)는 타인이 그들을 위하여 준비한 정체성을 받아들였을 뿐, 그러한 발달과제를 수행하기 위한 노력은 하지 않은 채 지나쳐 왔다. 그것과는 대조적으로 유예와 확산의 청소년은 적극적인 관여가 없다고 하는 공통점을 가지고 있다. 그러나 유예의 이들에게 있어서 관여가 없다는 것은 정체성을 통합할 계기가 되는 데 반하여, 확산의 이들에게 있어 관여가 없다는 것은 성인으로서의 정체성에 관여하는 능력이 없음을 의미한다.

Marcia의 견해에서는 이러한 네 가지 정체성 지위(identity status)는 발달을 거듭하는 연속성을 가지고 있는 것처럼 보일지는 모르나, 반드시 어떠한 지위가 다른 지위의 선행조건을 의미하는 것은 아니다. 단, 유예만은 그 특징인 탐구가 정체성 문제의 해결에 선행하기 때문에 정체성 달성에 불가피한 것으로 여겨진다. Marcia(1966)의 원래 연구에서 대학의 4년 동안 정체성 확산을 경험하는 사람들은 감소하고 있으며, 정체성을 달성한 이들은 착실하게 증가하고 있음이 밝혀졌다.

　　Marcia가 정체성 발달을 개념화함으로써 방대한 수의 연구가 탄생되었다. 1970년대와 1980년대에는 두 개의 중요한 질문이 강조되었다. 첫 번째는 Erikson의 정체성 발달에 관한 이론이 Marcia가 제기한 방법론에 의해 지지되고 있음을 밝히려고 했다. 그 결과, 대략적으로 얘기하면 지지되었다고 할 수 있다. 예를 들면, 정체성을 달성한 사람은 다른 지위에 있는 사람에 비해 심리적으로 건강하다는 것이 여러 척도에 의해 확인되었다. 그들은 달성동기 또는 도덕적 판단, 진로성숙, 친구와 관련된 사회적 기술에 있어 가장 높은 점수를 얻었다. 유예에 해당하는 이들은 불안의 척도에서 가장 높은 점수를 얻었으며, 권위들 간에 있어서는 갈등수준이 가장 높았다. 조기완료의 이들은 가장 권위적이며, 사회적 승인을 가장 필요로 하고 있고, 자율수준은 가장 낮았다. 마지막으로 정체성 확산의 이들은 심리적 및 대인적 문제수준이 가장 높았다. 그들은 또한 무엇보다 사회적으로 격리되어 있으며, 친구들과 관련된 사회적 기술에서도 가장 낮은 점수를 보였다. 이러한 연구의 전망과 요약은 Adams 등 (1992)과 Kroger(1993, 1996), Phinney와 Goossens(1996)의 연구에서도 볼 수 있다.

　　Marcia의 후계자들에 의해 검토된 두 번째로 중요한 질문은 4개의 정체성 지위의 발달과정에 관한 것이다. 정체성은 18세 이전에는 거의 발달되지 않는 것으로 지적되어 왔다. 청소년 중기에 있는 10대 청소년들에 대해 검토하고 있는 연구자는 거의 동일한 결과가 나타나는 것을 발견했다(Archer, 1982; Adams and Jones, 1983을 참조). 이 시기에 자신을 돌이켜 보는 일이 생길지도 모르며, 실제적인 성인의 정체성 형성은 아무리 빨라도 청소년 후기까지는 일어나지 않는 것으로 여겨진다. Waterman에 의한 중요한 연구에서는 대학생의 정체성 발달이 수년에 걸쳐 추적하였다(Waterman and Waterman, 1971; Waterman et al., 1974; Waterman and Goldman, 1976). 이 연구결과는 대학을 졸업할 시기가 되어도 정체성은 우선적으로 직업적 정체성의 영역에서 달성되는 것으로 나타났다. 정치, 이데올로기라는 정체성 영역에 대한 관여는 젊은 성인(young adult)들의 상당수에서도 그다지 나타나지 않았다(Waterman, 1982를 참조).

또한 시간이 경과함에 따라 개인이 어떠한 정체성 지위로부터 별도의 지위로 이행하는지에 대해서도 커다란 관심을 가져왔다. 지위는 어느 정도 안정되어 있는가, 변화의 정도는 사람에 따라 다른가. Adams와 Fitch(1982)의 연구는 정체성 확산으로 분류된 학생 중 60% 이상이 1년 사이에 별도의 지위로 이행함을 보여주고 있다. 앞에서 소개한 Waterman 그룹의 연구도 동일한 결론을 보여주고 있다. 어떤 연구(Waterman and Waterman, 1971)에서는 12개월 동안 50%의 사람들이 정체성 확산으로부터 분리되며, 다른 연구(Waterman and Goldman, 1976)에서는 유예상태에 있는 이들 중 약 90%가 연구가 종료될 때까지 별도의 지위로 이행했다. 따라서 정체성에 대한 질문은 반드시 어느 한 시점에서 해결되는 것이 아니라 개인의 정체성 발달은 청소년 후기부터 성인기 초기로 이행하는 과정에서 계속적으로 반복해서 이어진다는 점이 명백해졌다.

Kroger(1996)가 밝히고 있는 바와 같이 Erikson과 Marcia로부터 시작되는 정력적인 연구노력은 지금도 계속되고 있다. 최근 10년간의 연구는 정체성 유형과 방어의 전략(Berzonsky, 1992), 정체성 형성과정에서의 대인관계의 역할(Archer, 1993), 정체성 발달을 촉진하는 최적의 경험의 역할(Waterman, 1992), 정체성 지위의 변화에 관련된 일들(Kroger and Green, 1996), 역동적인 시스템의 관점에서 적극적인 관여를 실시하는 과정을 검토하는 것들이 있다(Bosma, 1992). 아울러 조기완료 또는 확산에는 다양한 형태가 존재한다는 점이 제안되었으며(Archer and Waterman, 1990), 정체성 자본(identity capital)에 관한 Cote의 연구에서 보여주고 있는 바와 같이 중요한 사고의 진전도 보여 주었다(Cote, 1996, 1997). Cote의 논지는 후기 근대사회의 전환에 따라 심리적·사회적 자원이 제한되어 왔기 때문에 오늘날의 정체성의 형성과정을 이해하려고 한다면 청소년이 손에 넣을 수 있는 눈에 보이는 자원과 눈에 보이지 않는 자원 양쪽 모두에 대해 확실하게 검토하지 않으면 안 된다는 것이다.

이번에는 정체성 발달에 대한 이론적인 접근에 관한 내용을 마무리하는 시점에서 최근에 밝혀진 한 가지 중요한 흐름에 대해 주목하고자 한다. 이것은 제1장에서 개괄적으로 설명한 이론적 접근인 발달적 맥락주의에 있어서 최근에 보여지는 관심과 밀접하게 연관되기 때문에 특히 중요하다. 정체성에 관한 이론가들은 점점 더 정체성 형성의 맥락에 대해 주의를 기울이게 되었다. 이러한 흐름은 최근의 연구서적들의 제목을 통해서도 나타나고 있다. 예를 들면, Phinney와 Goossen의 『청소년기 연구』(*Journal of Adolescence*)의 특집호는 '맥락 속에서의 정체성 발달'로 이름이 붙여졌다. 이 특집호의 편집자들은 정체성 연구에 있어서 맥락요인에는 그다지 주의를 기울이지 않았다고 생각하고 있으며, 이 특집호에 실린 논문의 범위를 보면 이 분야의 연구자들의 초점이 변화하고 있음을 알 수 있다. 이런 논문들은 정체성 발달과 역사적, 지리적, 민족적 맥락과의 상호작용에 대해 다루었으며, 이러한 흐름이 수년 동안 급속하게 빨라지고 있는 것으로 전망했다. 아마도 이러한 움직임의 가장 중요한 특징은 민족성에 대한 관심이 높아지고 있으며, Phinney가 그 중심적인 역할을 수행하고 있다는 것이다. 민족성에 관한 연구는 맥락과 발달의 문제가 어떠한 형태로 하나가 되는가에 관한 가장 좋은 예이기 때문에 이 문제에 대해 다루기로 하겠다.

민족적 정체성에 관한 연구에 대한 검토
A review of research on ethnic identity

수십 년 전부터 관심을 끌어 온 주제이지만 최근에 들어서야 중요한 결론을 도출해 낼 수 있는 이론과 방법까지 발전을 이루었다. 이 분야의 이론의 대부분이 북아메리카에서 나왔다는 것은 주목할 만하다. 유럽에서의 연구에 대해서는 이 절의 후반부에서 언급하고자 한다. 역사적으로 볼 때 우선 본질적이면서도 일원적인 견해를 취하는 이론부터 검토해야 할 것이다. 예를 들면 Phinney는 초기의 연구(Phinney, 1992, 1993; Phinney and Rosenthal, 1992)에서 민족 정체성의 세 가지 발달단계 모델을 제시했다. 우선 자신의 민족 정체성에 대하여 탐구하거나 생각해 본 적이 없는 청소년을 '미탐구(unexamined)' 라고 불렀다. 다음 단계의 청소년은 '탐구자(searchers)' 라고 불렀다. 그들에게 있어서, 예를 들면 인종적인 괴롭힘을 목격하거나 경험한다고 하는 일들이나 사건이 자기 자신을 어떻게 볼 것인가의 전환점(turning point)이 되며, 자신의 민족성의 근원을 묻는 것으로 귀결된다. 마지막으로 자신의 문화와 다수파의 문화 양쪽을 마주 보는 입장을 수용하며 정체성의 해결에 달하는 청소년도 있다. 이러한 청소년이 '달성한(achieved)' 유형이다. 이러한 도식(schema)은 몇 가지 유형의 정체성 지위가 있으며, 개인은 발달과정에서 어떠한 지위에서 별도의 지위로 이행해 감을 시사한다는 점에서 Marcia의 이론과 유사하다.

Phinney의 모델을 이용한 다수의 연구가 이루어지고 있다(예를 들면, Martinez and Dukes, 1997). 동시에 다른 연구자(예를 들면, Berry, 1990)는 문화에 대한 적합은 매우 복잡하고 다차원적이기 때문에 단순한 세 가지 단계의 모델로는 개인이 어떻게 해서 자신의 민족 정체성과 조화를 이루는가에 대한 과정을 파악하기가 어렵다는 점을 지적한다. 오히려 다음의 두 가지 독립된 차원을 이용하는 것이 소수민족집단 출신자를 이해하는 데 유용할 것이다. 그것은 자(自)문화의 전통을 유지하고 있는 것과 보다 커다란 사회와의 관계를 확립하려 유지하고 있는 것이다. 이것에 Phinney 자신도 동의하고 있으며, 그것은 그녀가 Phinney와 Devich-Navarro(1997)에서 명확하게 밝히고 있다. Berry(1990)가 제시한 모델에서는 자문화의 보유와 주변 사회와의 관계라고 하는 두 가지 차원에서 상하로 이분화해서 만들어진 네 가지 틀 속에 모든 이들을 분류할 수 있다. 그 네 가지 유형은 다음과 같다.

1. **통합**(integration). 자(自)문화 전통을 강하게 보유하고 있음과 동시에 그 사회의 주류문화와의 관계도 발전, 유지하고 있다.

2. **동화**(assimilation). 다수파 문화와의 관계는 강하게 보유하고 있으며, 자문화의 유지 정도는 낮다.

3. **분리**(separation). 자문화를 강하게 보유하고 있으며, 주류문화에 대한 동일시가 낮다.

4. **주변화**(marginalization). 양쪽 차원 모두 낮다.

Phinney와 Devich-Navarro(1997)가 지적하고 있는 바와 같이 이 모델은 1차원적인 모델보다는 유용하며, 더욱이 세련된 모델이기 때문에 소수파집단에서의 자민족과 주류문화에 대한 관여의 다양성을 파악될 수 있

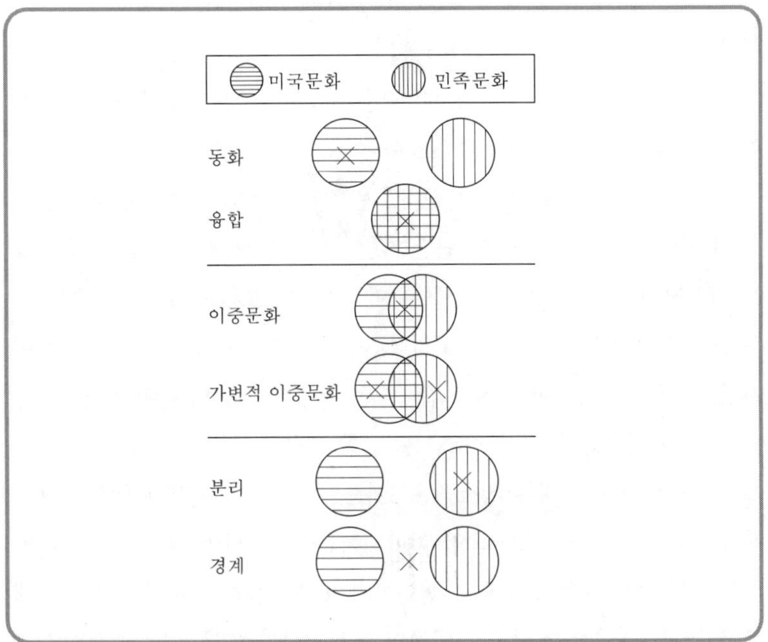

출처 : Phinney and Devich-Navarro(1995).

도록 할 필요가 있다. 여기에서 Phinney와 Devich-Navarro는 그림 4-5에서 제시하고 있는 바와 같이 정교한 모델을 제시했다. 이 그림에는 세 가지 틀이 있다. 맨 위의 틀은 주류문화에 대한 동화와 융합의 패턴을 제시하고 있다. 여기에서 개인은 자문화를 완전히 거부하거나, 두 가지 문화를 하나로 융합하거나 해서 어느 한쪽을 선택하게 된다. 두 번째 틀에서는 보다 복잡한 이중문화의 가능성이 엿보인다. 여기에서는 두 가지 문화는 서로 중첩되는 것으로 인식되며, 개인은 중첩되는 두 가지 문화 사이에 자리 잡거나, 두 가지 문화 사이에서 어떤 문화에서 다른 문화로 변화하면서 이행한다. 세 번째 틀은 두 가지 문화가 겹쳐지지 않는 개인을 나타내고 있다. 이러한 개인은 한쪽의 문화만에 동일화를 보이거나, 양쪽 문화의 외부에서 자신의 위치를 찾아야만 한다.

　　Phinney와 Devich-Navarro(1997)는 아프리카계 미국인과 멕시코계 미국 청소년에 대해 연구를 하였으며, 이중문화에 대해 어떠한 노력을 하는지에 대한 질문을 던져 매우 흥미로운 결과를 얻었다. 혼합된 이중문화의 카테고리에 들어가는 청소년은 자발적으로 두 가지 문화의 어느 한쪽을 결정하려고 하지 않고 자신들은 미국인이며 또한 소수민족이라는 점을 동일한 수준에서 인식하고 있었다. 예를 들면 어떤 아프리카계 미국 여자청소년은 자신을 ‘반반 정도 같아요… 저에게는 둘 다 같아요.’ 라고 했다. 그리고 멕시코계 남자청소년은 ‘양쪽 문화를 모두 가지고 있는 것 같아요.’ 라고 말했다. 다른 청소년은 ‘저는 굳이 얘기하자면 미국인이라고 생각하지만, 그것은 내가 흑인이 아니라는 것을 의미하는 것은 아니에요.’ 라고 했다. 다른 한편으로 번갈아가며 변화하는 이중문화의 범주에 들어가는 청소년은 자신들을 미국인이라고 하기보다는 소수민족이라고 생각하고 있었다. 예를 들면, 어떤 아프리카계 미국인청소년은 ‘저는 거의 흑인이에요. 양쪽 모두의 성격을 가지고 있지만 흑인에 가까워요.’ 라고 대답했다. 어떤 멕시코계 미국인 남자청소년은 ‘나는 미국인이며 스페인계지만, 저는 굳이 얘기하자면 스페인계라고 생각해요.’ 라고 응답했다. Phinney와 Devich-Navarro는 이중문화의 정체성을 가진 이러한 두 가지 그룹을 비교했으며, 두 가지 민족집단 사이에 매우 흥미로운 점이 존재함을 밝혀냈다. 요컨대 아프리카계 미국인청소년은 혼합된 이중문화가 분리된 집단의 어느 한쪽에 속하는 경우가 많았음에 비하여, 멕시코계 미국인청소년은 교대로 이행하는 이중문화집단에 속하는 경우가 많았다는 점이다.

유럽에서는 상이한 문화를 비교하는 연구가 그리 많지 않은데, 예외적으로 Verkuyten(1993, 1995)은 상이한 문화에 대한 비교연구를 실시하였다. 이 가운데 1995년의 연구에서는 네덜란드에 살고 있는 네 가지 유형의 문화적 배경을 가진 청소년들의 자존감정과 민족적 정체성을 비교하였다. 네 가지 집단이란 네덜란드의 주류문화, 터키, 수리남, 모로코 출신자들의 집단을 의미한다. 그 결과 전체적인 자존감정은 네 가지 집단에서 차이가 발견되지 않았으며, 민족적 정체성은 소수파 문화 출신자들이 강한 것으로 나타났다. Martinez와 Dukes(1997)의 연구에서도 동일한 결과가 발견되었는데, 즉 그들은 미국에서 상이한 네 가지 문화적 배경을 가진 집단을 비교한 연구결과를 보고하였다.

민족적 정체성에 가족배경의 영향에 대한 연구가 활발하게 이루어지고 있으며, 주류문화와 마찬가지로 소수파 문화에서도 가족환경이 발달을 형성하고 있다는 점에서 연구의 견해가 일치하고 있다(이에 관한 전망은 Spencer와 Dornbusch(1990)를 참조). 자(自)문화에 대한 부모의 태도는 아동과 청소년들에게 깊은 영향을 미치며, 민족적 정체성의 형성과정에도 많은 영향을 미친다. 아프리카계 미국인 가족을 대상으로 한 미국의 연구에서는 상당수의 부모들이 아동들에게 자신의 인종에 대한 자아존중감을 가지고 있으며, 흑인이란 것에 대해서 긍정적인 감정을 가지도록 교육하고 있다는 점을 알 수 있었다(Thornton, 1990). Marshall(1995)의 연구에서는 소수파 문화 출신의 부모들에게 자신들 인종에 대해 자녀들과 대화를 할 때 어떤 측면에 대해 이야기해야 하는지를 물었다. 응답결과, 인종에 대한 자아존중감 또는 인종에게 있어서 방해되는 것들, 평등, 민족 특유의 신체적 특징이 포함되어 있었다. 흥미로운 것은 가정에서 인종문제에 대하여 토론을 할 만큼 청소년의 민족적 정체성이 발달되어 있는 것이었다.

주류문화 및 소수파 문화에 어느 정도 동일화되기를 바라느냐에 대해서는 부모와 10대 청소년 사이에 갈등이 존재한다는 것이 중요한 문제이다. 예들 들면, 영국 내의 아시아문화에서 부모는 자녀들이 불쾌하게 생각할 정도로 민족적 가치관, 즉 종교적 신념 또는 가정생활에 대한 태도의 실천에 강하게 관여하기를 기대하고 있었다(Gilani, 1995). Phinney와 Rosenthal(1992)은 이러한 문제에 관한 멕시코계 미국인 여자청소년의 말을 인용하고 있다. '부모님은 너무 진부하기 때문에 "요리는 여자들이 하는거야"라고 얘기해요. 나는 부모님보다도 미국인답기 때문에 여자이기 때문에 이래야 된다 또는 저래야 된다고 생각하지 않아요. 부모님과는 얘기를 잘 안 해요. 얘기해도 말이 안 통하니까요' (p. 153).

특히 젠더문제는 인종과의 관련에서 주목을 받는다. 예를 들면, Shorter-Gooden과 Washington(1996)은 북미 여자청소년들의 소위 '정체성 확립'의 어려움에 대해 연구를 하였다. 연구의 대상은 후기 청소년기의 고학력을 가진 아프리카계 미국인 여성으로, 그녀들에게 있어 민족적 정체성이 젠더 정체성(gender identity)보다 강한 것으로 나타났다. 이 점은 젠더가 중요하지 않다는 것이 아니다. 확실히 대부분의 사람들의 정체성을 정의하는 특징은 인종이었다. 영국에서 수행된 Mirsah(1992)의 연구도 흑인 여자청소년들에게 재능이 있음을 강조하였으며, 백인과 동일한 교육을 받기 원할 때 직면하게 되는 장애에 대해서도 검토하였다. Mirsah는 다음과 같이 언급하고 있다.

흑인 여자청소년은 근본적으로 불평등한 사회가 가지는 모든 조건들을 내포하고 있다. 그녀들이 학교에서 좋은 평가를 받고 있고, 사회에서도 좋은 평가를 받으며, 유능한 직장인임에도 불구하고 집단의 측면에서는 그녀들이 받아야만 할 경제적 지위 또는 직업적 위신이 언제나 보장되는 것은 아니다. 이 연구에서는 흑인 여성이 왜 이러한 불공평한 대우를 받고 있느냐에 대해 의문을 던지고 있으며, 능력주의 이데올로기에도 불구하고 사회에 뿌리 깊은 불평등과정을 밝히려고 하였다.

(1992, p. 189)

Back(1997) 역시도 성별과 인종에 관해 검토하였는데, 이것은 남자청소년에 관한 연구였다. 그녀는 흑인 남자청소년의 독특한 특징, 예를 들면 운동능력 또는 음악적 재능을 갈망하는 한편, 폭력적으로 문제를 일으키기 쉬운 것으로 보이고 있다는 점을 '불안과 원망의 대비(couplet of fear and desire)' 라고 이름 붙여 연구를 실시하고 있었다. Back은 그러한 상황에서는 흑인 남자의 정체성 형성이 문제가 되기 때문에 흑인 남자청소년이 주류문화에서 성공함과 동시에 자신의 민족적 배경과 결부시키길 원할 경우 곤란한 상황에 직면하게 된다고 언급하고 있다.

마지막으로, 혼혈 청소년이 경험하는 또 다른 민족적 정체성 측면에 대해 언급하고 있다. 소수파 문화 출신의 사람이 직면하는 문제에 초점을 맞추어 왔는데, 그들은 적어도 명확하게 동일시가 가능한 소속문화를 가지고 있다. 그런데 혼혈 청소년의 경우 상황은 상당히 복잡함에도 불구하고 이 분야의 연구는 거의 전무한 상황이다. 그러나 Tizard와 Phoenix (1993)는 주목해야 할 연구를 실시한 바 있는데, 이는 미국의 혼혈 청소년의 정체성 발달에 대한 검토였다. 그들은 대상자의 60%는 긍정적인 민족적 정체성을 가지며, 20%는 '문제가 있는' 정체성을 가지고 있었다. 긍정적인 정체성의 예는 다음과 같다(1993, pp. 58-60).

저는 운이 좋아요. 저의 피부색을 자랑으로 여겨요. (왜 그렇게 생각해요?) 나는 독특해요. 나처럼 보기 드문 민족은 다른 데는 없잖아요.

매우 흥미로워요. 누군가 제 국적을 물으면 설명하는 데 30분은 걸려요.

문제가 있는 정체성의 예는 다음과 같다.

다른 남자와 같이 있을 때 위화감을 느꼈어요. 우리 반에는 저만 유색인종이기 때문에... 겉모양으로 가치가 결정되기 때문에 겉모양이 다른 나는 정말로 피해를 입는다고 느꼈어요.

저는 최근 백인이 되고 싶다고 생각했어요. 인종 때문에 많은 괴롭힘을 받았어요. 그래도 다행이에요. 만약 제가 백인이었다면 제 피부색 때문에 고민하지 않았을 거예요.

이 연구의 협력자는 전체적인 정체성에 대한 감각에 관계되는 11개 요소를 제시하여 그들 자신의 정체성에 있어서 중요한 것부터 순서를 매기도록 하였다. 흥미로운 점은 1/3 정도의 사람이 피부색을 1위 또는 상위 순번으로 꼽은 반면, 39%에 해당하는 이들은 피부색에 대하여 전혀 언급하지 않았다. 이러한 결과는 혼혈이라는 것이 어떤 청소년들에게 있어서는 중요한 문제이나, 다수의 사람들에게 있어서는 피부색이 그리 문제가 되지 않는다는 것을 의미한다. 긍정적인 정체성을 가진 사람들은 다양한 인종이 있는 학교에 다니는 경향이 많으며, 문제가 있는 정체성을 가지고 있는 상당수의 사람들은 주류의 백인문화 출신의 양자(養子)였다. 주로 청소년들의 성장환경이 민족적 정체성 형성에 강한 영향을 주었다는 것은 의심의 여지가 없다. 이 점을 지적하고 있는 다음 두 명의 청소년들의 표현으로 이 절을 마무리하고자 한다.

늘 신경이 쓰이는 일이 있어요. (뭐예요?) 저는 반에서 혼자 유일하게 유색인종이기 때문에 제 피부색 때문에 다른 사람들에게 차별을 받는 것은 아닌가 하는 것이에요.

혹인이 별로 없는 나라 또는 거리를 걸을 때 마치 처음 백인을 보는 것처럼 모두들 "혹인이야"라고 하는 느낌으로 시비를 걸어오기도 하고, 흘깃 흘깃 쳐다보기도 해요. 그래도 런던에 돌아오면 혹인인지 백인인지에 대해 신경 쓰지 않아요.

(1993, p. 62)

Implications for practice

1. 이 장에서 소개한 연구를 통해 자아개념이 청소년기에 급격하게 발달한다는 것을 확실히 알 수 있었다. 이러한 발달은 신체적, 인지적, 정서적 성장과 동반하여 일어난다. 특히 자아개념은 더욱 분화됨과 동시에 청소년은 자기 자신을 타인의 관점에서 보는 능력이 증대된다. 특히, 10대 청소년과 관련이 있는 성인은 이러한 성장 또는 이러한 것들이 대인관계에 미치는 영향을 고려해야만 한다.

2. 자아존중감이 폭넓은 영역에 걸쳐 적응에 강한 영향을 미치는 점에 대해서는 일반적으로 인정되고 있다. 학업성적, 사회적 관계, 정신적 건강, 스트레스에 대한 대처는 모든 자아존중감에 영향을 받는다. 지금까지는 어떠한 요인이 개인의 자존감의 정도를 결정하는가에 관해 연구되어져 왔으며, 이 장에서는 자아존중감에 대한 영향력이라고 하는 점에서 부모와 친구에 대해 주목하여 살펴보았다. 또한 청소년기의 자아존중감 발달의 궤적의 다양성과 그에 대한 개입의 중요성에 관해 언급하였다(Zimmerman et al., 1997).

3. Erikson에 의해 최초로 기술된 유명한 '청소년기의 정체성 위기'는 실제로 많은 청소년들에게서 나타난다고 보기는 곤란하다는 점에 대해 현장의 실천가들은 알아두어야 한다. 최근의 연구에서 정체성 발달은 주로 청소년기에 일어나며, 반드시 위기의 형태를 취하는 것은 아니라는 점이 제시되고 있다. 오히려 개인은 어떤 단계에서 다른 단계로

시행착오를 경험하면서 다양한 단계를 거치게 된다. 이러한 과정을 통해 청소년기 후기에 정체성에 대한 질문이 해결될 수 있다.

4. 과거 10년 사이에 민족적 정체성이 주목을 받게 되었으며, 이에 관해 다양한 연구가 이루어졌다. 그리고 소수파 문화 출신의 청소년들과 관련된 경우는 청소년기의 발달에서 민족적 정체성의 차원을 중시할 필요성이 있다는 점이 명백해졌다. 물론 개인차가 존재하며, 문화, 맥락, 사회적 배경에 따라 민족적 정체성의 표출에도 차이가 있다. 그럼에도 불구하고 현장 전문가들은 연구결과로부터 많은 것을 배우게 되며, 이 분야의 견해들이 많은 사람들에게 참고가 되었으면 하는 바람이다.

참고도서

Adams, G, Montemayor, R and Gullotta, T (Eds) (1992) *Adolescent identity formation*. Sage. London.
A collection of chapters on the topic, looking at identity primarily from an empirical perspective.

Harter, S (1990) Self and identity development. In Feldman, S and Elliott, G (Eds) *At the threshold: the developing adolescent*. Harvard University Press. Cambridge, MA.
This is a review chapter, within the framework of the Feldman and Elliott text. An excellent starting point for readers wanting an introduction to the topic.

Kroger, J (1996) *Identity in adolescence: the balance between self and other. 2nd edn*. Routledge. London.
Kroger's book is now in its second edition. It includes a critical analysis of five of the major thinkers on this subject, and manages to convey the essence of each theory in a sympathetic and lively manner, and is a delight to read.

Mirzah, H (1992) *Young, female and black*. Routledge. London.
This book charts the experiences of a group of young Black women as they leave school and enter the world of work. It explores inequality, discrimination and racism in Britain, and is an important contribution to the literature on ethnicity and identity.

Skoe, E and von der Lippe, A (Eds) (1998) *Personality development in adolescence: a cross-national and life-span perspective*. Routledge. London.
The authors in this book are from a variety of European countries, as well as from

North America. Morality, gender, family contexts, identity and social change are all explored in cross-cultural studies, and the editors contrast findings from different countries in order to highlight cross-national similarities and differences.

05

가족
Families

자율성의 발달
The development of autonomy

갈등과 세대차
Conflict and the generation gap

가족환경과 청소년기의 발달
Family environment and adolescent development

문화와 민족성
Culture and ethnicity

어머니와 아버지
Mothers and fathers

이혼과 가족 본질의 변화
Divorce and the changing nature of families

10대 부모되기
Parenting teenagers

시사점
Implications for practice

 **청**소년기는 부모와 청소년 간의 상호교류의 방법이 크게 변화되는 시기이다. 변화는 완만하며 일반적 견해와는 달리 부모와 자녀의 관계가 붕괴되는 일은 극히 드물다. 앞으로 살펴보겠지만 과거 10년 사이의 연구들은 변화뿐만 아니라 연속성이 있음에 대해서도 강조하고 있으며, 이러한 인생단계를 통하여 부모가 중심적 역할을 수행하는 것을 중시해 왔다. 나아가 최근의 연구적 견해에 따르면, 가족의 대립은 사람들이 생각하는 것만큼 일반적이지 않음을 지적하고 있다. 상당수의 청소년들은 부모와 원만한 관계를 유지하고 있으며, 성인기로의 이행에 있어서 중대한 문제에 직면하게 되면 부모의 지도 또는 도움을 받아왔다. 또한 제1장에서 살펴본 바와 같이 이러한 이행은 20세기 후반에 근본적인 면에서 변화가 일어났다. 사회변화의 결과로서 청소년은 가족을 떠나는 시기가 늦어지게 되었으며, 그 때문에 후기 청소년와 전기 성인기에 청소년과 부모의 관계에 대해 검토하지 않으면 안 되게 되었다. 이 장에서 청소년이 조숙한 상태에 있으면서도 부모의 품을 떠나지 못한 채 가족에게 장기간 의존한다고 하는 맥락에서 청소년이 어떻게 하면 자율을 획득하는가에 대해 검토하고자 한다. 그리고 대립과 '세대 간 단절'의 문제, 또한 어머니와 아버지의 역할 차이에 대해서도 살펴보고자 한다. 이혼 또는 새 부모와의 동거가 미치는 영향 등 가족구성원의 변화에 따른 영향에 대해서도 고찰할 것이다. 마지막으로 10대 청소년의 부모로서의 역할수행에 대해 다루게 될 것이며, 이러한 10대의 부모는 어린 아이를 둔 여느 부모만큼 도움을 받지 못한다고 생각하며, 그들에 대한 지원이나 청소년기에 관한 정보제공의 중요성에 대해서도 언급하고자 한다.

자율성의 발달

The development of autonomy

가족관계에서의 독립 또는 자율의 발달은 청소년기에 있어서 중요한 과제 가운데 하나라고 생각한다. 부모의 속박으로부터 해방되어 자기 자신의 생활을 조절할 수 있게 된다는 것은 모든 청소년들의 목표이다. 그러나 이러한 목표에 도달하는 길은 결코 쉽지만은 않다. 어느 정도까지는 이 길은 가족의 상황, 민족적 배경 또는 그 환경으로 획득할 수 있는 문화적, 사회적 그리고 경제적 기회에 의해 결정된다. 젠더도 역할을 수행하며, 이것은 여자청소년의 자율이 남자청소년의 자율과는 다르다는 것으로 해석되기 때문이다. 게다가 부모 자신의 상황이나 아들 또는 딸에 대한 태도와 마찬가지로 청소년의 성격도 중요시된다. 형제자매의 수 또는 연령, 할아버지, 할머니의 역할 등 가족 이외의 모든 요인들이 완전한 성인으로서의 자율을 향해 달려가는 과정에 영향을 미치게 된다.

이러한 청소년기의 특징에 대한 우리들의 인식은 지금까지 수십 년간 크게 변화되었다. 오랜 시간 동안 정신분석적 견해가 자율의 발달에 대한 중요한 견해를 제공해 주었다. 이러한 점에서 부모로부터의 감정적 이탈이 자립으로 향하는 중요한 구성요소이며, 별거 또는 분리가 일어나지 않으면 성숙한 성인이 될 수 없는 것처럼 여겨져 왔다. 그러나 미국의 Douvan과 Adelson(1966) 등의 실증적 연구에서는 부모와 10대 청소년과의 관계는 지금까지의 이론이 옳았다고 가정할 때 예상할 수 있는 것보다 훨씬 양호했음을 말해준다. 영국에서도 유사한 연구결과가 보고되었다. 그러한 연구의 하나가 Fogelman(1976)에 의해 이루어진 연구이다. 그 연구결과는 표 5-1과 5-2에 제시되어 있다.

이러한 종류의 실증적 연구성과로서 새로운 이론상의 시점이 등장하기 시작하였다. 상당수의 연구자들은 초기의 이론에서 설명되어 있는 것과 같은 이탈이 없다고 하더라도 자율을 발달시킬 수 있다고 생각했다. 예를 들면 Greenberger(1984)는 사회적 책임성(공동체 또는 타인과 밀접하게 관련되어 있는 것)이 연동하여 자율의 발달을 촉진한다고 하였다. 즉, Youniss와 Smoller는 상호의존을 문제시하였다. 즉, 부모와 청소년이 자

	자주	가끔	전혀 또는 거의 하지 않음
동성의 친구를 선택하는 일	3	16	81
이성의 친구를 선택하는 일	2	9	89
옷, 머리모양	11	35	54
귀가시간, 취침시간	8	26	66
혼자 지내는 장소	2	9	89
숙제	6	18	76
흡연	6	9	85
음주	1	5	94

출처 : Fogelman(1976).

| 표 5-2 | 가족관계(청소년 조사)(11,045명)

	매우 그렇다	그렇다	보통이다	그렇지 않다	전혀 그렇지 않다
나는 엄마와 말이 잘 통한다.	41	45	8	4	1
나는 아빠와 말이 잘 통한다.	35	45	13	5	2
나는 형제들과 말다툼을 한다.	23	43	10	19	5
부모님은 나의 외모에 대해 참견한다(예 : 옷, 머리모양).	15	33	19	27	6
부모님은 밤에 내가 어디에 가는지 알고 싶어한다.	27	51	8	11	3
부모님은 내 남자친구 가운데 일부는 인정하지 않는다.	9	19	18	37	16
부모님은 내 여자친구 가운데 일부는 인정하지 않는다.	5	15	18	40	22

출처 : Fogelman(1976).

신들의 관계를 함께 재정의하려고 한 단계에 관해 언급하였다. 이 단계에서는 친밀한 관계가 유지되며, 청소년의 개별성의 성장이 위협받는 일은 없다. 이 기간에 대해 다룬 논문 가운데 가장 빈번하게 인용되는 것들 중 하나가 Goevant와 Cooper(1986)의 연구이며, 그들은 결합성의 개념을 제기하였다. 그들의 견해에서는 청소년은 가족과의 관계를 유지하면서 개별화의 상태를 향해 나가는 것이 가능하다. 결합성의 개념은 당초에 특히 여자청소년에 관해서 적용되는 것으로 여겨졌다는 점이 주목할 만하다. 그러나 최근의 논문에서는 이것이 젠더에 의존하지 않는 이론적 시점이 되었다. 이러한 접근에 관한 뛰어난 주장들을 Goevant와 Cooper(1998)에서 찾아볼 수 있다.

Goevant와 Cooper(1986)는 가족의 커뮤니케이션 패턴을 부호화하기 위하여 4개의 부분으로 구성된 시스템을 개발했다. 이 시스템의 특징 가운데 개별성은 분리와 자기 주장에 의해 표현된다는 것에 반하여, 결합성은 상호성과 침투성에 의해 표현된다. 그들의 연구결과(Grotevant and Cooper, 1985)는 연결과 분리의 효과적 조합이 청소년기의 정체성 탐구와 시점 취득 기술의 발달에 관련되어 있다고 하는 견해를 지지한다. 그들은 이러한 척도에서 가장 높은 점수를 얻는 사람이 적어도 한쪽의 부모와의 관계에 있어 '개별적인' 관세의 경험을 가지고 있다는 점을 지적하였다. '그들은 서로 다름을 인정했지만 그것은 결합의 맥락 속에 있었다'(Grotevant and Cooper, 1986, p. 92). 그럼에도 불구하고 실제의 결과는 매우 복잡하며, 필자는 가족 상호간의 모든 관계(두 사람 사이의 관계)의 조합을 살펴볼 필요성을 강조한다. Cooper는 최근의 연구에서 다양한 민족 출신의 가족에서의 결합성에 대해 조사했으며, 상당수의 비유럽계열의 미국인 가족에서 부모와 청소년 사이의 친밀함의 정도와 지지에 대한 기대가 다르다는 점을 역설하였다.

자율 및 부모와의 친밀한 관계 유지를 포함하는 이론적 견해는 명백한 몇 가지 내적 모순을 가지고 있다. 아마도 이러한 결과로서 실증적 연구의 새로운 물결이 1980년대부터 밀려들어왔으며, 그때에는 다양한 자율측정 방법을 개발하여 다양하고 복잡한 개념을 구성하는 다양한 요소를 구별하고자 하는 시도가 있었다. 예를 들면 Steinberg와 Silverberg(1986)가 정서적 자율의 네 가지 측면을 측정하는 감정자율척도(EAS)를 개발했다. 그 네 가지 측면은 다음과 같다.

1. **탈이상화**(de-idealization). 즉 청소년들이 부모도 실수를 할 수 있는 인간적 존재라고 생각하는 정도
2. **보통 사람으로서의 부모를 인식**(parents as people). 즉 부모가 나름대로의 인생을 가진 보통의 사람이라는 인식
3. **비의존**(non-dependency). 즉 청소년이 스스로 여러 가지 과제들을 처리할 수 있느냐의 여부
4. **개별화**(individuation). 즉 청소년이 부모와의 관계에서 하나의 개별화된 인간이라고 느끼는 정도

이 연구결과는 10-14세 사이에 자율의 모든 측면이 착실한 증가를 나타내고 있으며, 두 번째 항목인 '보통사람으로서의 부모를 인식한다' 는 예외이며, 거의 변화를 보이지 않았다. 흥미롭게도 14세 이후에 자율의 증대는 거의 나타나지 않았으며, 이것은 주된 이행이 청소년기 초기에 이미 일어나고 있음을 의미한다. 다른 연구들도 유사한 결과들을 보여주고 있다. 예를 들면, Feiring과 Lewis(1993)는 청소년의 연령이 높아짐에 따라 부모는 청소년들의 친구관계에 대해 전혀 알지 못한다는 것을 발견했다.

　　1990년대에 논의의 초점은 이동하여 청소년들이 순응함에 있어 자율의 중요성에 관심을 가지게 되었다. 한편에서는 Lamborn과 Steinberg(1993)은 자율은 상당히 높고 아울러 부모가 적극적으로 지지를 표현하지 않는 청소년은 적극적으로 지지를 표현하는 부모를 둔 자율적인 청소년에 비해 부적응에 대한 리스크가 높다고 주장하였다. 그들은 부모가 지지를 하지 않는 경우에 정서적으로 자율적이지만 적응성이 높은 것은 가족이 스트레스 상황에 놓여 있을 때뿐이라고 생각한다. 그들의 의견으로는 이러한 스트레스 상태에서의 자율은 가족문제로부터 일정 부분 거리를 두게 함으로써 가족 밖에서의 지원을 모색함에 있어 도움이 된다고 한다. 이러한 연구자들이 있어 높은 수준의 자율은 그다지 적응성이 높지 못하다고 여기는 것은 부모와 자녀관계가 양호할 때에만 해당되는 경우라고 하였다. 지금까지 검토해 온 바와 같이 두 가지 견해는 모순되어 있다. 그리고 이는 대처와 순응에 관한 논의를 이끌어 내게 되지만, 이 점에 관해서는 제12장에서 자세하게 다루도록 하겠다. 여기에서는 최근들어 자율에 관한 연구가 한층 더 세련되어졌으며, 또한 청소년기의 발달에 관한 다른 주요영역과의 연계가 심화되고 있음을 지적하는 정도로 논의를 매듭짓고자 한다.

　　이 주제에 관해 논의를 마무리하기 전에 우리들은 자율이라고 하는 주제에 대한 접근에 있어서 상이한 두 가지 연구에 대해 소개하고자 한다. 먼저 독일에서 이루어진 Kracke와 Noack(1998)은 청소년기를 세 가지 단계로 구별한다. 이러한 구분에서 볼 때 자율에 있어서 가장 격심한 변화가 일어나는 것은 청소년기 중기라는 것을 알 수 있다. 그들이 지적하는 바와 같이, 이 단계의 청소년에게 있어서는 자신의 자유에 대한 권리를 확립하는 것이 무엇보다 필요한 시기이다. 다른 한편으로는 동시에 부모에게 있어서는 자녀에 대한 통제권을 상실하게 됨을 두려워하게 되는 단계이기도 한다. 또한 Kracke와 Noack에 의하면 이 단계는 가족구성원의 행동이 다양한 언어적 표현을 통한 흥정으로 변화하며, 앞에서 언급한 바와 같은 논쟁의 증가에도 불구하고 갈등과 공격에 관한 전체적인 수준은 모든 단계에서 낮다고 지적한다.

이러한 맥락에 있어서의 Larson의 연구, 특히 그들의 방법론적 접근에 대해 검토하는 것도 매우 중요하다. Larson의 연구(Larson et al., 1996)는 예를 들어 청소년과 가족과의 일상적 관계라고 하는 관점에서 자율의 문제에 대해 기술하고 있다. 그들은 경험 샘플링법(ESM ; Experience Sampling Method)으로 알려져 있는 방법을 이용하고 있으며, 청소년들에게 호출기를 건네준 다음 하루 중 불시에 신호를 보낸다. 신호를 보낸 다음 청소년들은 현재 자신이 하고 있는 일, 활동 또는 그러한 활동에 대한 감정을 보고하도록 하였다. Larson은 이러한 방법을 사용함으로써 청소

| 그림 5-1 | 청소년기에 가족과 보내는 시간의 연령별 차이

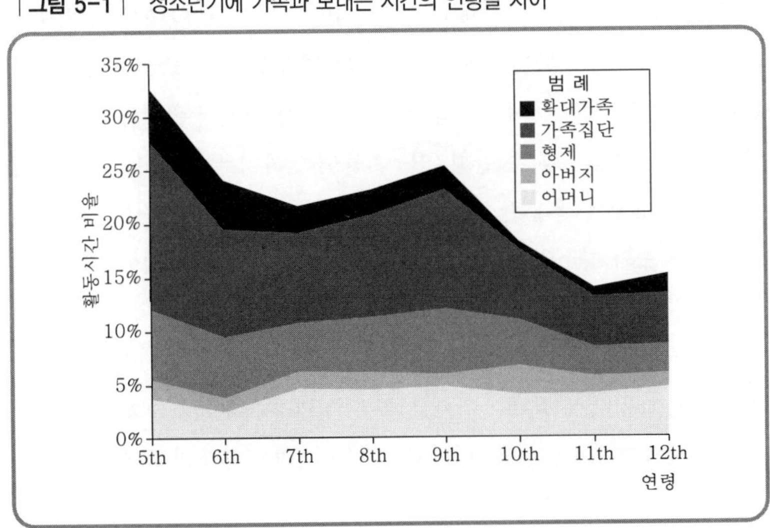

출처 : Larson et al.(1996).

년의 일상생활을 추적하며, 청소년기의 생활에 매우 귀중한 실상을 알 수 있게 되었다. Larson(1996)의 연구에서는 가족과 함께 지내는 전체 시간이 10-18세 사이에는 거의 변화가 없음을 밝히고 있다. 그림 5-1에서 보여주고 있는 결과들은 부모와의 친밀한 관계가 중요한 기능을 수행하고 있다고 하는 사실을 강조한다. 자율도 중요하지만 관계를 맺는 것도 마찬가지로 중요하다.

갈등과 세대차

부모와 청소년의 대립은 가장 많은 연구가 이루어지고 있는 주제 가운데 하나이다. 일반적으로 이것은 '세대차(generation gap)' 라고 한다. 이 문제에 관해 특히 흥미로운 것은 연구자와 일반 대중 사이에 의견이 다르다고 하는 점이다. 부모와 일반 대중은 청소년기는 가족 안에서 대립 또는 의견의 차이를 초래하는 것으로 믿고 있으며, 그것은 섹스, 약물, 도덕과 관련된 행동과 같은 문제에 대해 폭넓고 다양한 의견이 존재하는 것과 마찬가지라고 여겼다. 다른 한편, 연구자들이 말하기로 커리어, 교육, 도덕에 대한 태도에서 세대 간 차이가 존재한다고 하는 증거는 거의 인정되지 않으며, 부모와 청소년 사이는 상당히 양호하다는 것이다. 이에 관한 내용을 실증적 자료를 통해 살펴보기로 하자.

앞에서 인용한 Fogelman의 연구(1976)는 영국의 11,000명의 청소년과 부모를 대상으로 검토한 것으로, 부모의 대다수가 청소년과 양호한 관계를 형성하고 있는 것으로 나타났으며, 청소년은 부모의 의견을 존중하고, 자신이 직면한 여러 가지 중요한 문제들에 관해 부모에게 조언을 구하고 있다는 점을 발견하였다. 다른 연구에서도 동일한 결과를 발견하였다

(이에 관한 자세한 내용은 Steinberg, 1990; Noller and Callan, 1991; Hill, 1993을 참조). 물론 부모와 청소년과의 관계에서 문제를 가지고 있는 가족도 있으며, 부모와 아동 간에 문제가 존재하는 경우도 있다. 부모와 가족의 관계에서 중대한 어려움이 있는 경우에는 유년기 또는 아동기에 이미 중대한 어려움이 존재했을 가능성이 매우 높다는 것을 밝힌 연구도 있다(Haggerty et al., 1994).

가치와 태도에 대해 검토한 연구에서도 또한 세대차보다 유사한 점을 더 많이 발견할 수 있다. Gecas와 Seff(1990)는 예를 들어 부모와 청소년이 일, 종교, 도덕에 관한 신념 그리고 자신에게 있어서 중요한 개인적인 특성에 관한 신념을 제공하고 있음을 제시했다. 실제로 이러한 연구는 세대차보다 사회적 배경이 상이한 청소년 사이에서 더 큰 차이를 나타낸다. 여기에서 한 가지 흥미로운 점은 사람들이 차이를 과대시한다고 하는 사실이다. 이것은 Noller와 Callan(1990)에 의해 밝혀진 것이다. 청소년은 자신의 부모에 대하여 부모 자신이 생각한 것 이상으로 보수적이라고 여기며, 반대로 부모는 청소년을 극단적으로 진보적이라고 여기고 있다. 그러나 실제로는 청소년은 그렇게까지 진보적이지 않다.

물론 예를 들면 복장, 음악 등의 개인적인 선호에 대하여 그리고 일상적인 생활습관에 대하여 세대 간 차이가 존재한다고 하는 사실을 무시하는 것은 매우 비현실적이라고 하겠다. 침실을 꾸미는 것, 식습관, 텔레비전 시청, 취침시간 등에 있어서 의견의 차이를 보이는 것 같다. 하지만 이러한 문제에 있어 의견의 차이가 존재한다고 하더라도 관계 자체가 와해되는 것은 아니다. Smetana(Smetana, 1988; Smetana, 1989; Smetana and Asquith, 1994)는 매우 흥미로운 연구를 수행했다. 그에 따르면 의견차이에 대한 이유의 하나로 세대 간에 문제를 정의하는 방식이 다르다는 것을 들었다. 즉, 부모는 행동이 관습의 문제라고 생각하는 경향이 있으며, 예를 들어 옷의 선택은 타인의 기대 또는 현재의 상황에 기초하는 것으로 간주한다. 한편, 청소년은 옷의 선택은 개인적인 자유의 문제라고 생각한다. 여기에서 만약 그들이 관습과는 관계없이 자신이 원하는 것을 선택할 수 있다면 그것은 청소년의 자율과 성숙의 표현으로 이해되어야 할 것이다.

Smetana는 부모와 청소년들이 세부적인 문제들보다 오히려 정의하는 방법에 대해 충돌하고 있는 것으로 보고 있다. 바꿔 얘기하면 그것은 '누가 옳다' 라고 하기보다는 오히려 '누가 권한을 가지고 있느냐' 가 문제인 것이다. 만약 청소년과 부모가 일상적인 문제를 서로 다르게 정의하게 되면 갈등의 해결은 어려워진다. 이 시점에서 세대 간의 커뮤니케이션이라고 하는 사고가 중요시된다. 많은 연구들이 제시하고 있는 바와 같이 부모와 청소년들 사이의 커뮤니케이션이 좋아지면 좋아질수록 그만큼 갈등이 해결될 가능성은 높아지게 되는 것이다. 아울러 약물과 같이 이야기하기 어려운 문제들에 관해서는 세대 간에 태도가 나누어질 가능성이 높다. 한 가지 흥미로운 연구(Brody et al., 1994)는 청소년이 가족 내의 의사결정에 적극적으로 관여하면 할수록 청소년들이 후기 청소년기 또는 성인기에 부모와 유사한 태도를 취하게 된다는 것이다.

부모와 청소년의 커뮤니케이션의 질은 다양한 요인들에 의해 영향을 받는다. Noller와 Callan(1991)은 사회적 배경, 청소년의 나이, 종교적 신념이 가족 내의 커뮤니케이션에 영향을 미친다는 점을 시사하고 있다. Drury 등(1998)은 청소년들이 가족 내의 커뮤니케이션 장애의 원인을 무엇으로 보고 설명하고 있는지에 대해 보고하고 있는데, 청소년들이 가장 많이 꼽는 원인은 다른 사람의 시점을 이해할 수 없다는 것이었다. 또한 Drury는 청소년들이 아버지와 어머니에 대한 커뮤니케이션 방식이 다른 것으로 생각하고 있다는 점을 지적했다. 어머니와의 커뮤니케이션이 일반적으로 보다 질적으로 높다는 점과 아울러 자신에 대해 지지적 태도를

주 제	여성		남성		전체	
	부모	친구	부모	친구	부모	친구
1 내가 학교생활은 제대로 하고 있는가	.72	.24	.68	.25	.70	.25
2 학교에서의 문제	.44	.55	.54	.39	.49	.55
3 공부, 성적	.86	.83	.89	.80	.88	.82
4 직업목표	.63	.30	.70	.24	.67	.27
5 장래희망, 계획	.40	.54	.54	.38	.47	.46
6 장래 계획	.87	.81	.88	.76	.88	.78
7 이성에 대한 감정	.07	.92	.14	.78	.11	.85
8 이성에 관련된 문제	.16	.82	.15	.78	.16	.80
9 결혼에 대한 태도	.32	.64	.35	.55	.33	.60
10 성적 가치관	.21	.79	.17	.82	.19	.80
11 데이트 행동	.45	.73	.43	.73	.44	.73

주 : 어떤 조사대상자는 응답을 하지 않거나 양쪽 모두를 선택했기 때문에 합계는 100%
가 되지 않는다.

출처 : Youniss and Smollar(1985).

취하고 있다는 것이다. 어머니와 아버지의 커뮤니케이션의 상이함에 대
해서는 이 장의 후반부에서 자세하게 다루도록 하겠다. Youniss와
Smollar(1985)는 중요한 연구를 실시하였는데, 이는 청소년들의 커뮤니케
이션 화제는 대화의 상대에 따라 전혀 다르다는 점이다. 즉, 부모와 친구
에 따라 대화의 주제가 전혀 다르다는 점을 발견했다. 이 연구에 따르면
표 5-3에서 제시하고 있는 바와 같이 청소년은 학교 또는 진로에 관해서
는 부모와 이야기하지만 성이나 인간관계에 관해서는 친구들과 자주 이
야기를 한다.

이 절의 결론은 세대 간에 광범위한 의견의 대립이 존재한다는 실증적

자료는 거의 없다는 점이다. 그러나 심각한 대립상태에 있는 가정도 있다는 점을 인식할 필요가 있다. 이는 자율을 둘러싼 가족 간의 다툼에 의해 발생하기도 하며, 또는 가정 내의 다양한 구성원들 사이의 문제에 의해 발생하기도 한다. 이혼, 가족의 별거, 또는 육아방식 등의 만성적 대립을 불러일으키는 몇 가지 요인들에 대해서는 이 장의 후반부에서 다루도록 하겠다. 마지막으로 청소년기의 '세대 간의 단절'에 관한 일반인들의 시각을 어떻게 설명할 것인가에 대해 생각해 보고자 한다. 이 점에 관해서는 미디어가 깊이 관여하고 있다는 주장도 있으며, 협조성이 없는 극히 일부분의 청소년들에게 과도한 주의를 기울이고 있다는 주장도 있다. 아마도 이러한 청소년들을 부정적으로 바라보는 고정관념은 청소년들이 사회 질서를 흐트러뜨리고 있다고 하는 사회적 견해에 상당부분 영향을 미치고 있다고 할 수 있다. 이러한 주장이 사실인지의 여부와는 상관없이 연구결과는 너무나 자명하다는 사실을 잊어서는 안 될 것이다. 부모와 청소년들 사이의 심각한 대립은 소수의 가정에만 적용되는 이야기에 불과할 것이다. 이러한 사실은 불안한 기분으로 청소년기의 시작을 맞이하는 부모들에게 일정 부분 마음의 안정을 가져다 줄 것으로 생각한다.

가족환경과 청소년기의 발달

Family environment and adolescent development

가족환경이 청소년들의 발달에 미치는 영향에 대해 생각할 때 부모의 역할, 특히 양육방식에 대해 검토해 볼 필요가 있다. 양육방식에 대해 생각할 때 먼저 Baumrind와 Maccoby의 연구에 대해 설명해 둘 필요가 있다. 실제로 이 두 연구자는 양육행동에 관한 이해에 있어 깊은 영향을 미쳤다고 말할 수 있으며, 양육에 관한 연구에 있어서 이 두 사람의 연구가 출발

점이라고 해도 과언이 아닐 것이다. 1970년대 초기에 Baumrind(1971)는 최초로 양육행동에는 두 가지 차원이 있으며, 이들은 구별할 필요가 있다고 주장했다. 즉, 부모의 응답성과 요구성의 차원이다. Baumrind는 부모는 이 두 가지 차원에 있어 서로 다르며, 또한 이 두 가지 차원은 서로 일정 부분 독립되어 있는 것으로 생각했다. 이들에 의해 부모의 성격 특성의 다양한 조합을 생각해 볼 수 있게 되었다. 또한 많은 연구들은 이 분류방식이 가족 기능에 대한 이해를 위해서도 매우 중요하다는 점을 시사하고 있다.

Maccoby와 Martin(1983)이 개발한 틀은 그림 5-2에서도 제시하고 있는 바와 같이 부모의 요구성과 응답성의 조합에 의해 네 가지 형태의 양육행동을 구분지을 수 있다. 즉, 응석받이형(indulgent), 무관심형(indifferent), 권위주의형(authoritative), 독재주의형(authoritarian)의 네 가지 형태이다. 독재주의적 부모는 복종과 동조를 중시한다. 이 유형에 속하는 부모들은 행실이 바르기 못함에 대해 벌하며 자율을 권장하지 않는 경향이 있다. 권위주의적인 부모는 따뜻하지만 확고한 경향이 있다. 그들은 표준을 정해서 명확한 기준을 설정하기도 하며, 벌을 주기보다는 설명을 통하여 청소년들에게 도리를 설파하는 경향이 강하다. 응석받이형(허

| **그림 5-2** | 양육방식의 분류 틀

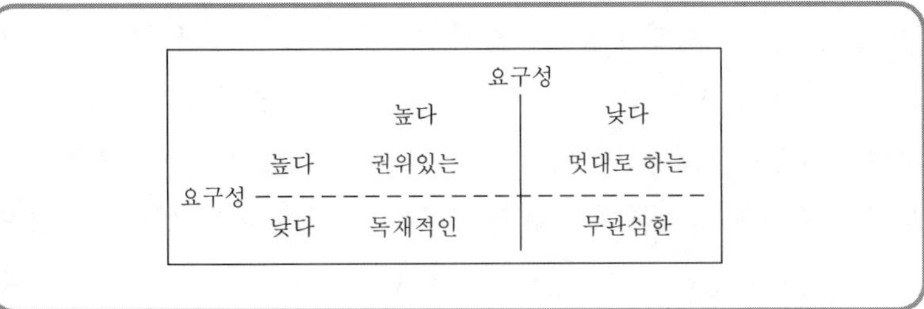

출처 : Maccoby and Martin(1983).

용적인) 부모는 온화하며 자녀들에 대해 허용적이며, 본질적으로는 수동적으로 처신한다. 그들은 표준을 정하거나 자녀들에 대하여 높은 기대를 가지지 않은 채 벌을 중요한 것으로 여기지 않는다. 마지막으로 무관심형의 부모는 종종 태만한(neglectful) 것처럼 보이기도 한다. 이 형태의 부모는 자녀들의 행동에 대해 거의 알지 못하며 육아활동에 할애하는 시간을 최소한 억제하고자 한다.

앞에서 설명한 바와 같이 이러한 분류를 통해 양육에 관한 다수의 연구가 이루어졌으며, 일관된 결과를 보여주고 있다. 거의 모든 경우에 권위적인 부모 밑에서 자란 청소년들은 자아존중감(self-esteem), 시점취득(perspective-taking)에 있어 뛰어나며, 아울러 약물사용, 이른 시기의 성행동 등의 위험을 회피하는 행동을 취할 수 있다는 점에서도 뛰어난 능력을 보여주고 있다(Dornbush et al., 1987; Steinberg et al., 1991 참조). 응석받이형 부모 밑에서 자란 청소년은 성숙의 정도가 낮으며, 무책임하고 친구들에게 동조하는 경향이 강하다. 무관심형 가정에서 자란 청소년은 예상할 수 있는 바와 같이 위험 정도가 가장 높다고 할 수 있겠다. 그들은 보다 수동적이며 아동기에서부터 위험 정도가 높은 행동에 물들어 있을 가능성도 높다(Fuligni and Eccles, 1993; Kurdek and Fine, 1994).

권위적인 양육에 대해 보다 자세하게 살펴보면, 그 특성에 대해 이해하고자 하는 노력들이 많이 이루어져 왔다는 것을 알 수 있다. Steinberg(1996)는 이러한 형태의 양육이 중심을 이루는 세 가지 구성요소를 가지고 있는 것으로 생각했다. 첫 번째로, 온정이다. 이러한 권위적인 부모는 자녀를 사랑으로 포용하며 양육한다. 두 번째로, 청소년들이 자신들의 행동에 대해 기대, 규칙을 가질 수 있는 구조를 제공한다. 세 번째로, 청소년들의 개성을 수용하며 격려함으로써 자율을 지원한다. 이러한 것들 모두는 부모가 한도를 설정함을 물론, 지원과 수용을 제공하며, 성취를 권장하여 자율이 촉진되는 가정환경을 구축하기 때문에 매우 중요한 요인이라 할 수 있다.

이러한 문제에 대해서 유럽에서 이루어진 몇몇 연구 가운데 하나인 Shuckmsmith 등(1995)의 연구에 대해 살펴보고자 한다. Shuckmsmith는 스코틀랜드의 가정에 대해 연구하였으며, 양육태도 이외에 사회적 배경 및 가족의 형태 등 일련의 변수들에 대해 검토하였다. 연구결과 양육태도에 있어 허용적인 양육방식이 가장 일반적인 것으로 조사되었다. 그러나 청소년기에는 권위적인 양육과 독재적인 양육이 가장 많은 반면, 10대 후반의 청소년들이 있는 가정에서는 허용적인 양육이 가장 많았다. 또한 심리적인 행복감, 학교에 대한 불만은 양육방식과는 아무런 관련성이 없었다. 그리고 Shuckmsmith는 허용적인 양육이 다수를 차지하고 있다고 할 경우 허용성에 대한 견해에 대해 재검토함으로써, 왜 스코틀랜드에서는 이러한 양육방식이 다른 양육방식과 비교하여 일반적인가에 대해 설명해야 할 시점에 와 있음을 지적하고 있다. Juang과 Silbereisen(1998)은 동독과 서독에서 양육방식에 관한 연구를 실시하였으며, 두 나라 모두 권위적인 부모의 양육방식은 역사적·지리적 맥락과는 관련성이 없으며, 긍정적인 효과를 가지고 있음을 발견하였다.

이 문제에 대해 마무리함에 있어 모니터링과 감독이라고 하는 주제에 대해 언급하고자 한다. 모니터링과 감독은 양육행동이 가지는 특징의 하나로서 상당히 주목을 받고 있는 문제이다. 지금까지의 연구에서는 부모가 모니터링을 게을리 하면 아동들은 범죄나 약물사용, 학업부진, 피임을 하지 않는 성관계 등 다양한 위험행동을 하게 된다는 결과를 제시하고 있다(Patterson and Stouthamer-Loeber, 1984; Fletcher et al., 1995 참조). 그러나 Stattin과 Kerr(1999)는 논문에 의하면 이러한 연구결과를 주의 깊게 살펴볼 필요가 있다는 점을 주장하고 있다. 그들은 자신들의 실증적인 연구에 기초하여 부모의 모니터링보다 오히려 청소년들의 자기표현 여부가 문제행동과 결부되는 중요한 변수라고 제언한다. 즉, 그 전까지는 부모의 모니터링은 청소년이 언제 어디에 있는지를 부모가 파악하고 있느냐의 여부에 의해 평가되어 왔다. 그러나 Stattin은 청소년들이 자신들이 무엇을 하고 있는지에 대해 말을 해야만 부모가 청소년들의 행동을 알게 된다는 점을 밝히고 있다. 모니터링과 감독은 청소년들의 활동에 관한 많은 정보를 얻기 위해 부모가 솔선하여 행하는 것이 아니라, 오히려 청소년들이 부모에 대하여 행한 커뮤니케이션에 의한 기능인 것이다. 명백하게 이것은 실천적 측면의 양육에 있어서만이 아니라 연구에 있어서도 중요한 발견이라 할 수 있다.

문화와 민족성

다양한 민족적 배경을 가진 가족에서의 자율성의 발달에 관한 Cooper (1994)의 연구가 주목을 받아왔다. 민족적 배경은 매우 중요한 변수이며, 사실상 가족기능의 모든 측면에 영향을 미치고 있음에도 불구하고, 인용할 만한 연구는 그리 많지 않으며, 특히 북아메리카에서는 거의 없다고 할 수 있겠다.

　이 절에서는 이 영역에서의 민족성의 역할에 관한 몇 가지 연구들에 대해 살펴보고자 한다. 다양한 문화에 관한 비교는 주로 가족활동에 소비되는 시간, 부모와 청소년의 감정 면에서의 유대에 관해 이루어져 왔다. 예를 들면, Cooper(1994)는 유럽계 미국인 가족보다 미국에 거주하는 중국인, 멕시코인 및 베트남 가족이 가족의 유대에 대한 기대가 크다는 점을 제시하고 있다. Facio와 Batistuta(1998)의 연구에서는 Hendry 등(1993)의

연구에서 주장하고 있는 스코틀랜드인의 가족관계와 아르헨티나의 소도
시에서 볼 수 있는 가족관계에 대해 비교연구를 실시하였다. 비교 결과,
두 집단 간에는 명백한 차이가 존재하였다. 아르헨티나에서는 15-16세 청
소년들 가운데 거의 80%가 부모와 식사를 같이 하는 것으로 응답했음에
비해, 스코틀랜드에서는 35%만이 식사를 같이 한다고 응답했다. 아르헨
티나에서는 부모와 청소년은 따뜻하며 긍정적인 관계를 유지하고 있다고
하는 일반적인 이미지가 떠오른다. 이는 스페인, 이탈리아와 같은 나라의
생활에 관한 연구에서도 유사한 성향을 보이며, 이들 나라에서는 관계의
밀도가 상당히 높으며, 청소년은 주로 성인기에 이르기까지 가족과 함께
생활하고 있었다.

　　일본문화는 중요한 비교의 포인트를 제공한다. 왜냐하면 Gjerde와
Shimizu(1995)가 지적하고 있는 바와 같이 아버지의 역할이 서양인들의
아버지의 역할과는 상당히 다르기 때문이다. 일본에서는 어머니가 가족
의 중심적 역할을 수행하고 있으며, 아버지는 거의 집에 없는 '부재' 의 상
태에 있다. 또한 일본의 아버지는 가족 내의 불일치 상황에 대해 명확하게
표현하지 않는다. 그 때문에 대립을 관리하기가 어려워진다. Gjerde가 주
장하고 있는 바와 같이, 일본에서의 문화적 가치가 청소년의 발달에 미치
는 영향에 대해서는 지금까지 거의 검토되지 않았다. 그러나 Gjerde와
Shimizu의 연구(1995)에서는 일본의 가족관계의 복잡성의 단면을 볼 수
있다. 그들은 청소년이 어떠한 과정을 거쳐 사회화 되어야만 하느냐에 대
한 부모의 일치 또는 불일치에 대해 검토하였으며, 이것을 어머니와 청소
년의 유대, 청소년의 적응행동과 관련지었다. 그들의 연구를 요약해서 설
명하면, 부모 양쪽 모두가 사회화에 관한 문제에 대해 일치하고 있는 경우
에 한해서만 청소년과의 유대, 청소년의 적응행동을 관련짓고 있다. 즉,
부모가 사회화에 관한 문제에 일치하고 있는 한 청소년과 어머니의 밀접

한 관계(높은 응집성)는 적응성(adaptiveness)이 높았다. 그러나 어머니와 아버지의 의견이 상이한 경우에는 청소년과 어머니의 유대는 부적응과 관련이 있었다. 저자가 언급했듯이, 이러한 결과는 아버지가 부재한 상태이며, 어쩌다 가끔씩 가정생활에 참여한다 하더라도 어머니의 역할이 상당히 중요하다는 사실을 뒷받침하고 있는 것이다.

이스라엘에서는 청소년들은 이와는 상당히 상이한 가정생활을 경험하고 있었다. 이스라엘에서의 청소년기의 발달은 지금까지 많은 흥미를 끌어왔다. 이는 키부츠(qibbutz)[1]에서 자란 청소년들에게는 지금까지는 친구, 가족 이외의 성인이 부모보다 영향력이 더 큰 것으로 알려져 왔다. 그러나 최근에 Kaffman(1993)이 '가족주의적 혁명' 이라고 부를 정도로 명확하게 변했다. 부분적으로는 1970-1980년대에 기부츠에서 자란 청소년들이 경험한 장애의 결과로서 최근에 가족의 중요성이 증대되었다. 오늘날 청소년들에게 있어 부모와의 관계는 유럽의 여러 나라들에서 비슷한 양상을 보이고 있으며, 가족은 중심적인 의미를 가지게 되었다. 가족기능의 변화에 관해서는 Mazor(1993)의 논문에 잘 설명되어 있다. 이 연구는 청소년기의 부모의 역할에 대한 가치변화에 대해 잘 설명하고 있다. 특히 청소년들의 심각한 마약문화에 대한 두려움과 상당수 이스라엘 청소년들의 컬트 등 파괴집단에의 관여에 대한 두려움의 결과로 가족을 더욱 강조할 필요가 있으며, 반대로 또래집단의 힘과 영향을 축소시킬 필요가 있다는 점에 대해 논의하고 있다.

미국에서는 상이한 민족집단의 양육 스타일에 관한 비교연구가 빈번

---

1) 역자 주 : 키부츠는 이스라엘의 집단농장의 한 형태로 농업뿐만 아니라 식품가공 · 기계부품제조 등의 경공업을 포함하는 경우도 많다. 키부츠의 구성원은 사유재산을 가지지 않고 토지는 국유, 생산 및 생활재(生活財)는 공동소유로, 구성원의 모든 수입은 키부츠에 귀속된다.

청소년과 사회 : 청소년기의 심리, 건강, 행동 그리고 관계의 본질

하게 이루어지고 있다. 연구결과는 앞에서 정의한 의미에서의 권위있는 양육방식은 아프리카계 미국인 가족, 아시아계 미국인 가족 또는 히스패닉계 미국인 가족보다 유럽계 미국인 가족이 더 강하게 나타났다는 점을 시사하고 있다(Dornbusch et al., 1987; Steinberg et al., 1992). 그러나 소수민족집단의 가족이라 하더라도 부모가 권위적인 양육방식(authorative parenting)을 구사하는 경우 청소년은 유럽문화에서 나타나는 성향과 마찬가지로 유리한 것으로 여겨진다. 또한 여기에서 두 가지 흥미로운 점을 발견할 수 있다. 첫 번째는 전재주의적인 양육방식(authoritarian parenting)은 소수민족 사회에서도 흔하게 볼 수 있다는 점이다. 두 번째로 백인 청소년들이 소수인종 청소년들보다 전재주의적인 양육방식으로부터 나쁜 영향을 받는다는 점이다(Steinberg et al., 1994). 왜냐하면 부모의 강한 통제는 폭력과 위험이 만연한 지역이 적응성이 높다는 점을 제시하며, 또한 Chao(1994)가 지적하고 있는 바와 같이 양육방식의 이러한 차원은 비유럽문화에서는 그다지 의미를 가지고 있지 못하는 듯하다.

결론적으로 '개인주의' 문화와 '집단주의' 문화는 구별되어야 한다. 이는 문화 및 가치의 문제에 관심을 가진 사람에게는 잘 알려진 구별로서(예를 들어 Hofstede, 1983), 어떠한 형태이든 청소년들에게 있어서의 가정생활을 고찰하는 데 매우 중요하다. 기본적인 구분에 대해 설명하면, '집단주의' 문화란 청소년의 행동과 희망은 개인의 희망이 아니라 가족과 지역사회의 평판, 성공을 중시해야 한다는 성향이 강한 문화이다. '개인주의' 문화란 이와는 반대의 가치시스템이다. 여기에는 청소년은 개인의 목표를 발견할 수 있도록 노력할 것으로 기대되며, 집이나 사회 전체의 요구 또는 바람에 대하여 필요 이상으로 주의를 기울이지 않고 자신의 목표를 달성할 대책을 발견하도록 노력할 것을 기대한다. 이러한 구별은 상이한 문화에 관한 연구에서 빈번하게 사용되어 왔다. 그러나 청소년연구에서 이러한 구분을 사용한 경우는 그리 흔하지 않았다. 아시아계와 영국계 백인 가정에서의 엄마와 딸의 관계에 대해 연구한 Gilani(1995)는 상당한 연구성과를 나타냈다고 하겠다. 그녀는 두 문화에서의 여자청소년에 대한 태도의 차이, 딸의 행동에 대한 엄마 기대의 차이에 대해 검토하였다. 이 두 문화에서 눈에 띄는 대립관계는 백인 가정에서 더 자주 나타나는 것으로 드러났다. 그러나 동시에 백인 가정의 여자청소년은 스스로 의사결정을 한다거나, 친구들과 함께 시간을 보낸다거나 자신의 라이프스타일을 선택할 자유를 가지고 있다고 느끼고 있었다. 아시아계 가정의 여자청소년은 이와는 전혀 다른 경험을 가지고 있었다. 그녀들은 부모의 기대를 먼저 느끼고 있었다. 그녀의 부모들은 그들이 대부분의 시간을 가족과 함께 보낼 것을 기대하며, 또한 가족의 규범에 동조하고, 부모에 대하여 말대답을 한다거나 반대하거나 하지 않기를 바란다. Gilani는 위에서 언급한 두 문화에서 나타나는 이러한 차이를 설명하였다. 이는 영국에서 백인 가족과 아시아계 가족과의 차이와 같은 특수한 맥락에서도 유용할 뿐만 아니라 세계의 여러 나라들의 가족에게 적용해도 될 듯한 보다 폭넓은 타당성을 가지고 있는 틀이라고 여겨진다.

어머니와 아버지

청소년과 아버지, 어머니의 관계에 있어서 상이함에 대해 많은 연구자들이 관심을 가져왔다. 그럼에도 불구하고 이들의 실질적인 관계에 대해서는 명확하게 규명되어 있지 않다. 거의 대부분의 연구가 어머니가 더욱 지지적이며 아들과 딸에게 더 많은 관심을 쏟고, 양육에도 아버지에 비해 깊이 관여하는 것으로 보고되어 왔다. Youniss와 Smollar의 연구(1985)는 이러한 경향에 대한 연구를 수행하였다. 그들의 견해는 아버지의 역할은 유년기에서 청소년기에 도달하기까지 거의 변화하지 않는다는 것이다. 아버지는 장기목표를 설정한다거나 규칙의 결정, 규범 등을 가르치며, 또한 역할 모델로서 기능을 수행한다는 점에서 그 중요성이 매우 높다고 할 수 있다. 그러나 아버지는 청소년의 개성을 알려고 하지 않으며 청소년기를 통하여 자녀의 정서적 발달을 지원하려고 하지 않는다. 어머니는 이와는 다르다.

> 첫 번째로, 어머니는 자녀와의 규칙적인 접촉을 유지한다. 두 번째로, 어머니의 접촉은 자녀의 장래에만 관심을 가진 채 이루어지는 것은 아니다. 세 번째로, 어머니는 청소년들의 관심사가 무엇이든 상관없이 그들에게 주의를 기울인다. 네 번째로, 어머니는 예의범절을 가르치는 사람과 상담자 양쪽의 역할을 감당함으로써 긴밀하게 자녀들을 감시한다. 다섯 번째, 어머니는 마지막까지 자녀와 공감대를 유지함으로써 체험을 공유하는 친한 친구로서의 역할을 수행한다. 이러한 목적 때문에 상호성이 이들의 관계에 개입하게 되며 둘 사이의 관계에서 어느 한쪽이 다른 한쪽을 지원한다기보다는 서로 협력하는 관계로 발전하게 된다.
>
> (1985, pp. 90-91)

이는 약간은 이상화된 이미지일지도 모른다. 하지만 그렇다고 하더라도 이를 모성의 표현으로 인정하기에는 좀 무리가 따르지 않을까 하는 생각이 든다. 물론 어머니가 인생의 여러 단계를 거치면서 아들과 딸 모두에 대해 아버지와는 다른, 그리고 보다 친밀한 역할을 수행하는 것으로 여겨지는 것은 이러한 연구들에서 볼 수 있는 것만은 아니다. 부모와 청소년의 커뮤니케이션에 관한 Noller의 연구는 Youniss와 Smollar의 연구결과를 지지한다. 부모와 청소년들 사이의 커뮤니케이션을 Noller와 Callan(1991)은 어머니가 아버지보다 한 가지 과제, 즉 '정치'를 제외한 모든 주제에서

| 표 5-4 | 청소년의 부모와의 커뮤니케이션에 대한 인지

주제	어머니	아버지
빈도		
사회문제	3.19	2.33
취미	4.32	2.79
성역할	3.03	2.01
가족의 성역할	2.59	1.98
관계	3.15	2.12
성에 대한 태도	2.78	1.75
정치	2.75	3.41
성에 대한 정보	1.93	1.36
성에 대한 문제	1.54	1.21
일반적 화제	4.15	3.24
자기표현		
취미	4.80	4.10
성역할	4.10	3.50
관계	3.92	3.27
성에 대한 정보	3.42	2.45
성에 대한 문제	3.32	2.32

주 : 평가는 6단계로 이루어졌으며, 빈도에 대한 평가는 1(거의 얘기하지 않는다)에서 6(자주 길게 얘기한다)으로 이루어졌다. 자기표현에 대한 평가는 1(아무 얘기도 하지 않는다)에서 6(자신이 느낀 것, 의견에 관해 모두 얘기한다)으로 이루어졌다.

출처 : Noller and Callan(1991).

청소년들과 더 많은 대화를 나누고 있음을 밝히고 있다. 이에 관해서는 표 5-4에서 자세하게 소개되어 있다.

상당수의 연구를 통해 어머니에 대한 이미지가 긍정적으로 그려지고 있는 이유는 사회의 가치관과 청소년을 둔 어머니라는 현실에 기인하는 것으로밖에 이해되지 않는다. 게다가 아버지에 관한 연구의 부족은 남성 또는 아버지라는 것과도 관계가 있을지 모른다. 최적의 발달을 촉진함에 있어 아버지의 역할이 매우 중요하다는 점은 이론의 여지가 없다. 그러나 양육이라고 하는 맥락에서 남성의 요구 또는 행동을 정확하게 파악하기가 어렵다는 것은 남성들에 대하여 면접조사를 실시할 시간을 갖기가 어렵다는 점과도 깊은 관련이 있다. 하지만 최근 들어 이 문제에 주목하는 연구자들이 늘어나고 있으며, 특히 아버지와 청소년의 관계를 다룬 책도 처음으로 출판되었다(Shulman and Seiffge-Krenke, 1997).

명백한 사실 가운데 한 가지는 아버지의 자녀양육에 대한 관여는 중년기의 남성들에게 있어서도 매일 가족과 많은 시간을 보내는 청소년들에게 있어서도 유익하다는 점이다. Motemayor 등(1993)은 중년기의 스트레스의 정도와 아버지와 청소년과의 관계의 질에 대하여 평가하였다. 아버지에게 일, 결혼 및 건강과 같은 문제에 있어 자신의 스트레스의 정도에 대해 대답해 주도록 의뢰하였다. 그 결과 중년기의 스트레스는 청소년들의 상호작용의 질과는 부(負)적 상관관계에 있음이 밝혀졌다. 다른 연구도 동일한 결과를 보여주고 있다. Greenberger와 O' Neil(1990)은 일로부터 발생하는 스트레스는 열악한 가족관계과 관련이 있다는 증거를 제시하고 있다. 또한 Silvereisen과 Steinberg(1990)는 중년기의 어머니 및 아버지의 고민과 그들의 청소년들과의 관계의 질과의 관계를 설명하는 데 성공하였다.

Shulman과 Seiffge-Krenke(1997)가 지적하고 있는 바와 같이 청소년기의 부성(父性)에 관한 논의는 거의 '결손' 모델을 그 출발점으로 하고 있다. 어머니는 부모로서 보다 깊게 관여하고 있는 반면에, 아버지는 여러 가지 의미에서 '결손' 상태에 있다는 것이다. 흥미롭게도 모든 연구가 청소년들은 아버지에 대해 불만을 가지고 있다고 생각하고 있지 않다는 것이다. Hanson(1988), Montemayor와 Brownlee(1987)의 연구는 청소년들은 자신의 아버지가 수행하고 있는 역할에 대해 만족하고 있음을 보여주고 있다. 어머니와 아버지가 수행하고 있는 역할의 차이에 대해 좀 더 주의를 기울여 보면 이에 대해 이해할 수 있다. Power와 Shanks(1988)는 부모를 대상으로 면접을 실시하였으며, 부모가 어떠한 행동을 장려하였는가, 또는 비난하였는가에 대해 조사하였다. 조사결과 아버지는 독립 또는 자기 주장과 같은 수단적(도구적) 행동을 촉진하는 데 비해, 어머니는 대인관계, 가족에 대한 관여를 보다 강조하는 경향이 있다고 주장하였다. Hauser 등(1987)은 부모와 청소년이 공동의 과제에 몰두해 있을 때의 대화내용을 분석함에 있어, 동일한 질문에 대해 검토하였다. 그들은 아버지가 청소년의 제안 또는 생각에 대하여 흥미와 지지를 보내고 있는 데 반해, 어머니는 억제를 요구하는 발언을 많이 하였으며, 이는 청소년들에 대하여 그다지 지지하지 않고 있음을 보여주는 한 예이다. 이처럼 어머니와 아버지는 서로 다른 스타일 또는 관심을 가지고 자녀를 양육하고 있음을 알 수 있다. 부모가 함께 자녀의 양육에 공헌하고 있음을 인식하지 않고서는 청소년기의 가족기능이 가지는 현실적 이미지를 구축할 수 없을 것이다.

이혼과 가족 본질의 변화

Divorce and the changing nature of families

20세기 후반에 들어 가족에 대한 이행방식은 크게 변화하였다. 오늘날 상당수의 청소년들은 한부모가정에서 자라고 있으며, 이 때문에 이전과는 다른 가족환경 속에서 생활하고 있다. 이 점은 제1장에서도 지적한 바가 있다. 그러나 이러한 현상은 이혼과 별거로 인해 발생되는 결과라고만은 할 수 없다. 그림 5-3은 한부모가정이 증가일로에 있음을 보여주고 있으

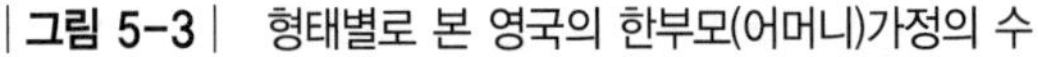

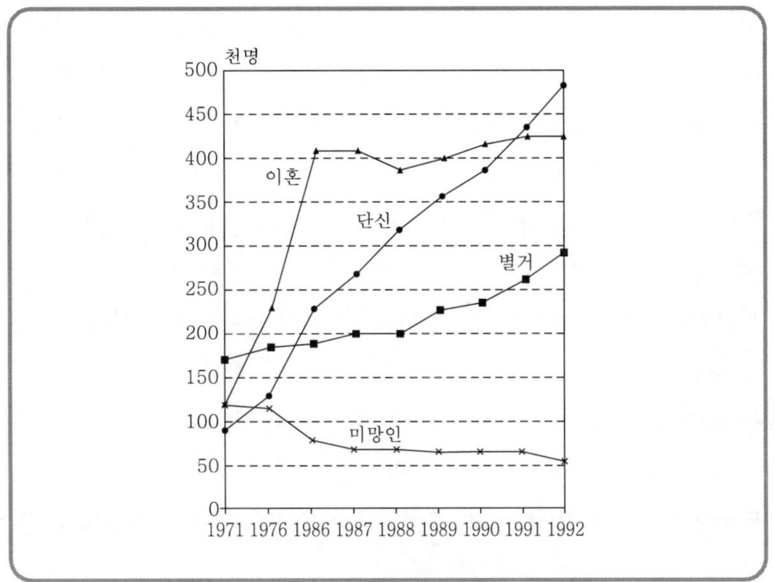

출처 : Coleman(1997a).

며, 이는 이혼율의 증가만이 가족구조 변화의 주요한 요인이 아니라는 점을 뒷받침해 주고 있다. 또한 청소년들의 가족에 관한 태도나 가치관도 변화하고 있다. 영국에서는 20세보다 어린 부모에게서 태어난 혼외자녀의 수가 점점 더 증가하고 있으며(Babb and Bethune, 1995), 이는 결혼이 전통적인 사고로부터 유동적인(변화하기 쉬운) 관계구조로 변화하고 있음을 보여주는 것이다. 국제비교연구를 보면 미국의 이혼율이 가장 높으며, 호주, 뉴질랜드 그리고 영국은 이혼율은 낮은 편이지만 각각 비슷한 이혼율을 보여주고 있다(Rodgers and Pryor, 1998).

최근 10년간 이혼, 가족의 재편성이 청소년에게 미치는 영향을 검토한 연구는 크게 늘어나고 있다. Buchanan 등(1996)은 미국에서 이루어진 대규모 연구 프로젝트로, 후견인제도와 그 제도가 청소년들에게 미칠 영향에 관해 검토하였다. 영국에서는 Cockett and Tripp's(1994)의 엑세터(exeter)[2] 연구는 격렬한 논란을 불러일으켰다. 전국아동발달연구(National Child Development Study)에 관한 종단분석(Kiernan, 1997)은 이혼으로 인해 상처를 받은 가족에서 성장한 청소년들이 열악한 교육과 수입으로 인해 나쁜 영향을 받고 있음을 발견하였다. Rodgers와 Pryor(1998)은 이 분야에서의 중요한 견해를 제시하였다. 즉, 그들은 현재의 데이터에 기초하여 영국 청소년의 28%는 그들이 16세가 될 때까지 부모가 이혼하게 될 것이라고 생각하고 있다는 점을 지적하였다. 통계를 통해 알 수 있는 것은 이혼의 충격에 대해 그들이 충분히 이해하고 있는지 여부가 얼마나 중요한가 하는 점이다. 우리들은 이 절의 나머지 부분에서 여러 연구를 통해 얻어진 결과들을 중심으로 몇 가지 점들에 대해 검토하고자 한다.

먼저 검토하고자 하는 질문은 이혼을 경험한 시점의 발달단계가 적응에 얼마나 중요한 의미를 가지느냐 하는 점이다. 상당히 많은 연구가 이혼의 시기와 이혼 후 얼마의 시간이 지난 시기를 혼동하고 있기 때문에, 이점에 관해 단언하기는 어려우나 청소년에 비해 어린 아동이 다양한 영향을 받을 가능성이 높다고 할 수 있을 것이다. 이는 연장자가 인지능력이 높을 뿐만 아니라 자신이 경험한 일들의 의미를 이해할 능력이 커지며, 정서적으로도 성숙했기 때문이기도 하다. 자기중심성이 감소하게 되면 청소년들은 한 가지 이상의 관점에서 상황을 보게 되며 무엇이 일어나고 있는지를 이해하며 그 때의 감정에 적절하게 대처할 수 있게 된다. 많은 연구들이 주요요인으로 연령을 중시하고 있다는 점을 밝히고 있다. 왜냐하면

---

2) 잉글랜드 남서부 Devonshire 주(州)의 주도.

  청소년과 사회 : 청소년기의 심리, 건강, 행동 그리고 관계의 본질

그것은 특히 청소년의 감정적 자율성이 증가하거나 가족 외의 네트워크에 대하여 지원을 요구할 기회가 증가했기 때문이다. Hetherington(1993)의 보고에 따르면 청소년기 이전에 들어서기 전에 부모의 이혼을 경험한 이들은 청소년기로 이행하더라도 적응장애가 계속된다고 한다. Wallerstein과 Blakeslee(1989)는 어릴 때 이혼을 경험한 청소년들은 그 때에는 어려움을 인식하지 못하더라도 청소년기에 들어서서 어려움을 경험한다고 한다.

이 분야의 모든 연구에서 얻어진 중요한 결론의 하나는 이혼이 하나의 사건이 아니라 과정이라는 점이다. 이는 Buchanan(1996)이 캘리포니아에서 실시한 연구에서 명백하게 밝혀졌다. 6년간에 걸쳐 1,500명의 아동과 청소년들을 조사한 결과, 이혼이라고 하는 사건이 발생하기 이전, 이후 모두 이혼의 영향을 받고 있다는 점을 제시하고 있다. 특히 그들은 이혼 후에 적응을 결정하는 주요변수로 부모의 끊임없는 대립을 꼽고 있다. 부모의 이혼으로 '두 사람 사이에 세워진' 듯한 느낌을 가진다거나 부모가 별거 후에도 계속해서 다툰 경험이 있는 청소년은 부모가 보다 건설적인 태도로 자신들의 관계를 제어한 청소년들에 비해 훨씬 더 좋지 않은 영향을 받았다. Buchanan은 부모들이 이혼 후 자녀들의 양육에 어느 정도 역할을 수행했는가에 대해 검토하였다. 양육권 신청 내용과 관계없이 인생에서 많은 변화를 겪게 되며, 격심한 변화를 경험한 청소년은 부모의 이혼 후의 생활에 제대로 적응 및 대처를 하지 못하였다. 어느 여자청소년은 자신의 부모에 대한 감정을 다음과 같이 설명하고 있다.

"최악이었어요. 부모님들은 서로를 증오했어요. 부모님은 서로를 증오하고 있었기에 언제나 서로에 대해 냉담했으며, 내 앞에서도 서로 다투곤 했어요. 그리고 나는 그런 부모님의 모습이 정말 싫었어요. 나는 부모님의 싸움의 틈바구니 속에서 내가 할 수 있는 일이 아무것도 없다는 생각을 했어요.

나는 처음에는 부모님이 다투시게 된 것에는 나에게도 일부 책임이 있다고
생각했어요. 그리고 내가 두 분의 다툼을 말렸어야만 했다고 생각했지만 그
럴 수가 없었어요. 그래도 나는 내가 두 분의 다툼을 말렸어야 했다는 생각
을 했어요."

(16세 청소년, Coleman, 1990, p. 18에서 인용)

이 분야의 연구자들에게 있어 주된 문제 중 하나가 이혼에 따른 장기
간에 걸친 영향이다. Rodgers와 Power(1998)가 지적하고 있는 바와 같이
많은 연구는 이혼의 부정적인 영향을 강조한다. 예를 들면 높은 비행률
(예를 들어 Wadsworth, 1979), 낮은 교육수준(예를 들어 Kiernan, 1997),
약물과 음주(예를 들어 Hope et al., 1998), 게다가 정신적 건강의 문제를
안고 있을 위험(risk)이 증가한다는 보고가 있다(Garnefski and Diekstra,
1997; Rodgers et al., 1997). 그럼에도 불구하고 이러한 상당수의 연구에
는 방법론상의 문제가 존재한다. 특히 한쪽 부모에 의해서만 생계가 꾸려
지는 가족에게 있어 이혼 후에 발생하는 빈곤, 불이익의 영향을 고려할 필
요가 있다.

홍미롭게도 모든 연구자들이 이혼은 부정적인 경험이라고 생각하지
는 않는다는 것이다. 어떤 연구자들은 가족의 만성적인 모순(가족의 갈등
상태)으로부터 어려움을 겪는 청소년에게 있어 부모의 별거는 스트레스
로부터의 해방을 제공한다고 주장한다(McLoughlin and Whitfield, 1984;
Mitchell, 1985). 아울러 다른 연구자들도 지적하고 있는 바와 같이, 이혼
이 가족 내의 보다 많은 자율, 책임을 가질 기회를 제공한다고 한다. 즉,
청소년의 성숙한 행동을 촉진하며, 청소년기의 발달을 강화시킬 수 있다
고 한다(McLoughlin and Whitfield, 1984; Barber and Eccles, 1992). 이 문
제에 관한 연구의 메타분석(Meda analysis)[3]에는 Amato와 Keith(1991)가
명백하게 밝히고 있는 바와 같이 이혼한 가족과 완전한 가족의 청소년들

사이에는 주관적 행복감의 관점에서 차이가 존재하지만, 이혼에 의한 영향은 비교적 적다는 점을 지적할 수 있다. 동일한 견해는 Barber와 Eccles(1992)에 의해 보고된 바가 있다. 양쪽 연구에 의하면 대다수 연구는 이혼이 고통을 동반하지만 그 영향은 단기간에 그치고 있다고 한다. Buchanan(1996)의 연구와 같이 이혼의 영향에 관해서는 보다 많은, 그리고 보다 잘 구축된 종단연구가 필요하며, 이는 지금까지의 주장과는 다른 견해를 제공해 줄 것이다.

이혼과 그 영향에 대해 살펴보기 위해서는 보다 중요한 변수를 고려할 필요가 있다. 청소년의 젠더 특성 또는 별거, 이혼 후의 가족의 재편성에 관한 문제에도 관심을 가져야 할 것이다. 많은 연구가 이러한 요인의 검토를 시도하였으나 일관된 결과를 보여주진 못했다. Buchanan(1996)은 연구자들 간의 불일치의 한 사례를 들고 있는데, 우선 Buchanan에 의하면 청소년들의 양호한 적응을 예측하는 요인의 하나는 재혼한 부모와 함께 생활하는 것이다. 게다가 부모가 새로운 파트너와 미혼인 채로 함께 생활하게 되면 많은 점에서 적응에 장애를 초래하며, 특히 아동들에게 나쁜 영향을 미친다. 이러한 발견은 다른 연구와는 모순된다. 즉 다른 연구에서는 재혼하지 않은 가족보다 혈연관계에 있지 않은 가족이 청소년들에게는 더욱 긍정적인 영향을 미친다는 점을 시사하고 있기 때문이다(Ferri, 1984; Hetherington and Clingempeel, 1992). 또한 남녀 간 적응의 차이에 관한 약간의 혼란이 있다. 대부분의 연구가 남자청소년이 이혼 후에 고통을 느끼며, 특히 남자청소년의 어머니와 함께 사는 경우에 고통을 더 느낀다고 보고하고 있다(Hetherington, 1993). 앞에서 살펴본 바와 같이

---

3) 역자 주 : 어떤 특정한 연구 주제에 대해 행해진 여러 독립적인 연구결과들을 종합하는 분석기법으로, 여러 연구결과물을 '분석' 하는 것이 메타분석이다.

Buchanan(1996)의 연구에서는 남자청소년들이 더욱 안 좋은 상태에 있었다. 이 연구에서는 남자청소년은 아버지와의 대립상태에 놓이게 되었을 경우 커다란 영향을 받았던 것에 비해 여자청소년은 그다지 영향을 받지 않은 것으로 보인다. 그러나 모든 연구가 이와 같이 명료한 성별 간 차이를 보여주고 있는 것은 아니다. 예를 들면 Allison과 Furstenberg(1989)의 보고에 의하면 Zaslow(1989)와 마찬가지로 부모의 이혼에 대한 반응에는 남녀 간에 있어 차이점보다 유사한 점이 더 많다고 한다. Rodgers와 Power(1998)가 지적하고 있는 바와 같이 이는 남자와 여자 간에 있어 고통을 표현하는 방식이 다르기 때문일지도 모른다. 예를 들어 몇몇 연구에서는 여자청소년이 심리적 외상에 관한 감정을 거의 표현하지 않음에 반해 남자청소년들은 주위 사람들로부터의 시선을 끌기 위하여 행동으로 표현하는 경향이 강하다는 점을 지적하고 있다.

재혼과 가족의 재편성이 일반화되고 있는 지금, 새로운 가족에서의 청소년의 경험에 대해 밀착해서 연구하는 것도 중요하다. 많은 연구자들은 새부모(step-parent)가 청소년을 둔 가정을 꾸밀 때의 어려움을 강조한다. 그리고 Hetherington과 Steinberg 등 심리학자가 어떠한 상황을 만드는 것이 가장 좋은지에 관한 제안을 하였다. 새로운 부모가 상황을 조금씩 이해해 가며 같이 살고 있지 않는 실제 부모를 대신하려고 노력하지 않는 점이 매우 심각하다고 하겠다. 몇몇 연구에서는 새로운 가족으로 변화함으로 인해 청소년들의 적응이 악화된다는 점을 지적했다(Capaldi and Patterson, 1991; Kurd and Fine, 1995). 이혼 후 청소년과 함께 생활하는 부모는 새로운 가족환경의 변화로 인해 청소년과 충돌할 우려가 있다는 점을 인식하여 가능한 한 청소년들이 심리적으로 안정을 취할 수 있도록 다양한 노력을 기울여야 한다. 특히 청소년이 이전에 다니던 학교를 그대로 다니게 하는 것이 매우 중요하다. 이는 청소년들이 새롭게 친구를 사귈 필요가 없기 때문에 변화한 가족환경에 대한 적응에 부담을 주도록 하기 위해서이다. 여기에서 다중 스트레스(multiple stressors)의 잠재적 영향에 대한 좋은 예를 볼 수 있다. 이는 제1장에서 검토한 초점 모델과 동일하다. 마지막 장에서 이 문제에 대해 다시 검토하도록 하겠다. 마지막으로 새부모와의 관계가 같이 살고 있지 않는 부모와의 관계로 인해 영향을 받을 가능성에 대해 살펴보는 것도 의미가 있을 것이다. Buchanan(1996)에 의하면 같이 살고 있는 가족과 같이 살고 있지 않는 가족 사이에 가정교육에 일관성이 있다거나 새부모와 같이 살고 있는 청소년이 '부재상태인' 부모와 좋은 관계를 유지할 수 있는 경우에 그들은 환경에 잘 적응한다.

이 분야의 연구는 언제나 일관된 결과를 보여 주지는 못한다. 일부 연구들은 연구수행 시에 다양한 어려움을 겪게 된다. 예를 들어 많은 가족들은 연구자에게 자신의 체험을 이야기할 수 없거나 때로는 이야기하기를 주저하기도 한다. 이는 다른 사람에게 자신의 가족사를 이야기하는 것이 청소년들에게 부정적인 영향을 미칠 우려가 있다고 판단하기 때문인 것으로 여겨진다. 그리고 장기적인 연구를 위한 협력자가 적으며, 실제로 비교를 위한 유사성을 지닌 통제집단(가족)을 찾아내기가 어렵다. 연구를 위한 이러한 어려움 이외에 실제적인 문제로서 재혼 또는 가족의 재편성에 대한 반응과 경험에는 다양성이 있는 경우도 있다. 아마도 부모의 재혼은 어떤 청소년들에게는 그리고 특정한 환경에서 그리고 특정한 맥락하에서는 훨씬 유익할 수 있으나, 반대로 일부 청소년들에게는 이와는 반대의 결과를 가져다 줄 수도 있을 것이다. 가족의 변화에 관한 현실적 복잡함 가운데 단순한 결론을 내리기는 무척 어렵다.

그럼에도 불구하고 Richards(1996, 1997)가 지적하는 것처럼 약간은 일반적인 결론을 내릴 수 있다는 점도 매우 중요하다고 하겠다. 결혼상태에 있거나 또는 이혼을 한 이후에도 부모의 대립은 청소년들에게 부정적인 영향을 미친다. 또한 이혼 후의 경제적 영향은 심리적 영향과 마찬가지로 중요하며, 극심한 빈곤은 가족에게 심각할 정도의 부정적인 영향을 미친다. 이혼은 같이 살지 않는 부모, 보통은 아버지인데, 아버지와의 인간적인 관계에 영향을 미친다(Simpson et al., 1995). 청소년과 부모와의 관계의 질 또는 양육방식도 실제 생활환경 이상으로 영향을 미친다(McFarlane et al., 1995). 마지막으로 가족의 재적응을 위해서는 청소년과 부모와의 커뮤니케이션이 중요하다. 연구에 의하면 부모들은 가족이 재편성되는 시기에 일어나는 여러 가지 사항들에 대해 청소년들에게 거의 이야기하지 않는 것으로 나타났다(Mitchell, 1985). 이러한 결론은 중요한 시사점을 제공하지만, 적절한 대답을 찾지 못한 문제 또는 모순된 결과들은 여전히 과제로 남아 있다. 향후 가족이 별거상태에 있거나 재편성될 때 청소년들이 경험할 수 있는 문제들에 관한 연구들이 속속 발표되어야 할 것이다.

10대 부모되기

Parenting teenagers

10대 양육이라고 하는 문제는 과거 수십 년간보다도 오늘날 한층 더 주목을 끌고 있는 것으로 여겨진다. 미국에서는 한동안 자녀양육 실천이 청소년의 문제행동 및 반사회적 행동에 대한 열쇠를 쥐고 있을지도 모른다고하는 인식이 팽배했으며, 유럽에서는 이러한 인식이 그리 폭넓게 자리잡고 있진 못했지만, 점진적으로 증가하는 추세를 보였다. 그러나 상황은 변화하였으며, 영국에서는 이러한 문제에 대한 관심이 증가하고 있음이 분명하다. 이러한 점은 부분적으로는 Pugh 등(1994)이나 Smith(1996)의 연구성과에 기인하고 있으며, 청소년범죄 등 용인하기 어려운 행동이 증가하고 있다고 하는 정치적 관심의 결과이기도 하다.

10대 청소년을 둔 부모와 아동을 둔 부모의 중요한 차이점 가운데 하나가 양육역할에 관한 불확실성이다. 아동을 둔 부모의 역할과 책임에 대한 정의는 그리 어렵지 않다. 그러나 이것은 청소년을 둔 부모의 경우에는 해당되지 않는다. 이것은 부분적으로는 가족 내에서의 권력과 권위의 성질이 변화했기 때문임에 틀림없다. 오늘날 10대 청소년을 둔 부모는 모니터링과 감독을 통해서 그들이 무엇을 생각하고 있는지를 알아차리기란 그리 쉽지 않다. 예를 들면 14세의 청소년에게 숙제를 부여하거나 행동의 허용범위를 제시하거나 또는 시청 가능한 텔레비전 프로그램을 제한하거나 하는 모니터링과 감독을 어떻게 해야 하는지가 명확하지 않다. 아울러 의료행위(medical treatment)와 관련된 조치에 있어서는 비밀을 지켜야 된다거나 성관계를 가지기 시작함에 있어 적절한 기대도 있다. 대부분의 부모가 그러한 사항들에 관해 어려움을 겪을 것으로 생각한다. 즉, 자신감을 상실하고 걱정도 늘어나게 되어 자녀양육이 제대로 이루어지지 못하고 있다고 느끼게 된다(Coleman, 1997b).

사실 10대 청소년을 둔 부모를 안내하고 지원하기 위하여 이용 가능한 문헌들은 많이 있다. 앞에서 자녀양육방식에 대한 Baumrind(1971), Mccoby와 Martin(1983)의 연구에 대해 소개한 바 있다. Small과 Eastman(1991)은 네 가지 차원으로 구성된 부모의 기능 모델을 확립했다. 이 연구자는 부모는 청소년의 기본적 욕구를 충족시키거나 발달을 지원, 보호, 청소년의 대변자 역할을 수행하기도 한다고 말한다. 이러한 역할들은 각각 매우 복잡한 형태를 이루고 있는데 다양한 사람들에 따라 상이한 방법으로 해석할 수 있을 것이다. 그러나 Small과 Eastman은 이러한 역할이 적절하게 해석된다면 최적의 발달에 기여할 수 있다는 점을 유용한 증거와 함께 제안하고 있다. 예를 들어 발달을 지원하는 틀은 긍정적인 역할

모델로서 기능하며, 일정부분 경계 및 한계를 명시하기도 하고, 인간관계에 있어 갈등상황을 해결하기 위한 구체적인 사례를 제시하기도 하며, 온정어린 마음으로 남을 배려하기도 하는 것에 공헌한다. 이러한 것들에는 각각에 대응하는 연구결과들이 있다.

청소년 양육에 시사점을 제공하는 연구들은 이 밖에도 여러 사례들이 있다. 부모가 규칙을 설명한다거나 청소년이 별도의 관점에서 현상을 보도록 지원함으로써 부모의 권위를 정당화하는 과정을 '유도(induction)'라고 한다. 이 방식은 아동기에도 좋은 결과를 가져다 주지만 청소년들에게는 더욱 중요하다(Holmbeck et al., 1995). 이는 Hill(1988)이 지적하고 있는 바와 같이 청소년은 지적으로 세련되어지기 때문에 '단순히 규칙이 있다는 것만으로' 라는 이유로는 규칙을 받아들이려고 하지 않기 때문이다. 동일한 시각은 갈등상태의 해결을 위한 '민주적인' 방식으로 알려진 것에 관해서도 개략적으로 설명되어 있다. Baumrind(1991)는 청소년의 가족이 민주적인 의사결정을 실시하는 것이 보다 강한 자존감정, 친사회적 행동, 높은 도덕적 추론을 가능케 한다고 주장했다.

마지막으로 부모들이 청소년들과의 원활한 관계유지를 위해 도움이 되는 방식에 관한 연구사례를 소개하고자 한다. 지각된 통제(perceived control)라고 하는 개념은 Bugenthal 등이 학대가족을 대상으로 처음으로 연구하였으며(Bugenthal et al., 1989), Goodnow와 Collins(1990)가 양육에 관한 고전적인 저작을 통해 발전시켰다. 지각된 통제라고 하는 발상은 양육의 딜레마에 있어 결정적인 문제가 된다. 본질적으로 논의되어야 할 점은 부모가 통제할 수 있다고 지각하면 할수록 한층 더 효과적으로 육아환경을 관리하며, 또한 전제주의적인 교육방식보다는 권위적인 방식을 실시한다고 하는 것이다. 자녀가 어리면 어릴수록 부모가 통제하고 있다고 여기기 쉽다. 확실히 자녀가 청소년기에 들어서게 되면 부모들의 통제에 대한 상실감이 커지게 되며, 게다가 이에는 개인차가 크게 작용한다는 것이다. 왜 부모는 자신들의 청소년들에 대한 영향력이 점점 더 줄어든다고 생각하는지를 이해할 수 있다.

부모가 청소년들의 행동을 통제할 수 없다고 생각하게 되면 이전보다 더 걱정을 하거나, 자녀들에 대해 고압적인 태도를 취하거나, 둘 중 한 가지를 선택하게 된다. 후자는 신체적인 벌을 가할 가능성이 높은데, 그러한 수단을 사용하는 것은 긍정적인 결과를 가져다 주지 못한다는 사실들이 증명되고 있다. 또한 부모가 자녀를 통제할 수 없다고 생각하게 되거나 통제할 수 없는 상황에 놓이게 되면 부모로서의 역할에 대한 무력감을 느끼게 된다. 이렇게 되면 아버지와 어머니가 청소년을 포기하게 되기 쉬우며, 결국 청소년들은 그들이 원하는 대로 방치하거나 또는 그들을 방임상태로 성장하게 내버려 두게 된다.

청소년을 둔 부모들에게 참고가 될 만한 문헌들이 많음에도 불구하고 부모들은 이를 전혀 모른다. 오히려 이러한 정보를 획득할 수 있는 부모들이 거의 매일 숙제나 뒤죽박죽인 방, 식습관, 과도한 텔레비전 시청 등으로 말다툼하는 청소년들에게 그러한 문헌들이 어느 정도 도움이 될지 반문할지도 모른다. 그러나 왜 그렇게 되지 않으면 안 되는 것일까. 첫째, 연구자집단이 일반인들에게 폭넓게 활용될 수 있는 연구결과물들을 만들어 내고 있지 못하다는 점을 인정하지 않으면 안 된다. 물론 이는 청소년기에만 국한되는 문제는 아니다. 그러나 증거결과를 유익하며 사용 가능한 정보로 변환할 필요성을 신중하게 받아들이지 않으면 청소년기에 대한 적절한 이해를 방해하는 장벽이 된다. 둘째, 사회는 청소년들의 부모를 위한 정보제공의 순위를 뒤로 늦추었다. 유아 또는 아동의 부모에게는 이용 가능한 광범위한 자료들이 있는 데 반해 청소년들을 위한 자료들은 그렇게 많지 않다. 사회는 아동이 사춘기에 들어선다거나 중학교에 진학하게 되면, 부모는 자녀들이 자신의 도움을 필요로 하지 않는다고 여기게 되며, 이로 인해 부모는 혼자의 힘으로 청소년들과 맞서게 된다.

이 절을 마무리함에 있어 우리들은 사태를 개선하기 위해 무엇을 할 수 있을 것인가에 대해 검토하고, 현재 진행되고 있는 내용들에 대해 간략하게 소개하고자 한다. 가능한 많은 정보를 보다 많은 부모들이 손쉽게 이용할 수 있도록 하는 것이 중요하다. 이 분야에서 일정부분 진전이 있지만 대다수의 부모들이 적절한 지원을 받을 때까지는 아직 먼 여정을 남겨두고 있다. 보다 많은 연구도 수행되어야 하며, 이러한 연구들을 통해 청소년들과 부모들의 관계 규명이 가능해지며, 아울러 이들의 긍정적인 관계 유지를 위한 내용들을 제공할 수 있을 것이다. 셋째, 양육에 관한 사업, 프로그램이 개발되어 있다고 하더라도 그것들에 대한 평가가 그리 중요하게 여겨지고 있지 않다는 점이다. 조직적인 평가는 필수불가결한 피드백을 제공하며, 사람들이 성공한 사업에 대해 듣고 보기도 함으로써 그러한 사람들에게 힘을 실어 줄 수 있는 것이다.

Roker와 Coleman(1998)이 영국의 양육사업조사를 통해 밝혀낸 바와 같이, 1990년대 후반에 양육사업이 급격하게 증가했다. 게다가 많은 사업이 이용 가능하게 되었으며, 또한 이러한 종류의 지원에 관해 부모와 전문가들의 관심이 증대하고 있다. 평가 결과, 사업과 관련된 성과, 즉 부모가 자신을 더욱 강하게 만들었으며, 무엇보다 청소년들과의 커뮤니케이션이 개선되었다. 양육사업과 아울러 이 분야에서 새로운 발상이 될 만한 다른 제안들이 있다. Bogenschneider와 Stone(1997)은 학기중에 정기적으로 부모들에게 발송되는 소식지를 활용한 연구를 실시하였다. 이러한 소식지는 사춘기의 발달에 관한 문제에 초점을 맞추고 있으며, 태도, 행동에 영향을 미치는 문제들을 다루고 있었다. Roker와 Coleman(1999)은 이러한 서비스를 이용하고 싶은 모든 사람들에게 대화를 위한 재료, 조언, 기

회를 제시한다고 하는 일종의 부모들을 지원하기 위한 학교 전체의 접근
을 개발하고 있다.

그러한 노력은 모든 부모들을 대상으로 하고 있는 한편, 특정 문제행
동을 위한 다양한 사업도 존재한다는 점을 주목해야 한다. 예를 들면 Van
Acker(1997)는 행동장애 청소년들을 둔 부모들을 위한 사업을 실시하고
있으며, 그것이 바로 범죄행위를 저지른 청소년, 약물남용 청소년을 대상
으로 한 오레곤사회학습센터(Patterson et al., 1997)이다. 이에 관해서는
제10장에서 반사회적 행동에 대해 다룰 때 다시 소개하도록 하겠다.

청소년을 둔 부모들을 포괄적으로 지원함에 있어 많은 장벽들이 있다.
Spoth 등(1996)은 미국에서 학교를 기반으로 하는 사업에 부모들이 참여
하지 않는 이유를 분석했으며, 분석결과 시간이 제한적이라는 점과 일정
조정이 어렵다는 점을 밝혀냈다. 게다가 많은 부모들은 프라이버시에 대
해 우려하고 있다는 점도 밝혀냈다. 자녀들에 관한 문제보다도 자녀를 둔
부모로서의 역할을 제대로 수행하지 못한다는 사실이 알려지는 것이 창
피하다고 느끼는 것도 무리는 아니다(Goodnow and Collins, 1990). 이런
경우 가정문제에 대해 마음을 열고 이야기하기를 꺼려하는 부모들이 있
는 것도 당연하다. 그렇다고 하더라도 과학적 사실이 부모들을 격려할 수
있다. 청소년기의 양육에 대한 관심이 높아지고 있는 가운데, 부모의 자존
심을 높이며 가정 내의 커뮤니케이션을 개선하기 위한 노력이 요구된다
고 하겠다.

시·사·점   *Implications for practice*

1. 먼저 언급해 둘 점은 자율의 발달에 대한 최초의 연구가 제시하고 있는
   바와 같이 청소년들이 부모로부터 완전히 분리되는 것은 아닌가 하는

점이다. 남녀 청소년들 모두에게 있어서도 부모와의 관계를 유지하는 것이 성인기로의 이행에 있어서 유용하다고 할 수 있겠다.

2. 청소년기의 특징은 가정에서의 대립이 심한 것으로 통상 여겨지고 있으나, 연구에서는 이러한 견해를 지지하고 있지는 않다. 부모와 자녀가 의견을 달리하는 경우가 종종 발생하는 한편, 전체적으로는 부모와 자녀의 관계는 오히려 긍정적이며, 대다수의 가정에서는 세대 간에 커다란 대립이 일어난다고 하는 증거가 없다. 대립이 많다는 점에 영향을 미치는 요인은 여러 가지가 있겠으나, 특히 부모와 자녀 간의 커뮤니케이션이 양호할 경우 대립은 줄어들게 된다. 이미 인지하고 있을 것으로 생각하나, 대립이 가장 많아지는 경우는 아버지와 어머니의 관계가 좋지 못한 경우, 환경요인에 의해 가정 내에 스트레스 또는 곤란한 점이 있을 경우, 부모의 기능이 장기간에 걸쳐 악화된 경우이다.

3. 최근 자녀양육방식에 대한 관심이 높아지고 있다. 권위를 동반한 자녀양육방식은 청소년 후기의 발달에 가장 유익한 영향이 있다는 것에 대한 일관된 연구결과가 발표되고 있다. 이러한 점에는 자율과 온정, 예절교육의 기준, 지지가 포함되며, 이러한 것들이 자율을 촉진시킨다. 이와는 대조적으로 권위주의, 무관심, 응석을 받아주는 교육방식은 정도의 차이가 있긴 하지만 청소년기의 발달에 부정적인 영향을 미친다는 것이다.

4. 극히 일부이긴 하지만, 인종이나 민족성의 문제 그리고 이러한 것들이 청소년기의 부모와 자녀관계에 미치는 영향을 밝히고자 하는 연구가 이루어지기 시작했다. 이러한 분야에서 보다 진전된 연구들이 요구되고 있으며, 다양한 문화에서 10대 청소년들에 대한 부모의 태도에 민족성이 중요한 역할을 담당하고 있다는 결론을 내릴 수 있다. 따라서 교육이나 자녀 양육의 실천자의 입장에서는 문화에 의해 차이가 발생한다는 점, 그리고 어떠한 문화적 상황하에서 예상되는 것들이 다른 문화적 상황에서는 예상될 수 없다는 점을 인식해 두는 것이 중요하다. 인종적 배경이 불리 또는 공공연한 편견과 관계있는 상황하에서는 부

모는 10대 청소년에 대해서 순응적 또는 보호적 태도를 취하거나 또는 양쪽 부모의 양육 스타일을 취하면서 그러한 상황을 대처해 나가는 것으로 여겨진다. 그러한 스타일은 편견 또는 괴롭힘이 그다지 일어나지 않는다는 점에서 대다수의 문화에 순응하고 있는 것처럼 여겨지는 유형과는 상이할지도 모른다.

5. 청소년기의 발달과 관련하여 아버지의 역할에 관심이 향하는 것은 상대적으로 적지만, 최근의 연구에서는 아버지 역할의 중요성을 강조하고 있다. 아버지로서의 역할을 생각함에 있어 '결손' 모델을 파기할 필요성이 강조되고 있다. 아동이 10대가 되는 단계에서 부모를 지원하기 위한 노력이 필요하다는 점이 명백히 밝혀졌다.

6. 이혼이 미치는 영향에 관해서 조사결과들이 일관된 결론을 제시하고 있지는 못하다. 이는 연구주제 자체가 연구의 어려움을 가지고 있기 때문이다. 그럼에도 불구하고 동거와 별거 모두에서 아버지와 어머니가 대립관계에 있을 경우 자녀 또는 청소년에게 부정적인 영향을 미친다는 것이다. 또한 이혼에 의한 경제적 영향이 심리적인 것과 동일한 정도로 중요하다는 것은 명확하다. 경제적 빈곤상태가 청소년기의 적응에 커다란 영향을 미친다. 이혼 후의 생활정비는 중요하지만, 부모와의 관계, 자녀양육방식, 커뮤니케이션과 비교하면 장기적인 적응에 미치는 영향은 적은 것으로 여겨진다. 실천적으로 가장 중요한 결론을 내린다고 하면 이혼은 과정의 일부이며, 적응에 영향을 미치는 것은 이혼 그 자체보다 오히려 이혼으로 인해 경험하는 다양한 현상이라는 것이다. 청소년은 대처하지 않으면 안 되는 생활상의 변화가 적을수록 부모의 이혼에 잘 대처할 수 있다.

7. 최근 몇 년 사이에 청소년기의 자녀양육에 대한 관심이 증가하고 있다. 청소년에 대한 부모의 다양한 종류의 교육과 지원에 관한 연구가 이루어져 왔다. 간섭은 부모의 자신감 또는 자존감정에 긍정적인 효과를 미친다고 볼 수 있다. 단, 10대 청소년을 가진 모든 부모들에 대하여 지원을 함에 있어 다양한 장벽이 존재한다. 또한 가능한 한 많은 부모들

에게 효과적인 지원을 실시하기 위한 수단을 제시하기 위해서는 보다
많은 연구들이 수행되어야 한다.

참고도서

Furstenberg, F (1990) Coming of age in a changing family system. In Feldman, S and Elliott, G (Eds) *At the threshold: the developing adolescent*. Harvard University Press. Cambridge, MA.
This is another review chapter in the Feldman and Elliott text. The author is, arguably, one of the best-known researchers in the field of family studies in the USA, and in this chapter he shows his breadth of knowledge and perspective on social change and its impact on the families of young people over the past fifty years.

Hess, L (1995) Changing family patterns in Western Europe: opportunity and risk factors for adolescent development. In Rutter, M and Smith, D (Eds) *Psychosocial disorders in young people*. John Wiley. Chichester.
This is another key contribution to the subject of social change and its effects on adolescents, but this time from a European viewpoint. As with other chapters in this book by Rutter and Smith it is of a very high standard, posing a range of interesting and challenging questions.

Noller, P and Callan, V (1991) *The adolescent in the family*. Routledge. London.
A useful book by two Australian authors summarising research on all aspects of family functioning which concern young people. The authors have done a number of studies themselves in this field, and the findings are admirably summarised at various points in the book.

Rodgers, B and Pryor, J (1998) *Divorce and separation: the outcomes for children*. Joseph Rowntree Foundation. York.
An up-to-date review of research on divorce and its impact on children and young people. Short and readable.

Shulman, S and Seiffge-Krenke, I (1997) *Fathers and adolescents: developmental and clinical perspectives*. Routledge. London.
One of the only books on the role of fathers with adolescents. It covers clinical as well as research topics, and provides a valuable discussion of important questions concerning fathers and the difficulties they face as their children grow up.

Steinberg, L (1990) Autonomy, conflict and harmony in the family relationship. In Feldman, S and Elliott, G (Eds) *At the threshold: the developing adolescent*. Harvard University Press. Cambridge, MA.
This chapter by Steinberg in the Feldman and Elliott text is of exceptional quality. The author contributes one of the best reviews of this subject that we have yet seen. Well worth reading.

청소년과 사회 : 청소년기의 심리, 건강, 행동 그리고 관계의 본질

The Nature of Adolescence

청소년의 성과 섹슈얼리티

Adolescent sexuality

성적 발달은 청소년기에 겪게 될 경험의 중심에 있다. 생물학적 성숙에 기초하여 사춘기의 첫 단계에서 시작해 적어도 3-4년간은 계속된다. 그러나 성적 발달은 생물학적 변화뿐만 아니라 청소년의 사회적, 정서적 세계에 있어서의 성장 또는 성숙도 동반하게 된다. 이번 장에서는 이러한 몇 가지 변화들에 대해 검토함으로써 어떻게 하여 청소년은 자신의 경험이 맥락과 상호작용하거나 맥락에 의해 영향을 받거나 하면서 성장해 가는가에 대해 검토하고자 한다. 청소년의 성은 다양한 요인에 영향을 받는다. 예를 들면, 사춘기의 성숙도라고 하는 내적 요인, 가족 또는 이웃의 형태, 그 시대의 정치적 상황과 같은 외적 요인 등이 있다. 청소년의 성적 발달은 10대 청소년들 자신들에게 있어서도 청소년의 보호자이며 그들의 교육에 대한 책임을 지고 있는 어른들에게 있어서도 무시할 수 없는 불안의 씨앗이 될 수도 있을 것이다. 청소년들이 바라지 않는 임신이나 성병 감염의 위험성이 있다고 여겨질 경우에는 특히, 불안이 증폭된다. 이번 장에서는 안전한 성행동의 문제에 대해 고찰하며, 성교육이나 피임, 10대에 부모가 되는 것 등과 같은 문제들에 대해 고찰하고자 한다.

성행동 패턴의 변화

Changing patterns of sexual behaviour

1960년대에 성에 대한 관대함은 극에 달했으며, 최근 들어 청소년들은 성행동에 대해 억제하는 태도를 취하며, 보수적 성향을 띠는 것으로 여겨지고 있다. 이 점에 대해 살펴보기 전에 청소년의 성행동에 관한 증거를 확보함에 있어 일정 부분 한계가 있다는 점을 주의해 주기 바란다. 예를 들면 제2장에서 지적한 바와 같이, 과거 수십 년간의 경우와 비교해 현재는 실제로 성숙의 정도가 빨라지고 있다는 사실에도 불구하고 16세 미만의 청소년들의 성행동에 관해서는 거의 조사가 이루어지지 않고 있다. 게다가 청소년들의 성행동에 관한 조사방법에는 상당한 한계가 존재한다. 예를 들면 2회 이상 청소년들에게 인터뷰를 한 조사의 일부분에서 얻은 결과에서는 67%의 청소년이 성에 대한 첫 경험의 시기에 관해서 일관성이 없는 응답을 하고 있다는 것이다(Alexander et al., 1993).

그렇다고 하더라도 참고할 만한 증거는 있으며, 이러한 증거를 통해 1960년대 또는 1970년대와 비교해 현재가 이른 시기에 성행동을 경험하게 되는 청소년들이 증가하고 있다고 결론지을 수 있는 것은 아니다. 이 문제에 대해 고찰하기 위해서 첫 번째 성관계 경험 연령에 대해 살펴보도록 하자. 영국에서 실시된 가장 큰 규모이며 최근의 조사인 Wellings 등(1994)은 성인과 17세 이상의 청소년들을 합해 18,000명에 대해 인터뷰를 실시했다. 16세 미만으로 첫 경험을 했다고 응답한 이들의 숫자에 대해 살펴보면 연대간에 커다란 차이가 있음을 알 수 있다. 표 6-1의 수치는 16세 미만이면서 어릴수록 첫 경험을 할 경향이 높음을 보여주고 있다.

이러한 물음에 대해 생각해 볼 수 있는 또 한 가지 방법은 과거 30년간

| 표 6-1 | 현재 연령별 16세 이전의 첫 성관계 경험

면접 시의 연령	남성		여성	
	%	표본수	%	표본수
16-19	27.6	827	18.7	971
20-24	23.8	1137	14.7	1251
25-29	23.8	1126	10.0	1519
30-34	23.2	1012	8.6	1349
35-39	18.4	982	5.8	1261
40-44	14.5	1042	4.3	1277
45-49	13.9	827	3.4	1071
50-54	8.9	684	1.4	933
55-59	5.8	603	0.8	716

출처 : Wellings et al.(1994).

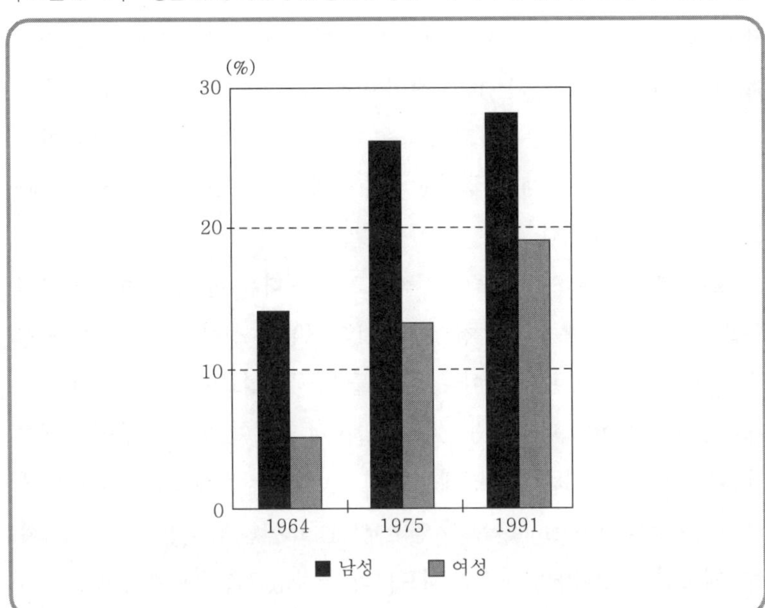

출처 : Schofield(1965); Farrell(1978) and Wellings et al.(1994).

에 걸쳐 영국에서 실시된 세 가지 조사결과를 비교하는 것이다. Schofield(1965), Farrell(1978), Wellings 등(1994)이 실시한 모든 조사는 16세 미만으로 첫 경험을 한 16-19세 청소년들을 대상으로 하고 있다. 그림 6-1에서 제시하고 있는 바와 같이 이 범주에 들어가는 사람의 수는 최근 30년 사이에 꾸준히 증가하고 있기는 하지만, 여자청소년들의 경우는 그 변동이 남자청소년들의 변동에 비해 상대적으로 완만함을 보여주고 있다.

그 밖의 나라들에서 얻은 증거도 동일한 경향을 보여주고 있다. 예를 들면 오스트리아의 Goldman과 Goldman(1988)은 1980년에는 17세의 40%가 성적 행동에 관심을 보이고 있었으며, 1980년대 말까지는 이러한 수치가 60%까지 상승한 것으로 보고하고 있다. 미국의 경우에는

Steinberg(1996)의 연구결과, 1990년대에는 약 33%의 남자청소년과 25%의 여자청소년이 15세 이전에 첫 경험을 했음을 보고하고 있다. 그러나 Steinberg가 지적하고 있는 바와 같이 이러한 수치는 지역 또는 민족에 따라 상당히 큰 차이가 존재하고 있음을 증명하지 못한다. 예를 들면, 아프리카계 미국인은 유럽계 미국인에 비해 성적 활동에 눈을 뜨는 시기가 빠른 것으로 알려져 있다.

또한 몇몇 다른 연구자들이 지적하고 있는 다른 한 가지 변화는 과거 수십 년 전과 비교해 현대의 청소년이 보다 폭넓은 성적 해동을 취하는 경향이 있을 가능성에 관한 것이다. 예를 들면, 구강성교(oral sex)를 하는 것이 청소년들 사이에 퍼져 있는 것으로 알려져 있으며, 특정한 틀에 얽매이지 않는 성행동에 대해서 이전에는 부정적이었던 사고에 변화가 나타나게 되었다. Ford와 Morgan(1989)의 연구에서는 18세인 남자청소년의 46%와 여자청소년의 28%가 일시적인 파트너와 구강성교를 경험했다고 보고했다. 계속된 또는 안정된 파트너와의 구강성교 경험률은 남자청소년이 56%, 여자청소년이 58%였다. 영국에서 실시된 또 다른 연구(Breakwell and Fife-Shaw, 1992)에서는 16-20세인 조사대상자의 9%가 항문성교(anal sex)를 경험한 것으로 나타났다. 그리고 호주의 연구에서는 노숙자(homeless) 등 문제를 안고 있는 집단에서는 이러한 종류의 성적 행위에 대한 비율이 훨씬 높다는 점을 밝혀냈다(Moore and Rosenthal, 1998).

성행동의 변화에 대한 다른 시점은 10대 임신율에 관한 통계를 통해 제시된다. 그러나 이러한 통계자료는 성행동의 수준에 관하여 본질적인 내용에 대해 알려주지 못한다. 왜냐하면 피임을 하느냐 하지 않느냐가 여기에서의 결정적 요인이기 때문이다. 그림 6-2에서 보여주고 있는 자료는 잉글랜드와 웨일즈에서 13-15세 연령 집단의 임신비율이 1970년대 이래 생각했던 만큼 급격한 증가 추세를 보여 주고 있진 않다. 지금까지 매년

청소년과 사회 : 청소년기의 심리, 건강, 행동 그리고 관계의 본질

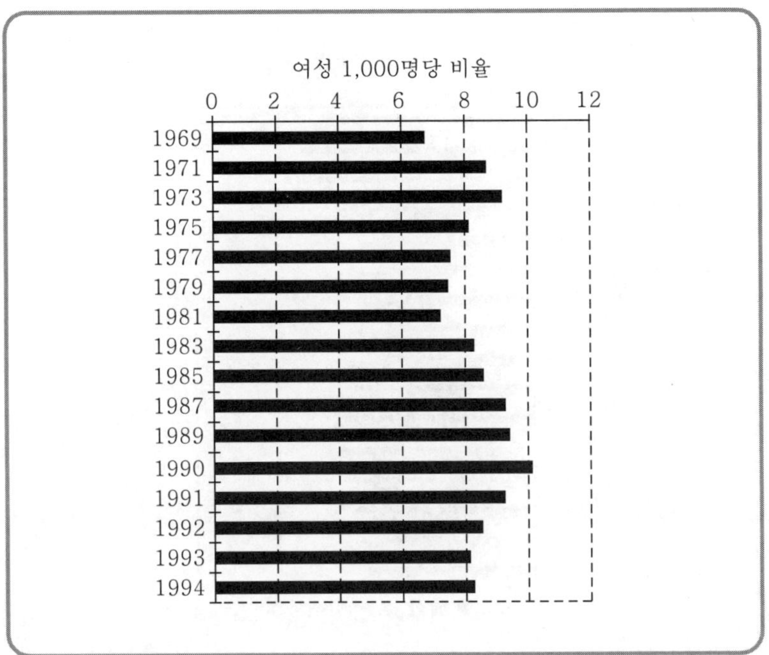

출처 : Coleman(1997a).

일정 부분 변동이 있긴 하지만 급격하게 증가하고 있지는 않음을 보여주고 있다. 1971년의 비율이 여성 1,000명당 8.7명이었던 것에 비해, 1996년에는 1,000명 가운데 9.4명이었음을 알 수 있다.

그러나 여기에서 변화가 일어난 것은 같은 시대의 여자청소년들이 행한 임신중절수술의 수치이다. 임신중절의 수치는 오랜 기간에 걸쳐 점진적으로 증가했다. 그 결과 오늘날 16세 이하의 임신을 한 여자청소년 가운데 50%만이 출산을 한 것으로 나타났다. 그림 6-3에서 보여주고 있는 통계자료는 1969년에 영국 법률의 변경과 관련성이 있으며, 전문가의 태

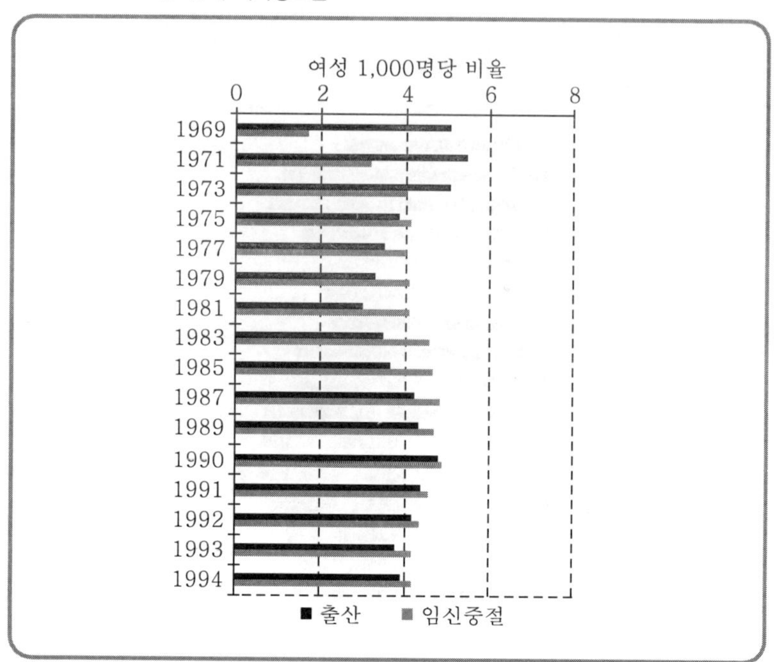

출처 : Coleman(1997a).

도변화에 의한 사례라 할 수 있다. 그럼에도 불구하고 아이를 출산하기에
는 아직 어리다는 점을 생각하지 않을 수 없는 많은 여자청소년들이 여전
히 존재하고 있으며, 이 문제에 대해서는 이 장의 후반부에서 다루기로 하
겠다.

청소년의 성행동 시기와 맥락

The context and timing of adolescent sexual behaviour

지극히 당연한 것으로 여겨질는지 모르나 청소년의 성행동이 성인의 태

도 또는 행동과 관련해서 일어난다는 점을 지적하고자 한다. 이러한 자료에 관한 공적 논의에서 많은 경우 평론가들은 10대 청소년이 사회 전체로부터 분리되어 있는 것으로 여기고 있는 듯한 인상을 준다. 또한 청소년은 자유방임적이거나 결과를 고려하지 않은 채 불특정 다수와 성관계를 갖는 것으로 비난하기도 한다. 그러나 사실은 청소년의 기본적인 감각이 주위의 현상들로부터 영향을 받아 성적인 발달 역시 그러한 영향을 받는다는 것이다. 오늘날 우리들은 성에 관하여 상당히 개방된 사회에 살아가고 있다. 30년 전에 금기시하던 것들 가운데 많은 것들이 사라지고 있으며, 그 결과 성이 우리들의 생활에 폭넓게 스며들고 있다.

텔레비전, 영화, 비디오, 광고, 청소년을 대상으로 하는 잡지에서 성에 관한 내용들이 관심을 끈다. 게다가 중요한 것은 청소년은 자신의 주변에 있는 어른들(가족 또는 이웃)이 배우자 이외의 사람들과 성적 관계를 맺고 있다는 것을 알고 있다. 청소년은 성인들이 반드시 나중의 결과를 생각하면서 성적 만족을 갈구하고 있으며, 그것을 자신들의 목표로서 성적인 만족을 자신들의 개인적 목표의 상위 위치에 자리매김 시키고 있으며, 청소년들이 그러한 성인의 모습으로부터 영향을 받고 있다는 점을 중시하고 있지 않다고 생각하고 있다. 청소년이 자신들만의 세계를 살아간다고 생각하는 것은 현실적이지 못할 뿐만 아니라 도움도 되지 못한다. 청소년의 성행동이 일어나는 맥락을 파악하여 성인사회가 미치는 영향이 크다는 점을 인식하지 못한다면 청소년기의 성을 이해할 수 없다.

아마도 청소년들의 성에 영향을 미치는 사회적 요소 가운데 가족이라고 하는 것이 가장 우선적으로 고려되어야만 할 것이다. Katchadourian (1990), Moore와 Rosenthal(1995), Taris와 Semin(1997)과 같은 연구자는 부모 이외의 가족구성원이 성의 영역에서 청소년들에게 미치는 영향에 관한 연구를 실시하였다. 우선 부모는 나름대로 성에 대한 자신들의 가치관을 가지고 있는데, 이는 육체와 육체의 기능, 프라이버시, 쾌락, 창피함, 죄악감 그리고 친밀한 관계의 본질이라고 하는 문제와 관련되어 있을 것이다. 또한 부모는 성역할, 역학관계, 남녀 간의 커뮤니케이션 등 심리·사회적인 의미에서의 성에 대해서도 자신들의 견해를 가지고 있다. 이러한 모든 것들에 관한 부모의 태도가 청소년들의 성의 발달의 방향성에 영향을 미친다는 것이다. 이러한 태도에 덧붙여 부모는 청소년들에게 역할모델을 제시한다. 어머니와 아버지의 상호관계, 의사결정방법, 상대방에 대한 태도, 성적 행동방식 등은 자신들의 자녀들에게 강하게 영향을 미치는 모델이 된다는 것은 의심의 여지가 없다.

또한 위의 내용들을 뒷받침해 줄 또 한 가지 사례를 소개하면, 부모가 이혼을 했거나 별거한 가족에서의 청소년은 완전한 형태의 가족에서의 청소년보다 한층 더 성적으로 활발해질 가능성이 높다는 것을 제시하는 연구이다(Newcomer and Udry, 1985; Miller and Bingham, 1989). 최근의 연구에서는 Crokett 등(1996)이 아버지나 어머니의 어느 한 분 하고만 생활했을 때의 영향을 사회경제적 지위, 사춘기의 시기, 학업성적, 형제들의 행동 등의 변수의 영향들을 비교 연구하였다. 이러한 연구자들은 모든 변수들 가운데 부모의 상황이 남녀 청소년 모두에게 있어 성행동의 시작에 영향을 미치는 가장 중요한 요인임을 밝히고 있다. 이러한 발견에 대하여 다양한 설명이 가능하다. 예를 들면 허용적인 성규범에 접하는 것, 부모의 모니터링 또는 감독의 소홀 등이다. 어떤 여자청소년이 다음과 같이 설명했다.

만약 부모님이 이혼을 했거나 별거를 한 상태에서 아빠, 엄마가 주말이나 밤에 다른 사람들을 데리고 오더라도 그것(성관계)이 그리 중요하지 않다고 생각하고 있을 거예요. 그것은 그다지 특별한 것도 아니며 중요한 것도 아니에요. 그렇다고 하더라도 만약 부모님이 결혼한 상태라면 그것은 매우

청소년과 사회 : 청소년기의 심리, 건강, 행동 그리고 관계의 본질

중요한 것이라고 생각하고 있을 것이며, 자신들이 그 사람을 사랑하고 있을 때만 그 사람을 받아들여야 한다고 생각해요.

(16세 여자청소년, Moore and Rosenthal, 1995, p. 65)

Taris와 Semin(1997)은 부모가 커다란 영향력을 가질 수 있기 위해서는 또 다른 방법도 있음을 우리들에게 일깨워주고 있다. 상황에 따라서는 몇 가지 문제점에 대해 부모는 가장 유능한 성 교육자일지도 모른다. 억압적이지 않고 솔직하게 자신들의 문제보다도 청소년들의 문제를 이야기하려고 할 경우에는 특히 이 점을 말할 수 있다. 위에서 언급한 바와 같이 부모는 감시, 감독하면서 청소년들이 성적 활동에 관여하게 되는 시기를 지연시켜 줄 수 있다. 또한 청소년이 자신들 스스로 경계를 설정하도록 위임하면서 청소년이 성적 발달속도에 대하여 독자적인 판단을 내릴 수 있도록 맡기는 것도 생각해 볼 수 있을 것이다. Meschke와 Sillbereisen(1997)의 뛰어난 연구에서, 구동독과 서독에서는 부모의 감시 정도가 강하면 강할수록 청소년의 성적 활동의 시작이 늦어진다는 점을 밝혀냈다. 또한 여기에서는 종교에 관해서 언급하고 있는데, 이 역시 매우 중요한 점이다. 종교상의 신앙이 사춘기의 성적 행동에 영향을 미치고 있다는 점을 뒷받침할 충분한 증거를 제시한다(Thornton and Camburn, 1987). 종교적 신앙을 가지고 있는 이들은 성적 활동이 늦어질 가능성이 높은 자신들의 인생에 있어 이러한 영역의 문제에 관해 죄의식 또는 불안감을 강하게 느끼는 경향이 있다. 또한 청소년의 종교적 태도는 부모의 신념과도 강한 관련성이 있다.

몇몇 연구에 따르면 성적 행동을 취하는 이들에 대한 부모 또는 친구의 영향력을 구분하여 고찰하였다. 그러한 연구의 예로는 Treboux와 Busch-Rossnagel(1995)에 의해 이루어진 연구가 있다. 이 연구에서는 15-19세의 여자청소년들의 협조를 구해 부모 또는 친구와의 성문제에 대해 어느 정도 이야기를 나누는지 성적인 행동이 인정된다고 생각하는지, 성적 태도 및 실제 성적 행동의 평가가 이루어졌다. 이 결과, 부모와 친구의 영향력은 나이에 따라 변화함을 알 수 있었다. 부모와의 대화를 통한 영향력은 15-17세 여자청소년들에게 가장 강했으며, 친구들로부터 인정받는 것에 대한 영향력은 19세 여자청소년들에게서 가장 명확하게 나타났다. 이러한 연구자들에 의해 개발된 모델을 그림 6-4에서 제시하고 있다.

이와 같은 문제에 대한 다른 접근은 Udry와 Billy(1987), 그리고 Udry(1990)에 의해 중요한 연구가 제시되었다. Udry는 성적 행동에 대한 사회적 영향력과 생물학적인 영향력의 구별에 관심을 가져 왔다. 청소년기의 다양한 호르몬의 수준을 측정하여 성적 행동, 친구와 부모님의 성적 태도를 평가함으로써 Udry는 사회적 요인과 생물학적 요인의 상호작용 모델을 만들었다. 이 모델을 사용함으로써 남자의 성관계와 관련해 비교할 때 상대적으로 여자들의 성관계에 관한 관심에 있어서 사회적 요인이 훨씬 더 중대한 영향을 미치고 있다고 주장한다. 남성 호르몬인 안드로겐

| **그림 6-4** |　부모와 또래집단의 인간관계와 성에 대한 태도 및 성행동에 관한 가설 모델

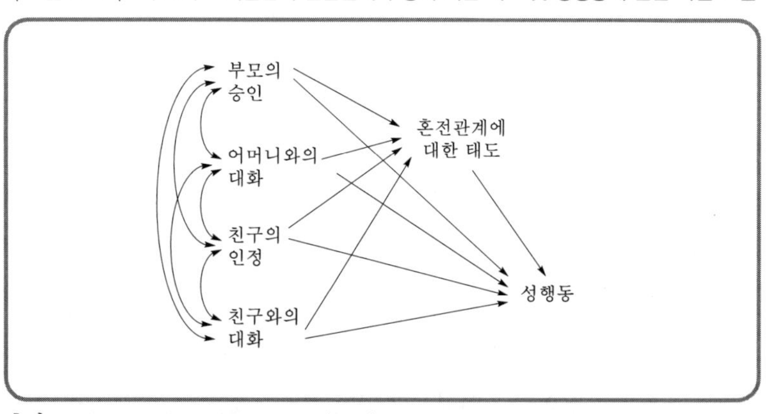

출처 : Treboux and Busch-Rossnagel(1995).

의 증가는 여성의 체내에서 성에 대한 관심을 증가시키며, 이러한 관심으로 인해 생각이 행동으로 옮겨질지의 여부는 사회환경에 의존한다. 안드로겐의 수준이 높은 여성은 자신과 마찬가지 경향을 가진 친구가 있을 경우 또는 관대한 부모가 있을 경우에만 성적 행동으로 치닫게 되는 것으로 여겨진다. 성향이 비슷한 여성이 앞의 경우와 같이 조장되기 쉬운 환경이 아닌 상황에 처해 있을 때에는 여성이 성적 행동을 취할 가능성은 낮다. 남성에 대해서는 사회적 제어가 여성들처럼 작용하지 않으며 사회적 상황과 관계없이 안드로겐의 수준이 높은 이들은 성적 행동으로 바로 옮길 가능성이 높은 것으로 여겨진다. 이러한 성차에 관해 설명하기 위해서 Udry는 일반적으로 여성보다 남성이 관대하며 성행위를 조장하기 쉬운 환경 속에서 성장하는 것으로 주장한다. 그 결과 호르몬 수준의 변화에 의해 남성에게 주어진 자극은 성적인 행동을 선동하기에 충분하다. 여성에 대해서는 남성보다 상황이 매우 복잡하며 행동을 결정함에 있어 사회적 제어에 의한 영향력이 더욱 큰 것으로 여겨진다.

마지막으로 성적인 행동에 영향을 주는 요인으로서 커뮤니케이션의 역할도 고려해야 한다. 모든 이들이 인식하고 있는 바와 같이 성에 관한 문제는 특히 청소년을 당혹케 하는 경우가 많다. 어떤 여자청소년은 이 문제에 관해 진중하게 이야기를 하려고 하는 어머니의 노력에 대해 다음과 같이 이야기한다. 많은 이들은 아래에서 소개할 여자청소년의 얘기에 공감할 것이다.

"어느 날 길을 걷다가 학교에서 그것(성)에 관해 배운 적이 있는 것 같기도 해요."라고 말했더니 엄마가 이렇게 얘기한 적이 있어요. 그걸 하는 법을 알고 있니?' 그래서 나는 "잘 알고 있어요."라고 말했어요. 실제 나는 관계를 가진 경험이 있었구요. 엄마는 말했어요. "이제는 모든 것들에 대해 잘 알고 있는 것 같구나." 나는 엄마가 이런 말을 하는 것이 정말 당황스러웠어요.

그래서 화제를 바꾸려고 했는데도 엄마는 "너는 아기를 만드는 법과 아기를 키우는 법에 대해서도 알고 있는 거지?"라고 여러 가지 얘기들을 꺼내시더군요. 그래서 나는 "예 알고 있어요."라고 말하고는 이후 이러한 화제들을 피하려고 했어요."

(Coleman, 1995, p. 3)

성문제에 관한 커뮤니케이션에 초점을 맞춘 연구가 있다. 오스트레일리아의 Moore와 Rosenthal(1991)은 부모와의 커뮤니케이션과 친구와의 커뮤니케이션을 비교한 연구를 실시하였다. 이 연구에서는 성적으로 활발한 청소년의 69%가 그들은 친구들과 어떠한 관심사나 걱정거리에 대해 이야기할 수 있다고 느끼고 있었다. 한편, 어머니와 성적인 문제에 관해 이야기할 수 있다고 응답한 이들은 33%에 지나지 않았으며, 아버지와는 겨우 15% 정도만이 성과 관련된 문제에 대해 이야기할 수 있다고 응답했다. 이와 관련된 다른 연구도 이와 비슷한 결과를 보여주고 있다. 그러나 위의 연구들에서는 성건강 클리닉을 방문한다거나 하는 실제적인 도움의 제공과 친구들로부터의 지원이 부족하다는 점에 주목하고 있다. 의사들에게 도움을 받는다던지 하는 실제적인 방법에 있어 친구들의 도움을 받았다고 응답한 이들은 겨우 22%에 지나지 않았다.

Moore와 Rosenthal(1991)의 연구에서 보여주고 있는 바와 같이 청소년들의 성교육에 있어 친구들의 역할이 매우 크다는 점을 알 수 있다. 그러나 친구들의 영향에 있어서는 몇 가지 의문점이 있다. 상당수 연구들에 의하면 친구들로부터 제공된 정보는 어른들로부터 제공되는 정보들에 비해 정확하지 않다는 점이다(Kraft, 1993). 게다가 청소년들이 어려움을 겪고 있다거나 구체적인 지원방법이나 방향성을 필요로 할 경우 친구들은 중요한 성인(주로 부모나 교사)만큼 도움이 되지 못할 수도 있다. 성인들이 도전해야 할 일들 중 하나는 친구들로부터의 긍정적인 영향을 최대화하며, 아울러 확보 가능한 정보를 청소년들이 이용할 수 있도록 하는 방법을 모색하는 일이다. 이것은 청소년들이 매체 또는 친구들로부터의 부정확한 정보가 확산되는 것을 방지하는 효과가 있다고 하겠다.

연애와 친밀성

청소년들의 성에 관한 연구자들에 대한 비판 가운데 하나는 누가 몇 살 때 무엇을 했느냐 라고 하는 행동이 너무 강조되고 있으며, 성적 관계가 가지는 의미에는 관심을 가지지 않는다는 것이다. 그 때문에 사랑이나 연애, 친밀함에도 주의를 기울일 필요가 있는 것이다. 이것이 특별히 중요한 이유는 연애에 대한 경험이나 친밀한 관계에 몰두함으로써 모든 것을 바치는 것이 청소년들의 인생에 있어서 무엇보다 중요한 일들이 될 수 있기 때문이다.

평론가들이 자주 언급하는 바와 같이 청소년기에 사랑에 빠진다고 하는 것은 불가피한 경험이다. Zani(1993), Moore와 Rosenthal(1998)은 Erikson의 개념에 기초하여 연애는 정체성 또는 자기정의를 모색하는 과정의 일부라는 것을 시사하고 있다. 그들이 지적하는 것처럼 Erikson의 개념에 의하면 정체성 위기를 극복하는 것은 부분적으로는 친밀함을 경험하는 능력에 의존한다. Erikson에 따르면 친밀함에는 개방성 또는 공유, 신뢰, 관여가 관련되어 있으며, 친밀함을 경험하는 것이 자기탐구의 기회를 통해 정체성의 발달, 즉 성숙에 영향을 미치는 것이다. 이러한 친밀한 관계에 의하여 청소년들은 가령, 그것이 왜곡된 것이라 할지라도 거울에 자기 자신을 비춰볼 수 있게 되며 타인에 대한 놀랄 만큼의 친밀함을 경험할 수 있게 된다. 이러한 것들은 아마도 어린 시절 엄마와의 접촉 경험을 반영하고 있음에 틀림없다. 청소년기의 연애가 성인기에 경험하는 연애와는 크게 다른 격렬함을 가지고 있다는 것은 아마도 이러한 이유 때문일 것이다.

지금까지 연구들이 10대의 사랑과 연애에 대한 이해에 공헌한 바가 그리 크다고는 할 수 없다. 그러나 연애에 빠지는 경험과 관련된 척도를 개발하기 위한 노력들은 계속되어 왔다. Hatfield와 Sprecher(1986)는 정열적인 사랑의 척도를 고안했으며, Levesque(1993)는 연애경험지표를 개발하였다. 이러한 것들은 모두 청소년기의 사랑의 요소를 찾아내는데 사용되었으며, 비슷한 사고에 기초하여 제안되었다. 이러한 척도들 모두는 예를 들어, 장애에 대한 측정, 성적 각성, 사랑하는 사람에게 자신의 사랑이 받아들여졌는지, 사랑에 이르는 과정의 감정, 곤란한 문제가 일어났을 경우의 고통, 고뇌에 대한 측면 등을 포함하고 있다. 이외에도 몇몇 상이한 관점을 취하고 있는 연구들 중 Feiring(1996)은 15세 청소년들에게 있어서 연애의 경험에 대해 검토하였다. 이 연구는 몇 가지 흥미로운 점들을 발견하였다. 우선 이러한 연령단계에서 데이트는 안정된 동성의 친구관계보다 지속시간이 짧다는 것이다. 연애관계의 평균 교제기간은 1년 이상 된 동성의 친구관계에 비해 겨우 3-4개월 정도에 그치고 있었다. 그러나 연애관계에서의 접촉은 친구관계보다 훨씬 더 그 밀도가 높다는 것이다. 청소년들은 매일 얼굴을 맞대거나 전화로 여러 가지 얘기를 하면서 몇 시간 동안을 보내는 것으로 조사되었다. 또한 Feiring은 친구집단의 기능에 관한 연구에서 발견한 결과들과 매우 유사한 성별 간 차이에 대해 소개하고 있다. 즉, 남자가 연애관계에서 여자친구와 같이 시간을 보내고자 하는 성향이 강한 반면, 여자는 자신에 관해 얘기하기를 좋아하며, 남자친구가 자신을 지지해 주기를 바라는 경향이 강하다. 아울러 남자는 여자 보다 연애관계를 만족스럽게 하는 요인으로 신체적 매력에 관해 언급하는 경우가 많았다. 다음 절에서 성에 대한 남녀 간의 견해에 대해 자세히 살펴보기로 하겠다.

Feiring의 견해에 관한 몇 가지 사항들은 표 6-2에 제시되어 있다.

이러한 발달의 단계에서 성적 본질(sexual nature)을 가진 친밀한 관계는 청소년의 적응에 영향을 미친다. 앞에서 지적한 바와 같이 이러한 관계는 점진적으로 일관된 정체성을 제공하거나 때로는 고통을 동반하면서 정체성을 구축해 나가는 데 있어 중요한 역할을 수행한다. 연애가 비록 짧은 기간 동안 이루어질지라도 이러한 연애 경험은 자신에 대한 가치의 인식과 마찬가지로 장래에 대한 선택을 이끌어 간다. 만약 청소년이 그다지 큰 심리적 외상(trauma)을 경험하지 않은 채 친구와의 어려운 관계를 조

| 표 6-2 | 연애관계의 긍정적 측면

특징	남자 %	여자 %	전체 %
데이트 상대에 대한 호감			
성격이 좋음	85	88	86
신체적 매력 [a]	46	68	57
친밀감 [b]	42	26	34
지원 [c]	44	14	29
말이 통함	27	24	26
공통된 취미(관심)	6	10	8
데이트 상대의 장점			
말이 통함	71	60	66
친밀감 [d]	54	32	43
지원	36	23	30
우정	18	16	17
사회적 지위 [e]	18	7	12
이성에 대해서 알게 됨	9	16	12

[a] $x^2 = 4.11$, $p = .04$. [b] $x^2 = 3.01$, $p = .08$. [c] $x^2 = 9.51$, $p = .001$. [d] $x^2 = 4.73$, $p = .03$.
[e] $x^2 = 3.05$, $p = .08$.

출처 : Feiring(1996).

절해 나가면서 풍요로우며, 보다 현명한 감각을 갖추어 나가게 된다면 이러한 경험은 다음의 발달단계에도 긍정적인 영향을 미치며, 아울러 청소년은 이전보다 훨씬 성숙해지게 될 것이다. 다른 한편으로는 상실—친구와의 헤어짐—이 너무나 고통스럽다면, 그리고 이러한 경험이 성장의 다른 측면들과 충분히 통합되지 않는다고 한다면 새로운 학습이 이루어지기까지는 일정 정도의 시간이 걸릴지도 모른다. 어쨌든 우리들은 청소년들에게 있어 친밀한 관계의 중요성을 과소평가해서는 안 된다. 솔직히 연구자들은 섹슈얼리티(sexuality)이 가진 이러한 측면에 거의 주의를 기울이지 않았다. 앞으로는 연구의 초점이 변화되길 기대한다.

청소년과 안전한 성관계

1980년대의 에이즈(AIDS/HIV) 현상의 등장이 성행동 그 자체와 마찬가지로 성에 대한 태도에 있어 심각한 영향을 미쳤다고 하는 점에는 의심의 여지가 없다. 우선 아무런 준비도 없는 상태에서 취한 성관계가 심각한 결과를 초래한다는 것은 누구나가 알고 있다. 물론 콘돔을 사용하지 않는 성관계에서는 지금도 성병 감염이나 임신과 같은 결과를 초래한다. 그러나 어떠한 이유인지는 모르나 이전과 비교했을 때 사람들은 일상적인 행위로 인해 인간이 죽을지도 모른다고 하는 의식이 약해졌다. 청소년을 포함한 많은 이들의 성행동이나 성교육에 대한 새로운 접근, 라이프스타일을 조사하는 연구활동에 막대한 예산을 사용할 수 있게 되었다. 에이즈 감염이 청소년들에게 미치는 영향에 관해서는 많은 연구자들에 의해 보고되고 있다. 이러한 연구들에는 Aggelton 등(1991), Williams와 Ponton(1992), 그리고 Moore 등(1996)의 연구가 있다.

돌이켜 보면 이 시기에 유럽의 여러 나라들과 미디어에 의해 불안이 조장되고 있었음을 알 수 있다. 오늘날 우리들은 유럽의 상황에서 HIV 감염증이 정맥주사약 상용자 또는 일상적 동성애자 등과 같은 집단에 있어서 중대한 건강상의 리스크라는 점을 이해하고 있었다. 그러나 압도적인 대다수 청소년들에게 있어서 그것은 비교적 작은 위험을 초래하는 것에 불과한 것으로 인식되었으며, 이것은 에이즈에 대한 공적 태도를 변화시키게 되었다. 실제로 진자(pendulum)는 반대방향으로 너무 흔들렸으며, 청소년들은 이미 에이즈를 대수롭지 않은 것으로 생각할 정도이다. 그럼에도 불구하고 이 성감염증의 도래는 사실상 성에 관련된 모든 것들에 대하여 심각한 영향을 미쳤다. 여기에서 우리들은 여러 가지 변화들에 대해 생각해 보고자 한다.

우선 성적 지식이라고 하는 화제가 주목을 받아왔다. 성에 대해 눈을 뜨게 되는 초기단계에서는 성과 관련된 질병에 관하여 일반인들이 전혀 알고 있지 못하다는 것을 우려하는 것은 이해할 수 있었다. 그리고 이해의 수준을 개선하기 위하여 다수의 계획이 실행에 옮겨지기도 했다. 스칸디나비아반도에서의 Kraft(1993)의 연구, 호주의 Dunne 등(1993), 그리고 영국의 Winn 등(1995)의 연구 모두 청소년들의 성에 관한 지식을 다루고 있다. 흥미롭게도 이러한 연구들의 많은 결과들은 에이즈에 관한 청소년들의 지식에는 다소 결함이 있긴 하지만 청소년들은 불임, 피임, 또는 기타 성행위로 인한 감염증에 대해 많은 것들을 알고 있다는 것을 보여주고 있다. 이러한 결과는 이러한 연구들이 이루어졌을 때 대중매체를 통해 에이즈에 관해 높은 수준의 정보가 폭넓게 보급되었기 때문이라는 것에는 의심의 여지가 없다. 그러나 그럼에도 불구하고 일부 신경이 쓰이는 부분이 있는데, 이것은 성교육을 위한 교과과정 개선과 결부되는 부분이다. 이 문제에 관해서는 이 장의 후반부에서 다루기로 하겠다. 물론 지식이 반드시 행동을 변화시키는 것은 아니라고 하는 사실에 입각해, '보다 안전한 성관계'의 실천에 영향을 미치는 요인들로 초점을 옮겼다.

영국에서의 성행동에 관한 Wellcome의 연구(Wellings et al., 1994)는 처음 성관계를 경험할 때 피임도구를 사용하는 10대들이 안정적으로 증가하고 있다는 점을 밝히고 있다. 콘돔이 어떠한 다른 방법보다 즐겨 사용되고 있었다. 전체 청소년들 가운데 절반 정도가 첫 경험 때 콘돔을 사용하는 것으로 보고되어 있으며, 20%가 알약을 사용하며, 24%는 아무런 피임 방법도 사용하고 있지 않는 것으로 보고되었다. Wellcome 연구에서는 '위험한 섹스'에 대해 정의하고자 시도하였으며, 그들은 청소년이 전 해에 2명 이상의 파트너와 성관계를 가진 적이 있거나, 콘돔을 사용하지 않은 것으로 밝히고 있다. 결과를 볼 때 이것은 과소평가되고 있는지도 모르며, 조사대상자(16-24세)의 대략 10% 정도가 위험한 섹스를 경험한 것으로 조사되었다.

많은 연구들은 아무런 준비 없는 성행동에 대한 위험요인을 규정하고자 하였다. 지식의 부족이 하나의 원인일지도 모르나, 이는 영향을 주는 요인 전체 가운데 비교적 작은 역할을 수행하고 있음에 불과할 것이다(Moore et al., 1996). 보다 중요한 것은 당사자 개인의 나이이다. Wellings(1994)는 첫 성경험의 시점에 나이가 어리면 어릴수록 아무런 준비 없는 성관계를 가질 가능성이 높을 것으로 보고하고 있다. 예를 들면 Wellcome 연구의 결과는 어린 여자청소년의 반 정도와 16세 미만에 성관계를 가진 남자청소년의 반 이상은 첫 경험 시에 아무런 피임수단을 강구하지 않았던 것으로 보고되고 있다. 다른 요인에는 피임에 관한 조언을 구한 적이 있거나, 콘돔을 구입한 적이 있거나, 콘돔을 살 자신이 없었다는 것들이 포함된다. 특히 문제행동을 일으키거나 부랑아, 보호를 받고 있거나 또는 이미 위험요소가 있는 행동을 저지를 만한 이들이 위험을

     청소년과 사회 : 청소년기의 심리, 건강, 행동 그리고 관계의 본질

초래할 가능성도 높다(Feldman et al., 1995 ; Crokett et al., 1996; Brekwell and Millward, 1997). 그러나 무엇보다 중요한 것은 이른 시기의 성적 생활의 사회적·심리학적 맥락이다. 지금부터 이 점에 관해 논의해 보고자 한다.

아무런 준비 없는 성관계가 어떻게 일어나는가를 이해하는 가장 손쉬운 방법은 콘돔을 사용할 필요성에 대해 생각해 보는 것이다. 우선 이를 위해서는 콘돔을 구입하여 그것을 적절한 시점에 사용하지 않으면 안 된다. 다음으로는 상대방 또는 본인 모두 또는 어느 한쪽이 성관계를 갖고자 한다는 점을 양쪽 모두 받아들이지 않으면 안 된다. 또한 피임도구 또는 피임약을 사용하는 것에 대해 논의할 수 있을 것, 그것이 성적 자극을 저해할 우려가 있다는 것에 대해 양쪽 모두가 충분히 납득할 필요가 있을 것이다. 게다가 물론 적어도 두 사람 가운데 어느 한쪽이 처음 만났을 때 냉정하며 분별력을 가지고 있어야 한다는 것이 모든 요소들의 전제가 된다. 나이가 어리거나 처음 사귄다거나 상대방에 대해 아무런 자신감을 가지지 못할 경우, 이러한 조건들이 모두 충족되지 못하는 상황도 존재할 수 있다는 것에 대해서도 유념하여야 한다.

성장과정에서 필연적으로 발생하는 자신감의 결여 또는 여러 가지 불안감과는 별도로 고려하지 않으면 안 되는 가장 중요한 요인은 성별 간 차이이다. 지난 10년간 성에 있어 남녀 간 견해의 차이에 대해 많은 논의들이 이루어져 왔다(Lees, 1993; Thomson and Holland, 1998; Holland et al., 1998). Hillier 등(1998)은 「너가 콘돔을 가지고 다니는 것과 모든 남자아이들이 너를 원하고 있다고 생각하는가」라는 논문에서 이에 관한 핵심을 관통했다. 이러한 연구자들이 밝히고 있는 바와 같이 성의 영역에는 이중의 기준이 있으며, 이에 따르면 남자들에게 있어 성적인 유능함은 자랑거리가 됨에 비하여, 여자들에게 있어 그것은 침묵을 지켜야만 하는 것이다. 사실 성에 관해서 적극적이라고 알려진 여성은 친구들 사이에서 종종 상당히 불명예스런 이름으로 불리기도 한다. 틀림없이 이것과 밀접한 관련을 가지고 있는 것은 피임방법의 사용에 관한 의사결정에 관한 것이며, 여성은 남성과 비교하여 권한을 가지고 있지 않다고 하는 사실이다. 여성은 남성에 복종하는 경향이 강하며, 남성에게 있어 콘돔의 사용은 다른 형태의 피임법의 사용과 비교하여 쾌락이 적다고 하는 사실에 의해 영향을 받기 쉽다. 보다 안전한 섹스의 실천 여부는 계획성과 커뮤니케이션의 정도와 마찬가지로 두 사람 사이의 신뢰에 의존한다. 과거 10년간의 연구는 이러한 연령대에는 보다 안전한 성관계에 대한 다양한 장벽이 있음을 입증하고 있다. 성적인 만남 사이에 작용하는 사회적 · 심리적 요인을 잘 인식할 필요가 있으며, 마찬가지로 성교육에 대한 보다 전체적인 접근이 필요하다.

청소년기의 레즈비언과 게이의 섹슈얼리티

지난 10년 사이에 청소년기의 레즈비언과 게이와 같은 섹슈얼리티 (sexuality) 문제에 관한 인식이 급격하게 증가했다. 최근 들어 청소년의 성적 발달에 관한 어떠한 고찰도 성적 지향성에 대한 논의가 빠져서는 안 된다고 하는 인식이 폭넓게 퍼지게 되었다. 본질적인 논의에 들어가기 전에 용어에 관한 몇 가지 점에 대해 언급해 두고자 한다. '게이(gay)' 와 '레즈비언(lesbian)' 이라고 하는 용어가 '호모섹슈얼(homosexual)' 보다 많이 사용되어 왔다. 왜냐하면 '게이', '레즈비언' 이라고 하는 용어가 '호모섹슈얼' 보다 동성 간의 성행동이나 정체성에 대해 보다 긍정적인 평가를 동반하는 것으로 인식되어 왔기 때문이다. 이 문제에 관한 많은 논의들은 양성애자 청소년도 논의의 대상으로 설정하고 있다. 양성애자도 매우 중요한 주제이다. 왜냐하면 청소년의 감정은 필연적으로 또는 배타적으로 어느 하나의 성, 또는 다른 한 성에만 한정되어 있다고 볼 수 없기 때문이다. 성적 감정이 남성과 여성 모두에게 작용하는 청소년들도 있으며, 이러한 개인은 본인 스스로 '양성애자'로 규정하고 있을 것이다.

지금까지의 맥락에서 많은 관심을 모아온 중요한 문제의 하나가 게이 또는 레즈비언의 정체성 발달에 관한 것이다. 이 과정에 관해서 몇 가지 발달단계를 설정하는 것이 도움이 될 것이라고 주장하는 전문가도 있다 (Cass, 1984; Goggin, 1995). 이러한 연구자들은 정체성 발달과정으로 네 가지 단계를 제시하고 있다. 제1단계에서는 '감성화(sensitisation)'의 단계이다. 이 단계에서는 아동 또는 청소년은 자신이 타자와는 다르다는 것을 인식하기 시작한다. 그들은 서로 다른 흥미를 가지거나 또는 동성의 친구들이 경험하는 것과는 다른 성적 감정을 가지게 된다. 제2단계는 '정체성 혼란(identity confusion)'의 단계이다. 이 단계에서 개인은 자아의식이 변한다는 것, 동성에 대한 성적 흥분, 게이 또는 레즈비언의 행동을 둘러싼 오명(stigma)에 대한 감각 및 호모섹슈얼리티(homo-sexuality)와 관련된 부정확한 정보를 경험한다. 제3단계는 '정체성 가정(identity assumption)'의 단계이다. 이 단계에서 청소년은 자신이 게이 또는 레즈비언이라고 하는 정체성을 받아들이기 시작하며, 그 정체성을 다른 이들에게 적어도 친한 친구들에게는 알릴 수 있게 된다. 마지막 제4단계는 '관여(commitment)'의 단계이다. 이 단계에서 청소년은 동성의 누군가와의 모든 친밀한 관계를 표현할 수 있게 되며, 가족 또는 다른 중요한 타자에게 자신에 대해 알릴 수 있게 된다.

어떤 연구자(Coyle, 1998)는 정체성 발달단계의 식별에 대해 우려를 하고 있다는 점에 대해 주의하지 않으면 안 된다고 언급한다. 먼저 단계의 개념은 모든 개인이 동일한 과정을 순서대로 통과한다는 의미이지만, 이 것이 명백하게 타당하고는 할 수 없다. 또한 우리들은 청소년이 게이 또는 레즈비언으로서의 정체성을 자각하기에 이르는 경위에는 개인차가 존재 한다는 점을 알고 있다. 어떤 이는 이른 단계부터 경험하게 될지도 모르지 만, 어떤 이들은 청소년기를 거쳐 혼란해하며 불확실한 상태에 머물고 마 는 이들도 있다. 위에서 언급한 모든 단계는 정체성 발달의 고정된 틀로 보기보다는 게이 또는 레즈비언인 청소년이 직면하는 과제 또는 문제에 대한 구체적인 사례로서 보는 것이 도움이 될 것이다. 어떤 청소년은 자기 자신의 정체성 발달에 관해 다음과 같이 이야기한다.

"내가 성적 감정을 가지기 시작한 것은—나는 단계를 분류해 본 적이 없 다—11세 무렵이었던 것으로 생각해요. 그리고 이 감정은 14세 또는 15세까 지 계속되었어요. 나는 TV 또는 친구의 이야기를 통해 전부는 아니지만 그 가정의 일정부분은 게이의 감정으로 볼 수 있게 되었어요. 자신이 학교에서 친구들이 얘기하는 '호모'의 한 사람이라는 것을 깨닫기까지의 과정은 정 말 오랜 시간이 걸렸어요. 깨닫게 된 16세 무렵, 아뇨 17세 무렵까지는 정말 오랜 기간이었어요. 저는 그것이 보통의 성적 감정이라고 생각하고 있었으 며, 실제로 그랬어요. 우리들의 성적 감정이 어떤 방향 또는 다른 방향으로 이끌리게 되는 것은 미디어 속의 이미지, 사회적 압력을 통해서라고 생각해 요. 사회에서 폭넓게 용인되는 것은 이러한 감정 가운데 일부이며 이는 선 (善)이고, 보통의 일로 받아들여지며, 다른 것은 악(惡)이요, 배제되어야만 하는 것으로 그리고 유해한 것으로 받아들여진다."

(20세 남자청소년 Coleman, 1995에서 인용)

이런 상황에 놓여 있는 모든 청소년들이 직면하는 중요한 문제 중 하 나는 동성애에 대한 혐오감이다. 의심의 여지도 없이 전문가들 사이에서 는 커다란 태도의 변화가 보이지만, 여전히 동성애와 관련된 오명(stigma)

이 특히 청소년들 자신 속에 강하게 남아 있다. 그 때문에 자신이 게이 또는 레즈비언일지도 모른다고 생각하기 시작하는 청소년은 적대감과 무시에 적절하게 대처할 수 있는 전략을 개발해야 한다. 물론 보다 일반적인 대처전략은 개인의 감정을 비밀로 해 두는 것이다. 이는 이러한 상황에 처해 있는 청소년들에게 있어 중대한 의미를 가진다. 만약 동성애에 관해 논의할 공간이 없으며 게이 또는 레즈비언의 라이프스타일에 관한 정보를 얻는 간단한 수단조차도 가지지 못하게 되면 본인들은 불안과 혼란을 겪게 될 것이다. 곧 자신들의 섹슈얼리티가 '나쁘다', '잘못됐다' 라고 느끼게 될 것이다.

동성애에 대한 사회적 태도는 자기표현(알림)의 문제와 밀접하게 관련되어 있다. Coyle(1991)의 연구에서는 남자청소년 게이에게 있어 첫 표현은 친밀한 남녀 친구에 대해 이루어지는 경우가 가장 많다는 점을 밝혀냈다. 그러나 Coyle이 보고하는 바와 같이 대부분의 경우 표현의 결과는 청소년들에게 있어 구제이며, 부모로부터는 거절이 아니라 안심감을 얻게 된다고 한다. 부모 또는 다른 가족에게 이 문제를 이야기하는 것은 매우 어려운 일이다. 어떤 남자 게이의 어머니는 다음과 같이 자신의 경험을 이야기하고 있다.

"아이가 앉더니 이렇게 이야기하는 거예요. "제가 말씀드리지 않으면 안 되는 게 있어요." 저는 "알았어. 그게 뭐지?"라고 했어요. 그랬더니 아이가 말했어요. "엄마 친구 두 분이라면 이해해 주실 거라고 생각해요." 그러자 불현듯 그가 의미하는 두 사람의 친구가 나는 누구인지 떠올랐어요. 그것은 동성애자인 나의 친구들을 말하는 것이었어요. 나는 "그래서 너도 그렇다는 거니?"라고만 말했지요. 저는 그 단어를 사용하지는 않았지만 아이는 "그래요."라고 했습니다. 저는 말했어요. "어째서 넌 그렇게 생각하니?" 라고 물었더니 아이는 이렇게 말하더군요. "그렇다고 생각해요." 그래서 저는 말했어요. "알았어. 뭐 어때." 그랬더니 그의 얼굴뿐만 아니라 몸 전체에서

안도의 느낌이 베어 나왔어요. 그리고 제가 그 아이의 곁으로 갔더니 아이
는 왈칵 울음을 터뜨렸어요. 나는 아이를 가슴에 안고 이렇게 말했어요. "괜
찮아. 걱정하지마." 그리고 저는 말했습니다. "사랑해. 너는 나의 아들이야.
나의 마음은 변하지 않아. 네가 고백하기 전과 고백한 지금 아무것도 변하
지 않았단다. 그러니까 괜찮아. 걱정하지마."

(두 아이의 엄마, Coleman, 1995에서 인용)

그럼에도 불구하고 부모에게 알리는 것에 대해 그다지 만족스럽지 못
한 경험을 한 청소년들도 있다. 그리고 실제로 성인기에 도달하기까지 부
모에게 표현하지 못하는 이들도 있다. 부모의 역할은 청소년이 자신의 성
적 정체성과 타협할 수 있도록 하는 데 매우 중요한 의미를 지닌다. 여기
에서도 청소년이 이 문제에 관해 사회에 만연해 있는 고정관념 또는 편견
에 직면하지 않고 부모들에게 자신들의 섹슈얼리티를 표현하기 위해서는
이 문제를 둘러싼 무지와 맞서 싸울 필요가 있다.

게이와 레즈비언 청소년에 관한 심리적 건강에 대해 전문영역에서 많
은 논의가 이루어져 왔다(Savin-Williams and Rodriguez, 1993). 몇몇 연
구들은 동성애와 이성애 간에 별다른 차이가 없다고 한다. 그러나 오늘날
중대한 심리적 건강의 문제가 여기에 있다는 것이 공통된 견해인 것으로
인식되고 있다. 영국에서 이루어진 연구(Coyle, 1993)에서는 통제군의 청
소년들과 비교하여 게이 청소년의 심리적 건강상태가 유의한 수준에서
나쁘다는 것을 밝혀냈다. 미국에서는 D'Augelli와 Hershberger(1993)는
게이와 레즈비언 청소년들 가운데 42%가 전년도에 자살을 시도했다는 사
실을 밝혀냈다. 유사한 견해가 Rotheram-Borus 등(1994)의 연구를 통해
서 보고되었다. Bridget(1995)은 20명의 비교적 고립상태에 있는 레즈비
언 청소년들 가운데 14명이 자살을 시도했거나, 자살을 신중하게 검토한
적이 있다는 사실을 밝혀냈다. 심리적 건강의 문제는 성적 지향성과의 관

계에 있어 매우 중요하다. 그러나 이러한 문제들은 그리 쉬운 일들이 아니다. 많은 전문가들은 우리들이 언급한 고정관념화의 문제를 우려하고 있으며, 청소년은 자신들이 특별한 지도를 필요로 하는 집단으로 분류되기를 바라지 않을 것이다.

Coyle(1998)은 어려움의 원인은 게이 또는 레즈비언의 정체성 그 자체가 아니라고 지적한다. 오히려 문제는 청소년들이 놓여 있는 상황이다. 즉, 자신의 감정을 숨기지 않으면 안 되는 압박감으로 인해 다른 이들로부터의 지원 또는 원조를 스스로 차단시키게 되며, 나아가 보통은 가족과 이러한 불안으로부터 오는 심리적 무게를 나눌 수 없다고 하는 상황이 문제인 것이다. 고립과 더불어 동성애와 관련된 오명(stigma)의 감각이 더해지면 종종 참을 수 없는 스트레스가 쌓이게 된다. 교육자 또는 기타의 사람들이 이러한 문제 때문에 매우 어려운 시련을 경험하고 있다는 것은 의심의 여지가 없다. 그 때문에 이 문제에 대해 우리들이 솔선하여 적극적으로 임할 필요가 있는 것이다. 성교육 교과의 개정과 아울러 주변으로부터 도움을 구하는 것도 매우 중요하다. 특히 학교 현장에서의 동성애 혐오의식에 대해 맞서 싸울 필요가 있다. 만약 우리들이 게이 또는 레즈비언 청소년들에 대해 다른 청소년들과 마찬가지로 건강한 정체성을 발달시킬 기회를 제공하고자 한다면 우선 우리들의 태도가 변하지 않으면 안 된다.

10대 부모가 된다는 것

Teenage parenthood

과거 10년 이상 그 이전부터 어린 나이에 부모가 된다는 것에 관한 관심은 높았다. 이 점에 관해서는 유럽국가들 중에서도 가장 높은 비율을 보이는 영국은 물론 특히 세계에서도 가장 높은 10대 청소년 임신율을 보이는 미국에서도 주목을 받고 있다(Coleman, 1997a). 그러나 10대 청소년이 부모가 된다는 것은 다양한 요인들로 인해 백퍼센트 이해받기는 곤란한 실정이다. 일반적으로 10대 청소년이 부모가 된다는 것에 관해 이야기하는 것은 많은 오해를 불러일으킨다. 19세에 부모가 되는 것이 14세 또는 15세가 부모가 된다는 것과는 전혀 다른 경험이라는 것은 너무나 명확한 사실이다. 그러나 이 문제를 둘러싼 논의에 있어 10대 부모의 발달단계의 중요성에 관한 인식은 거의 전무한 상황이다. 이에 우리들은 우선 16세 이하의 부모들에 대해 살펴보고자 한다.

두 번째 문제는 과거 10년 동안 특히 영국과 미국에서 10대 부모에 영향을 미치는 고정관념화(stereotyping)라고 하는 과정이다. 정치인 또는 평론가들이 이러한 청소년들을 국가에 부담을 지우는 무리 또는 주택공급을 새치기하기 위하여 임신하는 이들로 간주하기 때문에 10대 부모들이 필요로 하는 것들을 합리적·건설적인 방법으로 고려하는 것을 어렵게 하는 풍토가 조성되어 버렸다. 그러나 부정적인 고정관념은 정치인들만의 책임은 아니다. 이러한 청소년들에 관한 연구는 대부분이 어린 시기에 부모가 된다는 것을 부정적으로 바라보고 있다(Lask, 1994; Coledy and Chase-Lansdale, 1998을 참조). 어떤 연구는 10대 부모는 자녀들에게 긍정적인 결과를 가져다 주지 못한다는 점을 강조하고 있는 반면, 다른 연구는 이른 시기에 부모가 되는 청소년들의 성격의 특성에 초점을 맞춘 것도 있다. 이러한 연구는 종종 청소년들의 양육기술과 성인 부모의 양육기술을 비교하고 있으며, 대부분 10대 부모들에게서 불리한 결과가 도출되고 있다. 명시적이든 암시적이든 이 문제에 관한 대다수의 연구는 10대 청소년이 부모가 된다는 것에 대해 '결함 모델(deficit model)'이라고 하는 사고를 지지한다. 이 모델은 당사자인 청소년뿐만 아니라 연구하려는 노력 그 자체를 깎아내리는 것이다(Coleman and Dennison, 1998).

세 번째 문제는 영국 및 유럽 전체에서 10대 청소년이 부모가 된다는 것에 관한 이용 가능한 자료가 극히 제한적이라는 점이다. 몇몇 훌륭한 연구들이 이루어지긴 했지만 이 문제에 관한 대부분의 연구는 미국에서 이루어진 것들이다. 10대 부모들에 대한 국가 간 비교연구는 불가능한 상황이며, 또한 한 국가에서 얻어진 결론을 다른 국가에 그대로 적용하는 것은 대단히 위험하다. 그 한 가지 사례로, 북미에서 이루어진 연구들은 대부분이 아프리카계 미국인 모집단을 대상으로 하고 있는 것에 반해, 영국에서는 일부 10대 청소년들만이 소수민족 출신이다(Dennison and Coleman, 1998a).

물론 모든 여자청소년들이 10대 부모가 될 가능성을 가지고 있는 것은 아니다. 위에서도 제시한 바와 같이 어떤 이들이 다른 이들에 비해 의도하지 않는 임신을 할 위험이 높으며, 또한 동일 집단 내에서도 어떤 이들은 계속해서 임신을 하며 어떤 이들은 임신중절을 하고자 한다. 이 때문에 10대 임신 발생률은 국가의 지리적 여건에 따라 상이하다는 점에 주의할 필요가 있다. 영국에서는 농촌지역이 상대적으로 낮은 비율을 보인다(Babb, 1993). 임신율은 도시지역이 가장 높다. 몇몇 연구들은 사회경제적 지위와 10대 임신 및 출산율 간에 강한 관련성이 있음을 주장한다. Bobb이 주장하듯이 '10대 출산율이 가장 높은 것은 사회경제적으로 가장 불리한 상황에 있는 여자청소년들이다.' 이러한 인구통계학적 요인 이외에도 몇 가지 변수들이 영향을 미친다. 예를 들면 많은 평론가들은 청소년기의 임신과 여자청소년들의 어머니의 출산 경험 간에 강한 관련성이 존재한다고 주장한다(Simms and Smith, 1986). 아울러 지방공공단체의 보호를 받으며 자란 이들처럼 상대적으로 불리한 입장에 있는 10대는 다른 이들에 비해 보다 어린 나이에 부모가 될 가능성이 높은 것으로 밝혀졌다(Quinton and Rutter, 1988; Corlyon and McGuire, 1997). 어떤 여자청소년들은 자신이 부모가 된 계기를 다음과 같이 이야기하고 있다.

> "나는 진정한 의미의 유년기를 전혀 경험하지 못했기 때문에 유년기의 경험을 통해 피해를 입은 것이 없어요. 나는 세 살 때 집에서 쫓겨났으며 엄마는 나를 버렸어요. 아빠는 마구 때렸어요. 그리고 다섯 살 때 성적 학대를 받았어요. 그래서 나에게는 여러 가지 의미에서 유년기가 없었어요. 열네 살 때 보호시설에 있으면서 생각한 것은 어느 누구도 나를 사랑하지 않으며, 누구도 나를 사랑해 준 적이 없으며, 앞으로도 나를 사랑해 줄 사람은 아무도 없다는 거예요. 그리고 그때 나는 나의 가정을 꾸릴 것을 결심했으며, 실제로 실행에 옮겼어요."
> (16세 여자청소년 엄마, Dennison and Cloeman, 1988b에 소개된 내용)

이 문제에 관한 연구에서 가장 빈번하게 제기되는 질문의 하나는 10대 청소년 엄마의 성격적 특성에 관한 것이었다. 몇몇 연구들은 그러한 10대 청소년의 심리적 경력에 주목하고 있으며, 다른 연구는 양육의 기술, 자녀의 발달에 관한 지식 또는 모성에 대한 태도에 주목하였다. 미국에서 이루어진 연구는 이러한 집단과 관련된 부정적인 속성을 강조하는 경향이 있다. 한 가지 사례를 소개하면, Osofsky 등(1993)과 그의 동료들은 여자청소년 부모가 성인 부모와 비교하여 보다 우울해 하며, 감정의 기복이 심하고, 아이에 대해 애정을 가지고 대하는 경우가 적다는 점을 밝혀냈다(Osofsky et al., 1993). 다른 연구―발티모어(Baltimore)의 다세대 간 연구―에서 저자들은 낮은 교육 성취도, 문제행동 및 질병, 체력약화 등과 같은10대 청소년 엄마들에게 나타나는 위험요소들을 제시하고 있다(Furstenberg et al., 1989).

영국에서 이루어진 모든 연구들이 결함 모델의 시점에서 벗어나 있는 것은 아니다. 영국에서도 균형 잡힌 시각을 갖고 있는 연구자들이 있는 것도 사실이다. 그 예로 Phoenix(1991)의 연구를 들 수 있다. 그녀는 16세에서 19세 사이에 임신한 80명의 여자청소년의 경험에 대하여 연구하였다. 그녀는 여자청소년이 민족, 교육, 직업 그리고 아이를 가진 이유가 다양하다는 것을 발견하였다. 그러나 그녀들 모두가 빈곤상태에 있다는 공통점이 있으며, 또한 매우 곤란한 상황에서 아이들을 키우는 데 최선의 노력을 기울이고자 노력하고 있다는 유사점도 발견할 수 있었다. Phoenix는 동일한 사회적, 경제적 상황에 놓여 있는 성인 여성들과 비교하여 이러한 여자청소년들이 성인 여성들과 동일한 수준의 대처능력을 가지고 있다고 결론내렸다. 두 집단 모두 그녀들의 기회, 인생에서의 기회가 제한되어 있기 때문에 부모가 되는 것은 건설적이며 현실적인 선택이었다고 볼 수 있다.

10대 청소년 부모의 가족환경은 이 분야의 다른 화젯거리에 비해 그다지 주목을 받지 못했다. 그러나 1990년대 초반 이후 10대 청소년 부모에 대한 관심이 높아졌다. 그리고 미국에서의 연구는 할머니 역할의 중요성을 인식하기 시작하였으며(Chase-Lansdale et al., 1991; East and Felice, 1996), Dennison과 Coleman(1998b)은 10대 청소년의 자녀양육에 있어서의 가족환경이 미치는 영향에 관해 영국에서는 처음으로 연구를 시도하였다. 이러한 연구에서 몇 가지 문제들이 강조되고 있다. 우선 10대 청소년의 할머니가 할아버지와 함께 살고 있다는 것이 청소년 엄마에게 도움이 되는가에 대한 의문이다. 다음으로 여자청소년이 엄마가 된 초기단계에 할머니가 가치 있는 역할 모델이 될 수 있는가하는 점이며, 그리고 어떠한 환경에서 지원을 하는 것이 가장 좋은가에 대한 문제이다. 세 번째로 할머니의 양육방식에 대해 검토하거나 또는 보다 효과적인 양육지원방식에 대해 검토하는 것이 흥미로울지도 모르겠다. 어떤 여자청소년이 아이를 돌보는 데 있어서 엄마로서의 역할에 대한 불안을 다음과 같이 이야기하고 있다.

"그래요, 딸아이를 거의 제가 돌봐요. 당연히 제가 다 해요. 엄마한테는 가끔
씩 도움을 받기도 해요. 나는 딸을 낳고 복학을 했기 때문에 엄마가 제 아이
를 자신의 아이처럼 돌봐 줄 거라고 생각했어요. 그런데 엄마는 그렇게 해
주지 않았어요. 엄마는 내가 학교에 갈 때에는 아이를 데려가 돌봐 주지만
내가 학교에서 돌아오면 내가 아이를 돌봐야 해요. 처음에는 아이가 엄마를
자기 엄마로 생각하는 건 아닌가 하는 생각을 했어요. 이해하시겠어요? 그래
도 아이는 내가 누군지 알려고 애쓰지는 않을지 몰라도 날 알아봐요."

(15세 청소년 엄마, Dennison and Coleman, 1998b)

동거(co-residence)에 관해서는 Brooks-Gunn과 Chase-Lansdale
(1995)의 연구가 좋은 참고사항을 제시하고 있다. 이 연구에서 그들의 지
적에 따르면 초기의 몇몇 연구들은 동거의 이점들을 보고하고 있는 데 반
해, 최근의 연구들은 다세대 가족환경이 청소년 엄마와 아이 모두에게 도
움이 된다고만은 볼 수 없다는 사실을 강조하게 되었다. 특히 저자는 자신
의 어머니와 같이 살고 있는 청소년 엄마는 상당히 스트레스를 많이 받고
있으며(Chase-lansdale et al., 1994), 또한 그러한 환경에 있는 아이는 낮
은 지적 수준을 보인다는 점을 지적하고 있다. Brooks-Gunn과 Chase-
Lansdale(1995)은 모순된 결과를 보이는 것은 부분적으로는 청소년 엄마
의 연령차이로 설명될 수 있을 것으로 결론내리고 있다. 즉, 동거는 10대
라고 하더라도 비교적 나이가 어린 엄마에게는 도움이 될지 모르나, 상대
적으로 나이가 든 엄마에게는 그다지 도움이 되지 않을 것이라는 것이다.
이러한 결론은 의미 있는 것이며, Dennison과 Coleman(1998b)의 연구결
과와도 일치하는 것이다. 이 연구에서는 할머니와 같이 사는 10대를 10대
초반과 후반으로 나누어 비교한 결과, 10대 초반의 청소년들이 보다 양호
한 적응상태를 보였다.

어머니와 할머니의 관계에 대해 Wakschalag 등(1996)은 이 문제에 관

청소년과 사회 : 청소년기의 심리, 건강, 행동 그리고 관계의 본질

한 연구를 위하여 세대 간 질적 척도(a Scale of Intergenerational Quality)를 개발하여 연구를 주도하였다. Dennison과 Coleman(1998b)은 이 척도를 영국의 환경에 맞게 수정하여 관계의 다섯 가지 차원으로 분류하였다. 즉, 정서적인 친밀도, 청소년 엄마의 양육능력 확인, 청소년 엄마의 성숙도, 자립, 대립이 이에 포함된다. 60쌍의 청소년 엄마와 할머니를 대상으로 한 조사결과, 정서적 친밀도의 수준은 높으며 대립의 수준은 비교적 낮고, 인지의 합은 중간 정도에 해당한다는 것을 밝혀냈다. 또한 이 연구의 주장은 양자의 양호한 관계는 할머니가 자기 딸의 양육능력 확인, 딸의 성숙, 또는 자립에 대한 욕구의 확인 여부와 관련되어 있었다. 유능한 부모가 되기 위해 필요한 능력, 자신감을 가지도록 청소년들을 격려함에 있어 가족관계가 중요한 역할을 수행한다는 것은 너무나도 명백한 사실이기 때문에 이 분야에 관한 연구가 중요시 된다고 하겠다.

가족관계라고 하는 주제에서 특히 10대 청소년의 양육에 관한 고찰에 있어 동반자(partner)의 위치 및 역할에 대해서는 거의 관심을 가지지 않았다는 사실이 충격적이다. 이 주제에 관한 거의 대부분의 연구에서 10대 청소년 아빠가 보이지 않거나 부재 중인 상태라고 하는 인상을 주고 있다. 청소년 아빠를 연구에 포함시키기가 현실적으로 어렵다는 것을 과소평가하지 않는 것이 중요하다는 지적이 있어 왔다. 그들은 은연중에 연구자들을 경계하고 있을지도 모르며, 자신의 역할에 대해 자신감을 가지고 있지 않을지도 모른다. 이 때문에 일반적으로 남자청소년이 어떠한 책임도 지지 않으려고 하거나 자녀양육에 대해 적극적인 역할을 수행하려고 하지 않는 것으로 여겨진다.

그러나 최근의 견해는 이러한 견해를 지지하지 않는다(Voran, 1991; Speak 1997). 대다수의 10대 청소년 아빠들은 아이들과 지속적으로 관계를 유지하며 아이들에 대한 가정교육에 있어서도 일정 부분 역할을 담당한다. 그러나 많은 장벽들이 존재하는 것이 사실이다. 즉, 청소년은 사회에서의 자신들의 위치가 아직 불확실하기 때문에 가끔씩 극복하기 힘든 장벽들에 부딪히곤 한다. 우선 10대 중반에 형성된 대다수의 친구관계는 지속되지 못한다. 이는 아이를 낳는 것에 대한 문제, 상대방에 대한 분노의 감정과 대립 그리고 할머니의 태도 그 밖에 확대가족의 문제 등과 같은 모든 문제들을 극복하지 않으면 안 되기 때문이다. 아울러 경제적 요인도 그들이 극복하지 않으면 안 되는 문제이다. 일부 청소년들이 일을 찾거나, 다른 지역에서 직업훈련을 받는 경우도 있다. 그런 경우 엄마와 아이는 만나기 어려워진다. 이러한 모든 문제에도 불구하고 연구를 통해 얻어진 증거는 아버지와의 긍정적인 관계가 유지될 경우 아이들에게서 보다 긍정적인 결과들을 기대할 수 있다는 점이다(Robinson, 1988a). 전문가들은 청소년 아빠들에게는 그들이 수행해야 할 중요한 역할들이 있음을 지적한다. 아울러 향후 이에 관한 연구도 매우 중요할 것으로 여겨진다. 10대 청소년 엄마는 자신의 파트너(아이의 아빠)에 대해 다음과 같이 이야기하고 있다.

"그는 매우 적극적이에요. 정말 적극적이에요. 왜냐하면 우리들은 그 당시 17세였기 때문이에요. 우리들은 친구들을 만날 때마다 나는 그가 아이로 인해 구속되는 것을 어떻게 생각하고 있는지를 생각했어요. 그의 친구들은 그에게 여러 가지 곤란한 문제들을 가지고 오는 것 같아요. 어느 날 그가 뒤를 돌아보며 이렇게 얘기했어요. "나는 친구들을 안 만날 거야. 어디에도 안 갈 거야. 여기에서 너랑 아기랑 같이 있을 거야." 하지만 그는 언제나 친구들과 어울리거나 외출, 아니 언제나 그런 건 아니지만 거의 대부분 친구들과 같이 있어요. 하지만 그는 많은 시간을 나와 같이 지냈어요. 그는 우리 둘을 위해 시간을 할애해 주었어요. 그로 인해 우리 둘은 지금까지 친하게 지내고 있어요. 처음에 우리들은 정말 가까웠어요. 그는 날 위해서 여러 가지 일들을 해 주었어요. 청소도 못하게 했어요. 하지만 그리 오래 가진 못했어요.

지금도 그는 나에게는 최고의 존재에요. 우리들은 가끔 말다툼을 하기도 해
요. 예를 들어 아이가 울면 그는 날 약간 난폭하게 대해요. 그러면 내가 고
함을 치기도 하지요. 그래도 우리들은 이전처럼 가깝게 지내요."

(18세 여자청소년 엄마, Dennison and Coleman, 1998b)

효과적인 성교육

Effective sex education

이 장을 마무리함에 있어 성교육 문제에 대해 고찰하며, 그것이 청소년들
의 현실적 요구를 반영한 내용으로 수정될 수 있도록 하기 위한 몇 가지
방법에 대해 검토하는 것이 적절할 것으로 여겨진다. 먼저 첫째, 성교육이
생물학적 측면에만 초점을 맞추어서는 안 된다는 점이다. 생물학이 중요
한 요소임에는 틀림없지만 청소년들에게 가장 필요한 것은 인간관계, 성
행동의 윤리 등 성의 사회적 맥락에 관한 내용이다. 성에 관한 생물학을
가르치는 것은 비교적 용이하다. 그러나 청소년들이 성행동에 대해 가지
고 있는 그들의 고유한 딜레마 또는 모순에 대해 탐구하며, 필요한 인간관
계 기술을 향상시킬 수 있는 성교육 프로그램을 만들어내는 것은 매우 어
렵다. 이러한 방향으로의 사고의 전환이 요구된다. 효과적인 성교육을 위
해 두 번째로는 남녀 청소년들의 요구와 아울러 소수의 문화집단 출신의
청소년들과 게이, 레즈비언 또는 양성애자들의 요구를 반영하는 것도 매
우 중요하다고 하겠다. 젠더의 관점에서 접근했을 때, 성교육 프로그램은
남성과 여성 간의 원활한 커뮤니케이션의 중요성을 고려하지 않았던 것
이 사실이다. 또한 성교육 프로그램은 청소년들에게 남자다움 또는 여자
다움에 관한 전통적인 사고를 검토할 기회도 제공하지 않는다. 게다가 남
자청소년과 여자청소년들은 각각 성교육 수업에 대해 그들이 필요로 하
는 내용은 다르며, 보다 솔직하게 논의가 이루어지기 위해서는 일부 내용

에 대해서는 남녀별로 나누어 수업을 진행하는 것도 고려해 봐야 할 것이다. 다른 집단의 요구라는 것에 관해 중요한 열쇠가 되는 것은 성교육 프로그램은 소수 문화집단 출신의 청소년들이 무엇을 필요로 하고 있는가를 적극적으로 인식함으로써 그들의 경험을 솔선해서 평가해야 한다는 것이다. 그러한 청소년들이 인종차별주의자 또는 성차별주의자의 편견이나 있을 수 있는 성희롱으로부터 안전하다고 느끼지 못한다면 그들의 요구를 충족시킬 수 없다. 성인인 전문가들은 안전한 환경을 구축할 책임이 있다. 효과적인 성교육에 있어 필요한 세 번째 요소는 학생들에 따라 성적 지식의 수준이 다양하다는 점을 인식하는 것이다. 앞에서도 언급한 바와 같이 청소년들은 성에 관한 지식에 있어 개인차가 크다. 연령 또는 성별도 중요한 요인이지만 청소년들은 특정 화재에 관해서는 다른 화제들에 비해 보다 많은 지식을 가지고 있다는 점을 인식하는 것도 중요하다(Winn et al., 1995). 예를 들어 수정에 관한 청소년들의 이해는 에이즈에 관한 그들의 지식에 비해 매우 빈약하다. 그러한 정보는 성교육 프로그램에 반영되어야 하며, 교사가 평가의 필요성에 대해 보다 많은 주의를 기울일 수 있도록 지원해야 할 것이다.

Mitchell(1998)은 청소년이 자발적 의지에 따라 성행동을 가질 것이라는 내용의 성교육은 필요 없다고 주장하고 있으며, 이는 매우 중요한 지적이다. 성교육은 규범적(prescriptive)이어서는 안 되며 무엇이 옳으며 무엇이 그른지에 관한 도덕적 메시지를 전달해서도 안 된다. 무엇보다 가장 효과적인 성교육 프로그램은 청소년들에게 정보 및 대인관계를 위한 기술을 전수해 줌으로써, 그들이 무엇이 본인들에게 있어 옳은지를 이해한 상태에서 선택을 할 수 있도록 하는 것이다. 물론 이러한 관점이 이 문제에 흥미를 가진 모든 이들에게 공유될 수 있다고는 할 수 없다. 1997년부터 미국에서는 연방정부가 막대한 금액의 예산을 마련하여 청소년 성교육 프로그램의 재원으로 충당하고 있으며, 이 프로그램은 청소년들에게 육체적 관계를 갖지 않는 것이 매우 중요하다는 메시지를 전달하고 있다. 이러한 접근은 유럽국가들의 정책에서는 찾아볼 수 없으며, 만약 청소년들로 하여금 프로그램을 신뢰할 수 있도록 하고 싶다면 도덕적 메시지를 피하는 것이 중요하다고 생각한다.

　　마지막으로 Reiss(1993)가 제시하고 있는 바와 같이 어떠한 성교육 프로그램이라고 하더라도 그 프로그램이 가지고 있는 목표가 무엇인지를 확인하는 것이 매우 중요하다. 효과적인 성교육이라고 하더라도 10대 청소년들의 임신은 피할 수 없을 것이다. 때로는 성에 대한 지식의 부재는 원하지 않는 임신에 이르게 하는 원인의 일부가 되는 경우도 있으나, 이것이 원인의 전부가 되는 경우는 거의 드물다. 청소년들의 원하지 않는 임신을 피하며, 또한 적어도 그 수를 줄이고 싶다면 청소년들이 얻기 쉬운 성적 건강 서비스와 여자청소년들에 대한 보다 광범위한 교육 및 고용의 기회 등과 같은 다양한 대책이 필요할 것이다. 물론 그러한 대책들은 보다 효과적인 성교육과 통합될 필요가 있으며, 교육만으로는 10대 청소년들의 임신을 줄일 수 없다는 인식도 중요하다. 그렇다면 효과적인 성교육이란 어떤 것인가? 개인적 견해로는 청소년들이 성교육의 영역에서 자신들의 인생을 제어할 수 있도록 지식과 인간관계기술을 제공하는 프로그램의 개발과 보급을 의미한다고 생각한다. 그러한 프로그램은 모든 중등학교에 도입될 예정인 포괄적인 '생활을 위한 기술(skills for living)' 과목내용에 포함시키는 것도 바람직하겠다. 본 장에서 제시한 증거들은 이러한 정책이 가지는 잠재적 가치를 나타낸다.

1. 1960년대 이후 청소년의 성적 행동에 커다란 변화가 있었다는 점에는
   의심의 여지가 없다. 무엇보다 중요한 점은 청소년 초기 및 중기에서의
   성행위가 증가하고 있다는 것이다. 오늘날 성행위를 경험하는 청소년
   이 증가하고 있으며, 과거에 비해 그들의 연령이 낮아지고 있음을 실증
   자료를 통해 확인할 수 있었다. 이러한 변화는 성인의 성적 행동의 변
   화와 밀접하게관련되어 있으며, 기타 사회적 경향과도 연관성을 지니
   고 있는 것으로 보인다. 그러나 교육자와 부모에게 있어 이러한 변화는
   커다란 의미를 지니며 효과적인 건강교육과 성교육의 시기가 매우 중
   요하다는 점을 뒷받침해 주고 있다.

2. 청소년에 대한 HIV 및 에이즈의 충격은 매우 크다고 하겠다. 단, 오늘
   날 1990년대 초기와 비교해서 이러한 성행위로 인해 감염되는 질병에
   대한 청소년들의 관심은 낮아지고 있다. 에이즈 현상으로 인해 '보다 안
   전한 성관계'가 주목을 끌고 있는 바, 청소년의 성관련 지식에 대한 관
   심, 그들의 피임에 대한 태도 및 콘돔 사용 등이 이에 속한다. '안전한 성
   관계'는 다양한 요소에 의해 결정되며, 그 분야에 종사하는 전문가들은
   연령, 태도, 성별, 성적 관계 형태 및 성행위의 사회적 배경 등이 일정 부
   분씩 영향을 미치고 있는 것으로 인식하게 되었다. 에이즈로 인해 청소
   년들의 성행위에 대한 위험과 성에 대한 관심에 대해 많은 것들을 알
   수 있었다.

3. 청소년기에 게이, 레즈비언 또는 양성애자로 성장하는 청소년들에게
   영향을 미치는 환경에 대한 인식이 확대되고 있다. 특히 이러한 집단
   에서의 정체성의 발달단계가 주목을 끌고 있다. 게이와 레즈비언 청
   소년이 직면하는 어려움, 특히 편견과 부정적인 고정관념화로 인해
   고립은 청소년들을 매우 곤란한 지경에 빠뜨린다는 것이 많은 연구들
   을 통해 보고되고 있다. 이 문제가 학교의 성교육 커리큘럼에 포함될
   수 있도록 지원함은 물론, 이전과는 다른 태도를 취할 필요가 있을 것

으로 여겨진다.

4. 미국과 영국에서는 10대 부모들에 대해 주목하고 있다. 이러한 나라들에서는 10대 임신율이 다른 서양의 여러 나라들보다 높다. 많은 연구들은 '결함' 모델로 불리는 것에 주목하고 있으며, 10대 부모들이 40대, 50대의 부모들에 비해 불리한 상황하에 있음을 비교를 통해 밝히고자 하였다. 또한 이러한 연구들은 10대 부모들이 자질에 대해 충분히 이해하고 있지 못했다. 적절한 지원이 이루어진다면 청소년들은 유능한 어머니와 아버지가 될 수 있으며, 현장 전문가들은 10대 부모로서의 한계를 강조하기보다는 그들의 양육기술을 도울 방법에 초점을 맞추는 것이 무엇보다 필요하다는 점을 강조하고 있다.

5. 이 장의 결론부분에서는 효과적인 성교육에 관해 언급하고 있다. 결국 성교육은 학교 교과과정의 일부분으로 볼 수 없으며, 또한 건강한 성을 위한 서비스와는 별도의 대책이라고 볼 수 없다는 점을 지적하고 있다. 성교육을 효과적으로 실시하기 위해서는 청소년과 성에 관한 내용을 전체적으로 개념화하여 학교의 '건강한 생활' 등과 같은 과목으로 포함시킴과 동시에 지역사회의 의료대책과 통합할 필요가 있다. 청소년의 성적 관심에 대한 연구를 통해 배운 점이 한 가지 있다면 청소년이 필요로 하는 것은 지엽적인 생물학적 감각의 성교육이 아니며, 그러한 성교육은 자세 또는 행동에 실질적인 영향을 미치지 못한다고 하는 것이다.

참고도서

Coleman, J and Roker, D (Eds) (1998) *Teenage sexuality: health, risk and education.* Harwood Academic. London.
An edited collection of essays on a range of topics, including sexual knowledge, contraception, sex education, gay and lesbian identities and so on. Many of the essays challenge accepted thinking, and pose useful questions for discussion and debate.

Gullotta, T, Adams, G and Montemayor, R (Eds) (1993) *Adolescent sexuality*. Sage. London.
An edited collection of essays by North American writers on the topic. There is an emphasis on biological and behavioural perspectives.

Holland, J, Ramazanoglu, C, Sharpe, S and Thomson, R (1998) *The male in the head*. Tufnell Press. London.
This book contains accounts of young people talking frankly about their experiences of sexual risk. These accounts are used as a basis for a theory of male-dominated heterosexuality. The book also summarises the main findings from the 'Women, Risk and AIDS' and the 'Men, Risk and AIDS' projects carried out by the authors over the past decade.

Moore, S and Rosenthal, D (1995) *Sexuality in adolescence*. Routledge. London.
An excellent and accessible review of research on sexuality in this age group. The book has been reprinted twice, and is a very popular choice of students and health professionals wanting an introduction to this topic.

Moore, S, Rosenthal, D and Mitchell, A (1996) *Youth, AIDS, and sexually transmitted diseases*. Routledge. London.
A book by the same authors, looking in particular at the topic of STDs (sexually transmitted diseases). Again, readable and very worthwhile.

07

청소년기의 건강
Adolescent health

이번 장에서는 청소년기의 건강을 여러 측면에서, 건강상의 위험 요인들도 포함해 살펴보고자 한다. 물론 위험요인 중에는 청소년이 어떻게 할 수 없는 것들도 존재한다. 즉, 빈곤한 환경 속에서의 성장(Dunnehy et al., 1997; Roker, 1998), 전쟁이나 난민이 된 것에 대한 불안, 성인에게 희생되어 학대당하는 것, 기아나 정치적 탄압(Gibson-Kline, 1996) 등이다. 세계 여러 곳에서 이러한 요인들은 모두 청소년의 건강상의 위험을 증가시킬 수 있으며, 실제로 그런 사건들이 발생하고 있다. 그러나 여기서는 '개인의 건강' 관련 문제로서 인식되는 측면에 한정지으려 한다(단, 이번 제7장에서 성인이나 사회가 어떻게 청소년의 건강을 침해하고 있는지에 대해서 검토해 볼 것이다).

Harrelmann과 Losel(1990)이 논하는 것처럼, 청소년 개개인의 행동이 병이나 죽음을 초래하는 경우가 있다. 즉, 흡연이나 음주, 약물오용 등 그릇된 행위가 그들의 건강을 해친다. 그러나 한편으로 청소년은 인구 전체로 보았을 때, 건강한 연령대라고 생각되고 있다. 그것은 다른 연령대와 비교해, 의료 서비스를 별로 이용하지 않기 때문이다. 그러나 다른 한편으로, 그들은 건강의 여러 위험요소와 접하기 쉬운 환경에 노출된다. 이 장에서는 이러한 딜레마를 검토하려 한다. 이 장에서 검토할 주제는 다음과 같다.

1. 성인 사회에서 우려하고 있는 청소년기의 건강상의 위험
2. 청소년 자신이 갖는 건강에 대한 관심
3. 청소년기의 정신건강
4. 운동이나 신체적 활동

청소년기라고 하는 연령대는 청소년이 자기 스스로 겪게 되는 변화와 사회의 변화 모두에 대해 적응하지 않으면 안 되는 시기이다. 그리고 그것은 사회가 청소년에게 기대하고 있는 것과 관계가 있다. 많은 청소년들은 비교적 쉽게 성인기로 이행하지만, 그것을 방해하는 경제적, 구조적 힘 때문에 이행이 어려운 이들도 있다. 매우 많은 것들이 자존감이나 정체감을 위협하며, 그것들에 대해 한

번에 대처하지 않으면 안 되는 경우도 있다. 이러한 상황에 놓인 청소년들 중에는 어떤 지위 또는 위안을 원한 나머지, 반사회적 행동이나 자기 파괴적 행동을 취하는 청소년들도 있다. 그러나 이러한 '결손' 이론만으로는 위험한 행동을 저지르고 싶어 하는 충동을 충분히 설명할 수 없다. 스릴 있으며, 위험을 동반한 행동을 하도록 만드는 적극적인 매력이 있다는 것, 그리고 다방면의 성인 사회가 청소년에게 약속과 금지사항을 만들어 놓고 있다는 것을 알아 두는 것도 중요하다. 자극에 대한 요구는 청소년들이 이러한 행동들을 성인의 행동 패턴과 동일시하기 위해 '이용' 했다고 하는 관점에서 상징적이라고도 할 수 있다.

성인은 특히, 약물이나 알코올 섭취, 흡연, 성적 행동 그리고 비행에 관심을 가져왔다. 이러한 행동의 대부분은 성인이 하는 것에는 문제가 없으나, 성장 도중의 청소년이 한다면 문제가 된다고 생각하고 있다. 예를 들어 Silbereisen 등 (1986)은 이른바 반사회적이라고 불리는 많은 행동들은, 실제로는 목적이 있으며, 자기 조정적이어서 청소년기에 겪게 되는 발달의 여러 측면에 대처하기 위한 것이라고 보고 있다. 이러한 행위들은 적어도 짧은 기간에는 발달에 의해 건설적인 역할을 취하는 것이 가능하다. 이러한 행동들은 상징적(즉, 대부분은 성숙한 자기 이미지를 만들고 싶어서, 또는 매력이나 사교성을 익히기 위한 수단이라고 생각하기 때문에 행함)이라고도 할 수 있으나, 청소년들에게는 위험을 줄 수도 있다. 성인과 마찬가지로 10대 청소년들이 어떤 행동을 하는 것은 통상, 그렇게 하는 것에 의해, 예를 들어 누군가를 기쁘게 하거나, 친구들로부터 인정받는다거나 하는 어떤 원하는 것에 대한 결과를 얻을 수 있다고 믿고 있기 때문이다. 그런 행동들을 할 때, 청소년은 그 행동이 자기 자신에게 있어서 어쩌면 위험할지도 모른다는 사실을 무시하거나, 경시하는 것을 자주 볼 수 있다.

리스크 테이킹(risk-taking : 위험을 무릅쓴 행동을 하는 것)의 개념정의는 애매모호하다. 그것은 청소년 정신구조의 일부, 즉 발달적 이행에 있어서 위험을 추구하는 단계인가, 아니면 성인의 기술이나 자존감정을 획득하기 위해 필요한 단계인가? 또는 관리를 필요로 하는 아이들에서 관리된 성인으로 이행하는 과정 속에서, 청소년들은 귀찮으며 공동체의 안정을 위협하는 존재로서 비춰지고 있기 때문에, 성인들이 청소년들을 주변화시키기 위해 사회적 · 문화적으로 그들을 몰아낸 결과인가? 이 문제에 대해 생각해 보기 전에, 우리들은 리스크 테이킹이라고 하는 개념의 의미를 명확하게 정의할 필요가 있다. Hendry와 Kloep (1996)는 리스크 테이킹에는 다음과 같은 세 종류의 행동이 있다고 보았다.

첫 번째는 스릴을 찾는 행동이다. 이것은 두근두근 거리는 자극을 필요로 하는 행동이며, 각성되고, 자신의 한계를 시험해 보는 행동이다. 이러한 행동은 청소년이나 성인과 마찬가지로 아동에게서도 볼 수 있다. 청소년이 스릴을 찾는 행동을 하는 것은 빈도(청소년은 성인보다도 빈번하게 그러한 행동을 하며, 스스로를 시험하고 다시 무언가를 흡수한다)와 그것을 위해 필요로 하는 것(청소년은 아동보다 돈과 시간을 들인다. 그러나 청소년은 한정된 경험밖에 갖고 있지 못하기 때문에 스스로의 한계와 극복할 수 있는 위험의 양을 판단하지 못한다)라고 하는 두 가지 측면에 있어서 성인이나 아동과 다르다.

두 번째로, 관중에 지배된 리스크 테이킹 행동이다. 동료들이 자신을 받아주며, 자신이 있어야 할 곳을 알고 이를 통해 사회적 지위를 확립하기 위하여 청소년은 일정한 수완이나 능력을 나타내지 않으면 안 된다. 성인은 스스로의 지위를 나타내는 데 상징적인 수단으로 직위나 고가의 의복, 스포츠카와 같은 형식을 취하고 있기 때문에, 보이기 위한 리스크 테이킹 행동을 그다지 빈번하게 취하지 않는 것일지도 모른다. 관중에게 지배된 리스크 테이킹 행동 속에는 더욱이 청소년이 다른 사람들에게 어떤 인상을 주거나, 관심을 받으려고 하는 의도가 포함된 경우가 있다. 어른은 청소년의 행동이나 활동의 많은 부분을 제한하나, 많은 청소년들에게 있어서 규범을 무시하는 것은 자립적인 발달을 향한 일보일 수 있다. 청소년들은 어른의 명령이나 금지사항을 따르기를 거역하는 것으로 어른들의 우위성을 위협하고 싶다고 하는 열망 때문에, 어른의 명령이나 금지가 자신을 억압하기 위해 만들어진 것인지 아니면 자신의 최선의 이익을 위해 만들어진 것인지를 매번 구별하려 하지 않는 것일지도 모른다. 이것이 어른들의 부정적 반응을 강화시키는 리스크 테이킹(즉, 규범을 부수는) 행위를 하도록 유도하는 것일지도 모른다.

세 번째로는, 무책임한 리스크 테이킹 행동이다. 이것은 위험을 목적으로 행하는 것이 아니라, 위험을 알고 있는 상태에서도 다른 자신의 욕구를 충족시키기 위해 행해진다. 그러한 무책임한 행동은 한 개인이 긴 안목으로 무언가를 생각할·수 없다는 것을 보여주는 것일 수도, 아니면 알고 있다고 해도 눈앞의 이익에 마음을 빼앗겨 그만두지 못하는 것일 수도 있다. 그러한 행동의 예로서, 흡연과 음주, 작심삼일의 운동, 피임하지 않은 성교를 들 수 있다. 술에 취하거나 콘돔을 사용하지 않는 등의 행동은 위험이 동반되기 때문에 매력적인 것이 아니라, 그 상황 속에 결과보다도 중요한 다른 이유가 있기 때문이다. Arnett (1998)이 설명한 것처럼, 문화라고 하는 것은 개인주의와 자기 표현을 증진시키는 것 사이의 사회화 속에서, 그리고 다른 한편으로는 사회적 질서를 증진시키는 상황 속에서의 거래를 받아들이는 것이다. 개인주의와 성취를 증진시키기에 급급한 지금의 우리 사회는 청소년들이 성인 문화에 반응하여 더 많은 리스크 테이킹을 범하도록 만들고 있다.

흡연

Golding(1987)은 선진국의 흡연율이 극단적으로 낮아지고 있다고 지적하고 있다. 예를 들어 30년간 영국 남성의 흡연율은 70%에서 40%로 낮아졌다. 그러나 그것은 전반적인 경향에 지나지 않으며, 자세히 보면 성별(gender), 사회계층, 연령에 따라 흡연율이 다르다. 성인층에서는 사회·경제적인 계층에 의한 차이가 심하였다. 흡연율은 '미숙련 노동자' 층에서 가장 높았으며, '전문직' 일수록 낮았다. 성별이나 지역에 의한 차이도 있다. 청소년의 경우에는 얼마나 이러한 특징들이 나타나고 있을까? 흡연은 쉽게 청소년기에 습관화될 수 있으며, 이는 성인기의 질병률이나 사망률에 있어 장기간에 걸쳐 중대한 영향을 미친다(Holland and Fitzsimons, 1991). 11-15세의 약 10%가 습관적인 흡연자이며, 과거 12년간 그것은 거의 변화하지 않았다(Diamond and Goddard, 1995). 그러나 영국의 일반

가정조사(General Household Survey) 데이터에 의하면, 1972-1992년에 걸쳐 16-19세 흡연율은 감소하고 있다(Coleman, 1997a).

청소년들의 경우 성별 차이로 인해 여자가 남자보다 흡연율이 높다는 것이 많은 연구에서 밝혀졌다. 예를 들어, 영국의 건강교육국의 조사에서는 15-16세 남자의 경우에는 15%가 매일 흡연을 하고 있는 것에 반해, 여자의 경우 24%가 매일 흡연을 하고 있는 것으로 나타났다(Turtle et al., 1997). Lloyd와 Lucas(1997)는 이러한 차이를 상세히 검토하여, 남자와 여자 사이의 차이는 13세에 눈에 띄게 나타나기 시작하여 16세까지 계속해서 점점 더 커진다는 것을 보여주었다. 이 결과를 그림 7-1에 나타냈다. 이와 같은 흡연 패턴은 다른 여러 나라, 예를 들어 오스트레일리아(Heaven, 1996), 미국, 그리고 다른 여러 유럽의 나라에서(Seiffge-Krenke, 1998)도 보고되고 있다.

| **그림 7-1** | 영국에서 재학기간 중 일상적으로 흡연을 하는 남녀비율(1996년)

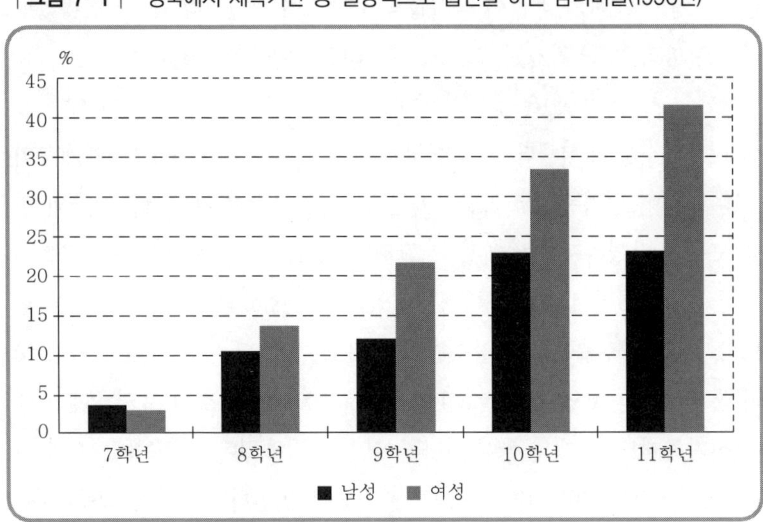

출처 : Lloyd and Lucas(1997).

Holland와 Fitzsimons(1991), Lloyd와 Lucas(1997)는 모두 흡연하고 있는 10대의 청소년은 어떤 일반적인 특징을 나타내는 경향이 있는지에 주목했다. 그것은 가족이나 친구 중에 흡연을 하는 사람이 있다는 것, 편부모 가정인 경우가 많다는 것, 자존감이 낮다는 것, 자신감이 없다는 것, 불안이 비교적 높다는 것, 교육을 받고 싶다는 생각이 적다는 것, 여가 시간에는 아르바이트를 하거나 '모여' 있다는 것이다. Goddard(1989)는 학생들을 대상으로 한 연구에서 가족 중에 흡연자가 있는 경우에는 그 가족의 청소년도 흡연자가 되는 경향이 크다는 것을 보여주었다. 또한 부모보다도 형제자매가 보다 큰 영향을 주는 것으로 나타났다. 이러한 결과는 Glendinning 등(1992)이 행한 스코틀랜드 청소년의 연구에서도 확인되었다. 습관적인 흡연율은 14세 때부터 높아지기 시작하는 듯하나, 그 이전에 흡연을 경험하는 단계를 거친다(Holland and Fitzsimons, 1991). 트렌트 지방의 생활양식조사(A Trent Lifestyle Survey)의 일환으로, 습관적 흡연자에게 어디서 가장 많이 담배를 피우는지에 대해 물었다. 가장 많았던 대답은 파티, 학교 귀가길, 그리고 길거리였다(Roberts et al., 1995).

Coggans 등(1990)은 정부의 약물교육 평가의 일부로서 흡연율에 관한 대규모 연구를 실시했다. 연구협력자는 13-15세 청소년들로, 사회계층의 구성비와 이 연령층에서 약물교육을 받았던 경험이 있는 청소년들의 비율 모두를 반영하도록 정해졌다. 그러나 이 조사대상 학생들은 스코틀랜드의 중앙지역에서 추출된 학생들이었다. Coggans의 조사에서는 15% 정도의 학생이 '상습' 수준(일주일에 적어도 한 개피 이상을 피우는 경우)의 흡연행동을 보였다. Davie와 Coggans(1991)는 청소년 흡연율 분석에서 신기하게도 두 개의 산이 있다는 점을 지적하였다. 한 그룹은 거의 피우지 않는 그룹(19%)이었으며, 또 한 그룹은 빈번하게 피우는 그룹(14%)이었다. 결과를 정리해 보면, 나이가 많은 청소년은 나이 어린 청소년보다

청소년과 사회 : 청소년기의 심리, 건강, 행동 그리고 관계의 본질

흡연하는 확률이 높았으며, 여성이 남성보다도 그리고 낮은 사회계층 출신의 청소년이 높은 계층 출신의 청소년보다도 흡연을 하는 경향이 크다는 것이었다.

사회계층과 관계가 있다고 하는 사실은 '청소년의 여가와 생활양식' 연구(Hendry et al., 1993)에서 알 수 있다. 13-24세의 19%가 스스로를 흡연자라고 인정했다. 전체적으로 보면, 데이터에는 연령에 따라 분명한 경향을 보였다. 흡연인구는 20대 전반에서 정점이 되며, 그 후에는 조금씩 하강한다. 그러나 가장 흥미로운 것은 사회계층에 따른 차이로, 세대주의 사회계층에 따른 종래의 방법으로 측정해 보면 그 차이가 유의하지 않은, 즉 다른 연구에서 보고되었던 것과 같은 경향을 보였다('육체노동자가 아닌' 가정의 청소년은 11%가 상습적인 흡연을 하며, 육체노동자도 가정에서는 14%가 상습적 흡연을 하였다). 그러나 청소년들 중 높은 연령대인 경우에는 출신계층이 아니라 현재의 계층을 측정하는 것이 가능했다(예를 들어, 전일제교육을 받고 있는지, 반숙련직업에서 일을 하고 있는지 등). 이 측정결과를 통해 보면, 청소년이 종사하고 있는 경제활동 타입이 다르면 흡연상태가 유의하게 다르다는 것을 알 수 있었다. 예를 들면, 계속 교육을 받는 중이거나 전문직이거나 중간 지위의 청소년은 '습관적인' 흡연자가 11-13%였으나, 실업 청소년의 경우에는 28%였다.

10대의 흡연율을 줄이기 위해 학교는 지식 면에서 학생들을 개선시킬 수 있을지는 몰라도, 이것이 반드시 행동 면에 있어서 영향을 미친다고는 할 수 없다(Nutbeam et al., 1993). 10대의 청소년들은 흡연의 위험에 대해 이미 상당한 지식을 가지고 있었다(Macfarlane et al., 1987; Turtle et al., 1997). 10대 중에 흡연을 하고 있는 많은 아이들은 금연을 하고 싶다고 생각하고 있었다(Turtle et al., 1997). 어떤 연구는 일반적인 훈련 장소에서도 개별적으로 조언을 하면, 금연에 동의한다는 것을 보여주었다

(Townsend et al., 1991). 그러나 흡연에 관한 건강증진활동은 개인적으로 행한다고 하여도, 광고에 의한 광범위한 사회적 영향, 가격설정, 동료집단으로부터의 압력, 부모의 모방, 화학적인 습관성과 비교하면, 그 효과는 미흡하기 때문에 다면적인 건강교육 접근(Townsend et al., 1994; Macfarlane, 1993)이 필요하다.

음주

오늘날의 구미사회에서 10대의 음주는 일상적인 일로 받아들여지고 있다. Goddard(1996)의 데이터에 따르면, 영국의 경우 젊은 남성의 약 45%, 그리고 젊은 여성의 약 35%가 15세까지 적어도 일주일에 한 번은 음주를 하고 있다고 한다. 이를 그림 7-2에 나타냈다. 청소년의 음주에 대한 연구에서는 음주행위는 아동에서부터 성인이 되는 사회화 과정의 일부가 되었다고 보고 있다(Sharp and Lowe, 1989). 영국이나 웨일즈에서는 대부분의 청소년이 13세가 돼서 처음으로 '정식으로' 술을 마신 적이 있다고 한다(남자의 82%와 여자의 77%). 스코틀랜드에서는 학생이 술을 마시기 시작하는 연령이 조금 늦기는 하나, 15세가 되면 영국이나 웨일즈의 데이터를 따라잡는다(Marsh et al., 1986). 단, 명확히 해야 할 것은 청소년의 대다수는 1년에 몇 회밖에 마시지 않으며, 처음 마시기 시작할 때 거의 집에서 부모와 함께 마신다는 것이다. 그러나 시간이 지나면서 음주 장소가 파티 또는 길거리로 확장되며(Hendry et al., 1998), 게다가 클럽이나 디스코텍, 그리고 결국에는 술집으로 이어지게 된다(Turtle et al., 1997). 국제비교에 대해서는 Heaven(1996)과 Seiffge-Krenke(1998)의 보고가 있다.

많은 양을 장기간 습관적으로 복용하였을 때 건강에 미치는 영향에 대

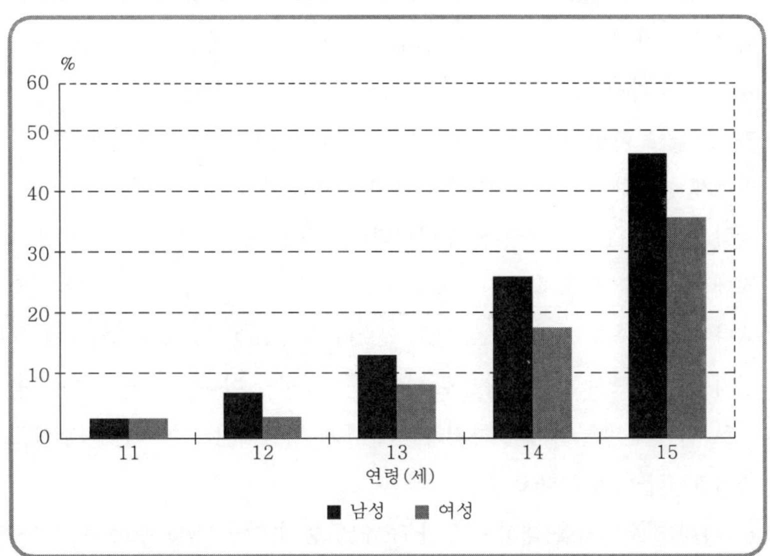

출처 : Goddard(1996).

해서는 충분히 알려져 있으나, 단기간 그리고 가끔씩이라도 매우 많은 양을 마시는 경우도 있다. 결과적으로, '취하는 것'에 관한 연구에 대한 관심이 높아지고 있는 것이다. Marsh 등(1986)이 스코틀랜드에서 실시한 조사에 따르면, 음주를 한 최연소 남자 아이의 약 30%와, 여자의 23%가 한 번 이상은 '필름이 끊기도록 취했던' 적이 있다고 하였다. 이러한 숫자에는 음주를 한 적이 없는 청소년이 포함되어 있지 않다는 점에 주목할 필요가 있다. 이러한 숫자는 매우 주관적이므로 경계해야만 하나, 이러한 행동은 남녀 모두 15세 때 정점에 이르며, 그 후에는 여자의 경우 급속하게 줄어드는 경향이 있다.

알코올은 직접 살 수 있으므로 10대 아이들도 쉽게 손에 넣을 수 있다. Balding(1997)에 의하면 15세 학생들의 약 1/4이 최근 1주일 동안에 슈퍼

마켓이나 술을 파는 상점에서 술을 샀으며, 10%는 술집에서 술을 주문했다고 보고하였다. 1980년대 중반의 연구에 의하면, 대부분의 청소년은 주말에 술을 마시며, 양에 있어서는 어느 연령이든 여자 아이들의 경우가 남자 아이들보다도 적었다(Marsh et al., 1986). 남자의 술 소비량은 연령에 비례해 증가하여 17세 때 가장 높아지나, 여자의 소비량은 의무교육의 마지막 연령(즉 16세) 때 정점에 달한다. 술집에 가는 것은 10대 후반에 정점에 달하나, 그 후 성인기 전반기에는 그것이 '사라져' 간다. 청소년의 대다수는 음주를 긍정적으로 보고 있으나, Marsh 등(1986)은 술에 빠지는 시기에는 반드시 신체증상으로 나타나는 것뿐만 아니라 기물파손 등 음주로 인한 문제들이 발생하거나 경찰에게 발각되기도 한다는 사실에도 수의를 기울여야 한다고 보고 있다.

다른 청소년들을 대상으로 한 Hendry 등의 연구(Hendry et al., 1998)는 청소년이 음주와 건강문제를 생각하는 데 있어서 알코올이 미치는 역할에 대해서 많은 것을 말해준다. 청소년들은 여러 가지 이유에서 음주를 한다. 그 이유로는 일반적인 문화적 환경 속에서 음주를 할 수 있으며, 또한 그것이 용인된다는 것도 포함하고 있다. 성인과 마찬가지로 청소년들은 술을 마심으로써 기분이 좋아지며, 사교성도 높아지고, 감각과 지각이 변하기 때문이라고 하였다. 음주는 정상적인 지각세계를 초월한 '변용(transformantional)' 경험을 가져다 준다고 하는 청소년도 있으며, 또한 도피의 한 방법이 된다고 하는 청소년도 있다. 청소년의 음주에 대한 생각에 단계가 있다는 점이 눈길을 끌었다. 즉, 너무 이른 연령에 음주를 함으로써 자신을 제어하지 못하게 되는 단계에서부터 '분별 있는' 음주의 단계, 그리고 자신의 '한계'에 맞는 음주단계가 있다. 경우에 따라서는 나이 많은 형제나 친구가 술은 어떻게 마셔야 하는지를 조언해 주거나 파티에서 나이 어린 청소년을 돌보기도 한다. 청소년들은 숙취 등 좋지 않은 결과를 학습의 과정으로써 수용한다. 어떤 청소년은 다음과 같이 말한다.

> "난 두 번째 주 주말마다 술을 마셨어요. 술을 마시기 시작했을 때엔 주말마
> 다 마셨지요. 올해는 정말로 거의 마시러 가지 않았어요. 끊었습니다. 나는
> 2, 3잔 정도만 마시려고 하는데, 그 정도도 때에 따라선 너무 과할 때가 있
> 더군요. (어떻게 자신의 한계를 알게 되었습니까?) 어떻게 마시는 법을 알았
> 냐면…
> 음… 그건 경험에 따라 다르다고 생각해요. 몇 번인가 완전히 취한 적이 있
> 거든요! 하지만 지금은 조금밖에 마시지 않고, 너무 많이 마시는 경우는 없
> 어요. 왜냐하면 많이 취하는 게 싫거든요. (어떻게 자신의 한계를 알았습니
> 까?) 경험해보는 수밖에 없어. 술을 마시게 되면 반드시 필요한 거니까, 해
> 보는 것이지요. 성장의 일부니까요."
>
> (Hendry et al., 1998에서 인용)

청소년에게 있어서 음주는 기분을 고양시키는 수단이다. 청소년이 음
주를 하는 이유―즉 사교성을 높이고, 마음을 편안하게 하고, 동료들과
친해지고, 감정을 흥분시키는 등―는 어른과 같으며, 그들은 술을 마시는
것으로 '음주사회'에 들어갈 수 있다고 느끼고 있다. 분명한 것은 건강교
육에서 청소년들을 대상으로 알코올의 소비에 대해 이야기할 때에는 음
주행동의 의미에 대해 물어보기도 하면서, 마시는 방법이나 취하는 이유
모두를 근본적으로 변화시키지 않으면 안 된다는 것이다.

불법 약물

Illegal drugs

성인사회가 매우 우려하고 있는 것 중 한 가지는, 청소년의 약물사용이다.
조사에 따르면 모든 서구 여러 나라에서 최근 10년간 청소년들 사이에서

약물을 복용하는 일이 증가하고 있다(Measham et al., 1994; Sullivan and Thompson, 1994; Parker et al., 1998). 위법 약물 중 가장 자주 사용되고 있는 것이 대마이다. Roker와 Coleman(1997)에 따르면, 영국에서는 14-16세의 40%에 달하는 청소년들이 대마를 사용하고 있으며, 다른 나라의 통계도 크게 다르지 않다. Parker 등(1998)은 영국의 북서부에서 14-18세의 상당수의 사람들을 대상으로 실시한 연구를 통해, 대마를 사용하고 있는 사람이 14세에서는 30%이나, 18세에서는 60%가까이 상승한다는 것을 알았다. 그 외의 불법 약물도 사용되고 있으나, 심각한 정도는 아니라고 하였다. 예를 들어 엑스터시는 19세의 19%가 사용하고 있다. Parker 등(1998)의 연구 데이터가 표 7-1에 있다.

가장 나이 어린 청소년이 사용한 약물은 본드 흡입이다. Ives(1990)에 따르면, 중등학교 학생의 4-8%가 본드를 사용해 본 적이 있으며, 이는 13-15세 때 정점에 이른다. Davies와 Coggans(1991)의 조사협력자의 11% 정도가 적어도 한 번은 본드를 사용한 적이 있으며, 그 숫자는 Parker 등(1998)의 연구결과와 유사하다. 단, 본드를 사용하는 사람들의 대부분은 한 번만 또는 몇 번 정도밖에는 사용하지 않았다고 하는 점에 주목할 필요가 있다. 그러나 계속적으로 사용을 하는 사람이 적다고는 해도, 본드 사용의 유행은 분명히 사라지지 않았다. 그럼에도 불구하고, 최근에는 대중매체에서 이 문제를 취급하는 경우도 줄어들었다. 반면, 접착제 판매를 하고 있는 소매점에 붙어있는 주의문구가 오히려 에어로졸 등 더욱 더 위험한 제품의 사용을 부추긴다고 하는 연구결과가 있다(Ives, 1990; Ramsey, 1990). 실제로 약품을 사용하는 청소년들이 얼마나 되는지는 O' Bryan(1989)의 연구에서 알 수 있다. 건강교육은 그 문제—이 경우에는 본드의 남용—가 수강자에게 있어 어떠한 의미나 역할을 가지는지에 맞게끔 개입을 해야만 한다. 본드 사용자는 모두 14세 정도의 남자 아이였다. 여자 아이가 함께 있는 곳

   청소년과 사회 : 청소년기의 심리, 건강, 행동 그리고 관계의 본질

| 표 7-1 | 청소년의 불법 약물사용 실태 및 비율(%)

	14세 (n=776)	15세 (n=752)	16세 (n=523)	17세 (n=536)	18세 (n=529)
각성제(amphetamines)	9.5	16.1	18.4	25.2	32.9
아질산아밀(amyl nitrite)	14.2	22.1	23.5	32.3	35.3
대마초(cannabis)	31.7	41.5	45.3	53.7	59.0
코카인(cocaine)	1.4	4.0	2.5	4.5	5.9
헤로인(heroin)	0.4	2.5	0.6	0.6	6.0
LSD	13.3	25.3	24.5	26.7	28.0
환각 버섯(magic mushrooms)	9.9	12.4	9.8	9.5	8.5
엑스터시(ecstasy)	5.8	7.4	5.4	12.9	19.8
솔벤트(solvents)	11.9	13.2	9.9	10.3	9.5
신경안정제(tranquillizers)	1.2	4.7	1.5	3.9	4.5
적어도 한 가지	36.3	47.3	50.7	57.3	64.3

출처 : Parker et al. (1998).

에서 사용하는 경우는 거의 없었다. 실제로 본드를 사용하는 남자 아이들은, 특히 여자를 다루는 것이 서툰 아이들인 듯하다. 어쨌든 여자 아이들에게는 본드가 사용되는 거리를 자주 방황하고 다니는 문화가 달갑게 받아들여지지 않는 듯하다.

Hendry 등(1993)의 연구는 개인의 약물섭취 행동에 대해서 직접적으로 질문하는 것이 아니라 약물섭취에 대한 태도와 동료집단 중 약물을 사용하고 있는 사람의 비율에 대해 묻고 있다. 남자 아이들의 경우가 여자 아이들보다도 친한 친구 중 약물을 사용하고 있는 사람이 많다고 보고하였다. 17-18세는 약물사용이 정점에 다다르는 시기이며, 이 연령의 41%가 가까운 친구 중 약물을 사용하는 친구가 있다고 보고하였다. 가까운 친구가 약물 사용자라고 보고한 사람들은 사회계층과 유의한 관련이 있어, 전

문직 또는 중간층 출신의 경우에는 32%가 그렇다고 말한 것에 비해, 반숙
련 또는 비숙련 직업층 출신자의 경우에는 23%가 그렇다고 대답하였다.
또한 동료 중에서 약물사용을 하는 사람이 있다고 보고했던 사람들 중에
는 개인주택이 늘어선 부유한 지역에 사는 경우가 48%로 가장 높았다. 여
기서 약물사용은 일반적인, 또는 사회적인 격분에 의한 것이라는 이론은
잘못되었으며, 오히려 고가의 명품약물이 대두되었다는 점을 미루어, 대
마가 우세하게 되었다는 점이 중시된 가설이 만들어져야 될 것이다. 이 분
야의 연구 중 특히 흥미로운 점은, 연구 대상자 중 가장 나이가 많은 집단
에 대한 데이터로, 응답자가 소속된 현재 사회계층별로 분석한 결과이다.
이 결과에 따르면, 친구들 중 약물사용을 하는 경우가 있다고 보고했던 비
율이 가장 높았던 것은, 현재 고등교육을 받고 있는 사람들 그룹과 실업자
그룹이었다.

청소년의 건강에 대해서 어른들이 우려하고 있는 부분을 중심으로, 이
절에서 이야기 하고 싶은 것은, 합법과 위법 양방의 약물은 청소년이 변용
체험을 얻기 위하여 사용해 온 것으로 보인다는 것이다. 또한 청소년들에
게 있어서 변용체험은 상징적(예를 들어, '멋있게 보인다' 또는 '성장한
것으로 보인다')일 수 있다. 게다가 10대에 의한 비합법적인 약물사용은
지금도 늘어나고 있다. 약물을 쉽게 손에 넣을 수 있게 되면서 약물은 넓
은 의미에 있어서 사회나 문화의 일부가 되어가고 있는 것이다. Parker 등
(1998)은 그들의 저서인『비합법적인 레저: 청소년 약물사용이 여가활동
으로 보급되고 있다(*Illegal Leisure: the normalization of adolescent
recreational drug use*)』에서 이 점을 문제시하고 있다.

그럼에도 불구하고 사회는 이 문제에 큰 관심을 기울이고 있다. 이러
한 관심이 실제로는 청소년들로 하여금 오히려 약물섭취를 보다 위험한
것, 보다 매력적인 것으로 인식하게끔 만들고 있는지도 모르겠다. 위험한

것은, '가벼운' 약물을 범죄라고 취급하고, 그것을 사용하는 사람에게 라벨을 붙여, 즉 '각인'을 찍어 줌으로써, 또한 어떤 사람들에게 있어서는 위법이라고 하는 스릴이나, '관중에게 지배된' 위험을 자신이 만들어 냄으로써 그것을 사용하는 것에 매력을 느낀다는 것이다(Hendry and Kloep, 1996). 반면, 자주 대중매체가 과도한 선전을 하는 바람에, 정보제공을 중심으로 했던 방지 캠페인이 오히려 10대들에게 좋지 않은 영향을 미치고 있다. 즉, 혹을 떼러 갔다가 혹을 하나 더 붙이고 온 격이 된 것이다. 정보를 주기만 하는 방지사업은 눈에 띄는 행동변화 결과를 이끌어내지 못하는 듯하다(Robson, 1996). Roker와 Coleman(1997)은 11-16세의 청소년 2,100명을 대상으로 약물의 교육과 정보에 관하여 청취조사를 벌였다. 그 결과 청소년들 중 약물교육을 받아보고 싶다고 생각하는 사람들은 위법 약물을 실제로 사용했던 적이 있기 때문이거나 책이나 팸플릿 같은 혼자서 볼 수 있는 정보에 불과했기 때문이었다. 분명 현행 건강교육사업에서 제공되고 있는 것에 대해서는 불만이 높았다(Shucksmith and Hendry, 1998).

10대 중에서 약물을 사용하는 사람의 대다수는 호기심에 시험해 보려고 단기간 해보는 것뿐이며, 이들이 장기간에 걸친 사용으로 해를 입었다거나 그만둘 수 없게 되었다고 하는 증거는 없다. 그러나 대마를 이른 연령부터 사용했다거나 빈번하게 사용하는 경우에는 매우 위험한 문제와 연결될 수 있음이 분명하다. 따라서 청소년들에게 다가갈 때에는 약물에 손을 데거나 손을 뗄 수 없게 된 경우에 주목할 필요가 있다. 우리들은 이 문제를 문화나 법률이라고 하는 넓은 시점에서 봐야 할 뿐만 아니라, 청소년들의 시점에서 이 상황을 이해하려 하지 않으면 안 된다.

청소년의 관심사

지금까지는 청소년기의 건강에 대해서 성인들이 관심을 갖는 부분을 중심으로 살펴보았다. 청소년들이 관심을 갖는 것은 무엇일까? 지금까지 서술했던 것처럼 10대 청소년들은 일반적으로 건강하다고 생각되나, 그것은 의료 서비스를 받고 있는 청소년의 비율이 비교적 낮다고 하는 점에 기반한다. 그러나 13-15세의 청소년들을 대상으로 런던의 아홉 개 종합학교에서 실시했던 조사에 따르면, 청소년들의 건강에 대한 관심은 체중, 여드름, 영양, 신체운동이었다(Epstein et al., 1989). 또한 많은 연구를 통해 조기부터 성적 발달, 성감염증, 피임에 대해 이야기를 할 필요가 있다는 점이 시사되었다(Schuksmith and Hendry, 1998). 10대 청소년들은 일반적으로 흡연이나 알코올 또는 약물—이것들은 모두 어른의 관심사이다—에 대해 건강 전문가와 이야기를 나누는 것에 대해서 그다지 흥미가 없다. 게다가 런던 중심부의 일반 개업의를 주치의로 두고 있는 16-20세의 청소년들에게 우편조사를 한 결과, 여자의 30%와 남자의 15%는 어떤 건강상의 문제를 기입하였는데, 그것은 체중이 많이 나간다는 것이었다(Bewley et al., 1984). Aggleton 등(1996)은 8-17세 아동 및 10대 청소년들에게 일련의 면접조사를 하였다. 청소년들의 건강상의 관심은 흡연, 약물 그리고 성건강에 관한 문제 이외의 것들에 집중되어 있다는 것을 알 수 있었다. 다이어트나 체중에 대한 고민과 함께 대인관계를 걱정하였으며, 그것이 행복감을 저하시킨 것에 매우 신경을 쓰고 있었다.

　청소년들은 '타인과의 관계를 잘 유지해 나가기' 위한 기본적인 기술을 갖는 것이 건강이나 행복에 필수 불가결하다고 생각하고 있었다. 10대들의 본질이 그러한 사회적 기술을 필요로 하는 것인지, 아니면 청소년들이 직면한 발달과제의 중요성과 관련되어 있는 것인지를 정확하게 인식하는 성인들은 거의 없으며, 더 일반적으로 말해, 성인들은 청소년들의 관심사에 관심을 가지면 보다 더 청소년들에게 공감할 수 있다는 것이다. Heandry 등(1998)의 연구에 따르면, 성인—부모나 교사, 지역의 일반 어른들이 포함된다—은 청소년이 건강에 관해 어떤 관심을 가지고 있는지를 이해하고 있지 못했으며, 자존감을 키우거나 잃는 것으로부터, 또는 청소년이 보다 건강한 태도를 키워 나가거나 행동 면에서의 단련을 하는 데 도움이 되는 '자원'을 좌우하는 것으로부터, 어떤 종류의 경험이 얼마나 중요한지 이해하지 못하고 있었다. 우울이나 감정과 관련된 다른 질병에 대해서 어떤 교육을 받고 싶은지에 대해, 또 다른 사실들을 면접조사를 통해 수집하였다. 청소년들은, 자기 자신들은 일종의 '정서교육'을 받을 필요가 있다고 믿고 있었다. 거기에는 분노에 어떻게 대처하면 좋을지, 정서나 기분을 어떻게 이해(즉, 인식)하면 좋을지, 그리고 그것을 위해서 무엇을 해야만 하는지에 대한 것들이 포함되어 있었으며, 슬픔이나 상실의 문제를 취급하는 등의 사항들도 포함되어 있었다.

Churchill 등(1997)은 건강에 대한 태도는 자신의 건강을 자기 스스로 컨트롤할 수 있다고 생각하는지, 아니면 건강은 거의 우연에 의한 것이라고 생각하는지에 따라서 분류할 수 있다고 보았다. 그러한 태도는 건강 관련 행동이나 리스크 테이킹에 영향을 줄 수 있을 것이다. 이 분류에 기반하여, '건강에 대한 통제의 소재(health locus of control)' 척도(Norman and Bennett, 1996)가 만들어졌다. Macfarlane 등(1987)에 의하면, 10대의 13%가 건강이란 운의 문제라고 말하였으며, 85%가 '건강하고 병에 걸리지 않기 위해서 자신이 할 수 있는 것은 많이 있다'고 보았다. Balding (1992)은 학교 조사에서 내적-외적이라고 하는 통제의 소재 척도를 사용하였다. 11세와 15세 사이에는 거의 태도가 변화하지 않았으나, 남자는 여자에 비해 내적인 통제의 소재가 컸으며, 이것은 여자는 자신의 건강을 컨트롤할 수 있다고 하는 감각을 별로 갖고 있지 않다는 것을 의미한다. 남자나 여자나 거의 1/3이 자신의 건강이 외부로부터 영향을 받았을 때, '무력감'이 강해진다고 하였다. Balding은 그러한 태도는 건강증진 메시지를 받아들이는 데 있어 필터로써 작용할 것이라고 지적하였다. 이와 유사하게 Hendry 등(1993)은 대부분의 청소년들이 건강에 대해서 긍정적인 견해를 가지고 있었으나, 젊은 여성은 남성에 비해 자신을 그다지 건강하지 않으며, 건강상의 문제를 많이 가지고 있다고 생각하고 있다고 보고했다. 또한 건강을 운 내지는 유전의 문제라고 보고 있는 사람들도 있었으나, 대부분의 사람들은 자신의 건강은 자신이 선택하는 생활양식을 통해 바꿀 수 있다고 생각하였다.

Lewin(1980)은 아동도 어른도 아닌 청소년의 입장이야 말로, 정서나 행동상의 문제를 일으키는 원인이 된다는 점을 이야기하였다. 절망이나 혼란, 고독, 그리고 자기불신 등 어려운 시기가 있다고 해도, 대다수의 청소년들은 이러한 감성에 대처하며, 그것을 발생시킬 수 있는 상황을 수정하려고 한다(Plancherel and Bolognini, 1995). 정신건강은 청소년기로 이행하는 데 있어서 발달과제를 달성하는 것에 의해 긍정적인 영향을 받는다고 할 수 있다. Kleiber와 Rickers(1985)는 '청소년에게 있어 가장 중요한 과제는, 보다 큰 사회에 영향을 미치는 것이 가능할 때까지 스스로를 단련시킴으로써 자기 감각과 정당성을 갖는 확고한 개인이 되는 것'이라고 말하였다. 이 점에 대해서는 Nurmi(1997)도 훌륭한 자신의 논문을 통해, 자기정의는 긍정적인 정신건강과 관계가 있다고 강조하였다. 또한 외적인 요인도 영향을 주며, 많은 다른 인맥, 특히 가족과 학교 인맥이 발달에 영향을 미치며, 그러한 것들이 개인의 특징과 더불어 건강이나 행동상의 위험과 관련되어 있다고 밝혔다(Resnick et al., 1997).

정신건강

정신건강의 문제라고 진단받는 경우의 대부분이 청소년기에 시작된 것이라는 보고가 있다(Koskey, 1992; Steinberg, 1987). 그러나 일반적으로 이 시기는 많은 변화에 적응하며, 성장과 발달의 기회를 획득하는 시기라고 생각되고 있다. 오늘날의 연구들은 청소년의 발달에 대한 욕구와, 학교와 가정 등에서 발생한 경험과의 '미스 매치'가 심리적, 그리고 행동상의 발달에 나쁜 영향을 주고 있을지도 모른다고 본다(Eccles et al., 1996). 이것은 청소년이 변화에 대응하는 힘이 없는 경우에는 더욱 그러하다(Petersen and Hamburg, 1986). 따라서 사회적 그리고 심리적으로 보다 상처입기 쉬운 청소년은 청소년기에 곤란을 겪기 쉬우며, 심리적 장애가 나타날 수도 있다(Leffert and Petersen, 1995; Rutter, 1995). 많은 요인들이 청소년기의 감수성에 영향을 미치며, 정신건강상의 문제를 일으키는 위험 정도를 높인다. 거기에는 생활의 스트레스의 증가라고 하는 사회적 위험요인(Costello, 1989)이나, 가족의 붕괴나 양육방법이라고 하는 가정요인(Maccoby and Martin, 1983)이 있다.

정신장애나 정서 · 행동 · 대인관계에 있어서 장애를 가지는 경우가, 전체 인구 중에서도 아동이나 청소년에게서 매우 높은 비율(10-20%)로 나타난다고 추정되고 있다(Hunter et al., 1996). 청소년의 경우에는 크게 세 가지 스트레스 요인이 정신건강의 문제와 관련되어 있다(Hodgson and Abbasi, 1995). 그것은 우선 진학이라고 하는 정상적인, 또는 규범적인 스트레스이며, 그 다음으로 부모의 이혼 등 중대한 비규범적 스트레스, 그리고 가난 속에서 생활하는 것 등의 중대한 만성적 스트레스 등을 들 수 있다. 스트레스의 성질은 제12장에서 더욱 구체적으로 살펴볼 것이다. Dennehy 등(1997)은 정신건강은 일반적으로 자살, 우울, 정신분열증

등 폭넓은 범위의 문제들을 다루고 있다고 보았다. 그러나 정신건강이란, 단순히 정신적인 질병이 아니라고 하는 상태 이상의 것이라고 생각해야 한다(Wilson, 1995). 이것은 특히 청소년의 경우에는 중요한 것으로, 청소년들은 정신건강상태는 행복감에 의해 결정되며, 행복감은 의학적 내지는 인지적인 요인이 원인이라고 하기보다는 대인관계가 잘 이루어지지 못한다거나, 사회적 환경이라고 하는 원인들에 의해 발생하는 경우가 많다. 정신건강은 문화에 따라서도 달라질 수 있다. 각각의 문화마다 마음의 행복이라고 하는 이상에 대한 사고방식이 다르기 때문이다.

Rutter와 Smith(1995)는 과거 50년에 걸쳐, 보다 좁은 의미의 청소년문화가 더 개인적인 사회적 가치로 옮겨가는 운동과 결합되어, 청소년들의 심리·사회적 문제를 증가시켜 왔다고 보았다. 앞에서 기술했던 것처럼 매년 10-20%의 청소년이 여러 가지 정신건강상의 문제를 안고 있으며, 단지 그 대다수가 전문가의 원조를 필요로 하지 않고 있다는 것뿐이다(Williams, 1996). 우울은 아동기에서부터 성인기 전반기 사이에 많이 보이며, 주요 우울증(major depression)은 청소년의 2-8%에서, 그것도 여성에게 많다. Hendry 등(1988)의 면접조사연구에 의하면, 25% 이상의 청소년들이 우울증 징후나 다른 감정상의 문제가 걱정된다고 하였다. 우울감이 건강 관심사가 되는 정도와 이러한 경험들과 관련된 걱정이나 불쾌감의 정도는 놀랄 만한 것으로, 이것은 시골의 청소년들이 만족감을 가지고 있으며 정서적으로 덜 복잡한 성격을 가졌다고 보는 고정관념과는 대조를 보인다. 우울장애를 가진 청소년이 행동장애나 불안장애를 함께 나타내는 것이 특별한 일은 아니며(Hunter et al., 1996), 오히려 그러한 것들이 우울을 숨겨버리기도 한다(Harrington, 1995). 누구나가 인생에서 잠시라도 겪게 되는 우울과, 지속적으로 자주 심각한 장애가 되는 병적인 우울증을 구별하는 것은 중요하다.

실업은 정신건강상의 문제를 발생시키는 중요한 위험요인이며 (Bartley, 1994), 정신과에 입원하는 비율과 높은 관련이 있는 것으로 알려져 있다(Gunnell et al., 1995). 정신건강상의 문제는 실업에 의한 경제적인 문제가 큰 원인이나, 가장 중요한 이유는 직업이 가져다 주는 경제 면 이외의 다른 특혜들을 잃는다고 하는 것이 영향을 미치는 것일지도 모른다. '지위나 목적, 사회와의 접점, 매일매일의 시간계획을 잃는 것'에 의한 것일지도 모른다는 것이다(Smith, 1985). 15-20세의 젊은 여성을 대상으로 한 연구에 따르면, 실업상태의 사람이 기분장애를 스스로 보고한 비율은 고용된 사람이 보고한 비율보다도 유의하게 높았다(Monck et al., 1994). 이 차이는 또한 청소년이 학교에 있을 때에는 나타나지 않았으나, 노동시장에 참여하면서 나타났다고 한다(Bartley, 1994).

불안정하며 불만스러운 직업에 종사한다고 하는 위험요인은 실업과 거의 같은 정도의 우울을 유발한다(Bartley, 1994; Monck et al., 1994). 부모의 우울, 특히 어머니의 우울은 아동의 우울과 일관되게 연결되어 있다(Monck et al., 1994). 가족 이외의 환경요인, 예를 들어 친구관계가 어렵다거나, 왕따를 당하는 경우도 청소년들 사이에 우울을 증가시키는 중요한 요인이 된다(Harrington, 1995). 가난이나 실업 등의 불리한 사회환경과 마찬가지로 청소년들은 가정환경에 매우 영향을 받기 쉽다. 가정의 가난, 부모의 실업이나 정신장애, 물리적·정신적인 무시 등은 아동의 발달에 나쁜 영향을 미친다는 것이 계속해서 보고되었으며, 이는 정신장애, 특히 행동장애의 위험을 증가시켰다(Goodyer, 1994).

다음으로 자살이나 자해행위에 대해 알아보도록 하겠다. 고의적인 자해행위는 청소년들의 응급입원에 가장 큰 이유가 되고 있으며, 이로 인하여 영국 및 웨일즈에서 병원치료를 받는 경우가 연간 18,000-19,000건 정도 되는 것으로 추정하고 있다(Hawton et al., 1996). 가장 높은 비율을 보이는 것은 15-19세의 여성으로, 가장 많은 이유가 대인관계에 대한 고민, 실업이나 고용상의 고민, 약물남용, 섭식장애였다(Hawton, 1992). 따라서 젊은 여성의 자살기도 빈도는 젊은 남성의 3배라고 하였다. Hawton 등(1999)은 최근 10년간에 남녀 모두 자살 발생률이 증가하고 있다고 보고하였다. 자살기도의 경우는 인간관계에 대한 고민이 가장 큰 원인으로 나타났으며(Hawton et al., 1996), 실업이나 약물남용은 특히 남성의 경우에 자주 나타났다(Macfarlane et al., 1987). 자살기도 경험이 있는 사람은 그렇지 않은 사람과 비교해서 자살에 의해 결과적으로 사망할 위험이 높다(Coleman, 1996). 고의적인 자해행위는 12세부터 서서히 자주 나타나게 되며, 여자 아이들의 경우에는 지속적으로 증가한다(Hawton et al., 1996). 성별차이가 나타나는 이유로는, 여자가 남자보다 사춘기가 빨리 시작되며, 빨리 많은 문제에 직면하기 때문일지도 모른다. 남자는 또한 공격행위나 비행 등 정서적인 문제를 표현하는 다른 수단을 가지고 있다는 것도 염두에 둘 수 있다(Hawton et al., 1996).

자살에 의한 사망은, 1980-1992년의 영국 및 웨일즈의 경우, 15-24세 남성이 차지하는 비율이 80% 이상 증가하였다(Hawton et al., 1996). 이것은 다른 연령대에서 보이는 경향과는 반대현상이며(Charlton, 1995), 영국 청소년들의 자살은 다른 유럽 여러 나라들보다도 높은 비율로 증가하고 있다(Pritchard, 1992; Seiffge-Krenke, 1998). 증가율은 영국이나 웨일즈보다도 스코틀랜드에서 높으며, 북아일랜드에서 가장 낮았다(Coleman, 1997a). 자살률이 전체적으로 상승하고 있는 이유로 생각되는 것은, 실업, 알코올이나 약물의 남용, 확실한 자살방법의 증가, 에이즈, 결혼실패, 미디어의 영향, 그리고 사회의 변화이다(Hawton, 1992). 같은 기간 동안 여성의 자살률에는 거의 변화가 없었다. 15세 미만인 남자의 자살은 적으나, 젊은 남성의 경우 자살은 사고에 이어 두 번째로 많은 사망 원인이다.

청소년과 사회 : 청소년기의 심리, 건강, 행동 그리고 관계의 본질

스포츠와 신체적 활동

성인사회의 관심을 끄는, 청소년 생활양식의 또 다른 측면은 청소년들이 신체적 활동이나 스포츠에 열중한다는 것이다. 이것은 적어도 성인의 경우에는, 일반적으로 심장혈관 장애가 높은 비율로 나타나므로 이에 대비하기 위해 청소년들에게 활동적인 생활양식을 제공해 주고 싶어 하기 때문이기도 하며, 이것은 '만인을 위한 스포츠'(European Sports Charter, 1975)라고 하는 슬로건을 내걸 수 있을 만한 여가활용 스포츠를 강력하게 권고하는 것으로 귀결되고 있다. Macintyre(1989), Hendry 등(1993), Kremer 등(1997)의 연구는 모두, 학동기 아동도 매우 일상적으로 신체적 활동이나 스포츠에 열중하고 있으나 단지 연령이나 성별에 따라 차이가 있다고 보고하였다.

정리해서 말하면, 어린 청소년과 남자청소년의 경우가 신체적 활동이나 스포츠에 열중하는 경향이 가장 높다고 한다. 중등학교 졸업을 앞두게 되면서 이러한 열정은 점점 '식어' 가며, 특히 청소년들이 학교에서 직장이나 훈련, 고등학교로 이행하게 되면, 더 이상 열중하지 않게 된다. 학교 졸업 후 청소년들은 스스로의 직업지위에 기반한 사회계층상의 지위에 따라, 건강상태의 수준에 명확한 차이가 생기게 된다(Hendry et al., 1993). 이러한 많은 국가적 연구는 학령기 아동들이 일상적인 신체적 활동에 매우 열중하고 있다는 것을 보여주고 있다. Trew(1997)는 타 여가활동보다도 스포츠에 얼마나 열중하는지를 보여주었다. 표 7-2에 북아일랜드의 청소년들이 여가활동에 소비하는 시간을 나타냈다.

'위험하다' 고 인식된 청소년들을 위한 과제로 스포츠나 옥외에서의 모험이 자주 사용된다. 이러한 활동들은 자존감정을 높여주며, 기술을 발전시켜주고, 청소년과 성인 간의 인간관계를 성장할 수 있게 해준다(Jeffs

| 표 7-2 | 다양한 활동에 소요되는 총 시간(요약통계)

활동	평균(Mean)	표준편차(SD)	중앙값(Median)	최소값	최대값
TV	5.52	4.10	4.95	0	25.2
스포츠	3.74	3.98	3.00	0	28.2
기타	3.07	3.32	2.08	0	22.3
숙제	2.85	3.02	2.00	0	19.7
일	2.41	4.43	0.00	0	23.0
컴퓨터	1.02	1.99	0.00	0	14.2
교회	0.74	0.91	0.75	0	8.5
음악	0.94	1.88	0.00	0	24.0

출처 : Trew(1997).

and Smith, 1990). 청소년들은 적정 수준의 목표를 설정하고 이를 완수하는 것으로 기술을 연마하고, 자기 자신을 수련하며, 적절한 결정을 할 수 있는 힘을 키우게 되며, 책임감과 지도력을 높일 수 있게 된다. 그 다음으로, 이러한 것들이 생활의 타 영역에서, 청소년들에게 도움이 된다. 옥외에서의 모험, 예를 들어 언덕을 걷는 것, 등산, 카누, 스키 등은 오랫동안 이를 위해 사용되어 왔다(Cotterell, 1996). Mountain(1990)은 위험요인을 가진 여자청소년들에게 다가가기 위하여 특별한 접근법을 생각하였다. 그것은 그녀들 나름대로의 욕구를 만족시키면서, 기분전환을 하도록 유도하는 것이었다. 이 접근법은 개인적인 모임을 만들고, 다음으로는 실제 활동과 논의를 혼합한 프로그램을 통해 비공식적인 회합을 갖고 협동하기 이전에, 다양한 세팅 속에서 잠재적 집단원들과 접촉하는 기간을 포함하고 있다.

운동은 사회적으로 용인받는 활동이며, 자기 자신을 통제하거나 자극을 원하거나, 친구들로부터 인정받는 것으로 연결된다. 그러나 만약 스포

청소년과 사회 : 청소년기의 심리, 건강, 행동 그리고 관계의 본질

츠가 친구들에게 받아들여지거나, 어른들에게 인정받기 위한 유일한 수단이 된다면, 청소년은 스포츠에 시간이나 노력을 너무 많이 투입하게 됨으로써, 공부를 위한 노력 등에 소홀해진다거나, 속이거나 법률에 위반되는 수단을 사용하여 '성공' 을 추구하게 됨으로써, 스포츠에 있어서 '숨겨진 커리큘럼' 이 만들어질지도 모른다(예를 들어 Hendry, 1992). 만약 스포츠가 '스릴' 을 경험할 수 있는 유일한 길이라면, 청소년들은 많은 스포츠 활동이 가진 부정적인 요인들, 즉 높은 스킬에 대한 욕구, 부모로부터의 압력, '둔감한' 코치나 체육교사가 재능 있는 선수에게만 신경을 쓰는 것에 의해 영향을 더 받게 될지도 모르는 위험을 감수해야 할지도 모른다(Hendry, 1922).

신체적 활동이 청소년들의 육체적 건강과 연결되어 있다고 하는 확실한 증거는 없다. Blair 등(1989)은 아이들에게 운동을 장려하는 것은 건강이라고 하는 결과를 위해서가 아니라고 한다. 그보다 인생을 통해 오랫동안 지속할 수 있는 일상적인 운동습관을 확립시키는 것이라고 보았다. 단지 성인이 되기 이전 몇 년간 규칙적인 운동을 하는 것만으로는 장기간에 걸친 효과를 기대하기는 어렵다(Rowland, 1991). Wold와 Hendry (1998)의 연구결과처럼, 부모, 형제, 친구 등이 신체를 활발하게 움직이는 역할모델이 되는 것은, 대중매체에서 운동을 권장하는 것만큼, 청소년들을 신체적 활동에 참가시키는 데 큰 역할을 할 수 있다. 문화적인 규범이나 가치관이 신체적 활동에 있어서 성차를 이끌어내기 때문에, 남녀가 평등한 국가의 경우가 평등하지 않은 국가보다도 여자가 신체적 활동에 참가하는 비율이 높다. 연구자들이 중시하는 것은 보다 낮은 사회·경제적 수준 하에서 자라난 청소년들은 평생 신체적 활동과 접할 기회가 적으며, 신체적 활동이 사회적 불평등을 낳는 것과도 연결되며, 결국은 건강에 있어서 사회적 불평등으로 이어진다는 것이다. 흑인 청소년이 스포츠에 열중하는 것은 '불리한 상황에서 벗어나 상승하기 위한 것'의 수단이라고 보기도 하나, 이것이 그들 인생의 다른 측면과 어떻게 관련되어 있는가는 그다지 잘 알려져 있지 않다. 예를 들어, Willis(1990)는 스포츠 활동에 민족차가 있다고 하는 것은 사실이 아니라고 하였다.

심장혈관의 건강에 좋다고 하는 장기적인 목표는 청소년들을 신체적 활동에 참가시키기 위한 이유로서 그다지 큰 영향을 미치지 못할 것이라고 생각된다. 예를 들어, 이전에 Hendry와 Singer(1981)가 발견한 결과를 보면, 청소년기의 여성은 건강을 위해서 신체적 활동을 하는 것을 중시하기는 하지만, 실제적인 활동의 우선순위에서 건강을 위해서라는 이유는 낮은 순위를 기록했다. 신체적 활동을 하는 것은 '경합' 하는 것에 관심이 있거나, 더욱 중요한 것—대부분은 친구를 만나거나, 외출을 하는 사회적인 것—이 있기 때문이었다. 경쟁보다는 교류나 즐거움, 자신감을 키우는 것에 주안점을 둔 가벼운 스포츠가 특히 젊은 여성들 사이에서는 인기를 끈다. 예를 들어 Kloep(1998)에 의하면, 여자들 사이에서 참가자가 늘어나고 있는 유일한 스포츠는 재즈 댄스이다. 따라서 경쟁적인 활동보다도 '레저로서의 스포츠' 라고 하는 생각을 강조하는 것이 중요할지도 모른다. 특히 운동은 여자에게 있어서 사회적인 교류나 즐거움을 가져다 주는 수단이 될 수 있다.

결론

청소년들의 건강에 있어서 발달적 탐구는 어느 정도는 상징적인 것이며, 그것은 어떤 위험한 행동을 '취하는' 것으로 어른들의 생활양식과 동일화하기 위한 것이다. 성인과 마찬가지로 10대 청소년들 역시 예를 들어, 즐기고 싶다거나 친구들의 지지를 받고 싶다는 등의 바람을 이룰 수 있다고 생각하여 어떤 행동들을 하게 되는 것이 일반적이다. 이러한 경우에는 설령, 어떤 특정 행동이 자신에게 잠재적인 위험을 가져다 줄지도 모른다는 것을 안다고 해도, 그것을 무시하거나 경시하거나 하는 경향이 있다. 따라서 이 장에서 설명한 것처럼, 청소년은 건강을 어른들이 인식하는 정도의 중요한 인생의 관심사로서 생각하고 있지 않다. 어른의 개인적인 관심사는 일반적인 행복감이나 건강을 유지하는 것이다. 또한 건강은 평생에 걸쳐 다양한 사회, 문화적 요인에 의해 영향을 받는다(Backett and Davinson, 1992). 우리들이 알아본 것처럼 청소년들의 주된 관심은 한 사람 한 사람의 외모, 다이어트나 날씬한 몸매를 유지하는 것에 집중되어 있다. 또한 그들은 음주, 흡연, 약물사용이나 기타 문제를 결정하는 것에도 관심을 가지고 있다.

알아두어야 할 중요한 것으로는, 청소년들이 쉽게 표면적으로는 불행하거나 부정적인 경험으로 보이는 것들로부터 학습을 하고 있다는 점이다. 청소년들은 그러한 경험들을 같은 방식으로 반복하지 않도록 심리·사회적인 기술을 향상시키며(Kloep and Hendry, 1999), 만약 조금이라도 특정 상황이 자신에게 도움이 된다고 한다면, 이른바 '경험을 훔친다'고 하는 것처럼 무엇인가를 얻고 있는 것이다. Rutter와 Smith(1995)는 이렇게 경험들을 '훔치는' 것이 청소년기 후반기에 있어서 회복과 장래를 위한 대처행동의 메커니즘을 향상시키는 데 도움이 된다고 하였다. 동료집단의 압력이 있어도, 자기 자신을 위한 선택을 하기 위해서는 매우 부정적인 경험으로부터 긍정적인 사회적 기술을 습득하고 의사결정이나 행동을 성숙시켜 자립할 수 있도록 하지 않으면 안 된다. 그 결과는 성인이 된 이후의 인생에 중요한 영향을 미치게 된다.

여기에는 많은 것들이 관계되어 있다고 생각된다. 우선, 경험은 건강이나 그 밖의 인생사에 있어서 스스로의 행동에 책임을 지고 자립하기 위한 중요한 과정이다. 그것은 보다 성숙되고, 어른다워지기 위한 첫 걸음이며, 선택·결정한다고 하는 것을 배우기 위한 첫 걸음이기도 하다. 자기 '자신의' 경험을 통해 배운다고 하는 것이 중요하다. 두 번째로, 성인 사회는 자주 청소년에게 건강에 관하여 모순된 메시지나 일치하지 않는 기대를 한다. 따라서 청소년들은 건강에 대해서 일관되지 않은 것들이 많다거나, 성숙에 대해 사회적인 '이정표'가 거의 없어, 변칙적인 것들이 많은 사회 속에서, 그것도 청소년에게는 금지되어 있지만 성인들에게는 건강에 좋지 않은 것들이 허용되고 있다고 하는 사회 속에서, 독립과 자기 주도권을 가지려고 한다. 세 번째로, 위험과 건강상의 위험한 행동에 관하여, 어른들은 '파멸'이 발생했을 때에 청소년기의 아이에게 무슨 일이 벌어졌는지 매우 관심을 가지며, 급기야는 너무 심각하게 걱정을 하는 경우도 있다. Gore와 Eckenrode(1994)는 청소년들의 생활 속에서 발생하는 어떤 사건들도 심리·사회적인 발달을 촉진시키는 과제가 되거나, 또는 움직이기 힘든 장애가 된다고 하였다. 잘 해결될 것인지 아닌지를 결정하는 중요한 요인은 Gore 등에 의하면, 그 문제에 대항하기 위해 문제를 지각하고, 계획을 세우고, 의사결정을 하는 유능함이나, 학습능력과 대인적인 기술이 있는지, 그리고 그 과제의 열쇠가 되는 부분을 우선시 할 수 있는지, 동시에 발생하고 있는 다른 스트레스 사건이 있는지에 달려 있다고 한다. 이러한 특징들은 성인에게 있어서도 똑같이 중요한 것이라는 사실을 강조해두고 싶다. 그렇기 때문에 아마도 학교를 포함한 청소년들을 상담하는 다양한 건강기관의 역할은 청소년들로 하여금 그러한 유능함과 자신감을 키워줄 수 있도록 더욱 노력해야만 할 것이다. 수용과 함께 서로 존경하는 것, 정직과 관심의 공감이 요구되며, 힘에 의한 '게임', 즉 '건강'이 억압을 위한 논거로서 사용되거나, '건강하지 못한 행동'이 성인사

청소년과 사회 : 청소년기의 심리, 건강, 행동 그리고 관계의 본질

회의 특권으로서 용인되어서는 안 된다.

1. 첫 번째로, 청소년들이 위험을 동반한 행동을 범하게 되는 배경을 이해하는 것은, 참으로 중요하며 건강상의 어떤 이유를 들더라도 도움이 된다고 생각된다. 위험을 범하는 것은, 성인에게 있어서도 일반적으로는 '나쁜' 것으로 비춰지나, 청소년에게 있어서는 위험행동은 많은 반성을 가져다줄 수 있는 것이 된다. 특히, 위험을 범하는 것으로 동료집단 속에서 인정받으려 하거나, 청소년이 성인과의 경계를 없애려고 하는 것일 수 있으며, 그것에 의해 정체감 발달시키는 촉진제가 될 수도 있다.

2. 어떤 의미에서는, 청소년이라고 하는 연령층은 타 연령층에 비해 건강한 집단이다. 그것은 아동기의 질병이 그다지 청소년들에게 영향을 미치지 않기 때문이나, 청소년들이 건강하다고 생각되는 것은 타 연령층처럼 청소년들이 통상적인 의료 서비스를 사용하지 않고 있다고 하는 사실 때문이기도 하다. 따라서 우리들은 이것이 어딘가 잘못된 시각이라는 것을 깨닫게 되었으며, 건강을 중요한 문제로 인식하고 있는 청소년들이 있다는 것도 알 수 있었다. 이것은 첫 번째, 불운한 환경 속에서 살고 있는 사람들은 현실적인 문제로서, 심각한 건강문제로 고민하고 있기 때문이다. 두 번째, 조사에 의하면 청소년들은 모두 건강에 관심을 가지고 있기 때문이다. 이러한 사실들은 성적 행동, 체중과 신체이미지, 피부문제 그리고 정서적인 고민과 관계되어 있는 듯하다.

3. 성인건강 전문가가 알아두어야 하는 것은, 청소년이 갖는 건강 및 건강상의 위험이라고 하는 개념이 어른들이 생각하고 있는 것과 같지 않다는 점이다. 청소년들은 장래에 대한 것을 걱정하고 있지 않을지도 모르며, 모든 위험요인들을 피할 수 없을지도 모른다. 그러나 그것이 청소년들이 건강에 관심을 갖고 있지 않다는 것을 의미하는 것은 아니다.

건강에 대한 개입을 효과적으로 하기 위해서는, 어른들의 마음에 어떤 영향을 미칠지에 대한 우려보다 청소년들에게 영향을 주는 요인에 주목해야 할 것이다.

4. 청소년들이 건강에 관심을 갖는 영역 중 한 가지는 정신적, 정서적 건강이다. 매우 많은 청소년들이 이 영역에 대해 고민하고 있다는 것은 분명하나, 이러한 문제들을 취급할 수 있는 기관 또는 단체는 너무 적다. 특히, 왕따, 가정이나 친한 친구와의 싸움, 우울감이나 자살기도 등을 둘러싼 문제는 청소년기에 있어서 일반적인 증상이다. 건강 전문가라면, 이 영역에 대해 청소년들의 욕구에 응답할 수 있어야 할 것이다.

5. 마지막으로, 청소년들을 대상으로 한 건강 서비스나 개입은 지금까지 어른들이 계획해 왔으나, 청소년들이 가장 관심을 갖는 부분에 대해서는 거의 고려되지 않았다. 청소년들과 함께 계획을 구상했을 때에는 성공확률이 매우 높았다. 이 장에서 살펴보았던 것처럼 건강이라고 하는 영역은 거의 성인의 관심이 우선시되었기 때문에, 청소년들의 현실적인 욕구가 제대로 반영되지 못했던 것이다.

참고도서

Dennehy, A, Smith, L and Harker, P (1997) *Not to be ignored: young people, poverty and health*. Child Poverty Action Group. London.
A worthwhile review of mainly British research on poverty and other forms of disadvantage, and its impact on the health of young people.

Heaven, P (1996) *Adolescent health: the role of individual differences*. Routledge. London.
A useful review of research on this topic. The author is Australian, and this gives an international slant to the coverage.

Rutter, M and Smith, D (Eds) (1995) *Psychosocial disorders in young people*. John Wiley. Chichester.
This book became a classic almost as soon as it appeared. The chapters are by

청소년과 사회 : 청소년기의 심리, 건강, 행동 그리고 관계의 본질

recognised experts in their fields, and the overall conclusion of the book, namely that psychosocial disorders have been increasing in the Western world since the 1950s, has led to wide-ranging debate. It will be in every library.

Schulenberg, J, Maggs, J and Hurrelmann, K (Eds) (1997) *Health risks and developmental transitions.* Cambridge University Press. Cambridge.
An important look at health from the perspective of the developmental social scientist. The various chapters explore concepts of risk, and show how these may be related to notions of adolescent health.

Seiffge-Krenke, I (1998) *Adolescents' health: a developmental perspective.* Lawrence Erlbaum. London.
A recent review of the literature on adolescent health. Because of the author's interest in coping and adjustment there is a strong emphasis on mental health and emotional well-being.

Shucksmith, J and Hendry, L (1998) *Health issues and adolescents: growing up and speaking out.* Routledge. London.
This book is based on a study of young people in Scotland, and considers whether health messages are more a form of social control than health protection. Adolescents speak out in the book, revealing how they absorb, adapt or ignore the health messages directed at them.

08

우정과 또래집단
Friendship and peer groups

 래집단은 청소년기 특유의 것도 아니며 10대에 처음 등장하는 것도 아니다. 그럼에도 불구하고 또래집단은 청소년기에 특별한 역할을 하며, 인생에 있어서도 이 시기의 또래집단은 커다란 사회적 관심사이다. 이 장에서는 우정과 또래집단의 다양한 측면에 대해 검토하며, 청소년들이 만나고 교류하는 다양한 사회적 네트워크 및 환경에 대해서도 검토하기로 한다. 오늘날 서양사회에서 자란 청소년들의 우정과 친구관계에 있어 변화한 점들에 대해서도 전체적으로 검토할 생각이다. 구체적인 사항들은 다음과 같다.

1. 청소년기의 사회적 관계의 시작
2. 우정과 또래집단의 역학관계(dynamics)
3. 가족과 친구
4. 큰 무리(the larger crowd)
5. 거절과 고립

27년 전 Dunphey(1972)는 다음과 같이 주장한 바 있다. 청소년들이 보다 커다란 사회환경 속에서 제대로 적응해 나가기 위해서 필요한 기능 및 역할을 가족이나 친척집단—즉, 참여 여부에 있어 선택의 여지가 없는 집단—이 제공할 수 없는 사회에서는 청소년집단이 형성된다. 그리고 청소년집단에 소속됨으로써 자신을 제어하며 성인의 정체성을 구축할 수 있다고 주장한다. 이처럼 청소년은 좋은 친구(best friends), 친한 친구(close friends), 아는 사이(acquaintances), 또래집단(peer groups) 그리고 연애관계(romantic relationships) 등과 같이 매우 복잡한 관계의 네트워크를 형성해 나간다. 이러한 집단들은 모두 청소년들 스스로 참여 여부를 결정할 선택권이 허용된다. Dunphey(1972)는 호주의 청소년들에 관한 자신의 연구에 기초하여 청소년집단을 3개로 분류했다. 이에는 파벌(clique), 무리(crowd), 갱(gang)이 있다. 이것이 전부가 아니다. 청소년들은 보다 폭넓은 사회적 네트워크 가운데 한 사람이며, 그러한 네트워크는 가족구성원에서 시작하여 형제의 친구, 지역사회의 성인, 클럽, 활동의 지도자인 성인, 상담상대까지 매우 다양하다. 게다가 청소년은 자신의 관심에 따라 모든 연령층의 사람들이 참가하는 집단에 들어가게 되는데 일례로 종교, 정치집단에 들어가기도 하며, 인터넷을 통한 네트워크에 들어가기도 한다. 또래집단이 청소년기에 중요한 것은 청소년들이 대인관계의 기술을 습득하며, 복잡하게 변화하는 사회 속에서 생활하는 데 도움이 필요하기 때문이다. 이러한 기술들이 중요한 것은 청소년이 아동기에서 성인기에 이르는 성장과정에서 발전시키게 되는 대인관계를 '사회적으로 조작' 하기 때문이다.

여기에서는 친구집단(friend groups)과 또래집단에 대해 초점을 맞추어 검토하고자 한다. 친구는 강하게 결속된 소규모집단으로 원조, 친밀한 교류, 자아정체성의 재확인을 가능하게 한다. 이를 Dunphey는 '파벌(clique)' 이라 부른다. 우정단계의 '파벌' 보다 큰 경우, 또래집단은 (적어도) 두 가지 형태로 생각해 볼 수 있다. 하나는 가장 크게 분류한 경우에 같은 연령대의 또래집단을 말한다. 이 중에는 대충 분류할 수 있는 형태(또는 하위문화)가 있으며, 예를 들어 '펑크(punks)', '약물(druggies)', '종교(religious)', '스포츠(sporty)' 를 들 수 있다. 이러한 또래집단은 '약간은 일탈한' 가치를 동일화하는 것에 매력을 느끼는 청소년들에 대하여 행동의 일반적 규범을 설정한다. 청소년들이 이러한 기준을 인정하거나 받아들임에 있어 반드시 대면할 필요성은 없으며, 아마도 미디어의 '이미지' 를 통하게 된다. 다른 차원에서 Dunphey(1972)의 '무리(crowd)' 에 가까운 또래집단이 있다. 이러한 집단은 그 내부에 매우 폭넓은 또래의 규범을 가지고 있다. 이러한 것들은 접촉 방법이 극히 '몰개성적' 이며, 그 집단 내부의 '풍경(scene)' 속에 드러난다. 두 가지 형태의 집단 모두 청소년이 선택하는 가치를 제공하며, 그것을 선택한 청소년에게는 동일화의 표시와 상징을 몸에 익힐 것을 요구한다. 집단은 그 기준에 따르도록 압력을 가하며, 이는 집단에 소속됨에 있어 필요한 통과의례를 의미하기 때문에 청소년은 이를 받아들인다.

이러한 구조는 청소년들뿐만 아니라 성인들에게도 해당된다. 예를 들면 지역사회의 골프클럽이나 로터리클럽에 가입하고자 하는—또는 그 구성원으로서 받아들여지기를 바라는—것들에도 해당된다. 스코틀랜드의 씨족제도를 예로 들면 씨족제도(즉, 여기에서는 연령 및 성별규범)의 확실한 경계 내에서는 각각의

청소년과 사회 : 청소년기의 심리, 건강, 행동 그리고 관계의 본질

씨족(즉, 하위문화)이 지역사회의 '족(tribe, 즉 무리(crowd)'을 가지고 있으며, 그 안에는 다양한 친구집단이 자리잡고 있다. 이러한 것들 모두는 다양한 형태로 청소년들에게 행동의 규범 또는 중요성이 상이한 가치의 틀을 제공한다. 좀 더 부연하면 Maffesoli(1996)는 현대사회에서 성인과 청소년은 폭넓고 다양한 집단에 소속되려고 하며, 정기적으로 모이기는 하지만 모두가 다른 가치관 또는 행동을 취한다는 점을 지적한다. 이 장에서는 친구집단과 '지역사회의' 또래집단(즉, 무리(crowd))을 중심으로 또래들에 대해 비교적 간략하게 설명하고자 하며, 또래의 규범이라고 하는 보다 큰 맥락에 대해 다루기로 하겠다.

청소년기의 사회적 관계의 시작

The genesis of adolescent social relationships

청소년들은 성장함과 동시에 자신들과 성인들의 관계가 본질적으로 수직적이란 점을 깨닫게 된다. 여기에서 성인은 권력을 가지고 있으며, 청소년은 부모의 기대를 따르거나 맞추어야 한다는 것을 터득하지 않으면 안 된다. 또래와 함께 있을 때 그들은 매우 평등하며, 상하관계가 적은 수평적 관계를 배우게 된다. 게다가 청소년 전반기에는 초등학교에서 볼 수 있듯이 남자와 여자는 동성끼리 집단을 형성한다. 이러한 동성의 집단에서는 각각 다른 성역할 또는 관계가 연출된다. 아주 오래 전에 Elkin (1960)이 기술한 바와 같이 또래에 의한 사회화는 가족 또는 학교의 노력을 지지하며, 성인 세계의 가치를 매개로 하여 보다 평등한 대인관계형태를 자녀들에게 가져다 준다. 이와 아울러 보다 큰 사회의 현재 동향이나 유행도 전달하며, 시야를 넓히고, 성인의 권위로부터 독립하여 행동할 수 있는 능력을 신장시키는 데 도움이 된다. 예를 들면, 이러한 극단적인 형태로 아동기 중반기의 또래집단은 동성임과 동시에 순응적이다. 이때야말로 남자와 여자가 매우 전통적이며 틀에 박힌 형태의 성역할을 연습하기 위하여 각자의 길을 걷게 된다는 것이다. 이는 사춘기와 청소년기의 대인관계를 위한 준비단계의 역할을 한다.

이처럼 사회화의 형태가 다르기 때문에 또래관계는 남녀 청소년에게 있어 각각 다른 의미를 가진다. Golombok과 Fivush(1994)는 남자와 여자의 또래관계와 그 이후의 발달단계에 대해 다음과 같이 지적한다. 초등학교의 처음 1년간 남자와 여자는 따로따로 논다. 여자는 많은 이야기를 하며, 조그만 비밀도 공유하는 이들을 친구로 삼는다. 함께 놀거나 게임을 한다거나 하는 것 등은 그녀들에게 있어 그다지 중요하지 않다. 만약 말다툼이 발생하거나 하면 관계의 조화를 되돌리기 위하여 게임을 그만둔다. 반대로 남자는 무리를 지어 놀며 한 명의 친한 친구를 만들지 않는다. 또한 남자는 명확한 규칙이 존재하는 게임을 한다. 만약 말다툼이 발생하게 되면 이를 해결하려고 노력하지만 이는 게임을 계속하기 위함이다. 남자들은 또래들과 장시간 동안 이야기를 나누는 경우가 드물다. 만약 이야기를 나눈다고 하더라도 게임이나 게임의 룰에 관해 이야기를 나눈다. 이처럼 남자는 교섭을 하거나 집단과 협력을 하거나 경쟁하는 것을 배운다. 반대로 여자는 서로 소통하는 것, 경청하는 것, 관계유지에 대해 배운다. 이러한 성별에 따른 대인관계의 차이는 그 이후의 인생에 있어서도 나타난다. 여자는 정서적이며, 개인적으로 보다 깊은 관계를 가지며, 남자는 활동중심적이며 보다 수단적인 관계를 가진다(Griffin, 1993; Shucksmith and Hendry, 1998). 만약 남자가 깊은 대화에 관심이 있다면, 그들은 이야기 상대로 여자를 원한다.

친밀한 우정은 10대 청소년의 규칙이다. 거의 대부분의 청소년은 친구들과 함께 활동에 참여하거나 생각 또는 의견 교환하기를 강하게 원하다(Youniss and Smollar, 1985). 이 점은 상당히 안정된 집단을 형성, 유지하는 것 또는 상호 유사성을 높이는 것들과 연결된다(Savin-Williams and

     청소년과 사회 : 청소년기의 심리, 건강, 행동 그리고 관계의 본질

Berndt, 1990). 청소년이 친구집단 사이에서 확립하는 관계의 질은 중요
하다. 개인이 특정한 집단을 동일시하며, 함께 하는 정도에 따라 정서적
인 지원, 사회적 학습에 관하여 이익을 가져다 주며, 아울러 이 점은 그들
의 자존감을 높인다(Kirchler et al., 1995). 아마도 10대 청소년의 대인관
계에서 가장 두드러진 특징은 아동기 중반기의 매우 전형적인 특징인 성
별분리가 해소된다는 점이다. 처음에는 걱정스러우며 서먹서먹한 상태로
남자와의 친구관계가 시작되며, 청소년기 동안 성별을 초월한 우정, 연애
를 확립하는 방향으로 나가게 된다. 단, 그때까지의 대인관계의 원형이
영향을 미치기 때문에 이러한 변화는 반드시 청소년의 심리·사회적 발
달에 있어 순탄하게 진행되는 것만은 아니다.

청소년기 전반기에서 중반기 사이는 대체로 개인의 욕구와 사회로부
터의 압력에 의해 청소년은 적어도 한 개의 친구집단을 형성하게 된다.
친구는 일반적으로 동일한 지역에 살거나 동일한 민족적, 사회경제적 배
경을 다라 이루어지며, 우정은 종종 성별, 인종, 연령, 계급을 초월한다.
우정은 대체로 학교에서 시작되며, 학교 밖에서 함께 시간을 보냄으로써
서로의 결속력이 강화된다. 청소년들 사이에는 자신감이 없거나 필요한
사회적 기술이 결여되어 있기 때문에 학교 밖에서 우정을 확립하는 데 어
려움을 느끼는 이들도 있다. 청소년이 우정을 잘 유지해 나갈 수 있는지
의 여부는 일정 부분은 가정에서 친밀한 관계에 대해 얼마나 학습되었는
지에 따라 정해진다. 매일매일의 가족생활은 자기표현, 신뢰, 충성, 갈등,
타협, 존중 등과 같이 몸에 익혀야 할 많은 것들을 제공한다(Collins and
Repinski, 1994). 인종 또는 성별차이와 마찬가지로 이동수단이 없다는 것
도 학교 밖에서의 우정을 저해하는 요인이 된다(Dubois and Hirsch,
1993). 그리고 우정의 네트워크는 연령이 증가함과 동시에 보다 배타적인
성향을 띤다(Urberg et al., 1995). 일반적으로 유동적이며 자의식이 부족

한 아동들과 비교해 많은 청소년들은 이미 형성된 집단을 만나거나 그 집단에 들어가는 것이 쉽지 않다(Vernberg, 1990). 이는 일정부분 학교를 기반으로 한 집단, 지역을 기반으로 하는 집단, 스포츠클럽 등 여가와 관련된 집단처럼 다양한 집단과 관련되어 있는지도 모른다. 이러한 다양한 집단에는 서로 다른 역할을 요구하며, 서로 다른 규칙을 가지고 있기 때문에 새로운 멤버로 집단에 들어가기가 힘든 청소년들도 있다. Brown(1990)은 자신이 선택한 친구로 인해 형성된 우정의 파벌과 스포츠 팀과 같이 활동을 기반으로 하는 파벌을 구별한다. 또한 그는 청소년은 실제로는 소속되어 있지 않는 준거집단에 자신을 동일시하는 경우도 있음을 지적한다.

여자청소년은 남자청소년과 비교하여 한 명 또는 소수의 '친한 친구(best friend)'를 통하여 정서적으로 친밀한 관계를 형성하는 것에 관심을 가진다. 그럼에도 불구하고 실제로 친구의 수는 남자와 그리 차이가 나지 않는 것 같다. 여자청소년에게 있어 규모가 큰 또래집단, 무리(crowd)는 친밀한 우정의 네트워크를 형성하며, 친구를 사귀는 곳이기도 하다. 아울러 지원과 자신감의 원천인 것으로 여겨진다. 남자청소년과 비교하여 여자청소년은 정서, 친밀함, 소통, 만족도 측면에서 우정을 높이 평가하고 있다(Jones and Costin, 1995). 여자청소년은 남자청소년에 비해 빈번하게 연락을 취하며, 자신의 새로운 친구에 관한 자세한 정보를 가지고 있다(Belle, 1989). 그리고 여자청소년은 교섭을 하기도 하며, 제3의 길을 고려하여 합의를 하기도 하는 등, 이러한 과정을 통하여 건설적인 방향으로 문제를 해결해 나가는 능력을 키워간다(Leyva and Furth, 1986).

청소년과 사회 : 청소년기의 심리, 건강, 행동 그리고 관계의 본질

우정과 또래집단의 역학관계

주로 친구집단의 구성원은 서로 유사한 성향을 가질 뿐만 아니라 그러한 유사성을 높이기 위해 서로 영향을 주고받는다(Mounts and Steinberg, 1995). 그러한 집단의 구성원이 되는 것은 개인에게도 도움이 되며, 그것이 집단의 규칙에 대한 동조압력이 되기도 한다. 10대 청소년들의 또래의 영향은 보통은 긍정적이고 건설적이며, 또래로부터의 압력이라고 하는 생각은 성인에게 있어서는 반사회적 행동을 설명함에 있어(매우 단순하게 표현하면) 매우 편리하다. 비행이나 반사회적 행동을 지지하는 청소년 집단이 있는 것도 사실이지만, 대부분의 청소년들에 대해 그러한 영향이 과대평가되고 있으며, 특히 부모가 걱정할 경우에 더욱 그러하다. 그러나 성적 행동 또는 약물사용 등과 같이 성인들이 관심을 가지고 있는 많은 영역에서 일반적으로 믿어온 것과는 반대로 집단으로부터의 규범적 압력은 그다지 크지 않으며, (성인이) '바라는' 방향으로 될 수도 있다는 것이다. 실제로 적어도 청소년 전반기에 집단으로부터의 압력은 종종 그러한 문제행동을 억제하는 경향이 있으며, 부정적이라기보다는 긍정적인 면이 강하다(Berndt and Zook, 1993). 청소년기에 흡연, 음주, 성행동 또는 약물과 관련된 유혹이 있을 경우 대부분은 10대 청소년의 반항 또는 실험이라고 하기보다는 성인의 가치와 규범을 받아들였음을 의미하는 것일지도 모른다.

많은 연구자들은 청소년 중반기에 또래로부터 인정받고 싶은 욕구가 강함을 강조한다. 특히 Shucksmith와 Hendry(1998)의 또래로부터의 압력에 관한 견해에 주목할 필요가 있다. 그들에 따르면 '또래로부터의 압력' 이라는 표현은 부적절하며, '위험한' 행위를 설명하기 위해 사용되어 왔다. 따라서 어떤 의미에서는 친구집단이 형성되는 또래 네트워크가 위험한 역할을 수행하는 것이다. 즉, 또래의 네트워크가 부정확한 또는 실제로 잘못된 정보를 전달하거나 또는 옳지 않은 행동을 초래함으로써 바람직하지 않은 규범을 만드는 경우가 있다. 그러나 Shucksmith가 주장하는 바와 같이 많은 청소년들은 실험적 단계를 거치고 있으며, 이는 청소년들이 성숙하여 자신의 독립성과 주체성에 대해 자신감을 가지게 됨으로써 종료된다고 한다(Shucksmith and Hendry, 1998). 친구집단에 대한 청소년의 동조는 청소년 중반기에 높아지며, 그 이후에 점차적으로 감소하게 된다. 이러한 패턴은 연애에 대한 관심이 증가한 결과로 발생하게 된다고 설명되고 있다. 즉, 청소년의 사회적 관심의 초점이 집단 밖으로 옮겨가게 된다는 것이다. 그러나 이는 동조의 요구수준이 청소년 후반기에는 낮아진다는 것으로 설명할 수 있다(Durkin, 1995; Hendry et al., 1993). 또는 연령대가 높은 청소년들은 자기 자신의 정체성에 대한 감각 또는 사회적 역할, 사회적 지위가 명확하기 때문에 또래로부터 인정받거나 지원을 받는 것에 그다지 의존하지 않게 된다고 할 수 있다. 청소년기가 진행됨에 따라 파벌에 대한 동조는 감소하며, '무리(crowd)' 밖에서의 양자관계 또는 소규모의 우정을 통한 사회적 기회를 획득할 수 있게 된다. Jaffe(1988)에 따르면 친구 간의 유사성은 다음과 같은 과정과 조건 속에서 발생한다.

1. 청소년들을 교류하도록 하는 사회적 · 인구통계학적 조건(socio-demographic conditions)
2. 자신과 비슷한 친구를 발견하는 선별적 선택(differential selection)
3. 또래와의 상호작용으로 인해 서로 닮아가는 호혜적(상호적) 사회화(reciprocal(mutual) socialization)
4. 매우 응집성이 높은 집단에서는 가끔씩 평소에 하지 않던 행동을

하는 전염의 효과(a contagion effect)

5. 동조하지 않은 성원의 경우 집단을 떠나도록 강요당하거나 스스로 집단을 떠나는 선택적 배제(selective elimination)

이러한 과정은 집단이 존재하는 동안, 동시대 또는 상이한 시점에 작용하며, 청소년기의 우정의 성질이 유동적이라는 점을 시사한다(Hogue and Steinberg, 1995; Hartup, 1996).

모든 청소년들이 동일한 수준에서 또래로부터 영향을 받기 쉽다고 가정하는 것은 잘못된 것이다. 대부분의 청소년은 특정한 또래의 영향을 특정한 시기에 특정한 상황에서 받는다. 아울러 청소년은 집단의 가치와 규범을 통제 또는 조작하기보다는 집단의 가치 또는 기준에 동조하도록 약간의 압력('부드러운 설득(gentle persuasion)')을 자주 받곤 한다(Shucksmith and Hendry, 1998; Hendry et al., 1998). 아울러 친밀한 소집단의 친구들은 각각의 친구보다 청소년의 행동으로부터 보다 큰 영향을 받는 것 같다(McIntosh, 1996). 청소년 자신은 친구집단과 파벌이 동일하지 않음을 알고 있다. 특히 여자청소년에게 친구집단은 보다 큰 또래집단에서 발생하는 공격적인 '힘'이 지각될 경우 그에 대항하여 지지, 보호적인 환경을 제공할 수 있다. 지금까지 파벌은 자신을 곤란한 지경에 빠뜨리는 집단규범을 만들어내는 피할 수 없는 세력으로 인식되어 왔으며, 오늘날에는 청소년이 자주성이나 흥미를 공유하는 서로 통하는 친구를 선택할 능력에 초점을 맞추는 방향으로 변했다(Coggans and McKellar, 1994). Shucksmith와 Hendry(1998)는 청소년의 상이한 사회적 네트워크에 참가하게 될 경우 자신들은 서로 다른 특정한 행동을 취하게 될 것이라는 것을 알고 있으며, 그들은 이에 기초하여 명확한 선택을 내려야 한다는 견해를 지지하고 있다.

　　친밀한 친구집단은 성격 또는 공동행동에 대한 선택, 서로의 취향에 따라 발전한다. 그리고 어떤 의미에서는 청소년 중반기의 청소년들이 선택한 정체성의 재확인을 가능하게 한다. 게다가 자신이 선택한 집단의 가치를 인지, 이해, 받아들이는 것을 가능하게 한다. 이는 청소년들이 다른 집단의 유행, 행동 그리고 전반적인 사회적 행위를 강하게 비판하거나, 상처를 입힐 수도 있다. 여기에서는 라이프스타일, 정체성의 선택을 보다 강화하거나 확인하는 '내집단·외집단'의 구별이 있다는 것도 사실이다(Shucksmith and Hendry, 1998). 일련의 행동과 태도를 둘러싼 사회적 강화는 취미, 복장, 여가로 인한 흥미, 학교에 대한 태도, 대중음악, 집단에 대한 충성심 등의 선호 또는 유사성에 따라 집단의 응집성을 강화되거나 친구의 신댁을 촉진힌다. 친구집단은 적절한 행동의 형태를 배우기도 하고 행동을 규제하기도 하며 저항의 전략에 대해 궁리하기도 한다. 아울러 사회적 지지를 보낸다거나 지지를 받는 것과 같은 중요한 장(場)으로 등장한다(Phoenix, 1991; Lees, 1993). 또래집단 또는 우정 및 사회적 시설인 학교에서의 상호작용은 의미, 평판, 정체성이 복잡하게 조합되어 있는 것이다(Lees, 1993). 우정에 관한 연구는 우정이 청소년기에서 노년기까지의 삶의 과정을 통한 연속체라는 점을 보여주고 있다(예를 들어 Ginn and Arber, 1995).

　　청소년기에는 주변으로부터 얼마나 인기가 있는지에 따라 높은 가치를 갖게 된다. 우정은 두 사람 또는 그 이상의 사람들 사이의 친밀한 관계를 나타낸다. 인기는 어떤 개인이 보다 폭넓은 또래구조에서 어떻게 보이고 있느냐 또는 그 사람이 대집단에서 어떻게 취급받는지를 나타내 준다. 인기 있는 청소년들은 일반적으로 우호적이며 감수성이 풍부하고, 유머가 있다. 또한 경쟁이나 이기는 것에 가치를 두는 사회에서는 운동을 잘하는 것도 개인의 명성을 높여 준다(예를 들어 Lerner et al., 1991; Wentzel and Erdley, 1993). 청소년의 인기에 있어 중요한 그 밖의 속성으로는 예를 들어 '머리가 좋다' 거나, 옷을 잘 입는다거나, 인기 있는 음악 스타일을 흉내 낸다는 것들이 있다. 신체적으로 매력이 있다는 것은 인기를 얻는 데 있어 매우 중요하다. 매력적인 사람은 '후광효과(halo effect)' 로 인해 득을 본다. 왜냐하면 신체적으로 매력이 있으면 외모에 걸맞게 성격도 좋을 것으로 여겨지기 때문이다. 그러나 후광효과의 한 가지 결점은 인기가 있는 청소년은 능력과 자신감이 있는 것으로 여겨져, 종종 도움을 필요로 할 때 또래로부터의 도움을 얻기가 어렵다는 것이다(Munsch and Kinchen, 1995).

체격과 신체 이미지는 많은 청소년들에게 큰 관심사이다. 너무 뚱뚱하다거나 너무 말랐다거나 하는 것은 청소년들의 자기 이미지에 상당한 충격을 주며, 아울러 그들이 사람들과 접할 기회에 까지 영향을 미친다(Seiffge-Krenke, 1998). 신체적 매력의 중요성은 남자청소년보다 여자청소년들에게 있어 더욱 클지도 모른다. 이러한 점은 여러 문화에 있어 여성의 역할 또는 자아개념의 중요한 부분을 이루기 때문이다(Freedman, 1984). 여자는 보다 친밀한 대인관계를 형성하기도 하는데, 예를 들어 신체적 매력과 같은 속성에 있어 자신들의 상대적 위치를 보다 상세하게 분석, 평가하는 것이 가능하다(Felson, 1985). 일부 여자청소년들에게는 매력적인 외모라고 하는 것이 자기 자신의 성역할의 중심부에 위치하기 때문에 부정적인 신체 이미지, 섭식장애, 과도한 자아의식, 자존감 결핍, 대인기피와 같은 심각한 적응의 문제를 불러일으키는 경우도 있다(Freedman, 1984). 역설적이기는 하지만, 오히려 이러한 적응의 문제는 매력 있는 청소년에게 더 많이 발생한다. 이는 그들의 외모는 종종 자신의 자존감의 매우 중요한 부분을 형성하고 있기 때문이다(Zakin et al., 1984).

일반적으로 친구를 선택하는 것은 유사한 청소년 사이에서 이루어진다(Clark and Ayers, 1992). 비슷한 수준의 매력을 가지고 있다는 것은 비슷한 수준의 태도와 가치를 가지고 있는 것이라고 여기게 되는 하나의 계기가 된다(Erwin and Calev, 1984). 그러한 관계가 진전되면 다른 심리 · 사회적 측면이 중요해진다. 예를 들어 이러한 측면은 학교에서의 흥미, 음악, 패션, 흡연, 약물사용, 개인적 욕구 또는 인격과 같은 중요한 개인적 특징, 행동을 포함한다(Gavin and Furman, 1996). 그러나 자신과는 정반대라는 것도 매력적인 요소가 된다. 하지만 상대방이 특정한 기능—아름다움이 아니라—을 가지고 있을 때 또는 상대방을 지원하여 이익을 가져다 줄 때 불균형 상태가 발생하게 된다. 이로 인해 인기 있는 무리로의 접근이 한층 가까워지게 되는 것이다. 인기 있는 친구와 우정을 쌓게 되면 자신의 인기가 높아진다(Perry, 1987). 예를 들어 Eder(1985)는 인기 있는 여자청소년과 친구가 됨으로써 그 여자청소년이 '멋있는' 무리에 근접하게 된다는 점을 지적하였다. 그러나 매우 인기가 있는 여자청소년은 질투를 받게 되며, '잘난 체한다' 라고 인식돼 비난을 받는 경우도 있다. 이처럼 청소년은 인기를 모으는 동시에 고립의 상태에 처할 수도 있으며, 또래와 빈번하게 교류를 한다고 해서 반드시 만족스러운 대인관계가 보장되는 것은 아니다(Savin-Williams and Berndt, 1990).

가족관계와 우정

Family relationships and friendships

Youniss와 Smollar(1985)가 지적하는 것처럼 우정은 부모와의 관계와는 전혀 다른 관계의 구조를 기반으로 한다. 우정이 부모와의 관계에 비해 균형감각을 가지고 있으며 아울러 호혜적인 바, 이는 청소년기를 통하여 발전해 간다. 우정은 아동에게 있어서도 매우 중요하며, 청소년기 초반기에 변화를 겪게 된다. 즉 배타적인 성향이 강해지며, 자기를 표현할 줄 알게 되고, 문제와 충고를 공유하는 것과 같은 친밀성으로 이행한다. Youniss 와 Smollar(1985)는 친구 사이에서 서로 일상생활에서 일어나는 모든 일들에 대해 이야기하며, 서로 알게 되는 것이 우정의 핵심이라고 언급하고 있다. 친구끼리 서로의 생각을 공유하며, 경험을 조직화하여 자신들이 어떠한 사람인가를 정의한다.

청소년기에는 대인관계의 패턴과 사회적 맥락에 있어 명확한 변화가 일어난다. 또래는 마음이 통하는 친구로서, 충고, 지원, 피드백의 제공자로서 그리고 개인의 특징과 기술을 비교하기 위한 정보의 제공자로서 매우 중요한 역할을 하게 된다. 부모와의 관계는 보다 대등하며 호혜적인 방향으로 변화하며(Hendry et al., 1993), 부모의 권위는 그 자체로서 논의 또는 교섭 가능한 영역으로 여겨지게 된다(Youniss and Smollar, 1985). 그러한 영역에서 부모와 구별을 짓게 된다(Coleman and Coleman, 1984). 예를 들어 부모와의 교섭내용은 방 정리라던가 외출시간, 귀가시간, 음악 소리의 크기 등 점진적으로 일상생활의 내용에 관한 것으로 전이되며(Smetana and Asquith, 1994), 10대 청소년은 부모와의 대등한 관계를 희망하기 시작하기 때문에 부모의 통제에 대해 이의를 제기하게 된다.

그러나 현재 일어나는 일들과 유행, 여가활동에 대해서는 또래의 영향이 커지지만, 이행의 시기, 교육 또는 커리어 등 미래에 대한 내용에 대해서 부모와의 관계는 중요한 상태로 유지된다(Hendry et al., 1993). 여기서 주목할 점은 청소년은 대인관계나 자신에 관한 문제에 대해서는 부모와 친구 모두에게 상담하지만(Meeus, 1989), Ochiltree(1990)는 인생의 중요한 가치에 대해서는 부모의 의견을 받아들인다고 지적한다. 시간이 흐름에 따라 청소년들은 가족과의 관계보다는 또래와의 우정을 선호하게 된다(Blyth et al., 1982; Larson et al., 1996). 친구는 부모만큼 강요하거나 비난하거나 설교하지 않으며, 기꺼이 서로의 개인적 정당성, 사회적 지위 아울러 흥미로운 것들을 제공해 준다. 또한 또래와의 관계는 성인과 아동의 관계보다 평등하며(Hartup, 1996), 둘 사이에 대한 설명과 이해는 완벽하게 이루어진다(Hunter, 1985). 가족과의 접촉이 줄어드는 것이 반드시 친밀도 또는 관계의 질적 저하를 의미하진 않는다(Hendry et al., 1993; O' Koon, 1997). 그리고 가족과 함께 있는 시간은 줄어드는 반면, 가정에서 혼자 지내는 시간은 늘어나게 되는데, 주로 자기 방에서 음악을 듣거나 컴퓨터 게임을 한다(Larson, 1997; Smith, 1997). 그 때문에 많은 청소년들은 가장 친한 관계가 부모, 형제, 할아버지, 할머니와 같은 가족구성원들에게도 존재한다는 점을 인식하고 있다(Hendry et al., 1992; Bo, 1996; Philip and Hendry, 1997). 또래는 일상생활의 여러 가지 일들의 주요 지원처이며, 부모로부터의 지원은 긴급한 상황에서 특히 중요하다. 그럼에도 불구하고 청소년들에게 있어 또래집단의 매력, 바깥세계에 대한 흥미(시간제 아르바이트, 스포츠, 연애)는 가족과 같이 있는 것보다 중요하다(Hendry et al., 1993; Larson et al., 1996). 그러나 발달과제들에 대해 잘 대처하기 위해선 양쪽 관계가 모두 중요하다. 이 점은 Palmonari 등(1989)의 조사에 의해 지지된다. 이 연구에서는 청소년들이 접하게 되는 다양한 종류의 문제를 해결하기 위하여 다양한 대인관계를 어떻게 이용하고 있는지에 대해서도 검토하였다. 전통적인(질풍노도의) 모델에서는 청소년기가 진행됨과 아울러 '부모에게 의존'한다거나 '또래친구에게 의존'하는 것처럼 관계가 직선적으로 변화하는 것으로 예측됐다. 하지만 Palmonari는 청소년이 선택적으로 행동한다는 점을 알아냈다. 또한 그들이 갖고 있는 문제의 유형에 따라 부모, 또래친구 또는 둘 모두에게 의존

청소년과 사회 : 청소년기의 심리, 건강, 행동 그리고 관계의 본질

하고 있었다는 점도 찾아냈다.

　　Meeus(1989)와 Hendry 등(1993)의 연구에서도 동일한 결과가 나타나고 있다. 비교문화연구에서 Claes(1998)는 이탈리아 청소년의 대인관계에서는 가족이 커다란 역할을 수행하고 있다는 것, 캐나다의 청소년들 사이에서는 친구가 더 중요한 역할을 수행하고 있다는 것, 그리고 벨기에의 청소년들은 양쪽 끝의 중간쯤에 역할의 중요성이 위치해 있다는 것을 발견했다. 또한 이 연구는 이러한 3개국의 10대 청소년들의 생활에서 친구가 중요하다는 것, 그리고 가족생활에서는 엄마가 중요하다는 것도 발견했다. 이러한 결과는 청소년들의 대인관계에 있어 문화적 다양성이 실제로 얼마나 중요한지를 보여주는 것으로 풀이된다. 일반적으로 대부분의 나라에서 가족 내에서 어머니가 남녀 청소년 모두에 대하여 옹호적인 기능을 수행하는 것으로 기술되어 있다(Williamson와 Butler, 1995; Philip and Hendry, 1997). 그러나 Treboux와 Busch-Rossnagel(1995)은 여자청소년들의 성행동에 대해 연구한 결과 그들에게 조언을 해 주는 이가 어머니에서 친구로 이행하게 된다는 것을 발견했다. 그들은 성행동에 관하여 어머니와 의논하며 부모로부터 인정받는 것은 성에 대한 태도를 통하여 간접적으로 성행동에 영향을 미치며, 아울러 어머니와 의논함으로써 받게 되는 직접적인 영향은 15세 무렵이 가장 강한 반면, 성행동에 대한 친구로부터의 인정은 성에 대한 태도를 통하여 17세 무렵에 가장 강하게 영향을 받는다는 것을 발견했다. Williamson과 Butler는 그들 연구의 1/4을 넘는 조사대상자들이 누구에게도 이야기하지 않는다고 강한 어조로 이야기했다고 기술하고 있다.

> 다른 많은 아이들과 청소년들은 자신들의 개인적 환경에 대해 이야기하는 것에 거부감을 가지고 있었다... 그러나 주로 '엄마' 는 그들이 가정 내에서 신뢰하는 상대이며, 여러 가지 걱정거리에 대해 이야기를 나누는 대상으로

묘사되고 있었다... 대체적으로 청소년들은 명확한 이유를 들면서 다른 누구도 신뢰하고 있지 않았다... 청소년들은 그들이 인정받고 있다고 느끼는 방식으로 어른들이 자신들을 이해해 줄 것으로 생각하고 있지는 않았다.

(Williamson and Butler, 1995, p. 303)

이러한 견해는 Philip과 Hendry(1997)가 실시한 청소년과 성인을 대상으로 한 연구에서 청소년들이 보고한 것들로부터도 강하게 지지되고 있다. 그럼에도 불구하고 일반적으로 부모와 또래의 영향은 상호 보완적이며, 청소년이 장래의 인생에 보다 성숙한 대인관계를 가질 수 있도록 하는 데 영향을 미친다고 할 수 있겠다. 아동기의 가족관계는 청소년기의 또래관계에 정서적으로 확고한 기초를 제공한다. 대체로 또래친구 사이는 부모로부터 익힌 행동과 가치를 교환하며, 강화해 가기도 한다(Fuligni and Eccles, 1993; Gavin and Furman, 1996; Dekovic and Meeus, 1997). 이와 관련하여 Durbin 등(1993)이 3,407명의 유럽계 미국인 청소년들을 대상으로 실시한 설문조사는 매우 흥미롭다. Durbin은 부모를 '권위가 있다'고 여기는 청소년들은 성인과 또래친구 모두가 지지하는 기준('총명한', '인기')을 높이 평가하는 또래집단(무리(crowd))에 치중하는 경향이 있다는 점을 발견했다. 부모에 대해 '그다지 관심을 가져 주지 않는다'고 여기는 여자청소년과 일부 남자청소년은 성인의 가치관으로 볼 때 장려되지 않는 집단('약물사용')에 치중하는 경향이 있었다. 부모를 '응석을 받아주는' 존재로 여기는 남자청소년은 '향락적' 문화 성향이 강한 대집단('파티를 좋아하는')에 치중하는 경향이 있었다. 이러한 결과는 Shucksmith 등(1995)의 연구에서도 어느 정도 확인할 수 있었다.

그러나 가끔씩 부모는 청소년이 어떤 친구를 선택하는지에 관심을 가지는 경우가 있다. 이는 청소년이 흥미, 특징, 행동의 유사성에 기초한 친구를 적극적으로 선택하기 때문이다. 이러한 것은 청소년기에는 친구 또

  청소년과 사회 : 청소년기의 심리, 건강, 행동 그리고 관계의 본질

는 또래를 집 밖에서 만나기 때문에 부모에게 '알려지지 않는' 친구도 있기 때문이기도 한다. 청소년들은 부모의 관리에서 벗어나 자신만의 방법으로 대인관계에 있어 교섭과 요구를 하게 된다. 예를 들어 흡연이나 음주와 같은 친구끼리의 동질성은 또래친구의 영향이라기보다는 친구의 선택에 의해 발생한다는 것이다(Berndt and Zook, 1993).

큰 무리

The larger crowd

또래관계는 두 사람 간의 관계 또는 친구들로 구성된 파벌을 넘어 학교, 이웃과 정기적으로 관계를 유지하는 복수의 파벌로 구성되는, 보다 크며 보다 원만한 결속을 가진 집단(이를 '큰 무리(crowd)' 라고 부른다: Dunphy, 1972)으로 확대되기 시작한다(Urgerg et al., 1995). 종종 이는 남녀 구성원이 혼합되어 있기도 하며, 청소년 중반기에 가장 폭넓게 나타난다. Dunphy에 따르면 큰 무리의 주된 기능이 남자와 여자의 상호교류를 촉진하는 것이기 때문에 이성의 행동을 배운다거나 연습할 수 있다는 것이다. 큰 무리는 2-4개의 파벌이 합쳐져서 형성된다. 즉, 파벌은 종종 큰 무리의 성원이 되기 위한 출입구가 된다. 다른 한편으로 어떤 청소년들은 ―특히 고립된 청소년들―우정이 형성되는 집단(예를 들어 종교집단 또는 스포츠클럽)에 들어가기 위한 활동 또는 취미를 갖기 시작한다. 일반적으로 파벌이 활동의 토대가 됨에 비해, 큰 무리는 '평판' 에 토대를 둔다. 큰 무리의 성원이라는 것은 그 성원으로서의 특정 태도 또는 활동이 존재함을 의미한다. 파벌의 규범은 친구집단 그 자체의 내부에서부터 발전하는 데 반해, 가끔씩 큰 무리의 규범은 큰 무리를 결정하려고 하는 것처럼 보이는 '외부인(outsider)' 으로부터 부여받게 되는 것이 있다

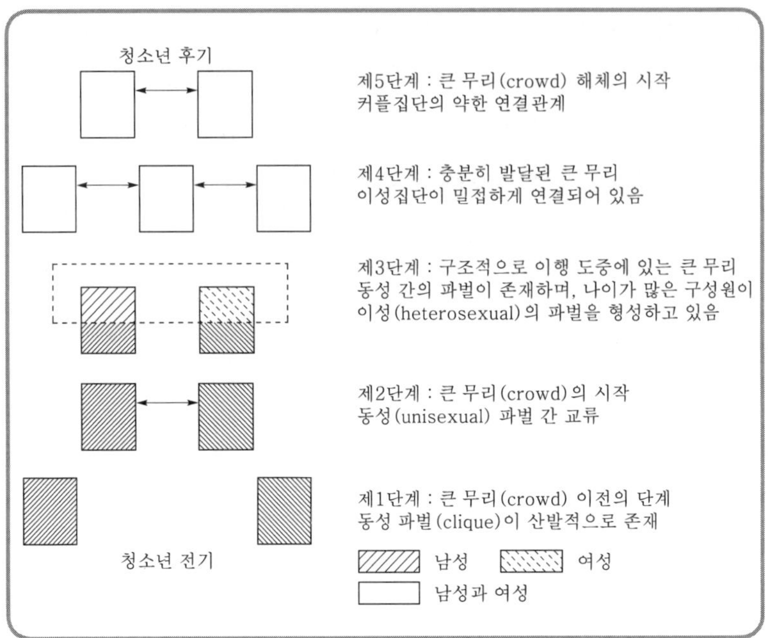

출처 : Dunphy(1972).

(Brown et al., 1994). 그림 8-1에서 제시하고 있는 것처럼 청소년 중반기
가 되면 데이트를 하는 커플들의 원만한 네트워크가 형성되기 시작한다.
즉, 중학교, 고등학교 청소년들은 대부분 친밀하게 연결된 파벌을 떠나
보다 크고 다양한 남녀 무리의 성원이 된다. 그에 따라 귀속의식이 한층
더 강화된다(Brown et al., 1994). 청소년 중반기에서 후반기에 걸쳐서 이
러한 남녀혼합 파벌이 동성으로 이루어진 파벌로 변하기 시작한다
(Buhrmester and Furman, 1987).

미국의 한 연구에 의하면 큰 무리는 일반적인 성분 또는 흥미의 공유,
즉 복장, 음악, 좋아하는 활동, 성적에 대한 관심 등에 따라 특징지어진다.

그러나 청소년들은 '자신들의 성격, 출신, 흥미, 또는 또래들로부터의 평판에 따라 일체화될 정도까지'(Brown, 1990, p. 183) 집단에 참가하는 것은 아니라고 한다. 각각의 무리에는 중심적 성원, 주변적 성원 그리고 어떤 집단에서 별도의 무리로 '흘러들어가는' 이들도 있다(Brown, 1996). 자신이 더욱 속한 무리의 모든 이들이 동일시 되는 것은 아니며, 특히 상대적으로 높이 평가되는 대집단에 소속되고 싶어 하는 이들일수록 더욱 그렇다. Brown과 Mounts(1989)의 다양한 민족집단으로 구성된 고등학교에 관한 연구에서는 소수민족의 1/3에서 1/2이 민족적 큰 무리-흑인, 아시아인, 스페인계 등-에 소속되어 있으며, 나머지는 '인기가 있다거나' 또는 '약물을 한다거나' 하는 것들의 평판에 기초한 무리에 소속되어 있는 것으로 분류되었다. 왜냐하면 어떤 소수민족의 청소년들에게 있어서는 민족이 또래친구의 시각에서는 하나의 명확한 특징인 데 비해, 다른 청소년들에게 있어서는 활동 또는 취미, 사회적 지위가 주목을 끈다는 것에 대해 설명하는 것은 쉬운 일이 아니다. Brown의 연구는 상당수의 고등학교 청소년들이 복수의 무리-몇몇 동성·이성 집단-에 소속되어 있는 것으로 보고하고 있으며, 관심을 끄는 부분은 중심축이 되는 무리에는 여러 가지 특성을 지닌 청소년들이 소속되어 있다는 점이다.

고등학생이 되면 큰 무리의 성원은 고등교육 또는 진로에 대하여 새로운 시각을 가지기 시작하며, 일부 성원은 학교를 떠나 직업을 구하게 됨에 따라 무리의 경계가 없어지기 시작한다(Brown, 1990; Youniss et al., 1994; Hendry et al., 1998). 청소년들은 자신을 '성인'으로 보게 되며 또한 다른 사람들로부터도 성인으로 인정받게 됨에 따라 개인주의 또는 커플이 등장하게 된다(Hendry et al., 1993).

무리는 중학교 및 고등학교 청소년들이 무리에 소속되어 있다는 느낌을 가지고 있는 동안 자신의 정체성을 실험하기 위한 다양한 기회를 제공한다(Pombeni et al., 1990; McIntosh, 1996). 예를 들어 어떤 무리는 차분한 그러나 특색 있는 복장 또는 헤어스타일(이는 무리의 '유니폼' 이다)을 하며, 이것은 그들이 특정한 큰 무리의 성원이며, 다른 큰 무리와는 '구별된다' 는 것을 나타낸다(Eicher et al., 1991)(이 중에는 화장을 하거나 부모에게 꾸지람을 듣거나 하는 것과 같이 가정과 학교에서 또래들의 '유니폼' 을 갈아입는 이들도 있다). 규모가 큰 고등학교의 경우 학생들은 친구들 한 사람 한 사람을 전부 알 수 없으며, 큰 무리가 동성 또는 이성의 또래친구에게 명확한 '참여를 위한 규칙' 을 알린다(Brown, 1996). 많은 학교에서 우수한 큰 무리는 사회생활뿐만 아니라 학업성적도 우수한 것으로 여겨진다. 학교활동에는 거의 참여하지 않는 무리, 예를 들어 '약물을 하는 무리' 등은 부정적인 무리로 받아들여진다(Downs and Rose, 1991; Brown et al., 1993). 이는 교외에 있는 학교도 마찬가지다. Hendry(1998)는 학교는 무리가 형성되는 하나의 장이라고 주장한다. 또래의 지위의 인지 또는 가끔씩은 그 또래무리 내의 서열과 관련된 청소년의 집단화가 있다고 한다. '인기가 있는' 무리는 '멋있는' 것으로 여겨지며, 소비 또는 청소년 문화, 고가의 옷과도 관련되어 있다.

> '멋있는' 무리가 있는데 역시 멋있어 보인다. 저 애는 정말 집이 잘 사는지, 돈이 많은지는 잘 모르지만 굉장히 비싼 옷을 입고 있는 것 같다. 유명 디자이너의 옷을 입는 애들. 그리고 '중간' 정도의 무리도 많이 있다. '초라한' 무리도 있다. 굉장히 초라하다. 그 아이들은 그렇게 밖에는 할 수 없다. 바깥에 나가지 않는 애들도 있다. 그 아이들은 정말 애들 같다.
>
> (Hendry et al., 1998, p. 42)

서로 다른 무리를 구성한다는 것은 학교생활의 다양한 측면, 즉 학교의 공식적 조직 및 과외활동 모두에 영향을 미친다.

학생회에 참여할 이유를 못 느끼겠어요. 그것은 단순한 인기 콘테스트라고
할 수 있죠. 인기 있는 애들이라면 누구라도 뽑혀요. 그런 식으로 하기 때문
에 다른 애들이 기회를 얻을 수 있겠어요? 그 아이들은 지위를 얻기 위해서
학생회 활동에 참여해요. 학생들을 위해 학생회 활동에 참여하는 건 아니에
요. 그 아이들은 그냥 학교에서 유명인이에요. 전부 '멋있는' 애들이에요.

(Hendry et al., 1998, p. 64)

여가에서의 무리의 분류방법도 청소년들의 이야기를 통해 확실하게
알 수 있었다. 특정한 행동, 예들 들어 '나쁘다' 거나, 때로는 위협이 되는
행동으로 분류되는 집단도 있다. 게다가 이 연구의 면접대상자들은 자신
들을 평범하다고 여기고 있으며, 다른 무리를 '일탈' 무리로 분류하는 경
향이 있었다.

술을 마시는 애들도 있으며, 약물을 하는 애들도 많이 있어요. 길거리에서
방황한다거나 벤치에 앉아 있거나 지나가는 차에 올라타서 마구 달리는 애
들도 있어요. 여러 명이 한 대의 차에 전부 타거나 아니면 다른 차로 옮겨
타면서 집에 돌아갈 때까지 밤새 그러고 있어요.

(Hendry et al., 1998, p. 114)

청소년들은 다양한 여가의 장에서 모일 때 같은 취미를 가진, 같은 나이
때의 참가자들과 함께 한다는 것 또는 다른 무리를 자신과는 다르다고 구
별짓는 것에 대해서도 인식하고 있다.

저 아이들은 자신들의 무리를 약물을 같이 하는 또래친구들이라고 생각하
고 있어요. 만약 저 아이들이랑 같이 있더라도 저 아이들은 자기들이 하고
싶은 일을 하고 우리들은 우리들이 하고 싶은 일을 해요. 길거리를 배회하
고 있는 애들, 술에 취해 있는 애들 그리고 위험한 일을 하는 애들도 많이

있어요. 한데 모여서 담배를 피워요. 그런 애들은 많이 볼 수 있어요. 우리들은 역 뒤에 모여서 맥주를 마시러 가요. 보통 그래요. 우리들은 다른 애들에 비하면 건전한 편이에요. 그리고 약물을 하는 애들도 많이 있어요. 그냥집에서 TV만 보는 애들도 있어요. 약물을 하는 애들하고 길거리를 배회하는 애들도 많이 있고 싸움도 많이 해요. 그 아이들은 서로 좋아하지 않기 때문에 그래요.

(Hendry et al., 1998, p. 96)

사회적 활동이나 그러한 장도 청소년들 사이에는 서로 구별되어 있다. 즉, 길거리를 지나다닌다거나 나이트클럽에 간다거나 또는 밤늦게까지 동네의 특정 장소에 모여서 배회한다던지 하는 것들이 이들에 해당한다. 이러한 사회적 활동 또는 여가활동의 배경에 반하여, '낮은 지위', 즉 사회적으로 고립되어 있다거나 미숙한 이들로 분류되는 이들의 집단도 있는데, 종종 이러한 또래집단에서는 다른 성원을 구별할 때의 기준이 된다. 그러나 일반적으로 말해서 Hendry(1998)의 연구에 참여한 친구집단은 다른 '소란스럽다', '나쁘다' 또는 '비참하다'고 여겨지고 있는 집단에 비해 자신들의 흥미 또는 활동을 '보통'이라고 생각하고 있었다.

이밖에 또래집단에서는 청소년기의 방대한 자유시간을 파벌 또는 대집단에서 소비하는데, 거기에는 주된 흥미, 예를 들어 집단 이외의 성원들의 활동이나 인기 있는 문화, 최신 유행, 최신 유행 음악, 영화, TV 방송에 대해 이야기하는 것들이 있다. 청소년은 어떤 다른 활동보다도 또래와 이야기하는 데 많은 시간을 소비하는 것으로 보고되어 있다. 외부인에게는 목적도 의미도 없는 것처럼 보이는 행동이나 웃음은 청소년 자신들에게는 가장 만족스러운 활동으로 인식된다(Csikszentmihalyi et al., 1977). 친구의 얼굴을 보지 못하는 상황에서 친구들과 이야기를 나누고 싶을 때는 전화가 자주 이용된다. 이러한 방법은 주로 교외 지역에 사는 청소년들

청소년과 사회 : 청소년기의 심리, 건강, 행동 그리고 관계의 본질

에게 해당된다(Hendry et al., 1998).

많은 장소들이 청소년들이 모이는 장소로 이용된다. 도시지역에서 청소년들에게 인기 있는 장소는 쇼핑센터, 오락실, 주차장, 길모퉁이 그 밖에 여러 장소들이 그들의 모임을 위해 이용된다(Fisher, 1995). 예들 들면 청소년집단은 길거리, 주차장, 그 밖의 공공장소에서 자주 보게 되는 광경이며, 남녀 청소년들의 만남을 위한 중요한 장소이다. 후반기 청소년들과 데이트 상대를 구하려는 청소년들은 이러한 만남의 장소를 자주 이용한다. 반대로 연애에 대한 희망을 갖지 못했다거나 욕구불만상태에 있는 청소년들은 그러한 자신을 사람들의 시선이 미치지 않는 곳으로 피할지도 모른다(Silbereisen et al., 1992). 또한 교외지역에 거주하는 청소년들이 여러 가지 문제를 안고 있다는 점을 지적해 두고자 한다. 즉, 만남을 위한 장소가 없다거나 친구들이 넓은 지역에 걸쳐 분포되어 있기 때문에 가령, 청소년들의 시각에서 보면 학교는 이상적인 만남의 장소가 아니라고 할 수 있을지 몰라도 학교가 중요한 사회적 장소이며, 만남을 위한 장소로서의 역할을 하고 있다고 하는 것이다(Kloep and Hendry, 1999). 또한 흥미롭게도 발달적 관점에서 보면 종종 '대집단의 단계'는 여자청소년보다 남자청소년이 늦게 등장한다. 이는 여자청소년들이 사회적으로 좀더 빨리 성숙하며, 자신보다 나이는 많지만 말이 통하는 남성들과 교류를 하기 때문이라고 할 수 있겠다.

거절과 고립

청소년의 사회생활은 또래친구가 중심적 위치를 차지하며, 청소년들은 거의 공통적으로 고독감을 경험하게 된다. 어떠한 행동이 불쾌한지를 느

끼게 되는 것은 또래친구로부터의 거절을 회피하기 위해 중요하다. 청소
년들은 성실한 것 또는 상대방을 배려하는 것 등이 우정을 구축하는 데 매
우 중요하다고 믿고 있다(Jarvinen and Nicholls, 1996). 그러한 사회적 기
술들에는 다른 이의 욕구를 인식한다거나 다른 이의 언어·비언어적 표
현들에 대한 해석능력을 요구한다. 또래친구로부터 미움을 당한다거나
거절당하는 청소년은 그러한 사회적 기술이 결여되어 있기 때문인지도
모르며, 그 때문에 친구들과 친밀한 관계를 유지하기가 어려워진다거나
친구들과는 다른 존재로 여겨질지도 모른다(Merten, 1996). 거절당하는
청소년들에게는 이웃이나 학교에 친구들이 거의 없다. 또래친구들에게
적극적으로 다가가지 못하기 때문에 사회적 기술이 결여된 청소년들은
종종 위축된다거나 오히려 상대에게 너무 집착하는 경향이 있다. 그 중에
는 공격적이지도 않고 그렇다고 소외된 상태로 있지도 않는 청소년들도
있다. 그들은 단순히 인기가 없으며 무시당하고 있을 뿐이다. 그래서 그들
은 쑥스러움을 많이 탄다(Parkhurst and Asher, 1992; George and
Hartmann, 1996). 이런 청소년은 사회적인 만남을 기피하기 때문에 그들
에게 있어 사회적 공간에서 기술획득에 필요한 심리·사회적 경험을 얻
을 기회를 놓치고 만다. 그들이 친구들과 어울리려고 해도 관계의 질은 양
쪽 모두에게 만족스러운 상태를 제공하기 어렵다(Roscoe and Skomski,
1989; Hansen et al., 1995). 그들은 상대방을 너무 속박하려고 하는 경향
이 있다. 다른 사람으로부터 거절당하는 청소년들 또는 부끄러움을 너무
많이 타는 청소년들에게 자기 주장을 하는 등의 사회적 기술을 가르치며
연습할 기회를 제공함으로써 그들은 또래들과 다시 관계를 형성할 수 있
게 되며, 일정 부분 중요한 기술을 습득할 수 있을지도 모른다(Christoper
et al., 1993). 자신을 지지해 줄 친구를 갖고 있지 않은 청소년들은 단순히
그들이 우정을 형성하도록 격려해 주는 또래친구 또는 성인과 관계를 형

성할 필요가 있을지도 모른다. 그러나 우정을 쌓고 유지하기 위한 기술을 연습할 필요가 있는 청소년들도 있다(Savin-Williams and Berndt, 1990).

　타인과 협력적이며 우호적인 관계를 유지할 수 없으며, 공격적인 행동을 반복하는 청소년들도 있는데, 이것이 그들과 또래친구와의 '거리'를 더욱 멀게 만든다(Coie and Dodge, 1983; Asher and Coie, 1990). 이러한 청소년들의 대인관계상의 문제는 종종 정서적으로 박탈되며, 사회적 기술이 결여된 가족관계로부터 발생하는데, 그러한 가족관계 때문에 청소년들은 사회적인 연결고리를 갖거나 그들 행동의 적합성을 찾지 못하게 되는 경우도 있다. 자신을 지지해 주는 또래친구와의 관계를 가지지 못함으로써 그들은 점점 더 고립된다(Buhrmester, 1990; Savin-Williams and Berndt, 1990; East et al., 1992; Levitt et al., 1993). 친구로부터 거절당하는 청소년들 중에는 적대감에 차있거나 집안에 틀어박혀 있거나 또래친구를 지배하려고 한다. 또한 자신은 적절하게 행동을 취했음에도 불구하고 친구들로부터 거절당하는 이들도 있다(Merten, 1996). 또래친구로부터 버림을 받은 청소년들은 사회에 적응하지 못하는 위험요소를 안게 되는데, 그러한 심각성은 거절의 강도와 빈도에 따라 다르다(DeRoiser et al., 1994).

　'인기가 없다' 는 것은 연속적 관계의 끝에 위치하며, 친구들로부터 배제되거나 거절당하는 청소년들이 이에 해당한다. 그들은 친구가 거의 없으며, 집안에 틀어박혀 있거나 적대감에 차있거나 공격적 성향이 강한 것으로 인식되어 있다. 그들은 거절, 괴롭힘, 공격의 연속선상에 있으며, 이것은 주로 아동기에 시작된다. 이러한 청소년들은 긍정측면의 성격이 결여되어 있기 때문에 잘난 체를 한다거나 집안에만 틀어박혀 있는 것과 같은 반사회적 행동을 함으로써 주위 사람들로부터 주의 또는 칭찬을 받기 위해 노력한다. 또래친구들이 그들을 거절하게 되면 화를 내거나 과잉

반응을 하기도 한다. 그들이 구축하려고 하는 대인관계는 대립적인 것이며, 건강한 대인관계를 형성하는 청소년들과는 달리 친밀한 친구관계로 발전시키기 위해 필요한 사회적 기술을 습득하기 위한 기회는 거의 갖지 못한다(Bierman et al., 1993; Savin-Williams and Berndt, 1990). 일단 꼬리표(label)가 붙여지게 되면 전학을 간다거나 또는 처음부터 다시 시작하지 않는 한, 친구로부터 거절을 당한 청소년들은 자신의 상황을 개선하기가 매우 어렵다(Evans and Eder, 1993; Kinney, 1993). 거절 또는 무시당하는 청소년들이 힘든 시기에 또래친구들에게 가까이 가려고 노력하는 시도들은 가끔은 성공을 거두기도 하지만(Munsch and Kinchen, 1995), 자신의 행동을 바꾸어 친구들을 기쁘게 해 주려고 애써도 대부분은 실패로 끝난다.

이 점에 있어 한 가지 중요한 특징이 이지메이다. 면접조사에 따르면 이지메를 가하는 쪽은 자신들의 이지메 행동이 왜 친구들을 힘들게 하는지를 알지 못한다고 주장한다(Merten, 1996). 그리고 그들의 상당수는 이전에 자신의 가족 또는 또래집단에서 괴롭힘의 희생자였을 가능성도 있다. 수천 명의 노르웨이 청소년을 대상으로 한 Olweus(1984)의 연구에 따르면 이지메를 당하는 청소년들은 불안의 정도가 심하며, 수동적이고, 불안정한 경향을 보인다고 한다. 그들은 친구가 없으며 남들 앞에 나서기를 부끄러워하며 자신이 매력이 없다거나 자신이 다른 사람들로부터 버려진 것과 같은 느낌을 가지고 있었다. 이처럼 이지메를 가하는 청소년들의 인기는 주로 표면적이며, 그들의 추종자들은 단지 겁이 나서 이지메에 참여하고 있을 뿐이었다. 희생자와 이지메를 가하는 쪽 모두 고독하며, 둘 다 우울증의 정도가 심했다. 그러나 한편으로 희생자의 자존감은 낮으며, 이지메를 가하는 쪽의 자존감은 높은 경우도 있다(Kloep, 1998).

Bronfenbrenner(1979, 1989)는 청소년들의 사회적 네트워크의 붕괴는 그들의 정신건강 또는 사회적 행동, 학업성적에 부정적인 영향을 미친다고 주장한다. 또한 청소년들의 사회적 적응에 있어 그러한 기술이 성인이 되었을 때의 생활과 대인관계에 있어 중요하다는 것을 잘 알고 있음에도 불구하고 청소년기의 사회적 기술은 청소년의 교육경험에 있어 그다지 가치 있는 것으로 평가되고 있지 않다(Dornbusch et al., 1996; Kloep and Hendry, 1999). 흥미롭게도 대인관계 및 사회적 기술을 발달시키는 프로그램은 학업에 대해 긍정적인 효과를 준다는 주장이 있다(Nisbet and Shucksmith, 1984; Kloep and Hendry, 1999). 공동학습을 한다는 것은 또래친구가 잠재적인 교육자원이라는 사고에 기초하고 있다(Cowie and Ruddock, 1990). Cowie와 Ruddock(1990)은 교사와 또래친구에게 일정 경험과 지원이 제공된다면 "청소년들은 문제를 해결하며, 과제를 수행하고, 다른 사람들과 효과적인 관계를 형성하도록 하는 데 도움이 되는 성질을 높일 수 있다"고 믿었다. Hendry(1993)는 급속하게 변화하는 사회에 청소년들이 참여하기 위한 준비로서 비슷한 접근법을 제안하고 있다.

결론

Conclusion

이 장을 요약하면 청소년기에는 성숙한 대인관계를 형성하기 위한 능력이 증가함과 아울러 친구집단의 역할이 커지게 된다(Crokett et al., 1984). 친구는 지원자로서의 역할을 수행하며, 상호활동과 관련된 장을 제공하고, 서로 영향을 주고받는 존재이다. 청소년기의 우정은 비슷한 연령대이며, 비슷한 교육적 배경, 흥미를 가지고 있는, 즉 유사한 생활경험을 가지고 있는 이들 사이에서 형성된다는 특징이 있다(Grunebaum and Solomon, 1987; Reisman, 1985). 청소년들은 성인 또는 가끔씩 만나게 되는 이들보다도 친구들과의 활동을 더 즐거워하는 것으로 알려져 있다. 친구들과의 활동에 대한 참여는 대부분이 여가의 공간에서 이루어진다(Csikszentmihalyi and Larson, 1984; Hendry et al., 1993). 특히 Heaven(1994)은 남자청소년의 우정은 상호적 활동을 통해 형성되지만, 여자청소년의 우정은 친밀한 대인적 커뮤니케이션이 보다 중심적 역할을 한다고 지적한다. 청소년들은 자기 자신에 관한 사항과 인생에서의 여러 가지 일들에 대해 친구들과 이야기를 한다거나 그들과 연결되어 있다고 느낄 수 있는 친밀한 교류를 확립하는 데 많은 시간을 할애한다고 보고되고 있다. 이러한 공유는 우정에서의 충성과 친밀도를 만들어낸다(Savin-Williams and Berndt, 1990). 청소년기에 또래친구들로부터 인정받는다거나 기절당하는 것 등이 정신적인 건강상태에 중요한 영향을 줄 수 있다고 지적한다(Parler and Asher, 1987). 예를 들어 Hartup(1996)은 친구들로부터 받는 영향은 다양한데, 사회적 기술을 갖춘 이들의 관계는 상호 도움이 되지만, 대립적 관계는 위협이 될 수 있다고 한다. 그 때문에 일반적으로 청소년의 우정 그리고 무리 내에서의 경험은 심리·사회적인 발달에 있어 중요한 역할을 수행하다고 볼 수 있다.

이 장에서는 끊임없이 변화하는 현대사회를 살아가는 청소년들의 특징에 대해 언급했으며, 몇 가지 특징들을 정리하면 다음과 같다. 첫째, 청소년기의 친밀한 대인관계는 매우 중요하다는 것이다. 친구관계는 서로 이해하며, 솔직하게 대하고, 신뢰하며, 수용하는 관계이다. 아울러 정서적, 사회적인 욕구가 충족되면 문제는 해결된다. 그 과정에서는 평등하며 수평적 관계가 요구되기 때문에 아이디어, 감정, 생각을 교환하며, 상호 의견교환 및 평가를 통해서 사회를 이해함에 있어 친구는 매우 중요한 역할을 한다. 발달의 최종적인 목표는 개성 있는 존재로 인정받는 것이며, 타자와 연결되어 있다는 느낌을 갖는 것이기도 하다. 따라서 제3장의

  청소년과 사회 : 청소년기의 심리, 건강, 행동 그리고 관계의 본질

Selman의 연구에서 고찰한 바와 같이 우정을 강화하는 기술의 발달에 대해 한층 더 주의를 기울여야 할 것이다.

둘째, 현재 이러한 기술은 전 생애에 걸친 대인관계 또는 직업생활에 있어 가치 있는 것으로 인식되고 있지는 않다. 급속하게 변화하는 사회환경 속에서는 이러한 기술은 매우 중요하다. 이러한 사회적 기술은 민주적 사회생활에 있어 매우 중요하며, 청소년의 발달적 경험에 있어서도 중요한 위치를 차지해야 한다. 만약 Maffesoli가 주장하는 바와 같이 현대와 미래 사회에서 집단의 범위가 확대된다면 청소년기의 또래집단에 대한 참여는 다른 관점에서 그 의의를 찾아야 할지도 모른다. 이 장에서 등장하는 또 한 가지 주목할 점은 청소년기의 또래집단은 부모의 바람 또는 욕구에 반하고 있지 않다는 점이다. 아울러 어른들은 청소년집단이 변했으며 일탈을 일삼는 집단으로 보고 있지만, 어른들의 집단과 비교했을 때 눈에 쉽게 띄는 복장 또는 행동이 다르다는 점을 제외하면, 두 집단 사이에는 서로 다른 점보다는 서로 비슷한 점이 훨씬 더 많다고 할 수 있다. 여기서 중요한 점은 청소년은 현대사회에서 생활하기 위해 필요한 대인적, 사회적 기술을 이른 시점에 그리고 충분히 배울 수 없다는 점이다.

마지막으로 우리들은 그러한 "학습" 사회를 위해 무엇부터 시작해야 하는가? 우리들은 청소년과 보다 평등한 관계를 형성하기 위하여 사회의 다양한 영역에서 나타나는 연령대에 따른 구별은 없애도록 한층 더 노력을 기울여야 할 것이다. 그렇게 된다고 한다면 어른들은 교사, 지도자로서가 아니라 역할 모델 또는 상담상대의 입장으로 청소년들을 대할 수 있을 것이다. 또한 우리들은 청소년들이 어른들로부터 벗어나 일하며, 놀며, 교류하며, 사회적 기술을 연습할 수 있는 장소를 많이 제공하는 것에 대해 신중하게 생각할 필요가 있다. 현대사회의 또 하나의 측면은 사회적 양극화는 불평등을 만들어내며, 이는 범죄 또는 사회적 배제의 위험을 높일 수도 있다는 것이다. 진정한 민주주의 사회의 구현을 위해서는 어른들이 성실하게 그리고 솔직한 자세로 청소년을 집단화 과정에 참여시키며, 사회의 이익을 위하여 상호협력할 수 있는 장을 만들 필요가 있다. 이러한 과정을 통하여 청소년들은 이러한 어른들의 작업을 계승하여 사회적 가치를 구현하게 될 것이다.

1. 부모 또는 그 밖의 어른들이 언제나 인식하고 있는 것은 아니지만, 청소년기의 친구 및 또래집단은 그들의 발달에 있어 중요한 역할을 수행한다. 친구는 아동기에도 중요한 역할을 수행하지만, 청소년기에는 청소년들이 가족 외의 다른 이들로부터 인정받기를 원하기 때문에 친구의 역할은 한층 더 중요해진다. 아울러 친구집단은 다른 가치관과 의견을 제공해 주며, 유행 또는 취미의 유익한 지표를 제공한다. 또한 또래친구는 사회적 기술 발달의 장이 되며, 정체성 형성을 지원한다.

2. 또래집단에서의 인기와 지위의 문제는 청소년기라고 하는 발달단계에서 중요한 문제이다. 그 결과 청소년은 복장, 음악 또는 여가활동의 선택, 의견에 대해 동조주의자인 것처럼 보인다. 이러한 동조는 각각의 시기에 중요한 사회집단으로부터 수용되기를 바라는 마음에 기초하고 있다. 청소년들이 자기 자신에 대한 자신감과 확신을 발달시켜 감에 따라 다른 누군가를 닮고 싶다고 하는 욕구는 감소하며, 보다 개인주의적인 행동들이 나타난다.

3. 또래집단은 청소년기를 통해 가장 영향력 있는 준거집단이 되며, 부모의 역할 비중이 점점 더 줄어들게 된다. 그러나 연구에 따르면 이러한 생각은 잘못된 것이다. 부모와 또래친구는 반드시 정반대에 위치해 있는 것은 아니며 이 두 집단의 영향은 각기 영역이 다르다. 예를 들어 청

청소년과 사회 : 청소년기의 심리, 건강, 행동 그리고 관계의 본질

소년은 유행 또는 사회적 관습에 의문을 가지게 되었을 때는 친구의 의견을 듣게 되지만, 학교 문제 또는 커리어, 도덕 등의 문제에 대해서는 부모님으로부터 의견을 구하게 된다. 또한 청소년들은 종종 부모님과 비슷한 의견을 가진 친구들을 선택한다는 점도 주목할 만하다. 물론 청소년들이 그러한 유사성을 부정하는 것도 간과해서는 안 된다.

4. 청소년기에 우정과 또래집단으로부터의 수용은 매우 중요하기 때문에 고립되거나 거절당하는 청소년은 매우 불리한 상황에 처하게 된다. 고독감은 매우 대처하기 힘든 문제로, 특히 주위의 모든 이들이 하나의 집단을 형성하고 있는 것처럼 보일 때 더욱 어려워진다. 이에 현장전문가들은 이러한 집단에 대해 특별한 주의를 기울일 필요가 있다. 앞에서 언급한 바와 같이 청소년기에 친구문제로 고민하고 있는 청소년들을 지원하는 방법에는 여러 가지가 있다.

참고도서

Brown, B (1990) Peer groups and peer culture. In Feldman, S and Elliott, G (Eds) *At the threshold: the developing adolescent.* Harvard University Press. Cambridge, MA.
A review chapter in the Feldman and Elliott text from one of the acknowledged experts on this topic. An excellent summary of the literature.

Cotterell, J (1996) *Social networks and social influences in adolescence.* Routledge. London.
This book by an Australian author covers the research on the social context in which friendship and the peer group operate. It looks at notions of conformity and influence, as well as exploring the difficulties of those who have problems in their social relationships.

Jackson, S and Rodriguez-Tome, H (1993) *Adolescence and its social worlds.* Lawrence Erlbaum. London.
A valuable exploration of the social world of the young person from a European perspective.

Montemayor, R, Adams, G and Gullotta, T (Eds) (1994) *Personal relationships during adolescence.* Sage. London.
An edited collection of chapters by North American writers. It contains some key

reviews of interesting subjects in this area.

Nestmann, F and Hurrelmann, K (Eds) (1994) *Social networks and social support in childhood and adolescence.* De Gruyter. New York.
This book contains chapters based on a conference on this topic. Unusually, the conference papers have combined to make a worthwhile book, so credit is due to the editors here. Somewhat different from other books on this list because of the broader age range being considered, and the developmental perspective which this provides.

청소년과 사회 : 청소년기의 심리, 건강, 행동 그리고 관계의 본질

09

일, 실업 그리고 여가
Work, unemployment and leisure

 은 청소년들은 오늘날 빠르게 변하고 있는 서구의 소비문화에 따라 자신들의 사회활동 및 일과 여가에 있어서 이행(transitions) 국면을 맞이하고 있다. 이러한 소비문화는 개인들의 욕구와 희망이 다양한 상품을 구매함으로써 충족될 수 있다는 기대로 특징 지을 수 있다. 소비 지향적인 사회에서 청소년들의 삶에 대한 상업주의의 영향은 점차 증가하고 있으며 청소년들이 성인으로 이행하는 과정에 심각한 영향을 미쳤을 뿐만 아니라 앞으로도 미칠 것으로 보인다. 현대 산업사회에서 청소년들의 생활경험들은 이러한 소비문화의 확대에 따라 지난 20년간 크게 바뀌었다. 이러한 맥락하에서, 이 장에서는 학교교육, 노동시장으로의 진입, 일과 실업, 실업과 웰빙, 그리고 청소년들의 라이프스타일과 여가를 검토해보고자 한다.

청소년들에 관한 저술에서 Maffesoli(1996)는 Brake(1985)와 다른 연구자들이 지적했듯이 다른 사회적인 모임들과는 다른 방식으로 묘사되고 있는, 1970년대와 1980년대의 청소년 하위문화가 보여주고 있는 매우 지속적이면서도 명확히 드러나고 있는 다양성은 사회계급이나 인종집단, 그리고 성별로 차별화되고 있다고 제안했다. 청소년들에게 있어서 축구팀 응원, 디스코 추기, 술집이나 나이트클럽에 가기 등은 청소년 부류들의 사회적 유대를 대변하는 것으로 비쳐질지도 모른다. 청소년들에게 있어서 이러한 부류에 참여하는 것은, 곧 자신들의 라이프스타일을 유지하기 위해 지불해야 할 수단을 얻고 이용함에 있어서 더욱 큰 어려움으로 작용한다. Coles는 다음과 같이 지적하고 있다.

청소년기의 이행은… 짓궂은 뱀사다리게임(game of snakes and ladders)[1]과 유사하다. 중요한 이행 국면들은 청소년들이 어른으로 성장해 가는 사다리 구실을 한다… 낮은 사회계급 출신이거나 취업

---

1) 역자 주 : 일종의 보드게임으로, 주사위를 굴려서 나쁜 일 칸에 서면 뱀을 타고 후퇴하게 되고 좋은 일 칸에 서면 사다리를 타고 전진하여 목적지에 먼저 도착하면 이기는 게임을 의미한다.

기회가 열악한 지역에서 성장했거나 보호시설에서 성장한 청소년
들, 건강이나 신체에 문제가 있거나 범죄조직에 가담한 경험이 있
는 청소년들은 이러한 이행 게임에서 사다리를 타기보다는 뱀을 타
고 미끄러져 내려갈 확률이 크다. 이들은 성인이 되어 독립심과 자
율성을 갖기 위한 수차례의 시도에서 실패할 확률이 높다. 만약 청
소년들이 지난 25년간 재편되어 왔다면, 이것은 일련의 변화와 연
관된 이행 국면에서 고통받고 상처받기 쉬운 이들의 몫이다. 이러
한 상황에서 적절한 청소년정책을 도입할 경우 이에 따른 사회적
비용은 상당할 것이다. 그러나 그렇게 하지 않을 경우에 발생할 수
있는 사회적 비용 역시 막대한 액수가 될 것이다.

(Coles, 1995, pp. 24-25)

학교교육과 노동시장으로의 이행

Schooling and transitions to the labor market

한 세대 이상 급진적인 변화가 학교교육 전반과 고등교육에서 나타나고
있다. 모든 사회계급의 자녀들은 이제 지속적으로 전일제교육을 받고 있
으며 고등교육은 상대적으로 소수 엘리트보다는 다수의 사람들을 위한
교육이 되었다(Egerton and Halsey, 1993). 교육제도는 인문계열과 실업
계열이라는 큰 틀에서 매우 다양해졌다. 다만, 교육경험이 매우 달라지고
있음에도 불구하고 사회계급과 젠더는 교육경로와 성취에 있어서 중요한
결정요인으로 남아 있다. Jones와 Wallace(1990, p.137)는 성인이 되는 길
이 영국과 서독에서 개인에게 맡겨지지 않고 여전히 출신 사회계급에 따
라 결정되고 있다고 지적한다. 한편, Bourdieu(1977)는 중간계급(middle
class) 출신의 어린이들이 갖고 있는 사회적, 문화적 이점은 능력주의를
강조하는 교육정책하에서 더 커질 것이라고 예견한 바 있다. Zinneker
(1990)에 의해서 밝혀졌듯이 '문화적 자본(cultural capital)' 은 사실상 사

청소년과 사회 : 청소년기의 심리, 건강, 행동 그리고 관계의 본질

회적 이점의 재생산에 있어서 점점 더 중심에 접근해 가고 있다. Ball 등 (1996)은 부모들의 과열과 학교 간 경쟁의 도입이 사회계급과 인종별 양극화를 가져왔다고 지적하고 있다(Brown and Lauder, 1996). 덧붙여, 교육은 부모라는 '고객'에게 자녀들을 위한 적절한 학교를 선별하도록 부추기는 학교순위에 대한 '성적표'를 제공하는 상품으로 '포장'되고 있다 (Furlong and Cartmel, 1997).

청소년들의 학교교육과 관련해서, 독일, 스웨덴, 영국의 통계자료들은 모두 동일한 양상을 보여주고 있다. 인구 전반에 있어서 교육수준은 높아지고 있지만, 교육기회의 불평등은 고등교육 수준에서 여전히 요지부동이다(Apel, 1992, p. 368). 스웨덴의 한 자료에 의하면 육체노동자들의 자녀들이 비(非)육체노동자들의 자녀들보다 대학에 진학하는 정도가 유의미하게 낮다는 점을 보여주고 있다. 이들 중의 대부분은 중등교육만을 이수하거나 전문대와 같이 직업과 연관된 고등교육을 받고 있다. 이들은 학교진학과 관련해서 부모로부터 도움을 제대로 받고 있지 못하며 자녀의 학업성취에 대한 이들 부모의 열망수준 역시 상대적으로 낮았다 (SOU, 1994). 교육과 일에 관한 세대 간의 계급이동을 조사한 Hendry 등 (1993)은 많은 수의 17-22세 연령의 스코틀랜드 청소년들을 분석한 결과 현대 청소년들의 교육과 직업에 따른 지위에 있어서 출신 사회계급의 영향이 여전히 강력하다고 지적하였다. Appel(1992)은 13-29세의 독일 청소년 3,142명에 대한 면접조사를 통해 유사한 결과를 발견하였다. 고등중학교(Gymnasium) 학생 중 70% 이상은 동일한 수준의 학교를 졸업한 부모를 두고 있다. 반면, 낮은 수준의 교육기관(Hauptschule)에 진학한 학생들의 70% 이상은 자신들과 동일한 학력수준의 부모를 두고 있으며, 고등중학교를 졸업한 부모를 둔 학생들 중 단지 6%만이 이 같은 학교에 진학하고 있다.

교육과 불평등은 초기에 시작된다고 알려져 있다. 예를 들어 Jonsson 와 Arnman(1991)은 3,600명의 스웨덴 어린이들을 대상으로 교육단계별 진학과정을 추적해 보았다. 이들이 발견한 사실은 교육경로의 출발점에 서 명확한 사회계급 간의 격차가 발생한다는 점이었다. 상위계급 자녀(자기 집을 소유하고 있는 가정의 자녀인 경우가 75%)의 대다수는 높은 수준의 학업성취도를 보여준 반면, 이주민 자녀들이 높은 학업성취도를 보여 주는 비율(1%)은 매우 낮았다. 대조적으로 노동계급 자녀들의 다수(자기 집을 소유하고 있는 경우가 단지 10%)는 낮은 학업성취도를 보여주고 있으며, 낮은 학업성취도를 보여주는 학생들 중 이주민 자녀들의 비율(25%) 이 높게 나타났다. 초등학교에서의 불평등은 이후 지속적으로 영향을 미친다. 대학진학에 유리한 중등학교에는 상위 및 중간계급 자녀들 중 59% 의 남학생과 48%의 여학생이 진학하고 있지만, 노동계급의 자녀들 중에 는 단지 16%의 남학생, 15%의 여학생만이 진학하고 있다.

영국의 대규모 종단조사에서 Hendry 등(1993)은 다양한 사회기관들 에 대한 청소년들의 태도를 분석하였다. 주변 사회환경에 대한 청소년들 의 일차적인 반응은 학교에 대한 반감, 또래들과의 융합, 부모와의 관계 그리고 어른들의 권위에 대한 태도와 관련이 있었다. 청소년 중반기를 기 준으로 이러한 요인들은 세 가지 뚜렷한 유형으로 나누어졌다. 이 세 가지 유형은 관습적이고 학교 및 가족 지향적인 청소년, 또래 지향적인 청소년, 반감을 가진 또래 지향적인 청소년 등이다. Hendry 등(1993)은 다수의 청 소년들이 '관습적'이지만 청소년들의 소수는 '반감을 가진' 이들로 표현 할 수 있다고 지적한다. Hendry와 그의 동료들은 이러한 '유형'들이 가족 의 사회·경제적 지위와 연관되어 있다고 말한다. 예를 들어 '반감을 가 진' 집단의 청소년들은 '육체노동자' 집안 출신인 경향이 강하고 초기에 학교를 이탈하거나 청소년 후기에 경제활동을 하지 않는 경우가 많다.

  '일찍' 학교를 졸업한 사람들에 대한 일자리 기회가 감소하고 있다는 것을 절감하게 됨에 따라 의무교육 이상의 학교에 진학하려는 경향이 두드러지게 나타나고 있다. 의무교육 이상의 교육에 대한 참여율은 실질적으로 증가하고 있지만, 영국의 현실은 다른 선진국들과 비교해 볼 때 상대적으로 낮은 수준을 유지하고 있다. 유럽국가들의 경우 1990년대 초반에 80%에서 90% 사이의 청소년들이 교육을 받거나 직업훈련을 받고 있는 데 비해, 영국의 경우 이 수준은 단지 50%를 약간 넘고 있을 뿐이다. 그림 9-1에 이를 비교한 그림을 제시하고 있다.

  영국에서 교육 참여율을 높이려는 시도와 관련해, 실업계열 과정들(TVEI나 GNVQ 등)이 중등교육기관과 대학에 도입되었다. 이와 관련해 실업계열이 학생들에 인기가 높다는 증거도 제시된 바 있다(Lowden, 1989 참조). 그러나 실업계 졸업자들의 지위가 일반적으로 낮은 경향이

| 그림 9-1 | 유럽국가들의 18세 청소년들이 교육 및 직업훈련을 받고 있는 비율 (1991-1992)

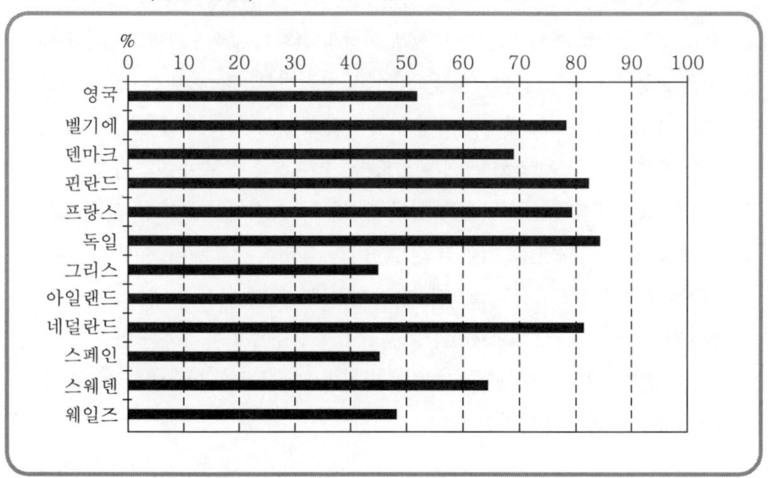

출처 : Coleman(1997a).

있기 때문에, 이러한 계열화는 사회계급, 젠더, 그리고 인종과 관련된 불평등을 증가시킬 수도 있다(Blackman, 1987; Brown, 1987). 학교에서 실업계열은 낮은 학업성취도를 보여주는 노동계급 출신의 학생들이 주로 선택하고 있으며, 중간계급 출신의 학생들은 전통적인 인문계열 교과과정을 선택하고 있다.

인종에 따른 차이와 관련해서 Drew 등(1992)은 16세 백인 청소년들의 학업성취도가 아프리카-카리브해 이민자들의 학업성취도보다 2배가량 높게 나타나고 있다고 보고하였다. 한편, 아시아 이민자들의 성취도는 백인들에 거의 근접한 수준을 보여주었다. 또한 몇몇 연구들은 두드러진 성별차이를 제시하고 있다. 예를 들어, Cross 등(1990)은 아프리카-카리브해 이민자들 중에서는 백인들과 마찬가지로 여학생들이 남학생들보다 학업성취도가 우수한 것으로 나타나고 있다고 지적하였다.

일반적으로, 여자청소년들은 최근의 교육변화에 있어서 큰 혜택을 받고 있다. 1990년대 중반의 여자 청소년들은 초등학교에서 중등교육 및 고등교육 전반으로 진학하는 데 있어서 남학생 이상의 결과를 보여주고 있다. 여학생들은 오늘날 GCSE(영국의 중등교육수료 자격시험, General Certificate of Secondary Education)에서 남학생을 앞지르고 있으며, A-level(영국의 대학입학 자격시험, advanced level)에서도 더 좋은 결과를 보여주고 있을 뿐만 아니라 고등교육에 상대적으로 쉽게 진학한다. 여학생들은 또한 전통적으로 남학생들의 전유물로 알려진 전공분야를 점유해 가고 있다. 이들은 이제 GCSE 수학점수가 남학생들보다 높고 과학과 의료분야에서 대학입시준비 전문학교(Sixth Form College)와 고등교육 학생들에서 차지하는 비중이 증가하고 있다. 현재, 여자청소년들은 남자청소년들보다 의과대학(medical school)에 더 많이 진학하고 있다.

(Roberts, 1995, p. 47)

사회적인 변동들과 교육의 변화 역시 고등교육에 영향을 미치고 있다. 고등교육 입학정원의 증가와 함께 실력 있는 졸업생들의 증가는 고등교육 진학의 확대를 가져왔다(Smithers and Robinson, 1995; Surridge and Raffe, 1995). 확대된 대학교육은 특별히 영국에서 1980년대 후반 빠르게 진행되고 있지만 전 세계적으로 대부분의 산업사회는 동일한 현상을 보여주고 있다. 다만 이러한 변화에도 불구하고, 고등교육에 대한 기회에 있어서 사회계급 간 차이는 여전히 좁혀지지 않고 있다(Halsey, 1992; Blackman and Jarman, 1993). 졸업생들의 향후 전망 역시 보다 계급화될 것이다(Brown and Scase, 1994). Brown(1995)이 제안하고 있듯이, 옥스퍼드나 미국 아이비리그 대학의 졸업장이 덜 알려진 대학기관들의 졸업장보다 매우 큰 '자본'으로서의 가치를 갖는다. 이러한 시각에서 볼 때, 대학의 증가가 고용기회의 평등으로 이어질 것이란 기대는 하기 어려울 것 같다.

분가하기: 지위의 변화

Leaving home : a status transition

학교에서 직업으로의 이행(the school-to-work transition)에 대한 논의를 좀더 확대해 보면, 청소년들이 부모에 의존해 살아가는 기간이 점차 증가하고 있으며 성공적으로 자립하여 분가하기가 점차 어려워지고 있는 점도 언급할 수 있을 것이다(Jones, 1995; Coles, 1995). 의무교육의 확대, 청소년 노동시장의 붕괴, 가족의 가구구성의 변화, 가족과 청소년들을 위한 복지 및 사회정책의 변화는 유럽 여러 나라에서 최근 15년간 청소년들과 관련된 책임감과 권리에 대한 개념을 바꿔 놓고 있다. 이러한 구조적 변화는 단지 현대 청소년들의 현상이라는 맥락에서만 설명될 수 없고 발달과정에 관한 쟁점과 필수적으로 연관되어 있다(Jones and Wallace, 1992). 예를 들어, Jones(1995)는 청소년들의 분가가 청소년들이 어른으로 이행하는 과정에서 발생하는 딜레마의 어떤 측면과 관련되는지를 설명하고 있다.

영국 밖에서, 혹은 안에서, 대부분들의 청소년들이 분가하는 시기는 종종 단지 개인들의 선택의 문제로 치부된다. 기회구조는 누군가에는 지속적으로 허용되지만, 다른 이들에게는 구속요인으로 작용한다.

(Jones and Wallace, 1992, p. 28)

몇몇 연구자들은 서구유럽에서 결혼을 통한 분가가 여전히 일반적이기는 하지만 배우자와 새살림을 장만할 때 분가하는 방식은 줄어들고 있다고 지적한다.

어른으로 성장하는 과정의 한 부분은 부모의 영향에서 이탈하는 것을 포함한다. 대부분의 영국 청소년들에게 있어서 이것은 단계적인 과정이다. Hendry 등(1993)은 17-18세 청소년들 중 단지 6%만이 그들의 집을 떠나고 있음을 발견하였다. 이 연령대 이후에는 성별차이가 나타난다. 여자 청소년들은 그들의 남자 파트너보다 보금자리에서 떠나기 쉽다. 23-24세 연령일 경우에도, 남자들의 절반은 여전히 부모와 함께 살아가지만, 여성들은 1/3만이 가족과 함께 살고 있을 뿐이다. 청소년들의 소수만이 부모가 그들에게 떠날 것을 강요한다고 느끼고 있으며, 이렇게 느끼는 이들은 청소년들(17-18세)이고 육체노동자들의 자녀이다. 다른 연구들은 부모로부터 분가한 청소년들의 다수가 지속적으로 같은 지역에서 살아가며 종종 친인척들로부터 도움을 구하는 경우가 많다고 지적한다(Harris, 1993). 가족생활이 즐겁지 않은 사람들은 집을 잃은 노숙자가 될 위험에 처한 이들로 전락하고 있다. 런던 중심가와 여러 도시들의 거리에서 실업의 파급 효과는 '판자촌(cardboard cities)' 에 거주하는 사람들의 인구분포를 바꾸어 놓고 있다. 자원봉사단체들은 매년 영국에서 20만 명에 이르는 청소년들이 노숙자를 경험하고 있다고 지적하고 있다(Killeen, 1992).

정부는 성인으로의 이행에 대한 지원을 철회하고 있으며, 청소년들을 시민으로 발달시키는 책임을 점차 그들 가족에게 떠넘기고 있기 때문이다. Jones와 Wallace(1992)에 따르면, 청소년들의 취업이나 정부의 사회안정보장제도에 대한 접근, 혹은 가족의 지원이나 자기 집을 갖는 것에 대한 지원 등은 청소년들의 개인적 자질과 모두 관련된다. 결론적으로, 가족과의 갈등을 경험한 청소년들이나 불우한 환경에서 살아가거나 특별한 데 관심을 쏟고 있는 청소년들, 그리고 부진한 성적 때문에 학교를 떠난 이들과 보호를 받지 못하는 이들이 자립해서 살아가기 위해서는 위험을 감수한 채 살아갈 수밖에 없는 것이다.

일과 실업

Work and unemployment

현대사회는 제조업분야는 위축되고 서비스업분야가 확대되고 있으며 탈근대사회는 비숙련노동에 대한 수요의 극적인 감소를 그 특징으로 하고 있다. 현대 노동시장에서의 고용영역은 점차 차별화되고 있으며 취업에 있어 경쟁은 강화되고 있다. 이와 함께 개인들의 학문적 성취도는 경제적 성공을 위한 전제조건이 되고 있다. 지난 30년간 노동시장의 진입은 더 어려워졌고 실업은 대졸자를 포함한 많은 청소년들에 있어서 전환기의 한 전형적인 형태로 자리잡게 되었다. 1970년대에 청소년들은 학교에서 정규직 고용으로 공통되게 옮겨갈 수 있었다. 1980년대 중반부터 1990년대 후반까지 학교에서 직업으로의 이행은 금 가기 시작했고 예측 불가능한 것으로 바뀌어갔다(Roberts and Parsell, 1992a).

경제위기에서 비롯된 전 연령층의 실업증가와 함께 일찍 학교를 졸업한 청소년들은 일을 확보하는 데 있어서 어려움을 겪고 있다. 1980년대 중반에 16세로 학교를 졸업한 대다수는 정부가 지원하는 훈련 프로그램에서 시간을 보냈다(Furlong and Raffe, 1989). 이러한 산업의 변화는 청소년 노동시장의 근본적인 구조조정을 낳았으며(Ashton et al., 1990) 학교에서 직업으로의 이행에 급진적인 영향을 미쳤다. 결과적으로, 16세에 학교를 떠나 노동시장으로 진입하려는 청소년들의 수는 급격하게 감소하였다. 1988년 16세 중 약 52%의 청소년들이 노동시장에 진입했으나, 1990년에는 42%, 1991년에는 단지 34%만이 초기에 노동시장에 진입했다(Payne, 1995). 그림 9-2는 16세에 정규교육을 받는 청소년들의 수가 증가하고 있음을 보여주고 있다.

MacDonald(1997)에 따르면, 학교를 떠나 일을 하고 있는 많은 청소년들은 좋은 취업기회를 많이 잃게 되고 경제적으로 생존하기가 힘들어지면서 '주변경제(marginal economy)'에 종사하게 되었으며, '지겨운 직무들(fiddly jobs)'을 수행하고 있다. 청소년들 사이에 자영업이 증가하고 있기는 하지만, 자영업을 하는 대부분의 청소년들은 학력이 낮고 그들이 하고 있는 사업들은 매우 위험부담률이 높다는 특징을 보여준다(Park, 1994; MacDonald, 1997). 유럽에서 청소년들이 일자리를 찾을 수 있을지 없을지, 어떤 일을 할지는 교육의 유형과 수준에 크게 의존한다. 예를 들어, 독일에서 단지 청소년 실업자의 6%만이 고등중학교(Gymnasium)를 졸업한 데 비해, 74%는 낮은 수준의 교육(Hauptschule)을 이수한 이들이다. 그리고 이들 중 2/3는 노동계급 출신 자녀들이다(Kruger, 1990). 이러한 불이익은 삶 전반에 걸쳐 나타난다. 1992년과 1994년 사이에 낮은 학력을 가진 이들의 실업률은 독일에서 실질적으로 낮은 수준이었지만 이것은

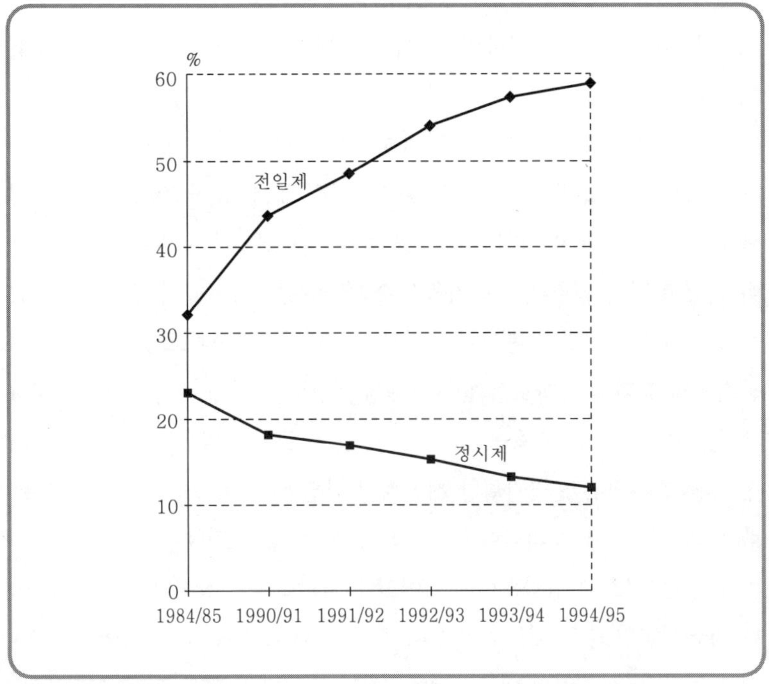

출처 : Coleman(1997a).

단지 좋은 인문계열 학교를 졸업한 이들에 국한된 것이다(Bundersanstalt für Arbeit, 1994). 영국의 경우 Hendry 등(1993)은 학력과 노동시장 지위 사이에 강한 연관성이 있음을 발견하였다. 17-18세 연령 중 전일제 교육을 지속적으로 받은 학생들은 높은 학력을 보여준 데 비해 직업훈련을 받거나 육체노동을 한 이들은 낮은 학력인 것으로 드러났다. 그리고 청소년 실업자들의 대부분은 가장 낮은 학력을 가진 이들이었다. 19-20세 연령에서 이러한 차이는 더욱 분명하게 나타났다. 나아가 가장이 일을 하지 않은 가정의 자녀들은 실업자가 될 확률이 두 배 이상 높았다. 반면, 비육체노동자 출신 가족의 자녀들은 실업자가 될 가능성이 낮았다. 유사하게, 스웨덴에서 청소년 육체노동자 중 높은 비율은 비육체노동자에 비해 취업하기 5년 전에 실업을 경험하였고 정규직 취업을 경험하지 못했다. 노동계급으로 흑인 출신의 자녀들은 중간계급의 자녀들보다 실업문제에 더 관심을 가지고 있었다(16-29세 연령 중 68.5% 대 55.9%; SOU, 1994). 청소년들에게 실업과 실업의 위험은 노동시장 경험에 강한 영향을 미친다. Mizen(1995)은 '1990년대에 졸업을 하자마자 취업하는 것은 예외적인 일이 되었고 많은 청소년 노동자들은 20년 전에는 상상할 수 없었던 방식으로 냉엄한 노동시장의 현실에 직면하고 있다' 고 기술하고 있다. 청소년 노동시장의 붕괴와 사회보장과 실업자에 대한 정책들의 실질적인 철회로 16세 청소년들은 정규교육을 더 받던지, 훈련 프로그램에 참여할 것인지를 선택해야만 한다. 훈련기회가 제한적인 상황에서 청소년들은 이런 프로그램에 대한 가치에 회의적이고 이후의 보잘것 없는 전망에 절망하고 있다. 이와 관련, 청소년 직업훈련에 있어서 지역의 노동시장이나 인간관계를 통한 비공식적인 충원 네트워크 등과 같은 훈련의 맥락(context)이 숙련이나 역량 등과 같은 훈련의 내용(content)보다 더 중요하다고 할 수 있다(Raffe, 1990). Roberts와 Parsall(1992b)은 고용기회가 거의 없는 곳에서 훈련받고 있는 청소년들(낮은 학력을 가진 노동계급 출신이나 소수인종집단 출신)과 같이 청소년 직업훈련에 있어 계급적 고려는 훈련경험의 다양성을 가져왔다고 지적하고 있다. 한편, 모든 청소년들에 있어서 실업에 빠질 위험은 증가하고 있지만 최근 남성실업이 불균등하게 증가하고 있으며 이것은 유럽 여러 나라에서 확인되고 있다(Hammer, 1996).

흑인들의 실업률이 백인 주류보다 빠르게 증가(Ohri and Faruqi, 1988)하고 있으며 다른 한편, 고용된 흑인들 중에는 낮은 임금을 받는 직업에 종사하는 경우가 많아지고 있다(Skellington and Morris, 1992). 다양한 인종

청소년과 사회 : 청소년기의 심리, 건강, 행동 그리고 관계의 본질

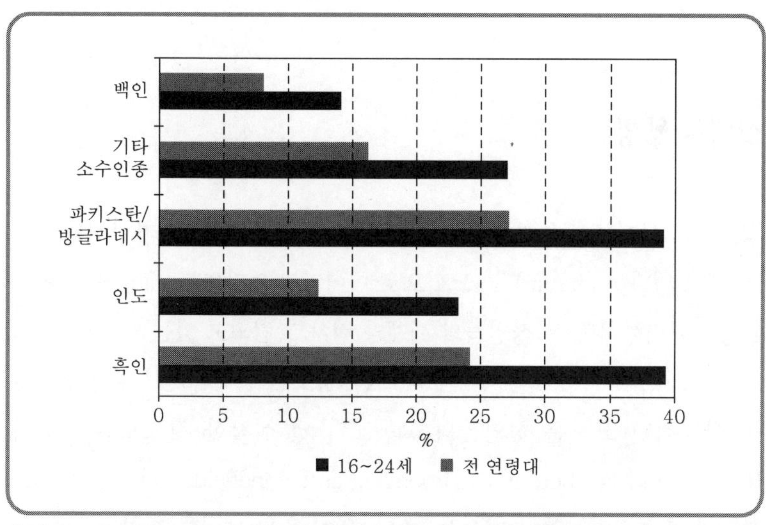

출처 : Focus on Ethnic Minorities(1996), Crown Copyright. Reproduced by permission of the Controller of HMSO and of the Office for National Statistics.

집단들 사이에서 실업률의 차이는 청소년 후기에서 더욱 두드러지고 있다. 영국에서 16-24세 연령층 사이에 실업은 아프리카-카리브해 이민자들(40%)과 파키스탄, 방글라데시 이민자들(35%) 사이에서 가장 높은 데 비해 인디안 이민자들 사이의 실업률은 백인들의 실업률(20%)과 유사하다. 이것은 그림 9-3에서 묘사되고 있다.

청소년들이 취업에 대한 희망을 포기하는 것을 의미하는 노동시장에서의 이탈은 긍정적인 측면을 제공하는 것으로 해석될 수 있을지도 모른다. 젊은 여성들에 있어서 결혼이나 양육상의 이유로 일을 그만두는 등의 노동시장 이탈은 사회적으로 장기간의 실업에 대한 대안으로 받아들여질 수 있다. Furlong과 Cartmel(1997)의 지적에 따르면, 교육과 훈련을 끝내고 나서도 실업을 경험한 몇몇 청소년들은 실질적으로 노동시장에서 이탈하고 있다. 이와 관련하여 이탈을 경험한 청소년들 중 대부분은 남성보다는 여성이 많은 경향이 있다.

실업과 웰빙

청소년들 사이에서 증가하고 있는 정신병, 폭식증, 자살과 자살시도 등은 '미래가 없다(no future)'는 느낌으로 이어지고 있다(West and Sweeting, 1996). 이러한 경향은 성인들의 세계와 점차 고립되고 있는 데 따른 결과이다. Winefield(1997)의 지적에 따르면, 청소년 실업자들이 경험하고 있는 심리적인 고통은 성인들의 고통보다 덜 심각한 것으로 여겨진다(Rowley and Feather, 1987; Broomhall and Winefield, 1990). 그럼에도 불구하고 청소년실업이 지속적으로 높은 비율을 보여주고 있는 것은 여러 가지 이유로 사회의 주된 문제로서 부각되고 있다. 첫째, 가장 명확하게 실업률 그 자체가 매우 높다는 점이다. 둘째, 생애발달이론(lifespan developmental theory)에 따르면, 청소년기의 실업은 정신건강 발달을 저해하는 것으로 알려져 있다(Hendry et al, 1993). 셋째, 청소년실업의 확대는 범죄행위나 다른 반사회적 행동을 초래할지 모른다는 점이고(Thornberry and Christenson, 1984), 자아손상 및 자살 가능성을 증가시키기도 한다(Platt, 1984). 넷째, 직업가치에 나쁜 영향을 미쳐 실업상태에 놓인 청소년들이 직업윤리를 거부하고 실업급여에 의존한 게으른 삶을 동경하게 될지도 모른다는 점이다(Carle, 1987). 그러나 가장 중요한 것은 미래에 사회가 직업윤리의 지속뿐만 아니라 시민으로서 여가를 즐길 줄 아는 기술을 청소년들을 위해 개발하지 않으면 안 되는 상황이 오게 될지도 모른다는 것이다.

Winefield(1997)에 의하면 현재 실업자들은 낮은 자아존중감(self-esteem)을 갖고 있으며, 일을 갖고 있는 사람과 비교할 때 감정적으로 우울해 하고 있음을 지적하고 있다. 두 가지의 설명이 이러한 상황을 잘 대변해 주고 있다. 첫 번째는 실업이 심리적인 행복감을 반감시킨다는 것이다. 이 가설은 '노출(exposure)' 혹은 '사회적 인과(social causation)' 가설이라 한다. 두 번째는 심리적인 행복감이 낮은 사람들은 일자리를 제공받기가 쉽지 않다는 것이다. 이 가설은 '선별(selection)' 혹은 '표류(drift)' 가설이라 한다. 그러나 양 이론은 동일한 연구범위 내에서 공존할 수 있으며 둘 다 타당성을 지니는 것으로 알려져 있다(Nassterm and Kloap, 1994).

Winefield(1997)의 지적에 따르면, 이러한 해석의 복잡성은 심지어 동일한 사회를 분석한 연구들에서도 제기되고 있다. 예를 들어, 학교 졸업자들에 대한 몇몇 종단연구들(longitudinal studies)이 지난 1980년에 호주에서 수행되었다(Tiggeremann and Winefield, 1984; Patton and Noller, 1984; Feather and O' Brien, 1986). 모든 연구들은 동일하게 심리적 행복감이 실업자들보다 취업자들에서 더 크다는 점을 발견했지만, 어떻게 해서 이런 차이가 발생했는지에 관해서는 다른 결론을 보여주었다. Tiggeremann과 Winefield의 연구는 학교를 졸업한 이후 취업을 한 이들의 경우 행복감이 향상되었지만 실업자가 된 이들은 별 변화가 없었다고 지적하고 있다. 반면, Feather와 O' Brien(1986)과 Patton과 Noller(1984)는 취업을 한 이들의 경우에는 행복감에 변화가 없었으나 실업자가 된 이들의 경우에는 행복감이 감소하였다고 지적하고 있다. Winefield 등(1993)은 만족하지 못하는 일자리에 취업한 청소년들이 지속적으로 그들의 동료 중 실업자가 된 이들처럼 정신건강상에 문제를 갖는 것으로 나타났다고 지적한다. Prause와 Dooley(1997)는 지속적인 실업, 간헐적으로 겪는 실업, 비자발적인 파트타임 고용과 전일제 고용 등을 포함하는 '고

용지위의 연속체(continuum of employment statuses)'라고 부르는 개념
을 통해 이 논의를 확장하고 있다. Fryer(1995)는 다음과 같이 지적하고
있다.

> 많은 사람들은 2차 노동시장 내에서 심리적으로 불만족스럽거나 스트레스
> 를 받는 직무, 정신건강을 위협하거나 건강에 좋지 않은 직무 등 학교로부
> 터 노동시장으로의 이행에서 불이익을 갖는 경력을 가지고 있다. 이 모든
> 경우는 노동시장이 임시적이고 파트타임, 단기계약, 그리고 불안정한 고용
> 의 증가, 전일제로 안정적인 고용이 감소하는 곳에서, 가난한 사람들과 부
> 유한 사람들 간의 격차가 확대되고 있는 곳에서, 부가수당이나 임금 그리고
> 근로조건이 열악한 곳에서 발생하고 있다.
>
> (Fryer, 1995, p. 269)

그러나 지역적으로 낮은 실업률을 보여주고 있는 곳에서도 실업의 경
험은 더욱 더 괴로울 수 있다(Jackson and Warr, 1987). 정신적인 문제 때
문에 실업자가 된 이들은 사회적인 이유로 이것이 더 심화되거나 복합적
인 문제들과 직면하게 될지 모른다(Fryer, 1997). 나아가 이전의 실업경험
과 이후의 실업에 대한 정신적 부담은 노동시장에서 많은 사람들에게 나타
나고 있으며 앞으로도 증가할 가능성이 있다. 실업에 대한 부담은 특별히
고민거리로 작용한다. Ullah와 Brotherton(1989)은 영국에서 학교에 다니
는 학생들의 심리적 고민수준이 실업자들만큼이나 높다고 지적하고 있다.
이들은 실업에 대한 지나친 걱정 때문에 이러한 고민을 표현한다. Wilkin-
son(1990, p. 405)은 '우리의 환경과 삶의 표준은 개인들의 사고나 인식과
는 무관하게 더 이상 직접적인 육체적 원인에 의해 영향 받지 않는다. 그
러나 사회적이고 인지적으로 매개된 과정을 통해 그렇게 되고 있다'라고
지적하고 있다. 실업이 정신건강을 악화시키는 사회적이고 인지적인 매

개과정이라는 점은 실업과 정신건강의 관계를 이해하는 데 중요하다고
할 수 있다.

　　이러한 쟁점에 대한 몇몇 간단한 해답은 Hendry(1987)에 의해 초기에
이론적으로 제안된 사실을 다시 거론함으로써 찾을 수 있다. 이것은 실업
의 결과가 우리가 제1장에서 제시한 초점 모형(focal model)을 통해 간단
하게 살펴볼 수 있다. 초점 모형은 어떻게 몇몇 청소년들은 10대 청소년
기를 스트레스로 받아들이게 되었는지, 반면 다수의 청소년들은 어떻게
이를 쉽게 극복할 수 있었는지를 보여주고 있다. 정체성의 위기와 같은
스트레스의 근원이나 역할발달은 드물게 동일한 시점에 나타난다. 이들
은 대체로 스트레스와 역할발달을 분리해서 다루는 경향이 있으며 청소
년들 중에는 거의 혹은 전혀 스트레스가 없는 경우도 있다. 그러나 때때
로 스트레스를 제공하는 몇몇 근원들은 압박에 대처하기 어려울 때 더 증
가하기도 한다. 유사하게 실업에 처한 청소년들은 긍정적인 면과 부정적
인 면을 동시에 경험한다. 부정적인 요인들이 동시에, 그리고 누적적으로
영향을 미칠 때 실업은 다른 청소년기의 위기와 마찬가지로 괴로운 체험
이 될 수 있다. 종종 몇 가지 긍정적인 요인들의 영향은 실업자가 된 청소
년들에게 이러한 경험을 쉽게 극복할 수 있게 해주기도 한다. 사실상 가
족의 지원, 즐거운 여가생활, 좋은 시기 등은 하는 일 없이 오랜 시간을 보
내게 되더라도 실업을 극복할 수 있도록 도움을 주기도 한다.

　　이러한 명백한 역설은 긍정적인 측면과 부정적인 측면 간의 균형을
통해 실업을 청소년들을 위한 경험으로 해석함으로써 해답을 제공해 줄
수 있을 것이다. 오히려 초점 모형에 따르면, 실업과정의 실재는 어려운
심리적, 사회적 쟁점들을 개인들이 성장해 가며 헤쳐 나가는 일련의 과정
이라고 할 수 있다. 문제는 몇몇 쟁점들이 중첩될 때 나타난다. 이러한 요
인들은 극복하기 위한 전략을 발달시키거나 고민이 증가하는 단계에서

실업을 겪게 되면 부상하게 된다. 이것은 실업의 기간이 아주 길지라도 고용에 대한 집착이나 몰입이 높은 수준을 유지하고 있다는 사실을 보여주는 증거이다. 고용에 대한 몰입이 높은 수준이라면 실업자가 된 사람들 사이의 고민의 수준도 높아지게 된다. 이것은 청소년들로 하여금 접근 가능한 직업을 얻기 위해 지속적으로 경쟁할 것을 유도할 수도 있는 것이다.

청소년, 여가와 라이프스타일

'풍요로운 10대(affluent teenager)'는 처음에 서구유럽에서 전후 붐세대(the post-war boom)의 현상 중 하나였다(Davis, 1990). 청소년들에게 안정적이고 비교적 충분한 고용여건이 제공되는 시기에는 임금이 상승하고 새로운 상품시장도 등장하였다. 그러나 Davis는 이러한 경향이 청소년들의 다른 집단들, 예를 들어 전일제 교육을 받거나 전일제 직장에 취업한 이들과 실업상태에 놓인 이들, 백인과 흑인들, 그리고 젊은 여성들 간의 차이를 얼버무리는 경향이 있었다고 지적하였다. 나아가 최근 들어, Stewart(1992)는 청소년들의 전반적인 구매력이 다른 소비자집단과 큰 차이가 없었지만 소비행위가 대부분 '비본질적인' 혹은 여가시장에 집중되고 있기 때문에 이들 간의 차이는 주로 '재량과 관련된(discretionary)' 요인들에 놓여 있다고 지적하였다. 시민권은 Coleman과 Warren-Adamson (1992)이 지적하고 있듯이 영국이라는 맥락 아래에서는 일치하지 않았다. 몇몇 권리들은 16세가 되어야 가능했지만 다른 권리들은 26세까지 허용되지 않았다.

Ziehe(1994)는 가족배경, 사회계급과 성장지역이 미래의 라이프스타일에 대해 거의 영향을 미치지 않고 있으며, 근대사회가 청소년들에게 라이프스타일에 대한 선택과 압력을 동시에 주고 있다고 지적하였다. 달리 말해, 이것은 사회에서 개인주의가 확산되고 있음을 의미한다고 볼 수 있다. 이것은 개인들이 일체감을 갖는 조직이 중복되어 복잡해지고 있고 일상적인 사회적 관계로부터 주어지는 역할들을 수행하는 데 있어서 '스타일'의 범위를 정할 수 있게 되었음을 의미한다. Maffesoli(1996)가 현대사회의 '신인류(neo-tribes)'에 관해 논의했을 때 이 점을 지적한 바 있다. 이러한 부류의 '스타일'은, 그러나 유동적이고 상대적으로 일시적이며 발달하고 있는 청소년들의 라이프스타일에 영향을 미치는 '배태된(embedded)' 가치들을 포함하고 있을 가능성이 있다.

Hendry 등(1993)은 영국에서 사회계급이 청소년들의 여가에 대한 흥미에 영향을 미친다는 점을 발견하였다. 중간계급의 청소년들은 더욱더 조직화되고 성인들의 여가와 관련된 오락이나 클럽에 참여할 가능성이 높고 또래들과 함께하는 자유로운 여가활동에 참여할 가능성은 낮다. 추가적으로, 18-20세 연령의 청소년들에게서의 경제적 지위는 이들의 여가에 특히 영향을 미쳐왔다. 실업자가 된 청소년들은 소비적인 여가활동에 참여하기가 쉽지 않았으며, 뒷골목에서 또래집단과 함께 하는 클럽 모임에 주로 참여하였다. 실업상태에 놓인 많은 청소년들은 일하고 있는 또래들과 동일한 여가활동을 할 수 없는 경우가 많다. 그들은 자신들의 나이와 어울리지 않는 청소년 클럽들과 그들이 향유하기에는 너무 돈이 많이 드는 성인들의 여가 사이에 방황하고 있었다. 다른 유럽 사회에서 여가 패턴은 유사하게도 계급적 차이를 반영하고 있다. 예를 들어 스웨덴의 비육체노동자 출신의 청소년들은 노동계급 부모들의 자녀보다 높은 수준의 여가활동에 참여하였다(SOU, 1994). 이것은 스포츠클럽이나 지역 도서관의 방문, 신문읽기 등 조직화된 활동의 경우 확실히 드러난다. 노동계급 출신의 자녀들은 여행을 덜하며 해외여행을 경험하기 힘들다(Vogel et al,

1987). 독일에서 낮은 수준의 중등학교(Hauptschule) 출신이거나 부모의 교육수준이 낮은 집안 출신의 청소년들은 고등중학교 출신이거나 부모가 높은 교육수준을 보여주는 청소년들에 비해 조직화된 여가활동에 참여할 가능성이 낮다.

일반적으로, Hendry(1983)는 소년과 소녀 양자의 여가 패턴이 세 가지 단계를 거친다고 보았다. 그것은 '조직화된 여가(organised leisure)', '자유로운 여가(casual leisure)' 그리고 '소비적인 여가(commercial leisure)'이다. 이러한 단계적 변화에 있어서 대체로 소녀들보다는 소년들의 이행이 늦게 이루어진다. 조직화된 여가는 스포츠의 참여나 어른들이 주도하는 활동들로, 13-14세 연령 때부터 감소하는 경향이 있다. 자유로운 여가는 친구들과 함께 하는 것으로 16세 무렵부터 감소하는 경향이 있다. 소비적인 여가는 16세 이후 가장 두드러지는데 영화관람이나 디스코텍, 술집 등에 출입하는 것이 여기에 해당된다. 예를 들면, 평균적으로 16-24세 청소년들은 일주일에 네 번 정도 술집을 방문하고 있다(Willis, 1990).

스코틀랜드 청소년들에 대해 대표성을 갖는 것으로, Coleman(1974)의 다른 경험에 대한 자료를 활용하여 분석한 Hendry(1993)는 초점 모형(focal model)의 공식에 기초해 초기 연구(original study)와 연관된 쟁점으로서 연령 트렌드가 나타나고 있음을 발견하였다. 이것은 놀랄 만한 것으로, Hendry(1983)가 제안한 청소년 여가이행에 있어서 연령 트렌드를 확인해 주고 있다. 즉, 지역의 주변사람들과 함께 하는 자유롭고 비공식적인 여가활동이 청소년 중기에 정점에 달하고 이후에는 급격하게 떨어지는 데 비해 소비적인 여가는 지속적으로 청소년 후기까지 중요성이 증가한다고 하였다. 성별차이는 이러한 여가이행단계에서도 발견되는데, 젊은 여성의 경우 지역의 주변사람들과 쉽게 친해졌으며, 술집출입의 증가는 젊은 남성들의 경우에 더 빨리 나타났다. 이 결과는 확실히 청소년들의 여가참여가 사회계급적인 배경과 연관되어 있음을 보여주는 것이라 할 수 있지만(사회계급 간 차이는 소비적 여가참여보다는 자유로운 여가참여와 관련된다), 핵심적인 발견은 여가참여에 있어서 연령 트렌드가 모든 사회집단에서 유사하게 나타난다는 점이다.

성별차이에는 매우 명백한 증거가 존재한다(Furlong et al, 1990). 모든 단계에서 여자청소년들의 여가참여는 젠더와의 관련성 속에서 이루어진다(Griffin, 1993; Lees, 1993). 지난 30년 동안 여자청소년들의 여가 패턴은 바뀌어왔지만, 젠더는 여전히 실제적인 여가활동의 참여에 있어서 강한 설명요인으로 남아 있다(Glyptis, 1989; Wold and Hendry, 1998 참조). 특별히 여가의 기회는 '공간(space)' 사용에 있어서 관습에 의해 제약을 받는다. Coakley와 White(1992)는 남자친구나 형제들을 동반하지 않고 여자 혼자 당구장에 가는 것을 금기시하는 관습이 있음을 지적하고 있다. 대조적으로 남자의 경우 출입이 어려운 장소는 거의 찾아 볼 수 없다. Hendry 등(1993)은 많은 여가공간들이 남성 위주로 되어 있고 여성들을 위한 공간은 집에서 이루어지는 활동(home-based activities)으로 제한된다고 지적하였다. 이들은 여성문화가 '베스트 프렌드'를 강조하고 소집단 내에서의 관계를 지향하며 집단적인 모임에 참여하는 것은 심리적으로 불안정한 것으로 해석되는 경향이 있음을 제기하였다. 그러나 미래의 참여방식은 이러한 성별차이가 줄어드는 방향으로 진전될 것이다.

Coakley와 White(1992)는 남자청소년들이 남성다움을 강조하는 스포츠 활동이나 경쟁을 통해 위세를 높이는 것을 중요시한다는 점을 지적하였다. 반면, 여자청소년들은 스포츠 활동에 참여하기를 꺼려하고 그들의 여성다움을 위협하는 여가활동에 참여하는 것을 회피한다. 스포츠 활동의 참여에 초점을 맞추어, Hendry 등(1993)은 13-20세 연령대에서 스포츠

활동에 남자청소년들의 3/4이 참여하고 있는 데 비해 여자청소년들은 절반만이 참여하고 있는 것으로 나타났다고 지적하였다. Coakley와 White(1992, p. 32)는 스포츠 활동에 참여할지에 대한 결정은 청소년들이 자신을 보는 관점과 사회에서 그들을 바라보는 시각이 통합적으로 연관되어 이루어진다고 지적하였다. 즉, 청소년 전반에 있어서 스포츠 참여는 줄어 들고 있지만 여자청소년들의 경우 남자보다 훨씬 일찍부터 이 같은 추세가 나타나고 있다(Hendry et al, 1993).

집에서 이루어지는 여가활동에 대한 참여는 TV나 비디오 시청, 팝 음악이나 라디오 청취를 제외하고 성별로 다르게 나타나고 있다(Furnham and Gunter, 1989). 영국의 일반가구조사(General Household Survey)에 따르면(OPCS, 1995), 남자청소년들은 자신을 위한 활동(Do-It-Yourself)과 정원 가꾸기에 시간을 보내는 반면, 여자청소년들은 양재나 뜨개질에 시간을 보냈다. 여가활동에 있어서 성별차이는 지난 15년간 거의 변화하지 않았다. Fitzgerald 등(1995)은 아일랜드 청소년들의 여가활동에 관한 면접조사를 진행한 바 있다. 미국이나 영국과 마찬가지로 아일랜드 청소년들의 가장 대중적인 활동은 남녀를 불문하고 TV 시청, 라디오 청취, 친구 만나기, 음악 듣기, 친구 사귀기, 신문과 잡지 읽기 등이었다(Trew, 1997).

여가에 관한 일반적인 논의로 돌아가 보면, Jaffe(1998)는 미국에서 청소년들은 깨어 있는 시간의 40%를 자유롭고 정해지지 않은 여가에 사용하고 있으며, 생산적인(productive) 시간은 29%, 먹거나 허드렛일 등의 '유지(maintenance)' 활동에 31%를 보내고 있다고 말하고 있다(Csikszentnihalyi and Larson, 1984; Larson and Richards, 1989). Jaffe는 다른 사회의 10대 청소년들이 미국보다 학교 일과 가사에 훨씬 많은 시간을 할애하고 있다고 지적하였다. 청소년들은 가족상황에 의존하는 자유시간을 어떻게 가

청소년과 사회 : 청소년기의 심리, 건강, 행동 그리고 관계의 본질

질 수 있게 되었는가? 예를 들면, 편모 가정의 여자청소년들은 파트타임 직무를 가질 가능성이 높고 자신의 여가시간을 갖지 못하는 경우가 많다 (Zick and Allen, 1996). 어른들처럼 많은 청소년들은 읽고 자고 음악을 듣는 것과 같은 자신만의 시간을 소비하는 데 있어서 어린아이보다 더욱 더 만족해 하는 경향이 있다. 남자청소년들은 여자청소년들보다 스포츠 시청, 비디오 게임 즐기기와 혼자 시간을 보내는 경향이 강하다(Woodroffe et al., 1993). 여자청소년들은 남자청소년들보다 친구들과 쇼핑하기, 대화하기, 책과 잡지 읽기에 더 많은 시간을 보낸다(Bruno, 1996). 이들은 외식을 하고 영화나 연극, 콘서트나 교회에 가거나 친구나 친지들과 만나는 것을 좋아한다. 여자청소년들은 남자청소년들에 비해 덜 활동적인 여가를 즐긴다. 이들은 집밖에서 자유로운 시간을 보내기를 원하지만 종종 초저녁에 귀가할 것을 요구받는다. 나아가 이들은 낮은 급여를 받기 쉽고 용돈도 적으며 자기유지를 위한 비용이 많이 든다(Roberts et al., 1989; Furlong et al., 1990). Van Roosmalen과 Krahn(1996)은 캐나다의 청소년 문화가 성별로 가사, 파트타임 직무 그리고 스포츠 참여에 있어서 큰 차이를 보여주고 있음을 발견하였다.

'고된 시간(hard time)'을 위한 향락주의

Hedonism for 'hard times'

Parker 등(1998)은 유년기에서 청년기로의 이행과 성인으로의 이행이 더욱 더 길어지고 있으며 불확실한 과정으로 되고 있다고 지적한다. '위험 사회(risk society)' (Beck, 1992)에서 장기간에 걸친 불확실성의 시대에 모든 청소년들은 주관적으로 불확실성을 느끼고 있지만, 객관적으로 볼 때 '실패'의 위험수준은 여전히 인종, 젠더, 경제력, 부모의 배경, 학력, 이웃에 따라 다르게 나타난다. 이런 사회적 조건 아래에서 발달과정과 '길잡이(signposts)'에 문제가 있는 곳에서 청소년들이 일상생활의 어려운 현실을 잊고 심리적인 부담을 덜기 위해 향락을 즐기는 것은 새삼 놀라운 일이 아니다. 이와 같이 더욱 더 복잡해지고 급격하게 이루어지는 사회적 변동 상태에서 성장에 따른 위험을 감수하고 즐거움을 추구하며 어려움과 유혹에 대항해 나가는 것으로 다양한 사회적인 관례들을 고려해 볼 때 당연한 일들로 보인다. Parker 등(1998)에 의해 '비용-편익에 따른 위험(cost-benefit risk)'이라고 불리는 것은 청소년들이 술, 약물이나 흥분상태에서 어떻게 벗어날 것인가를 결정하는 정교한 심리·사회적 과정이라고 할 수 있다.

이러한 불확실성 및 위험과 관련해서, Parker 등(1998)은 위험관리가 많은 청소년들에게 관례화된다는 측면에서 흥미위주의 약물복용이 규범화되는 과정을 제안하고 있다. 추가적으로 Gofton(1990)은 젊은 술꾼들의 행동을 검토하였는데, 젊은 술꾼들의 행동방식은 나이든 술꾼들의 행동방식과 달랐다. 이것은 음주량과는 관련이 없고 청소년들이 채택하고 있는 의례나 패턴과 관련이 있다. 젊은 술꾼들에게 있어서 술을 먹는 목적은 일차적으로 주말에 '벗어나고 싶은' 심정이자 통제에서 풀려나고 싶다는 것이다. 섹스는 음주를 통해 얻을 수 있는 중요한 결과이며 '이성을 잃어' 위험한 행동을 해도 용서받을 수 있는 길이다. 알코올 도수가 높은 술을 파는 술집들은 술자리에서 술자리로 휴식 없이 이동하는 게 가능할 만큼 빨리 취하려고 하는 젊은 술꾼들에게 인기가 있다. 이러한 추구는 현실에서의 '높고' '신비로운' 변화를 갈망하는 것이라고 할 수 있다.

청소년들에게 있어서 분출과 현실의 변모, 사회적 모임의 소속의식에 대한 욕구가 중요한 바, 이것은 종종 술자리에 대한 성인들의 정당화와 비교된다(Klee, 1991; McKenna, 1993). 레이브(rave)와 클럽문화는 우선적

으로 분출과 현실도피가 요구되는 곳에서 '고된 시간을 위한 향락주의'
의 전형으로 간주될 수 있다. 나아가 Makay(1996)는 레이브문화의 기원
이 1960년대로의 회귀와 '펑크(punk)' 정신의 거부에 있다고 지적하고
있다. 그는 1960년대 히피(hippies)[2]들의 전통적인 은신처로서 이비사
(Ibiza)[3]에 초점을 맞추면서, 약물과 대안문화와 관련된 역사적인 방향을
제공한 것으로 향락주의를 들고 있다.

> 2주간의 여름휴가는 첫 주말, 그리고 다음과 그 다음 주말에 절정에 달했
> 다. 클럽에 들어가기 위해 음울한 런던 거리에 줄을 서서 기다리는 얼굴이
> 검게 탄 청소년들이 해변가 모양으로 장식된 댄스 플로어에서 나이트클럽
> 복장으로 해변가에서나 입는 옷을 입고 있는 것이 문제가 되는가? 영국인들
> 은 해외여행 패키지를 그들 스스로 패러디하고 있다. 이비사에서 발레아레
> 스식의 비트가 댄스 리듬으로 흘러나오고 댄스 플로어에서는 호기심을 자
> 극하며 신선한 사운드가 들려온다. 이런 것들은 영국의 DJ들과 청중들을
> 집으로부터 빠른 속도로 불러 모았다.
>
> (Makey, 1996, p. 105)

Makey는 어떻게 리버풀의 '스캘리델리아(Scallyderia)' 나 맨체스터의
'맨체스터(manchester)' 와 같은 지역운동들의 중심지는 런던이라는 관념
에 도전하여 지역의 새로운 스타일과 최신 정보를 제공할 수 있었는지 살
펴보았다. 나아가 다른 청소년들의 무대와는 달리 클럽문화는 한 지붕 아
래 다양한 연령대와 사회적 배경 그리고 인종들을 수용해 왔다는 사실은
명백해 보인다. 약물은 클럽 무대의 발달에 중심적인 역할을 수행했으며

---

2) 역자 주 : 기성세대의 가치관과 사회제도를 부정하고 완전한 인간성의 회복과 자연으
   로의 복귀를 주장하며 자유를 추구한 1960년대 젊은이들을 지칭하는 개념
3) 스페인 발레아레스 주에 있는 섬.

무언가 바뀌어가고 있다는 느낌을 갖도록 하는 데 도움을 주었다.

　테크놀로지 사회에 대한 참여는 다른 차원으로서 Griffiths(1995)에 의해 연구되었다. 탈출과 흥분, 그리고 불확실성과 변화에 대한 분출이 나타나는 곳에서 이루어지는 청소년들의 도박과 슬롯머신에 대한 논의에 있어, 그는 이것이 인간과 기계 간의 상호작용으로서 테크놀로지의 중독을 낳을 수 있다고 지적하고 있다. 또한 그는 수동적인 시청자(TV 중독)로부터 적극적인 참여자(노름꾼)로 전환하는 도박의 발달 모델을 제안하고 있다. 이것은 전화 채팅이나 인터넷과 비디오 게임의 발달이라는 미래에 대해 중요한 함축성을 지닌다. 나이 어린 청소년들에 관한 한 조사는 남자아이의 경우 일주일에 4시간, 여자 아이의 경우 일주일 2시간가량 비디오 게임을 즐기고 있다고 보고하고 있다(Funk, 1993). 몇몇 청소년들은 집이나 게임방에서 일주일에 15시간 이상 비디오 게임을 즐기기도 한다. 많은 비디오 게임들은 게임 테마로 폭력을 다루고 있다. 많은 어린이들과 10대들은 종종 여성을 희생자로 다루는 폭력을 상징하는 행동들로부터 기쁨

| **그림 9-4** |　TV 시청자에서 병적인 도박사(pathological gambler)에 이르기까지의 가능한 경로에 대한 발달 모델

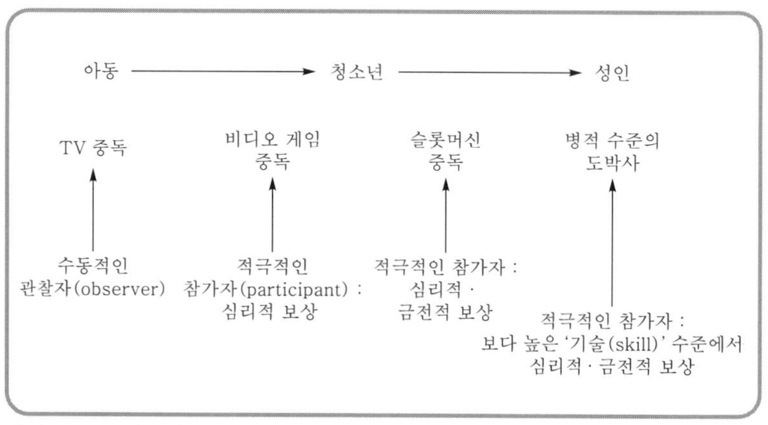

출처 : Griffiths(1995).

　청소년과 사회 : 청소년기의 심리, 건강, 행동 그리고 관계의 본질

을 얻고 있다(Stasburger, 1995). 폭력적인 게임이 때때로 게임을 하는 사람들의 호전성, 불안, 그리고 공격성을 증가시킨다는 지적이 제기되기도 한다(Anderson and Ford, 1987 참조).

청소년들은 영화, TV 프로그램, 음악 CD, 테이프, 음반, 컴퓨터 게임, 만화, 잡지, 신문, 그리고 인터넷과 같은 미디어 산물의 최대 소비자가 되었다(Palladino, 1996). Arnett(1995)는 청소년들의 사회화에 있어 중요한 새로운 근원으로 문화환경의 변화를 살펴보았다. Arnett는 청소년들이 오락거리, 정체성의 형성, 자극, 청소년문화를 받아들이는 한 방식으로 미디어를 사용하고 있다고 지적하였다. Roe(1995)는 '시간 때우기(killing time)'와 분위기전환과 통제를 포함하여 이 논의를 확대해석하고 있다. TV 시청은 '어린이들과는 달리 청소년들의 경우 부정적인 감정상태에 대한 반응에 더욱 더 민감하며… 청소년들이 학교나 동료들과의 관계에서 경험한 스트레스를 해소하고 자신을 환기시키는 기회(Roe, 1995, p. 544)'가 될 수 있다. 오락이라는 측면을 제외하고 미디어의 사용은 청소년들에게 발달론적으로 상당한 영향을 미친다. 청소년들이 선택한 미디어 산물은 '인생의 가능성에 관한 정보의 추구로서… 그들 자신과 자신들의 세계관의 중요한 측면을 반영한다'고 할 수 있다.

일반적인 용어로 여기에서 제안되고 있는 것은 '위험사회'의 예측불허의 상황에 대한 청소년들의 대응이 확대되고 있는 여가영역에서 이용가능한 흥미와 도전으로써 일상생활의 불확실성을 '여가의 공간'으로 옮겨가는 것이며 위험관리가 더욱 더 개인적으로 통제될 수 있음을 보여주는 것이기도 하다. 이것은 젠더나 사회계급과 같은 다른 사회집단의 많은 다양한 몰입들에 대해 Maffesoli(1996)의 견해와 일치한다. 다른 한편, 이와 같이 명백히 개인적인 선택들은 여전히 젠더나 사회계급, 교육 및 부와 같은 전통적인 요인들에 의해 영향을 받을 것이다. 그러나 현대사회에서 보여지는 확실한 차이는 이러한 요인들이 테크놀로지와 소비지향적 사회의 다양한 프리즘을 통해 여과된다는 점이다.

결론

이 장에서 우리는 청소년들이 성인사회로 이행하는 데 빠른 사회경제적 변화가 어떤 영향을 미치는지를 검토해 보았다. 청소년 발달에 영향을 미치는 사회 전체적 변화의 다양한 측면들을 고려해 보면서 우리는 젠더나 사회계급 그리고 인종이라는 전통적인 불평등이 여전히 존재하고 있다는 점을 교육제도에 대한 검토를 통해 살펴보았다. 노동계급의 자녀들과 특정 인종집단의 자녀들은 불이익을 받는 반면, 여자청소년들은 최근 상대적으로 성공에 도달하고 있음을 알 수 있었다. 10대 시절에 독립을 획득하고 자아를 확립하는 과정으로서 분가를 살펴보았다. 독립과 정체성이 중요한 발달론적 쟁점이 되고 있는 상황에서 노동시장과 정부의 정책이 청소년들로 하여금 좀더 그들의 가족에 의존하게 만들고 있음을 보여주었다. 청소년기를 설계하는 다른 개인적인 근거로서 취업과 실업이 고려되었고 다시 여기에서 불평등의 측면을 확인하였다. 이것은 청소년들의 심리·사회적인 발달과 정신건강에 대한 실업의 영향에 관한 토론을 이끌어냈다. 청소년들의 여가활동은 젠더나 사회계급과 관련이 있었으며 '조직화된' 여가로부터 '자유로운' 단계를 거쳐 '소비적인' 활동으로 이행하는 여가활동은 청소년들의 발달과 관련이 있었다. 이 장은 현대 테크놀로지 사회에 대한 반응(Beck, 1992)으로서 청소년들이 '위험한' 여가활동을 왜 추구하는지에 대해서도 검토하였다. 성인들이 청소년들의 이행을 돕는 한 가지는 심리·사회적인 삶의 기술(skill)에 대한 적절한 레퍼

청소년과 사회 : 청소년기의 심리, 건강, 행동 그리고 관계의 본질

토리를 발달시킬 수 있도록 돕고 용기를 주는 것이다. 이러한 레퍼토리는 컴퓨터의 사용, 읽기, 쓰기, 경제적인 행위, 향후 방향에 대한 이해, 시간표 짜기, 살림과 개인 간의 친분 쌓기 등과 같은 기본적인 삶의 기술로 확장될 수 있을 것이다. 청소년들은 여가시간이나 직업생활에서 만족할 수 있는 능력을 키우는 것이 필요하다. Clausen(1991)은 역량의 사회화가, 자신의 지적 능력과 사회적 기술, 그리고 자신의 행동과 다른 사람들의 반응을 정확하게 평가하는 것을 포함해 자신의 능력을 어떻게 극대화하고 확대시킬 수 있는지를 파악하는 것이 중요하다는 점을 강조하였다. 나아가 더욱 중요한 것은 이러한 역량을 일상생활에 적용할 수 있는가에 달려 있다.

우리는 모든 삶의 기술을 가르칠 수 없다. 그래서 우리가 제안하는 것은 청소년들이 '학습을 위한 학습' 전략, 곧 그들 스스로 그들의 학습을 조직화하는 데 있어서 필요한 것이 무엇인지를 배울 수 있는 기술을 발전시키는 것이 필요하다(Hendry, 1993 참조). 대체로 청소년들은 삶의 기술들을 사용하는 방식과 맥락을 책임감 있게 판단하는 것을 배우지 못하고 있다. 이와 같이 이들은 새로운 상황에 자신들의 기술을 사용하는 데 어려움을 가지고 있다. Nisbet과 Shucksmith(1984)는 학습전략으로부터 과업을 중심으로 매우 세부적인 기술을 식별하는 위계적인 학습모형을 제안했다. 전략들은 자기감시, 재고찰 그리고 자기평가와 같은 활동들의 일반화된 절차와 단계, 고단수의 기술들로 표현된다. 또한 이러한 전략들은 학습을 위한 학습이란 틀 내에서 대부분 인지되고 있으며, 개인들이 선호하는 학습과 사고방식, 학습맥락에 대한 적응, 대안적인 전략에 대한 인지 등을 일깨워준다. Furntratt과 Moller(1982)는 이것을 '과업해결을 지원하는' 기술이라고 언급한 바 있다.

이것은 인지적인 영역뿐만 아니라 정신운동, 예술, 음악, 여가와 삶의

다른 측면을 포함한 다양한 사회적 영역들에서 문제해결 및 탐색과 관련
된 '고유한 기술들(appropriate skills)'로서 Gardner(1984)가 지능에 대해
광의로 정의한 것과 일맥상통한다. 그러므로 우리는 자기관리(계획, 시간
관리, 목표설정, 자기강화)와 일반적인 문제해결능력(목표의 조작화, 정
보수집, 의사결정)과 같은 다른 '학습을 위한 학습' 전략들을 사회적인
기술에 추가해야 한다고 본다. 이러한 일반화된 기술들은 여가와 직업생
활, 일상생활에서 필요로 하는 매우 구체적인 기술들을 획득하는 데 도움
을 준다(Kloep and Hendry, 1999). 현대사회에서 청소년들이 직면하게
될지 모르는 다양한 도전들이 무엇이든지 간에 사용할 수 있는 기술들을
보급하는 작업이 청소년들에게 제공되어야 할 것이다.

Implications for practice

시 · 사 · 점

1. 오늘날 청소년들의 고용상황을 고려해볼 때 우리들은 1980년대와
   1990년대에 걸쳐 나타난 광범위한 변화를 짚고 넘어가야 한다. 노동
   시장 진입이 지연되고 있는 것은 청소년기 후기와 성인기 초기에 취업
   할 수 있는 기회에 관한 청소년들의 생각뿐만 아니라 교육과 훈련에 대
   해서도 깊이 있는 함축적 의미를 갖는다. 이러한 상황은 특별히 사회적
   으로 불이익을 받고 있는 사람들에게 특별히 강한 효과를 미치고 있다.

2. 실업이 성인들보다 청소년들에게 덜 유해한 영향을 미친다는 연구가
   제시된 바 있다. 이것은 실업이 단기간에 머무는 것으로 인식되고 있기
   때문이거나 이들에게 더욱 더 많은 지원이 이루어질 수 있다고 보기 때
   문이다. 명확한 것은 사회적 지원이 이 연령대에게 실업의 심리적 교정
   을 결정하는 중요한 역할을 담당한다는 것이다. 청소년들과 젊은 성인
   들이 일의 가치에 주목할 만큼 헌신하며 매우 열악한 조건 속에서도 지

속적으로 취업기회를 찾는 것 역시 중요하다.

3. 여가 패턴이 집과 학교에 기반한 활동들로부터 사회 전반에 걸친 활동으로 단계적으로 진화하는 전형적인 패턴을 따르고 있다는 것은 명백해 보인다. 여가 패턴은 젠더와 사회적 배경에 따라 결정되며 20세기 후반 취업 패턴과 기회의 변화로부터 영향을 받았다. 개인들에게 직업 전망이 점차 제한적으로 바뀔수록 여가는 점차 두드러지게 될 것이다. 이것은 고용으로부터 만족을 얻기 힘든 상황에서 향락주의적인 여가 패턴이 뚜렷해지고 있음을 의미한다. 미래에 대한 희망이 보이지 않게 되면서, 청소년들에게 고된 시간들은 '지금 당장' 기쁨을 주는 것을 추구하게끔 하고 있다.

참고도서

Furlong, A and Cartmel, F (1997) *Young people and social change*. Open University Press. Milton Keynes.
This excellent book charts the shifts in society over recent decades and shows how these have affected the lives of adolescents and young adults. Policy issues are addressed in the context of the UK and other European countries, and, as an overview of the position of young people in a rapidly changing world, the book can be strongly recommended.

Hendry, L, Shucksmith, J, Love, J and Glendinning, A (1993) *Young people's leisure and lifestyles*. Routledge. London.
The research documented in this book was carried out in Scotland, and is based on a large sample of young people from various backgrounds. The research looked not only at leisure, but at the general pattern of activities and achievements of this group of adolescents. Numerous findings from this study are referred to in the course of the 'Nature of Adolescence'.

MacDonald, R (Ed.) (1997) *Youth, the 'underclass', and social exclusion*. Routledge. London.
Over the last few years there has been a growing concern about the idea that marginalised young people may become part of an underclass, permanently excluded from adult society. This book explores the notion of an 'underclass' through a series of well-written essays, and convincingly shows the improbability of this idea. A landmark book in the literature on disadvantage and youth.

Roberts, K (1995) *Youth and employment in modern Britain.* Oxford University Press. Oxford.
Here, the author looks at the changing nature of the labour market, and the way in which this has influenced the lives of young people. An important contribution to an understanding of the way employment lies at the heart of the transition to adulthood in our society.

Winefield, A, Tiggeman, M, Winefield, H and Goldney, R (1993) *Growing up with unemployment: a longitudinal study of its impact.* Routledge. London.
In this book, the authors report the results of a longitudinal study of unemployment in Australia. One of the few studies of this sort, this book's conclusions make a significant contribution to the literature on the impact of unemployment on young people.

10

The Nature of
Adolescence

청소년과 반사회적 행동

Young people and anti-social behaviour

반사회적 행동의 확산
Prevalence of anti-social behaviour

반사회적 행동의 위험요인들
Risk factors in anti-social behaviour

반사회적 행동에 대한 개입
Interventions in relation to anti-social behaviour

시사점
Implications for practice

일반적으로 범죄, 반달리즘(vandalism)[1], 자동차 절도, 축구 훌리건과 다른 반사회적 행동들은 젊은 사람들에 대한 이미지와 밀접하게 관련되어 있다. 이러한 이유로 여기에서 반사회적 행동에 대한 방지와 대처방법, 반사회적 행동의 확산, 범죄에 참여하는 사람들의 특성, 문제행동의 다른 형태들과 같은 쟁점들을 포괄적으로 살펴볼 필요가 있다. Rutter 등(1998)이 지적한 것처럼, 지난 10년간 두 가지의 중요한 사안이 제공됨에 따라 이러한 고찰을 진행하기가 훨씬 수월해졌다. 첫 번째는 이 문제에 관한 새로운 발달론적 시각과 함께 반사회적 행동에 대한 종단적인 연구가 진행되었다는 것이고, 두 번째는 젊은 범죄자들에게 보다 적합한 반사회적 행동에 관한 처방안들이 제시되었다는 것이다. 우리는 이 장에서 이러한 사항들에 대해 다루고자 한다.

여기에서는 용어사용과 관련해 짧게 살펴보는 것이 좋을 것이다. 반사회적 행동과 관련해 사용되고 있는 용어들은 매우 다양하며 그 의미 역시 언제나 명확한 것은 아니다. 구별이 필요한 용어들은 '반사회적 행동', '심리 · 사회적 장애(psychosocial disorder)', '문제행동(problem behavior)', 그리고 '행동장애(behaviour disorder)' 등이다. 이 장에서 우리는 '반사회적 행동' 이란 용어를 우선적으로 고려하였다. 이 용어는 필수적으로 처벌을 요하는 것은 아니지만 범죄적인 행동을 가리킨다. '범죄행동(offending behaviour)' 과 '비행(delinquency)' 이란 용어도 사용되었다. 어린이들과 젊은 사람들은 법정 출두가 필수적이지 않은 반사회적 행동에 관여할 경우 범죄에 대한 책임이 부과되지 않는다는 사실도 중요하다. '심리 · 사회적 장애' 란 넓은 범위의 행동들을 다루며 단지 범죄적인 행동만이 아니라 우리가 제7장에서 살펴본 우울증, 자살기도 등을 포함한다. Rutter and Smith의 고전인 『청소년들의 심리 · 사회적 장애(*Psychosocial disorders in young people*)(1995)』에서도 범죄, 학대, 우울증, 자살과 식습관 등을 다루고 있다.

---

1) 역자 주 : 도시의 공공시설이나 문화예술을 파괴하는 행위.

다음으로, '문제행동' 이란 Jessor와 그의 동료들의 논의와 관련이 있다. Jessor는 이 용어를 일탈을 이겨낼 수 있는 개인들과 위험한 행동에 몰입하기 쉬운 개인들을 묘사할 때 사용하였다. 이러한 몇몇 행동들은 범죄나 난잡한 성행위와 같은 것을 포함하고 있지만 항상 그런 것은 아니다(Jessor and Jessor, 1977). 이 개념은 Farrington과 그의 동료들이 묘사한 '반사회적 경향' 이란 개념과 유사하다. 이들은 이를 측정하는 척도를 고안해 냈으며(Farrington, 1995 참조), 범죄나 다른 위험한 행동들이 함께 이루어진다고 보았다. 마지막으로, '청소년 행동장애' 란 의료적인 맥락에서 종종 사용된다(Gaoni et al., 1998). 이 증후군은 관심 및 결핍 장애 등을 포함한다. 이를 아주 정확하게 정의하는 것은 어려움이 따르는 바, 분노, 외로움, 고립감, 거짓말, 싸움 등 반사회적 행동의 정의에 포함되는 행동들도 다루고 있다.

반사회적 행동의 확산

이 주제에 관한 많은 논의들은(Smith, 1995; Steinberg, 1996; Rutter et al., 1998) 반사회적 행동이 유럽사회와 북아메리카에서 증가하고 있다고 지적하고 있다. 예를 들어 Rutter 등(1998)은 1950년부터 1990년에 이르는 기간 동안 영국에서 범죄가 5배 증가했으며 이러한 범죄의 대다수가 25세 미만의 청소년들에 의해 이루어졌다고 지적하였다. 이와 유사하게, Steinberg는 미국에서 18세 이하의 청소년들 사이에서 꾸준히 범죄가 증가하고 있으며 특별히 이 연령대에서 폭력범죄가 극단적으로 증가했다고 보고하고 있다. Smith(1995)는 유럽사회에서도 유사한 경향이 발견되고 있음을 지적하였다. 그러나 여기에는 몇 가지 부가적인 설명이 요구된다. 첫째, 이러한 분석들의 대부분은 대개 30년이나 40년간의 장기간에 걸친 역사적인 추이를 다루고 있다는 점이다. 좀더 최근의 지난 몇 년간은 완전히 동일한 결과를 보여주고 있지 않다. 영국에서 1980년과 1990년 사이에 기소된 범죄행위를 저지른 청소년들의 수는 약간 감소하였다. 추가적으로 기록된 범죄의 실제 수준은 경찰의 처리절차와 자료수집방법에 따라 차이를 보여주고 있다. 확실한 사실은 공식적인 통계가 청소년들의 반사회적 행동에 관한 부분적인 정보만을 제공해 준다는 점이다.

이러한 실정에 따라 이 연령대의 범죄행동의 실제 수준을 평가하기 위해 개인응답에 의존한 조사가 이루어졌다. 이러한 방법이 처음 사용되었을 때 나타난 결과들은 약간 놀라운 것이었다. 캠브리지 연구(the Cambridge study, West and Farrington, 1977)에서 런던에 사는 96%의 청소년들은 적어도 10가지의 범죄행위(도둑, 폭력, 강도, 반달리즘 그리고 약물남용 등을 포함해) 중 한 가지를 저질렀다고 하였다. 그러나 단 33% 만이 이러한 범죄행위로 인해 유죄판결을 받았다(Farrington, 1989). 다른 연구들(Huizimga and Elliott, 1986) 역시 대부분 60%에서 80% 수준인 것으로 보고하고 있듯이 비교적 범죄행동의 수준이 높았다. 영국에서 이에 대한 가장 최근 연구는 Graham과 Bowling(1995)에 의해서 수행되었다. 이들은 14세에서 25세 사이의 55%의 남자와 31%의 여자가 생활하면서 범죄행동을 적어도 한 번 저질렀으며 연구가 진행된 해에는 28%의 남자와 12%의 여자가 범죄와 범죄행위를 저지른 것으로 나타났다.

Farrington(1995)이 언급하고 있듯이 더욱 더 심각한 범죄들을 고려했을 때 공식자료와 개인들의 응답에 기초한 결과는 유사하지만, 개인들의 응답에 기초한 결과는 공식적인 통계로부터의 기대수준보다 항상 높게 나타나고 있다. 캠브리지 연구에서 (심각하고 빈번하게 이루어지는) 최악의 범죄자들을 살펴보면, 심각한 범죄행위를 저지른 62%는 법정에서 죄의 대가로 처벌받았다(West and Farrington, 1977). 개인응답에 기초한 연구들은 또 다른 중요한 결론을 제기하고 있다. 백인들보다 소수민족들이

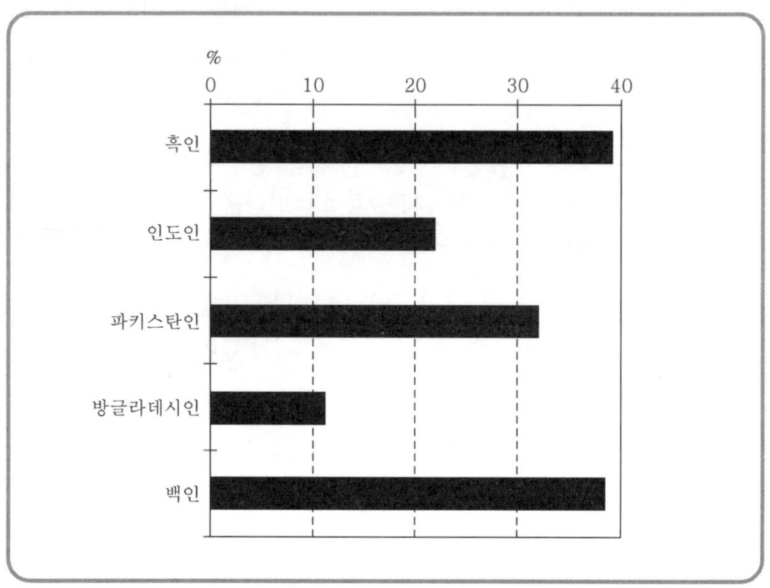

출처 : Focus on Ethnic Minorities(1996), Crown Copyright. Reproduced by permission of the Controller of HMSO and of the Office for National Statistics.

공식통계에서 빈번하게 범죄를 더 저지르고 있는 것으로 나타나고 있으나 개인응답에 기초한 조사결과는 소수민족집단 출신들이 더 많은 범죄행위를 저질렀다는 사실을 뒷받침해 주고 있지는 못하다. 미국(Krisberg et al., 1986)이나 영국(Graham and Bowling, 1995)의 범죄율에 있어서 문화권 간의 차이가 거의 없다는 사실은 매우 분명하게 나타나고 있다. 공식통계와 개인 설문조사 결과 간의 불일치에 대한 가장 좋은 설명은 경찰들이 소수 공동체 출신의 청소년들을 다루는 방식에서 나타나고 있다. 모든 개인 설문조사들은 경찰들이 소수민족 청소년들을 덜 관용적이고 거칠게 다루며 쉽게 체포하는 경향이 있음을 보여주고 있다. 그림 10-1은 인종별

| **그림 10-2** | 영국과 웨일즈의 연령별 유죄판결, 또는 형사소추가 통고된 연령별 인구 10만 명당 수(1995년)

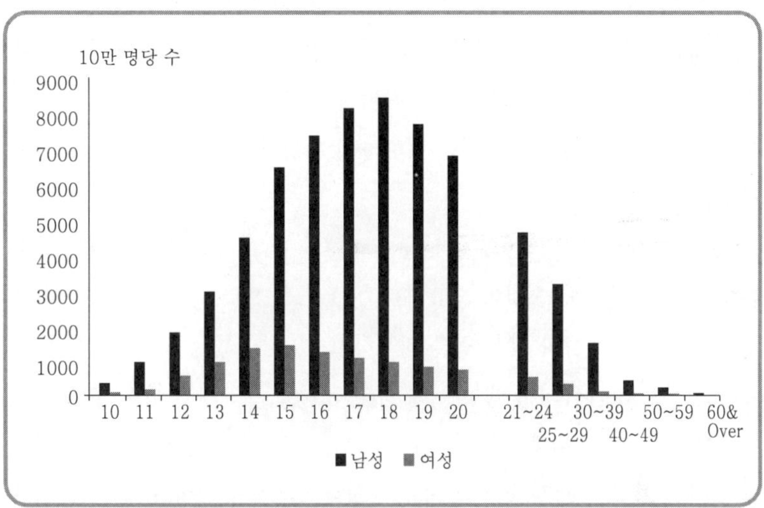

출처 : Criminal Statistics, England and Wales, 1995. London: HMSO(1996).

범죄율을 보여주고 있다.

반사회적 행동의 또 다른 특징을 살펴보면, 이러한 행동이 연령집단 간에 동일하게 분포하고 있지 않다는 점이다. 대부분의 최근 통계는 남자의 경우 18세에 가장 높은 범죄율을, 여자의 경우 15세에 가장 높은 범죄율을 보여주고 있다. 연령별 분포는 그림 10-2에 제시되어 있다. 이러한 현상은 반사회적 행동의 원인에 관한 논쟁을 촉발시켰다. 왜 반사회적 행동은 청소년기와 밀접한 관련이 있는가? 왜 청소년들이 성인이 되면 이러한 행동이 감소하는가? 이 질문에 대한 명확한 답변은 없지만, 저자들은 몇 가지 진전된 제안을 제시하고 있다. 몇몇은 법을 잘 지키는 행동을 북돋아 주는 사회적 유대가 다른 시기보다 청소년기에 약하다고 지적 (Gottfredson and Hirshi, 1990)하는 데 비해, 다른 사람들은 동료집단의 영향과 권위에 대한 필연적인 반발심이 이 단계의 반사회적 행동 저변에

깔려 있다(Emler and Reicher, 1995)고 믿는다. 대부분 일치하는 견해는 만족스러운 답변을 찾아내기 위해서는 더 많은 작업이 필요하다는 것이다. Smith는 '청소년 범죄곡선은 생물학적인 발달과 성숙을 반영한 결과로 보이지만 세부적인 과정이 구체적이지 않고 왜 성인이 된 후 갑작스럽게 이러한 행위가 중단되는지는 이해하기 어렵다'(Smith, 1995, p. 173)고 지적한다.

우리가 반사회적 행동의 확산을 고려했을 때 행동유형에 있어서 광범위한 차이를 인식하는 것이 중요하다. Rutter 등(1998)은 최근 들어 이 분야의 연구에서 다음과 같은 점을 지적하고 있다. 이들은 종단연구를 통해 밝혀진 것으로 반사회적 행동은 세 가지 유형으로 크게 구분할 수 있다고 생각했다. 첫째, 과다행동장애(hyperactivity)[2]와 중첩되는 반사회적 행동유형이다. 이것은 때때로 어린 시절에 시작되는데 인지적, 사회적 문제와 연관되어 성인시기까지 연장되는 경우도 있으며, 적어도 초기에는 약물치료를 통해 치료가 가능하다는 결과를 보여주기도 한다. 두 번째 유형은 매우 빨리 흥분하는 반사회적 행동이다. 선행 연구들은 이러한 '문제' 행동으로서 흥분이 학령기 전에 발생하기도 한다고 지적한다. 이러한 유형의 반사회적 행동은 '생애 전반의 지속성'이라고 불리는 것으로, 청소년기와 성인기에도 지속되기 쉽다. 마지막으로 발달단계 중 청소년기에만 발생하는 반사회적 행동이 있다. 이것은 세 가지 유형 중 가장 많은 사람들한테서 찾을 수 있다. 첫 번째와 두 번째 유형이 중첩해서 나타난다는 점을 보고하는 경우도 있다. Rutter와 그의 동료들은 '반사회적 행동의 이질성에 대한 자각은 이것을 연구하고 다루는 방식에 의해서 명확하게 드

---

2) 역자 주 : 들떠 있고 가만히 앉아 있지 못하며 일정시간 동안 한 가지 일에 집중하지 못하는 증상을 보이는 행동증후군.

| 표 10-1 | 발달단계별 범죄행위의 추이(남성 709명)

아동기 (0~14)	청소년기 (15~20)	초기 성인기 (21~29)	실측치	비율	기대치
1. 범죄	범죄	범죄	38(t)	5.4	4
2. 범죄	범죄	무죄	17	2.4	16
3. 범죄	무죄	범죄	8	1.1	13
4. 범죄	무죄	무죄	18(at)	2.5	48
5. 무죄	범죄	범죄	41	5.8	33
6. 무죄	범죄	무죄	81(at)	11.4	123
7. 무죄	무죄	범죄	64(at)	9.0	100
8. 무죄	무죄	무죄	442(t)	62.3	371

$P(c)^b$ = 11.4%, $P(c)$ = 25.0%, $P(c)$ = 21.3%

주 ; a : 각 셀의 유의도검정은 다중비교(multiple comparisons)를 통해 조정되었음.

    b : 범죄를 기록한 사람들의 비율

    t : 5%의 유의수준에서 기대치보다 높음.

    at : 5%의 유의수준에서 기대치보다 낮음.

출처 : Stattin and Magnusson(1996).

러난다. 인과적으로 다른 경로들은 다른 하위범주에 따른 것일지는 모르 겠지만, 이에 대한 다른 처방은 우리가 그러한 행동의 안팎에서 대안적인 경로에 관해 무엇을 알고 있는가에 의존하는 경향이 있다'(1998, p. 377).

이 분야에서 가장 가치 있는 종단연구 중의 하나는 Magnusson과 Bergman(1990), Stattin과 Magnusson(1996)가 스톡홀름에서 수행한 연구이다. 이 연구는 어른 시절부터 30세까지 성장한 700명의 남성들을 대상으로 살펴보았으며 Rutter 등(1998)에 의해 지적된 바와 같이 매우 근접해서 범죄행동의 기록을 수집하였다. 여덟 가지 유형이 해당 유형별 표본에서의 비율과 함께 표 10-1에 제시되어 있다. 응답자의 5%는 모든 단계에서 반사회적 행동을 보여주고 있으며 11%는 단지 청소년기에만 반사회적인 행동을 보여주고 있다. 표본 중 약 38%는 적어도 세 단계 중 한 번은 반사회적 행동을 보였다. 특별히 흥미로운 발견은 첫 번째 단계에서 반사회적 행동을 보여준 이들이 때때로 범죄행동을 보여준 사람들의 14%를 차지하고 있다는 점이다. 그러나 이 집단은 전체 표본에서 모든 범죄행위의 약 60%인 것으로 나타나고 있다. 이것은 의심할 여지 없이 '생애 전반의 지속성'을 보여주는 집단이며 가장 심각한 범죄행위자들인 것이다.

반사회적 행동의 위험요인들

선행 연구들은 반사회적 행동이 많은 변인들과도 연관되어 있음을 보여주고 있다. 이러한 요인들은 젠더, 가족 배경, 집, 학교와 이웃, 그리고 반사회적인 동료집단을 포함한다. 여기에서 위험요인들에 대한 논의와 반사회적 행동의 원인에 관한 논의를 구분하는 것이 중요하다. 우리는 현재까지도 여전히 이러한 행동유형 아래에 놓여 있는 정확한 이유를 밝혀내기 어렵다. 이전 논의에서 살펴보았듯이 반사회적 행동의 다른 유형들은 정확히 다른 원인들을 갖고 있는 것으로 보인다. 그러므로 우리는 원인을 직접적으로 논의하는 것보다 반사회적 행동과 관련된 위험요인들을 살펴보는 것이 안전하게 접근하는 것이라고 생각한다. 우리는 여러 변인들 각각을 이후에 살펴보고자 한다.

그림 10-2는 반사회적 행동의 두 가지 특징을 보여주고 있다. 연령만이 이러한 행동의 확산에 영향을 미치는 명백한 요인이 아니라 추가적으로 범죄행동은 여성보다 남성의 경우 더 빈번하게 발생한다는 것이다. 참으로, 젠더는 반사회적 행동과 연관된 핵심변수 중의 하나이다(Lyon, 1997). 범죄의 대다수는 남성에 의해 이루어지고 이것은 반사회적 행동의

본질에 관한 핵심적인 질문을 떠올리게 한다. 왜 반사회적 행동은 여성보다는 남성에게서 현저하게 나타나는가? 많은 다양한 이론들이 이러한 현상을 설명하고 있다. 예를 들어 남자와 여자의 동료집단은 다르게 기능하는데, 남자 아이들의 특성상 더욱 더 위험하며 경쟁적이고 뚜렷하게 남성다움을 강조하는 행동을 수반하며 반권위적이고 쉽게 비행을 저지르곤 한다는 것이다(Maccoby, 1990, 1998). 또 다른 관점은 Emler와 Reicher(1995)에 의해서 제안되었다. 이들은 성 정체성이란 관점에서 젠더의 불균형에 대한 네 가지 이유를 설명하고 있다. 첫째, 이들은 여자 아이는 범죄가 일어나는 곳에 잘 가지 않는다고 지적한다. 둘째, 여자 아이일수록 안전하지 않은 환경에서 스스로를 방어하기 위해 거친 행동을 할 가능성이 높지 않다고 지적한다. 셋째, 여자 아이들은 권위에 대항하는 경우가 적기 때문에 권위에 도전하는 모습을 보여줄 가능성이 줄어들게 된다고 지적한다. 넷째, 여자 아이들은 집에서 주로 생활하고 부모와 근접해서 지내며 부모가 자신들의 친구들을 알고 있을 가능성이 높고 부모가 동료집단의 행동을 감시하기 쉽다는 점이다.

완전히 다른 견해 중의 하나는 남성이 여성보다 더욱 더 호전적이며 이들의 특성이 좀더 범죄성과 연관되어 있다는 주장이다(Smith, 1995). 추가적으로 Rutter 등(1998)의 지적에 따르면, 반사회적 행동의 한 가지 유형과 연결된 특성으로서 과다행동장애 등의 가능성이 남자 아이의 경우가 더 높다는 점을 들 수 있다. 개인응답에 기초한 설문조사들은 공식통계에 비해 성별차이가 크지 않다는 점은 매우 중요한데(Junger-Tas et al., 1994), 치안판사와 경찰들의 태도가 남녀 간 차이의 크기를 설명하는 역할을 제대로 수행하고 있는지는 모르겠다. Graham과 Bowling(1995) 역시 범죄에 관심을 집중하지 않고 성별차이를 탐색하고 있다. 이 글의 관점에 따르면, 여자청소년들은 초기에 집을 떠나 자신의 가정을 일찍 꾸리며 어린 나이에 성인역할을 수행하게 되는데, 이 같은 사실은 여성이 범죄에 덜 관여할 뿐만 아니라 발달의 초기단계에 이러한 행동을 중단한다는 점을 뒷받침해 주고 있다.

젠더라는 주제 이전에 우리는 남성과 여성의 차이가 최근 몇 년간 좁혀지고 있음을 주목해야 할 것이다. 여자 불량배가 늘어나고 거리에서 더욱더 극단적인 행동을 보여주며 싸우는 일이 많아지고 있다. 이에 대한 뚜렷한 증거는 없지만 영국의 공식통계는 여성이 처벌받는 사례가 증가하고 있으며 이러한 추세는 지난 15년간 변화 없이 지속되고 있다. 이러한 특징은 그림 10-3에 나타나고 있다.

| **그림 10-3** | 유죄판결을 받거나 형사소추가 통고된 연령 집단별 10만 명당 여성의 수(1985–1995년)

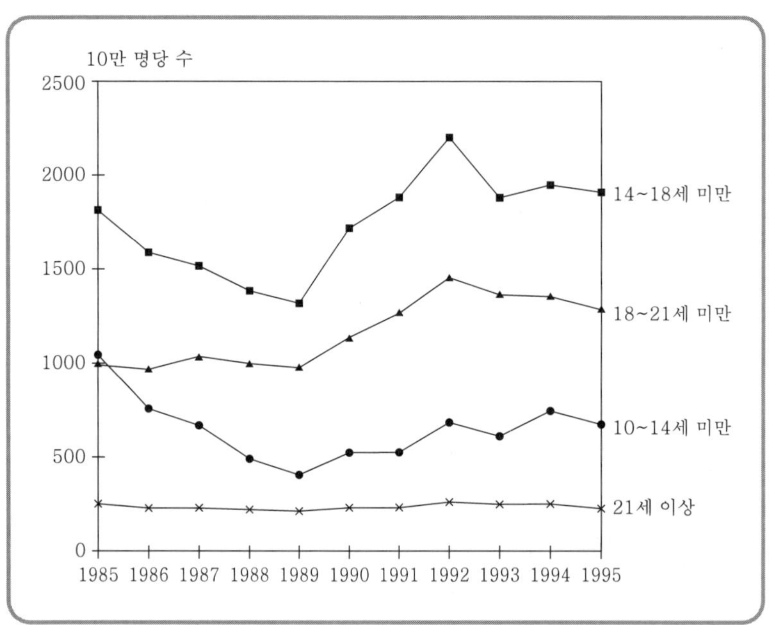

출처 : Criminal Statistics, England and Wales, 1995. London: HMSO(1996).

청소년과 사회 : 청소년기의 심리, 건강, 행동 그리고 관계의 본질

　　가족의 역할을 살펴보면, 대부분의 연구들은 가족요인이 반사회적 행동에 매우 의미있는 관계가 있음을 지적하고 있다. 영국, 미국 그리고 스칸디나비아 국가들을 비교분석한 Loaeber와 Staouthamer-Loeber(1986)의 연구는 가족이 반사회적 활동과 관련되는 네 가지 방식을 제안하고 있다. 첫 번째, 그들은 부모가 그들의 자녀와 함께 하지 않고 자녀들이 하는 일과 자녀들이 만나는 사람들을 알지 못하는 태만한 자세를 지적하였다. 태만의 두 가지 요인은 여기에서 중요하다. 이것은 부모가 자녀들을 관리감독하는 데 소홀히 해서 발생하는 것과 자녀들의 생활에 단순히 참여하지 않았다는 이유로 발생하는 것이다. 몇 가지 예로, 보스턴의 캠브리지-서머빌 연구의 자료를 사용하여 분석한 McCord(1979)는 부모의 관리감독 소홀이 아이들의 폭력과 범죄의 가장 중요한 요인이었다고 보고하였다. Robins(1978) 역시 세인트루이스에 대한 그녀의 장기간에 걸친 연구에서 관리감독 소홀이 이후의 범죄행위와 지속적으로 관련되고 있음을 지적하였다.

　　Loaeber와 Staouthamer-Loeber가 두 번째로 지적한 것은 직접적인 폭행이나 불화 또는 폭력, 난폭하고 변덕스러우며 일관되지 않은 집안의 규율 등과 같은 집안에서의 갈등이 핵심적인 역할을 수행한다는 점이다. West와 Farrington(1977)의 캠브리지 연구나 Kolvin 등(1990)의 뉴캐슬 사우전트 가족연구 등을 포함한 많은 연구들은 이러한 주장을 뒷받침해 주고 있다. 세 번째로 지적할 수 있는 또 다른 변수는 부모 자신들의 일탈행동이나 가치 등이다. 예를 들어 Hagell과 Newburn(1996)이 지속적인 범죄자들에 대해 연구에서 젊은 사람들이 범죄기록을 갖고 있느냐, 아니냐를 결정하는 중요한 요인 중의 하나는 그들의 부모가 전과가 있는지의 여부였다고 한다. Loaeber와 Staouthamer-Loeber가 지적한 네 번째 쟁점은 '가족 붕괴 패러다임(disruption paradigm)' 이라고 하는 것이다. 이것은 결혼생활의 불협화음이나 이혼, 부모의 질병이나 부모 중 한 분의 부재로 인해 태만이나 갈등이 가족 내에서 발생하는 경우를 의미한다. 많은 저자들은 질병이나 이혼 그 자체는 반사회적 행동과 관련이 없다고 지적하고 있지만 많은 경우 이러한 주장을 지지하고 있다. 오히려 이것은 이러한 일들로부터 태만이나 불완전한 양육 또는 상습적인 갈등이 발생한다는 사실과 관련이 있다.

위의 네 가지 요인 모두는 청소년의 반사회적 행동과 연관되어 있지만 첫 번째 요인인 태만이 가장 큰 설득력을 지니고 있다. 추가적으로 가족의 불리한 조건이 많을수록 반사회적 행동을 보일 가능성은 커진다. 다른 주제로 넘어가기 전에, 가족요인들이 범죄행위의 징후를 예견하는 데 매우 의미가 있는 것처럼 이러한 행동을 단념하게 하는 데도 중요한 역할을 담당한다고 볼 수 있다. 부모와의 관계회복은 반사회적 행동을 막는 데 유효한 영향을 미치며 여러 문헌들은 결혼이 범죄행동의 감소에 영향을 미쳤다고 주장하고 있다. 캠브리지 연구에서 West(1982)는 22세에 결혼한 젊은 사람들이 이 시기에 결혼하지 않은 사람들보다 범죄를 범하지 않는 경향이 있음을 보여주고 있다.

우리는 여기에서 이미 제8장에서 자세하게 다룬 동료집단에 대해서는 논의를 별로 하지 않았다. 많은 저자들에 따르면, 반사회적인 동료집단과의 관계가 범죄행동을 설명하는 유효한 요인으로 지목되고 있다. 그러나 이것은 전반적으로 명확하지는 않은 바, 청소년들이 서로에게 영향을 미치는지, 범죄가 혼자 저지르기보다는 집단적으로 이루어진다고 장담할 수 없기 때문이다. 유사한 성향이나 흥미를 가진 이들이 함께 모이고 일탈행동을 하는 청소년들의 경우 동료집단을 형성하기 쉽다. 의심할 바 없이, 청소년들의 비행과 자신들의 친구들의 비행 간에는 높은 연관성이 있을 것이다. 미국국립청소년조사(the American National Youth Survey, Elliott et al,

1985)에서 동료가 비행 청소년인지의 여부는 개인이 응답한 비행활동에 있어서 매우 독립적으로 영향을 미치는 것으로 나타났다. 이와 유사하게 Agnew(1991)는 동료와 친밀하거나 동료에 대한 압력이 큰 청소년일수록 이러한 관계가 가장 강하게 나타났다고 지적하였다. 그러나 Farrington (1995)은 여전히 해석에 문제가 있다고 지적하였다. 만약 범죄행동이 집단적 행위라면 비행청소년들은 필연적으로 비행을 저지르는 친구를 가지고 있어야 한다. 이것은 동료집단이 반드시 사람들을 범죄로 이끈다는 것을 의미하지는 않는다. 비행청소년을 친구로 두고 있는 것은 비행의 지표일지는 모르지만 원인은 아니라는 것이다.

우리는 이제 사회적, 환경적 요인들과 반사회적 행동 간의 관계를 살펴보고자 한다. 사회계급과 범죄는 연관되어 있다는 것이 일반적인 가정이지만 오늘날 논평자들은 불리한 환경에서의 생활과 관련된 요인들을 더 중시하고 있다. 예를 들어 사회계급보다는 빈곤이 청소년들의 행동과 경험에 더 큰 영향을 미친다. 첫째, 가난한 이웃과 함께 살아가는 가정의 부모들은 자녀들의 행동을 지원하고 관리감독을 하는 데 소홀하기 쉽다 (Sampson and Lamb, 1994). 둘째, 빈곤은 이웃과의 사회적 관계를 결정하고 이것은 역할 모델이나 성인으로 이동하는 데 있어서 청소년들을 위한 적절한 방안을 제공하기 어렵게 만든다(Bolger et al., 1995). 마지막으로 빈곤지역에서 폭력이 빈번하고 이것에 노출되어 있다면 청소년들의 행동에 이러한 환경이 영향을 미칠 것이다.

사회적 불이익이 청소년들의 반사회적 행동과 연관되어 있다는 것은 의심할 바 없는데 지난 15년간의 연구들은 어떻게 이러한 연관성이 이루어지는가에 대해 몇 가지 시각을 제시하고 있다. Conger 등(1994)은 미국 아이오와 농촌지역의 378개 가족들을 대상으로 종단연구를 수행해 부모와 청소년기의 자녀들에게 미치는 경제적 압박의 영향을 고찰하였다. 그

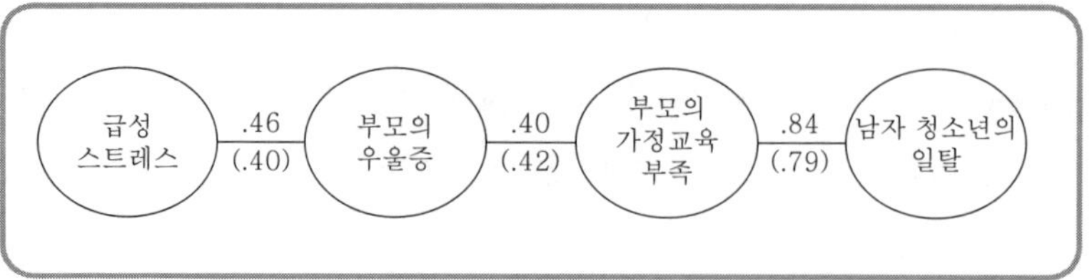

주 : 위의 수치는 아버지 척도(father measure)의 상관계수, 아래 괄호 안의 수치는 어머니 척도(mother measure)의 상관계수를 나타냄.

출처 : Data from Oregon study, adapted from Conger et al.(1995).

결과는 경제적인 압박이 간접적이기는 하지만 영향을 미친다는 사실을 보여주었다. 오레곤에서 이루어진 연구에서 Conger 등(1995)은 가족의 스트레스(수입의 감소나 심각한 질병, 사고 등)를 살펴보았는데 자녀들의 비행에 대한 스트레스의 영향은 이것이 부모의 우울증과 자녀에 대한 낮은 규율을 통해 이루어지고 있음을 알 수 있었다. 그림 10-4는 이러한 연구결과를 나타내 주고 있다. 따라서 사회적 불이익과 관련해 가족 이내의 요인들은 이웃의 영향과 빈곤한 공동체의 사회적 환경의 영향만큼 중요하다고 할 수 있다.

반사회적 행동에 대한 개입

Interventions in relation to anti-social behaviour

지금까지 다룬 위험요인들에 대한 고찰은 반사회적 활동을 줄어들게 할 수 있는 효과적인 개입방안을 수립하는 데 도움이 된다. 특별히, 가족과 동료집단 그리고 이웃의 역할은 개입방안이 발달시킬 수 있는 맥락들을 구체화시키고 있다. 그러나 이를 살펴보기 이전에 우리는 처방 프로그램 상의 두 가지 다른 방식을 논의하고자 한다. 선행 연구들은 충동성(impulsivity)과 낮은 지능이 반사회적 행동의 발달에 있어서 위험요인임을 지적하고 있으며(Rutter et al., 1998), 이러한 측면을 고려하지 않을 때 몇몇 중요한 개입 프로그램들은 가치를 잃을지도 모른다. 첫째, 충동성과 관련해 반사회적인 활동을 하는 청소년들이 인지적 기술과 대인관계 기술의 결핍을 보여주고 있다는 사실은 명백하다. Ross와 그의 동료들은 비행 청소년들이 범죄행동을 회피하도록 사회적 기술들을 가르칠 수 있다고 믿었다(Ross et al., 1988). 이 프로그램의 목적은 행동하기 이전에 멈추고 생각하는 능력이나 문제해결을 위한 대안적인 접근을 북돋아 주거나 도덕적 근거를 강화하는 것을 가르쳐 줌으로써 이 집단의 특성인 충동적이고 이기적인 사고를 중화하자는 것이다. 이 프로그램들은 캐나다에서 개발되었으며, 이것을 '추론과 복귀(Reasoning and Rehabilitation)' 라고 부른다. 이것은 또한 이제 영국과 다른 나라에서 '확장된 사고기술 프로그램(Enhanced Thinking Skills Programmes)' 이라고 부른다. 이러한 접근은 모든 젊은 범죄자들에게 필수적으로 유용할지 모르지만 이 접근의 효과성에 대한 증거들이 제시되고 있다(Mcguire, 1995).

지능발달로 논제를 옮겨보면, 범죄행위의 위험을 줄여줄 수 있는 가장 성공적인 개입방안 중의 하나는 미시건에서 수행된 페리 프리스쿨 프로젝트(the Perry Preschool project)라고 할 수 있다(Schweinhart and Weikart, 1980). 이것은 본질적으로 초기 헤드 스타트(Head Start) 운동과 유사한데, 가난한 흑인 어린아이들에게 초점을 맞추어 이들을 좋은 유치원에 보내는 프로그램이다. 지능에 대한 단기간의 처방은 학령기까지 지속되지 않는 데 비해 장기간의 처방은 동기화 및 사회적 행동과 범죄행동에 효과적이다. 이 프로그램에 참여한 어린이들은 이제 20세가 되었으며, 청소년기에도 여전히 유지되고 있다. 실험집단에 참여한 이들은 통제집단에 참여한 이들보다 반사회적 행동을 덜 보여주며 더욱 더 취업을 잘하는 것으로 나타났다(Schweinhart et al., 1993). 페리 프로젝트는 단지 유치원 강화의 한 작은 연구이지만 다른 10가지의 헤드 스타트 프로그램은 종단연구들에 의해 평가받았다(Farrington, 1995). 이러한 연구들은 학교에서의 성공, 더 나은 고용 전망, 그리고 몇몇 특수한 교육적 배치에 있어서 긍정적인 효과를 보여주었다. 취학 전의 경험과 청소년기 사이의 개입이 수년간 이루어졌음에도 불구하고 이러한 접근이 불우한 가족에게 실제로 충분히 배분되었다는 증거는 없다. 이 글을 쓰고 있는 지금, 영국 정부는 유사한 형태의 프로그램 '슈어 스타트(Sure Start)' 프로그램을 도입하겠다는 발표를 하였다. 이것은 미래를 위해 유익한 발상이다.

우리는 가족의 맥락에서 개입방안을 고려해 보고자 한다. 이 주제와 관련해 오레곤의 사회학습센터(the Oregon Social Learning Centre)와 Patterson과 그의 동료들의 노력부터 소개한다. 그는 특별히 어린이가 위험에 처한 어머니와 아버지를 위한 양육실천에 초점을 맞추었다. 이들은 자녀들에 대한 관리와 감독, 일관된 규칙의 적용, 적절한 처벌의 사용 등 고려할 수 있는 모든 것을 담고 있다. Patterson 등(Dishin et al, 1992; Patterson et al, 1992)은 효과적인 양육에 대해서 부모들을 훈련시키는 프로그램을 개발하였으며 이것이 짧은 기간 동안 도둑질이나 약물남용 등 반사회적 행동을 줄여주는 데 성공적이었음을 보여주었다. Patterson과 그의 동료들의 생각은 이 분야의 여러 사람들에 의해서 더욱 발전되었다. Webster-Stratton(1996)은 집과 학교를 보다 잘 연결하는 시설들과 교실에서 관리에 교사들을 끌어들이고, 참여한 청소년들에게 사회적 기술들을 가르치며 집에서 부모의 참여를 이끌어내는 프로그램과 함께 부모들의 기술을 향상시킬 수 있도록 뒷받침해 줄 수 있는 비디오 프로그램을 제공하는 것을 제시하였다. 이에 따라 부모와 자녀 양자에 초점을 맞춘 개입방식은 한 가지에만 초점을 맞춘 프로그램보다 반사회적인 행동에 더 영향을 미친다는 결과가 나타났다(Webster-Stratton and Herbert, 1994). 몬트리올에서 Tremblay 등(1992)도 부모와 자녀가 참여하는 연구를 수행하였다. 이것은 실험집단과 통제집단을 포함하고 있었다. 이 경우의 처방 프로그램은 2년간 지속되었다. 프로그램이 종료된 지 3년 후 통제집단에 포함된 자녀들의 44%가 교사의 보고를 통해 반사회적인 행동이나 학교에서 어려움을 겪고 있는 데 비해 개입 프로그램을 적용한 실험집단에 포함된 자녀들의 22%만이 동일한 양상을 보여주었다. 이러한 결과는 이후 3년간의 추적결과 일시적인 현상일 수도 있었으나 매우 긍정적이라 할 수 있다.

　개입방식에 있어서 주시되고 있는 또 다른 영역은 동료집단이나 넓은 의미의 사회환경을 포함하고 있다. 동료집단과 관련해 Botvin(1990)은 동료집단의 압박에 저항하고 사회적 기술을 발전시키는 프로그램의 결과를 정리하였다. 그 결과, 교사들은 좀처럼 이 프로그램으로부터 효과를 얻지 못했지만, 동일 연령의 개인들은 성공적이었다. 좋은 결과를 보여준 동료들은 역할 모델이 되었고 이것은 인지적인 재평가를 위한 접근과 결합되었다. Tobler(1986)의 관점에서 이러한 접근은 본질적으로 약물남용을 줄여주는 데는 성공적이었지만 범죄행동과 관련해서는 덜 성공적이었다. 범죄행동을 줄이기 위한 다른 전략들은 환경을 개선하는 것인데, 주택단지의 조명을 밝게 하거나 CCTV 설치하기, 현금보다는 수표로 급여를 지급하는 것과 같은 일들이 범죄의 가능성을 줄어들게 하는 일들이다. Clarke(1992)는 이러한 접근이 때때로 성공적이었지만 많은 범죄자들에게는 단순히 효과적으로 통제되지 않는 다른 곳으로 이동하라는 경고를 주는 수준에 불과했다.

　이 분야에 대한 우리의 고찰로부터 확인할 수 있는 명확한 사실은 반사회적 행동이 단지 행동의 범주가 아니라 다양한 원인을 가지고 있으며 다른 발달경로를 보여준다는 점이다. 이러한 시각에서, 개입방식은 복합

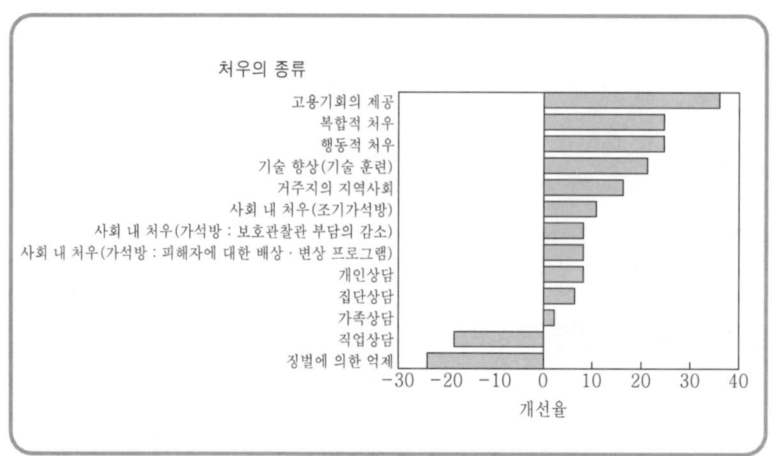

출처 : Lipsey(1995). Copyright ⓒ John Wiley. Reproduced with permission.

적으로 이루어지거나 매우 구체적인 행동에 초점을 맞추었을 때 더욱 효과적일 것이다. 복합적 모형의 예로서 Hengeller 등(1996)은 넓은 의미의 공동체뿐만 아니라 가족, 학교를 포함하는 복합체계 프로그램을 소개하고 있다. 이 모델에서 비행을 유지하는 역할을 담당하는 모든 체계들은 개입의 대상이 되어야 한다. 저자는 단지 이러한 방식만이 반사회적 행동에 대해 결정적인 영향을 미칠 것이라고 생각했다. 그의 논의는 Lipsey(1995)의 400개 프로그램에 대한 효과성 검토로 인해 지지를 받았다. 이 결과, 고용은 논외로 하고 생각할 때 가장 효과적인 개입방식은 복합 모델이나 행동적 접근이었다. Lipsey의 결과는 그림 10-5에서 확인할 수 있다.

결론적으로, 우리는 반사회적 행동이 남자청소년들에게 있어서 두드러진 특성임을 알 수 있었다. 남자청소년들의 1/3은 30세에 도달하기 전에 범죄의 어떤 형태든지 저지르고 있다. 이러한 행동은 성별차이가 특정 행동에 있어서 크지 않다는 측면도 있지만, 여자청소년들에게는 팽배해

청소년과 사회 : 청소년기의 심리, 건강, 행동 그리고 관계의 본질

있지 않다. Lyon(1996)은 개입방식과 정책이 양질의 연구결과에 기초해야만 한다고 지적하였는데, 지난 몇 년간 범죄행동 분야에서 새로운 중요한 발견들이 이루어지고 있다는 점은 흥미롭다. 이것은 캠브리지와 스톡홀름, 뉴질랜드의 던히든 그리고 미국에서 이루어진 종단연구에 기초하고 있으며 반사회적 행동의 본질에 대한 더 나은 이해에 도달하고 있다.

시·사·점   *Implications for practice*

1. 과거 15년간의 연구들로부터 이끌어 낸 가장 강력한 발견들 중의 하나는 다른 발달 단계와 더불어 반사회적 행동에 있어서 다른 유형들이 존재한다는 것이다. 특별히 삶 전반에 걸쳐 지속되는 반사회적 행동과 청소년기에만 제한적으로 나타나는 그러한 행동을 구분하는 것이 중요하다. 이러한 행동을 이해하기 위한 요인들은 동일하지 않으며, 이를 해결하기 위한 개입방식은 반사회적 행동의 특수한 형태에 맞추어 수립할 필요가 있다.

2. 우리는 선행 연구들로부터 반사회적 행동들과 관련된 위험요인들을 상당 부분 살펴보았다. 이 분야는 매우 넓지만 이 장에서 우리는 결과를 종합하려고 시도했다. 남자청소년들은 여자청소년보다 유효하게 반사회적 행동에 참여하기 쉬우며 특별히 가족 일원 중 범죄경력이 있는 경우를 포함해 가족경험은 범죄행동과 밀접한 연관을 갖는다. 부모의 태만 역시 강력한 위험요인이며 빈곤이나 사회적 불이익을 포함한 환경적 상황도 위험요인이다.

3. 인종과 관련해 전통적인 범죄통계는 소수민족의 자녀들이 다수민족의 자녀들보다 범죄를 저지를 가능성이 높다는 점을 보여주고 있다. 그러나 개인응답에 기초한 조사들은 이 집단들 간에 실질적인 차이가 없다는 점을 보여주고 있다. 이것은 경찰이나 청소년 담당관들이 소수민족 출신의 청소년들을 거칠게 다루고 있다는 사실을 통해 가장 잘 설명될

수 있을 것이다. 이것은 매우 심각한 문제로, 인종문제와 특별히 소수민
족 청소년들의 발달에 대한 문제의 함축성을 제시한다.

4. 반사회적 행동에 참여하는 이들의 문제를 해결하기 위한 개입방안들
   도 살펴보았다. 개입방안은 사회적이고 인지적인 기술 및 양육능력에
   대한 강화, 불리한 환경에 대한 조정, 긍정적인 동료집단에 대한 지원
   을 포함한다. 개입방안에 대한 연구들은 고용기회의 확대가 모든 다른
   선택들보다 가장 강력한 해결책이지만 추가적으로 복합 모델 역시 한
   가지에만 집중하는 것보다 성공적일 수 있음을 보여주었다.

참고도서

Emler, N and Reicher, S (1995) *Adolescence and delinquency.* Blackwell. Oxford.
This book won a prize for its contribution to our understanding of adolescence. It
looks at delinquency from the perspective of a social psychologist, and presents a
new and challenging view of delinquent behaviour.

Farrington, D (1996) The challenges of teenage anti-social behaviour. In Rutter, M
(Ed) *Psychosocial disturbances in young people: challenges for prevention.* Cam-
bridge University Press. Cambridge.
An excellent review article, summarising among other things the work of the
Cambridge studies of delinquency carried out in Britain by West and Farrington.

Haines, K and Drakeford, M (1998) *Young people and youth justice.* Macmillan. London.
A short and readable book summarising the state of youth justice in Britain today.
It has a strong emphasis on policy, as well as looking at practice in relation to
prevention.

Rutter, M and Smith, D (Eds) (1995) *Psychosocial disorders in young people.* John
Wiley. Chichester.
This book has already been described in Chapter 7. A milestone text.

Rutter, M, Giller, H and Hagell, A (1998) *Anti-social behaviour by young people.*
Cambridge University Press. Cambridge.
This is possibly the most important book to appear on this subject in the 1990s. It
is an essential read for anyone interested in the subject. It reviews most of what is
known about anti-social behaviour, drawing particularly on new evidence from key
longitudinal studies carried out around the world. It will stand as the seminal book
on the subject for a number of years to come.

청소년과 사회 : 청소년기의 심리, 건강, 행동 그리고 관계의 본질

11

The Nature of
Adolescence

정치, 이타주의와 사회적 행위
Politics, altruism and social action

정치적 사고와 정치적 추론
Political thought and political reasoning

사회적 행위
Social action

시사점
Implications for practice

 장의 주제인 정치, 이타주의, 사회적 행위에 대해 관심이 증가한 데에는 일정 부분 그 배경이 존재한다. 우선, 예를 들어 공산주의의 붕괴와 같은 정치적 사건은 사회과학자들로 하여금 정치적 변화가 청소년의 발달에 미치는 영향을 보다 상세하게 관찰하도록 재촉했다. 아울러 다른 장에서도 언급한 바와 같이 정치적 통합체로서의 유럽에 대한 관심이 높아져, 각 국가들이 새롭게 연대하여 청소년을 지원한다거나 이해하기 위한 다양한 노력을 기울여 왔다. 다음으로 노동시장에 대한 참여가 지연되고 있다는 점 등 청소년들이 안고 있는 커다란 어려움이 청소년기의 이행에 대한 관심을 증가시켰으며, 사회참여 또는 시민의식의 영역에 있어서 혁신적인 연구를 촉진시켰다. 일례로 영국에서는 1998년에 창설된 경제사회연구회의(the Social Research Council)가 '청소년, 시민의식, 사회변동' 이라는 5개년 계획을 수립하였다. 이는 청소년, 특히 심각한 빈곤 또는 불리한 상황에 처해 있는 청소년들이 사회적으로 배제되고, 정치 민주화의 과정으로부터 멀어져 가는 것 등에 대한 우려가 증가한 것이 계기가 되었다. 마지막으로 이타주의의 개념 자체가 새로운 연구의 주제가 되었다. 이와 관련하여 배려(caring)의 발달에 관한 연구(Chase-Lansdale et al., 1995)와 이타적 행위에 관한 연구(Roker et al., 1999) 등 중요한 연구들이 등장하였다.

이 장은 2개의 절로 구성되며 우선 정치 및 향사회적 추론(pro-social reasoning)에 관한 인지에 대해 검토한다. 정치 및 향사회적 추론에서의 사고의 발달에 대해 고찰하며, 정치적 행동이나 이타적 행동에는 일정 수준의 추론이 필요한지의 여부에 대해 알아보고자 한다. 다음으로 넓은 의미에서의 사회적 행위에 대해 논하고자 한다. 여기에서의 사회적 행위에는 단체 또는 과외활동에 대한 참가, 자원봉사활동, 지역사회에서의 봉사활동, 시민활동, 정치활동에 대한 참가 이외에도 다양한 사회적 활동이 포함된다. 위에서는 다양한 활동을 영역별로 구분하고 있긴 하지만, 실제로는 다양한 형태의 사회참가활동은 중복된 형태로 나타나는 경우가 다수 존재한다고 할 수 있다. 마지막으로 본 장을 마무리함에 있어 사고와 행위의 관계에 대해 되돌아보며, 청소년기의 행동 중에서도 정치적으로 민감한 영역에 대한 연구가 가지는 성격에 대해서도 간략하게 언급하고자 한다.

정치적 사고와 정치적 추론

이 영역에서 사고의 발달에 관심을 가지고 있는 이들은 청소년기의 인지의 성격에 대한 관점을 획득하기 위하여 우선 Piaget, J., Kohlberg, l., Selman, R. L.의 이론을 참고하였다. 제3장에서도 언급한 바와 같이 이들 3명의 학자들은 각기 일련의 발달단계를 주장하고 있다. 이 중 한 이론은 사고의 발달단계를, 한 이론은 도덕적 추론에 관한 발달단계를, 나머지 한 이론은 사회적 상황에서의 시점(視點)취득에 관한 발달단계를 주장하였다. 이 가운데 한 종류의 추론, 예를 들어 Kohlberg의 도덕적 추론이 필요조건이 되어 다른 종류의 사고가 성립된다고는 말할 수 없다. Torney-Purta(1990)는 이 영역에 관한 연구를 검토한 후 상이한 영역의 사고는 서로 명료하게 구분되어 있으며, 상호관련성도 가지고 있다고 주장하였다. Eisenberg(1990)는 Kohlberg의 연구가 어떤 특정한 도덕적 판단과 관련된 내용만을 고려하고 있다고 보았다. 즉, 규칙, 법률, 형식적 의무가 중심이 되는 도덕적 딜레마에 관한 판단만을 고려하고 있다는 것이다. 여기에서 Eisenberg 자신은 형식적 지침이나 의무뿐만 아니라 자신의 욕구가 다른 사람의 욕구와 대립하는 도덕적 딜레마에 관심을 가지게 되었다. 그녀는 이를 향사회적[1] 추론(pro-social reasoning)이라 하였고, 두 가지 형태의 추론은 서로 관련성을 가지고 있긴 하지만 별개의 것으로 생각했다. 그러나 Selman이 설명하고 있는 바와 같이 Eisenberg는 향사회적 도덕적 사고와 사회적 시점취득 사이에는 일정 부분 관련성이 있다고 보고하고 있다. 청소년기의 정치적 추론에 관한 연구는 다른 이론적 입장과 거의 중복되

---

1) 역자 주 : 향사회적 행동 및 추론이란 조직 및 사회를 위해 이루어지는 행동 및 판단을 의미한다.

어 있지 않기 때문에 우선 정치적 사고에 대해 검토한 후, 그 다음에 Eisenberg 등 향사회적 추론의 발달에 관한 연구에 대해 검토해 보기로 하겠다.

　지금까지 정치적 추론에 관한 영역에서 이루어진 연구 중 가장 상상력이 풍부한 연구 가운데 하나로 Adelson과 그의 공동연구자들이 수행한 연구를 들 수 있다(Adelson and O' Neill, 1966; Adelson et al., 1969). 그녀는 상이한 연령대의 청소년들에게 다음과 같은 질문을 던져 그들의 정치적 관념의 발달이라고 하는 주제에 대해 연구하였다. "다음과 같은 상황을 상상해 주세요. 여기에 있는 천 명의 남녀가 자신의 나라에서 이루어지고 있는 정책에 대해 불만을 가지고 있어, 태평양에 있는 어느 섬을 사서 그 곳으로 이주하기로 결정했어요. 그리고 그 섬에 도착해서 그들은 법률을 만들고 통치방법을 정해야만 했습니다." Adelson은 이런 방법으로 일련의 중요한 사항에 대한 청소년들의 접근법을 규명하였다. Adelson은 어떻게 정부를 만들어야 하는가, 그 목적은 무엇인가, 법률과 정당을 과연 만들어야 하는 것인가, 소수파들을 어떻게 보호할 것인가 등에 대한 질문을 던졌다. 조사대상자들은 다양한 질문을 제안했으며, 공공정당의 전형적 문제를 거론하였다. 주된 연구결과는 크게 두 가지 정도로 정리할 수 있을 것이다. 즉, 나이와 함께 사고방식이 변화한다는 점, 권위주의적 태도가 줄어들었다는 점이다. 우선 사고방식에 관해서 언급하자면 구체적 사고에서 추상적 사고로의 이행이 두드러지게 나타난다는 점이다. 이는 Piaget와 후속 연구자들의 연구와도 일치하는 견해이다. 예를 들어 '법률의 목적은 무엇인가' 에 대해 질문을 던졌더니, 12세 소년이 이렇게 대답했다. "만약 법률이 없다면 사람들은 서로 살인을 저지르게 될 것이다." 이에 비해 16세 청소년은 이렇게 대답했다. "안전을 지키며 정부에 강제력을 부여하기 때문이다." 또한 다른 청소년은 이렇게 대답했다. "법률은 기본적으로 사람들의 지침이다. 이것은 잘못된 것과 옳은 것의 기준을 결정하며, 사람들에게 그것을 이해할 수 있도록 해주기 때문이다"(Adelson, 1971).

여기에서 관찰된 또 한 가지 중요한 이행은 정치적 문제에 대한 권위주의적 이해방법의 감소이다. 12-13세의 전형적인 청소년들은 이러한 문제에는 한 가지 해결방법만 있는 것이 아니라는 점, 개인의 행동 또는 정치적 행위는 반드시 절대적인 옳고 그름을 가지고 있지 않다는 점, 선 또는 악이라고 이야기할 수 없다는 점 등에 대해 충분히 이해하고 있지 못하는 것 같았다. 이 단계에서는 정치적 판단을 할 때에 도덕적 상대주의의 개념은 아직 사용할 수 없었다. 법률위반 또는 아주 경미한 것이기는 하지만 사회적 일탈에 직면했을 때 청소년들이 전형적으로 사용하는 해결방법은 다음과 같다.

> ...단순히 범죄 또는 일탈을 행한 이에게 부담금을 물리는 것이다. 즉, 경찰을 늘린다거나 벌금을 많이 매긴다거나, 징역기간을 늘리는 것이다. 만약 필요하다면 실형을 살게 할 수도 있다. 범죄 또는 벌에 관한 일련의 질문에 대해 그들은 일관되게 한 가지 해결방법, 즉 벌을 제안했으며, 만약 그것이 충분하지 않을 때는 벌을 더 강화할 것을 제안하였다. 이러한 연령대의 청소년들은 나쁜 짓을 저질렀다는 것이 무언가 다른 심각한 문제의 징후라는 것을 알지 못하며, 간접적인 해결방법을 통해 문제를 해결하는 방법이 존재한다는 것도 여전히 알지 못한다. 인도적 방법에 의한 교정, 사회복귀라고 하는 관념은 청소년단계에서는 극히 일부의 청소년들에게서만 보인다.
>
> (Adelson, 1971, p. 1023)

이에 비해 14-15세가 되면 문제에 대해 다양한 측면에서 접근할 수 있게 되며, 통상 상대적인 견해를 취할 수 있게 된다. 사고는 보다 가설적이며, 실제적으로 변하기 시작한다.

 청소년과 사회 : 청소년기의 심리, 건강, 행동 그리고 관계의 본질

법률을 제안하거나 사회정책을 바꾸는 등, 그들은 눈에 보이는 것 이상의 것에 대한 사고를 확대하고자 한다. 누가 득을 보며, 누가 손해를 보는가? 그들은 법률이나 정책이라고 하는 것이 대립하는 다양한 이해 또는 가치를 통해 조정하지 않으면 안 되며, 목적과 수단은 균형을 이루지 않으면 안 되고, 단기적인 선(善, good)은 잠재적으로 간접적인 결과를 고려해서 판단하지 않으면 안 된다는 것을 이해하게 된다.

(Adelson, 1971, p. 1026)

Adelson과 공동연구자들은 정치적 사고의 성장에 관한 발달단계이론을 제시하지는 않았지만, 위에서 언급한 내용을 통해 알 수 있듯이 구체적 사고에서 추상적 사고로, 또한 절대적 추론에서 상대적 추론으로의 변화는 제3장에서 언급한 연구결과와도 일치하는 것이다. 그런데 Adelson의 연구 이후 이 주제에 관해 몇몇 연구들이 산발적으로 이루어지고 있는 정도이며, 특히 1970년대, 1980년대에 등장한 관심사들에 대해서는 거의 연구가 이루어지지 못하고 있는 실정이다. 이 점은 Torney-Purta(1990)의 논문에서도 강조된 바 있다. 그러나 공산주의체제의 붕괴, 독일의 재(再)통일과 같은 유럽에서의 정체적 사건들은 1990년대의 사회과학자들에게 새로운 자극을 주었다. 이러한 사정은 몇몇 중요한 공동연구나 국제비교 연구를 위한 계기를 제공하였으며, 이 영역을 활성화하는 데에도 기여하였다.

연구자들이 다루고 있는 연구관심에는 독일의 청소년들이 사회변화를 어떻게 받아들이고 있는가에 관한 비교(Noack et al., 1995), 우익(right-wing) 이데올로기 또는 외국인에 대한 배척태도의 기원에 관한 관심(Kracke et al., 1998), 다양한 국가들에서의 향사회적 및 반사회적 태도에 관한 연구(Trommsdorff and Kornadt, 1995) 등이 있다. 개략적으로 이러한 연구의 결과는 국가 또는 정치적 문맥의 차이보다 세대 간 차이 또는 남녀 간 차이가 더 큼을 보여주고 있다. 예를 들어 Noack 등(1995)은 사회변화에 대한 청소년과 부모의 태도차이가 가족이 동독과 서독 가운데 어느 쪽 출신이냐의 여부보다 더 크다는 결론을 내렸다. 청소년은 재통합의 과정에 관해 부모보다도 낙관적이었다. 마찬가지로 Rippl과 Boehnke(1995)는 미국, 동독, 서독 사이에 흐르는 권위주의적인 태도에 있어서 거의 차이가 없다는 점을 발견하였다. 그들은 다음과 같이 결론을 내리고 있다.

> 본 연구의 중심적 결과는 다음과 같다. 권위주의적 성격은 본 연구에서 다루고 있는 세 가지 문화 모두에서 존재하는 것으로 여겨진다. 사회주의체제가 서구 민주주의보다 권위주의적 성격이 강하다는 명백한 증거를 찾지 못했다. 성역할에 관한 사회화는 정치체제에 대한 의도적 교육보다 영향력이 컸다. 그리고 청소년기는 권위주의적 태도에 변화를 초래하는 '뜨거운 시기(hot phase)' 인 것으로 여겨진다.
>
> (p. 66)

이러한 결과는 남자청소년이 여자청소년에 비해 권위주의적이라는 것과 Adelson이 지적하고 있듯이 권위주의적 사고는 청소년기를 거치면서 감소한다는 것을 보여주고 있다. 독일에 관한 많은 연구들은 정치적 변화와 관련된 사회화의 담당자로 가족의 역할에 초점을 맞추고 있다. 예를 들어 독일의 재통일에 있어 청소년들의 건강에 영향을 미친 요인 중의 하나는 청소년의 부모가 그 사건에 대해 어느 정도 불확실성을 가지고 있었느냐는 것이다(Noack and Kracke, 1997). 물론 가족은 청소년들의 사회화에 있어 매우 중요한 역할을 수행하지만, 이 영역에서의 태도나 가치가 직접적으로 전달되는 것은 아니다. Jennings와 Niemi(1971)에 의하면 부모와 청소년은 정치적 소속감이 유사하며, 이러한 유사성은 문화에 따라 영향

　청소년과 사회 : 청소년기의 심리, 건강, 행동 그리고 관계의 본질

을 받는다고 하였다(Jennings and Niemi, 1981). 그러나 위에서 인용한 유럽의 연구에서 밝혀진 바와 같이 세대 간의 차이가 존재하며, 또한 성별 간 차이 등 다른 요인들이 부모의 영향보다 더 큰 영향력을 가지고 있다는 것이다.

그 밖에 사회화의 역할을 수행하는 주체로는 미디어와 학교의 교과과정을 들 수 있다. 연구자들은 이들 둘의 영향력에 관심을 가져 왔으며, 다양한 연구결과를 보여주고 있다. Connell(1971)은 미디어의 영향력에 있어서는 미디어의 내용이 지역사회에서 일어나는 사건들일 경우 그 영향력이 가장 크다고 주장하였다. 청소년들은 국가차원에서 일어나는 사건들보다 지역사회의 정보에 대해 더 많은 흥미를 보인다는 것이다. 이에 비해 Sigel과 Hoskin(1981)은 사회과목에 대한 학습이 정치적 지식에 미치는 영향은 다양하며, 그것은 학생들의 과거경험이나 그 학과에 대한 흥미에 의해 결정된다고 보고하였다. 다른 나라와 마찬가지로 영국에서도 연구결과에 따르면 정치적 지식을 결정하는 주된 요인은 연령이었다. 청소년들이 나이가 증가함에 따라 정치적 지식도 증가한다. 정치적 지식을 묻는 테스트를 실시해 보면 남자청소년들이 여자청소년들에 비해 성적이 더 좋은 경향이 있는 것도 사실이다(Fraser, 1999를 참조). 고려되어야 할 또 한 가지 요인은 학업성적이다. 학업성적이 좋을수록 그만큼 정치에 대한 지식, 흥미, 참가 정도가 올라가기 때문이다(Banks et al., 1992). 마지막으로 청소년들의 정치에 대한 지식은 상당히 혼합적 형태를 띠는 것처럼 보인다. 청소년은 정치에 대해 무관심하다고 하는 견해가 있는 반면, 최근에 미국의 청소년들을 대상으로 연구를 실시한 Niemi와 Junn(1996)의 연구결과를 보면, 청소년들은 정당 또는 정치사에 대해서 잘 모르지만, 시민권, 형법, 지방자치제에 관해서는 어느 정도 지식을 가지고 있는 것으로 나타났다. 즉, 예상되는 바와 같이 사람은 자신과 관련된 개인적인 일들에 대해 보다 깊은 관심과 지식을 가지고 있다는 것이다.

지금까지 정치적 지식 및 정치적 사고에 대해 살펴보았다. 이번에는 향사회적 추론에 대해 검토해 보기로 하겠다. 이미 언급한 바와 같이 Eisenberg(1990)와 Eisenberg 등(1995)은 형식적 구조 또는 지침이 없는 맥락에서의 향사회적 추론에 대해 연구하였다. 예를 들어 조사대상자에게 다음과 같은 상황을 제시한다. '한 명의 여자청소년이 파티에 너무 가고 싶어 했는데 마리라고 하는 다른 여자청소년의 도움 없이는 갈 수 없는 상황이다.' 조사대상자에게 이 상황에서 마리는 도움을 필요로 하는 여자청소년을 도와야만 하는가, 또는 돕지 말아야 하는가에 대한 대답을 요구했다. 대답은 다음의 다섯 가지 유형으로 나타났다.

1. **향락주의**(Hedonism). 이것은 마리가 파티를 어느 정도 기대하고 있는가에 달려 있다.

2. **필요지향**(Need-oriented). 이것은 그 여자청소년이 정말로 도움을 필요로 하고 있는가에 달려 있다.

3. **승인지향**(Approval-oriented). 이것은 마리의 부모 또는 친구가 마리가 옳은 일을 했다고 생각하고 있느냐에 달려 있다.

4. **전형적인 응답**(Stereotyped response). 이것은 마리가 도움을 주는 일을 친절한 일이라고 생각하고 있느냐에 달려 있다.

5. **공감적 관점 취득**(Sympathetic, perspective-taking). 이것은 마리가 도울 것인지 말 것인지에 대한 자신의 모습을 어떻게 느끼고 있었느냐에 달려 있다.

Eisenberg와 공동연구자들은 청소년기에서 전기 성인기에 이르는 종단연구를 실시하였으며, 연구결과 연령대에 따라 추론의 형태에 명백한 차이가 존재한다고 보고하였다. 연구결과를 간략하게 요약하면, 쾌락주의적 추론은 청소년기가 진행됨에 따라 감소하며, 전기 성인기에 약간 증가한다는 것이다. 필요지향과 전형적 응답은 나이가 증가함에 따라 감소하지만, 시점취득과 같은 몇 가지 종류의 고차원적 추론은 성인기로 진행함에 따라 증가한다. 전반적인 추론의 수준은 여자청소년이 남자청소년에 비해 높았다. 그리고 향사회적 추론에 대한 몇몇 척도와 시점취득 사이에 일정 부분 상관관계가 존재하였다.

이와는 다른 방법을 사용한 유사한 접근법이 Boenhke 등(1989)과 Silbereisen 등(1991)의 이(異)문화비교연구에 적용되었다. Silbereisen (1986)에 의해 개발된 향사회적 동기질문지(Prosocial Motivation Questionnaire)는 다음과 같은 내용을 담고 있다. '날씨가 매우 좋은 날입니다. 방과 후 당신은 외출하여 친구를 방문합니다. 친구는 부모님의 집 청소를 돕고 있습니다. 청소하는 데 시간이 걸릴 것 같아서 당신은 친구가 청소하는 것을 돕기로 하였습니다. 당신이 친구를 돕기로 한 이유는 무엇인가요? 이 질문에 대한 대답은 Eisenberg의 방법론과 동일한 방법으로 평가했다. 즉, 향락주의와 자기이익, 동조성, 과제지향성과 타자의 욕구에 대한 지향성으로 분류하였다. 조사는 폴란드, 독일, 이탈리아, 미국의 4개국의 11세에서 18세 사이의 청소년들을 대상으로 하였다. 조사 결과로는 소위 외적(extrinsic) 동기(향락주의와 자기이익)가 가장 낮았으며, 내적(intrinsic) 동기(과제지향성 및 타자지향성)가 가장 높은 것으로 나타났다. 동조성은 양쪽 동기의 중간 정도에 나타났다. 향락주의, 동조성 모두 연령이 높아짐과 동시에 감소하였으며, 과제 지향만이 발달과 함께 증가하였다.

성별차이는 12세 이후에 명확하게 드러났다. 즉, 여자청소년이 보다 높은 내적 동기를 나타냈으며, 이는 Eisenberg의 연구결과와 뜻을 같이 하는 것이다. 마지막으로 4개국 간에는 발달유형, 다양한 연령단계에서의 반응의 형태에서 강한 유사성을 나타냈다. 연구자는 향사회적 추론에서 의 국가 간 일관성(cross national consistency)[2]이 발달경향에 있어서 정 치적, 사회적 맥락에 의존하기보다도 오히려 규범적인 것을 지지하고 있 는 것처럼 보인다는 점을 지적하고 있다. 독일 청소년들의 정치적 사고와 비교해서도 마찬가지로 유사한 성향을 보이고 있는 것으로 나타났다.

이 절에서 마지막으로 사고, 추론의 수준은 향사회적 행동에 대한 관 여와 어떠한 관계에 있는지에 대해 검토하기로 하겠다. Eisenberg(1995) 는 자원봉사활동, 지원활동, 자선단체에 대한 모금과 같은 행동이 향사회 적 도덕추론과 어떠한 관련성을 지니고 있는지에 대해 조사하였다. 조사 결과, 추론과제에 있어 공감석 시점취득 반응과 지원활동 사이에는 전체 적으로 상관관계가 존재함을 보여주고 있다. 그러나 어떤 연령대에서의 상관은 다른 연령대의 상관보다 약하며, Eisenberg도 인정하고 있는 바와 같이 이 영역에서 양자 간의 관계 규명을 위해서는 보다 많은 연구들이 요 구된다고 하겠다. Yates와 Youniss(1999)가 지적하고 있는 것처럼 이 주 제에 대해서는 그 밖에도 다른 연구들이 이루어지고 있다. 그러나 이러한 연구의 대부분은 10대 청소년보다는 대학생에 초점을 맞추고 있으며, 각 각의 연구들이 전혀 다른 방법론을 채택하고 있다. 사고와 행동의 관련성 은 앞으로 보다 많은 연구를 필요로 하는 주제이다. 청소년들에게 상상 속 의 이야기 전개에 대하여 반응을 요구하는 것은 비교적 쉬울지 모르나, 이 러한 반응이 현실의 행동과 어떠한 관계를 갖게 되는지를 규명하는 것은 매우 어렵다. 사회적 행동에 참여하거나 종사하는 청소년들에 대하여 여 러 가지 사항을 알려주는 연구는 지속적으로 늘어나고 있다. 그러나 발달

---

2) 역자 주 : 국가 또는 문화의 차이를 넘어서 일관되게 인정되는 공통된 성질을 의미한다.

심리학자들에 의해 연구된 사고의 유형이 이러한 행동과 관련되어 있는지의 여부는 여전히 미해결의 상태로 남아 있다.

사회적 행위

사회적 행위 또는 정치적 활동에 대한 청소년의 참여는 감정이 개입되는 주제이다. 한편, 성인들은 청소년들의 무감정(apathy)과 청소년 사이에서의 소외에 대해 걱정한다. 왜냐하면 그들은 이러한 현상이 민주주의제도의 불건전함을 반영하고 있기 때문이라고 믿기 때문이다. 어떤 종류의 향사회적 행동에 관여하는 것은 모든 종합교육 프로그램에서 누락되어서는 안 되는 요소라고 믿고 있는 이들도 있다. 먼저, 우리들은 유복하지 못한 청소년집단이 사회적 배척의 대상이 되는 것에 대한 불안감이 확대되고 있음을 지적했으며, 정책책임자들 가운데는 이 문제에 적극적으로 개입해야 한다고 생각하는 이들도 분명히 있을 것이다. 아울러 오늘날의 청소년들은 과거의 청소년들과 비교할 때 보다 인종차별주의적이며, 반(反)권위적이고, 자기중심적인 성향이 강하기 때문에 사회봉사 또는 정치적 활동에 대한 참여를 촉진시킴으로써 이러한 사회적 부조화를 창출하는 청소년들의 태도를 완화시킬 수 있을 것으로 믿는 이들도 있다. 다른 한편으로 정치활동, 항의운동, 캠페인에 관여하는 청소년들에게 초점을 맞추어, 이러한 활동에 대한 관여가 정치적 안정을 위협하는 것으로 보는 이들도 있다. 이러한 의견들은 모두 이 영역에서 청소년들이 연기할 수 있는 역할을 고려했을 때 중요한 것이며, 우리들은 여기에서 지금까지 수행되어 온 몇몇 연구들에 대해 집중적으로 검토하고, 지역사회에 대한 청소년들의 참여를 늘리기 위해 노력하고 있는 이들의 견해에 대해서도 살펴보고자 한다.

먼저 우리들은 사회봉사활동의 실제를 설명해 주는 증거들, 즉 미국 또는 기타 여러 나라들에서 실시되고 있는 '봉사학습(service learning)'에 대해 살펴보기로 하겠다. 이 영역의 연구자들은 세 가지 문제를 제시한다. 첫 번째 질문은 이러한 봉사활동 참가자들의 성격 또는 동기에 관한 것이다. 두 번째 질문은 참가의 효과성에 관한 것이다. 세 번째 질문은 봉사활동의 참여과정에 관한 것이다. 이러한 질문들에 대해 순서대로 검토해보자. 참가자의 성격에 있어서, 가장 일관된 견해는 가족의 태도와 청소년의 행동 사이에 일정 부분 관련성이 있다는 것이다. Flanagan 등(1999)은 7개국에서의 자원봉사활동에 대해 연구를 실시하였으며, 자원봉사활동의 수준에 있어 국가 간에 거의 차이가 없다는 점, 그러나 자원봉사자와 비(非)자원봉사자를 구별하는 변수로서 가족의 윤리관이 존재한다는 점을 밝혀냈다. 부모가 다른 사람을 위한 봉사활동에 대하여 강한 신념을 가지고 있으면 있을수록 그들의 자녀가 향사회적 활동에 참가할 확률이 높다는 것이다. 게다가 몇 명의 연구자들(예를 들어, Yates and Youniss, 1999)은 향사회적 활동에 참여하는 청소년이 그렇지 않는 청소년들에 비해 그들의 부모들도 향사회적 활동에 참여하고 있을 확률이 높다는 점도 밝혀냈다.

Hart와 Fegley(1995)는 이 주제에 관하여 매우 흥미로운 연구를 실시하였는데, 그들은 '사회봉사의 모범생(care exemplars)'으로 묘사되는 아프리카계 미국인 청소년과 라틴계 미국인 청소년들에 대해 조사하였다. 이들 청소년들은 지역사회, 특히 경제적 어려움으로 인해 고통 받는 이웃 지역의 청소년들에 대하여 헌신적인 봉사활동을 실시하고 있었기 때문에 연구 대상자로 선정되었다. 연구결과 사회봉사의 모범생과 그렇지 않은 청소년들 사이에는 도덕적 판단의 수준에는 별다른 차이가 존재하지 않았지만, 자기 자신을 어떻게 생각하고 있는지에 대해서는 큰 차이를 보였다. 모범

 청소년과 사회 : 청소년기의 심리, 건강, 행동 그리고 관계의 본질

생들은 자신의 개인적인 신념이나 철학에 대해 명확한 기준을 가지고 있었으며, 자신의 이상 또는 부모의 역할 모델을 자신의 이미지에 구현하려고 하는 경향이 강했다.

이어서 사회참가의 효과에 관한 질문에 대해 살펴보고자 한다. 먼저 Keith(1994)는 자신의 논문에서 지역별 사회봉사의 효과에 대한 연구를 실시하였다. 예를 들어 Batchelder와 Root(1994)는 봉사학습 프로그램을 체험한 청소년들이 의사결정이나 향사회적 추론, 정체성 발달에 있어 상대적으로 우수한 결과를 나타냈다. Giles와 Eyler(1994)는 봉사 프로그램 참가자들이 주체적 행위자로서의 감각이 강하다는 점을 지적하였다. 또한 Brill(1994)은 이러한 사회참가가 장애를 가진 청소년의 고독감을 감소시킨다고 주장하였다. 이 밖에 몇몇 연구들은 사회참가가 개인적 자질 (personal competence), 학업성적, 사회적 관계성에도 도움이 된다는 점을 밝히고 있다(예를 들어, Conrad and Hedin, 1982; Johnson et al., Yates and Youniss, 1999를 참조). 이처럼 다양한 형태의 봉사 프로그램 참가경험이 청소년의 사회적, 심리적 기술에 영향력을 행사한다는 점은 명확하다고 할 수 있겠다. 또한 연구결과에 따르면 참가과정도 청소년들의 발달에 영향을 미친다. 청소년은 봉사활동을 통하여 새로운 도전의 체험, 책임감의 증가, 성취감 등에 긍정적인 영향을 미치는 것으로 보고되고 있다(예를 들어 Hart et al., 1996). Johnson의 연구(1998)는 몇 안 되는 종단연구의 하나인데, 그의 연구에 따르면 자원봉사활동에 참가한 청소년에 대하여 자원봉사활동에 참가한 다음 일정 시간이 경과한 후 면접을 실시한 결과 그들은 지역사회를 중시하며, 자신의 개인적 경력은 그다지 중요하다고 생각하지 않게 되었다는 점이 확인되었다.

Yates(1995, 1999)는 워싱턴 시에서 경제적으로 어려움을 겪고 있는 이들을 위한 급식서비스 시설에서의 활동경험이 청소년들에 미치는 영향에 대해 연구하였다. 그녀는 양적 및 질적 연구방법을 통하여 연구를 실시하였으며, 연구결과 청소년들의 정체성 발달 및 세계관에 커다란 변화가 있었음을 보고하였다. 이러한 경험은 의심할 여지도 없이 교육적 의미를 가지고 있을 뿐만 아니라 개인적으로도 사회의 본질과 사회에서의 자신의 위치에 대한 중요한 질문을 던지는 데 커다란 영향력을 가진다. 이 점에 대해서는 다음의 인용문을 참고해 주기 바란다.

나는 샌드위치를 나누어 주고 있었으며, G라고 하는 친구가 와서 나와 같은 반 친구가 공부하는 시간을 쪼개어 노숙자를 돌보고 있는 모습을 보고 정말로 감동을 받았다고 얘기해 주었다. "그 말을 들으니 기뻐서 가슴이 벅차오르는 느낌을 받았어요. 내가 샌드위치를 사람들에게 나누어 주면 사람들은 나에게 고맙다는 말을 한 마디씩 건네요. 그럴 때마다 나는 나 자신이 존중받고 있다는 생각이 들고, 나도 노숙자와 똑같은 사람으로서 이 세상에서 머물 곳이 있다는 느낌을 받았어요. 크리스는 상당한 잠재력을 가지고 있으며, 편안함과 도움에 대한 욕구를 가지고 있어요. 그렇지만 그는 급식시설에서 일해요. (중략) 급식시설은 나에게 있어 중요한 체험이었어요. 왜냐하면 나에게 너무나 많은 행복감을 주었기 때문이에요."

(Yates, 1995, p. 68)

누구라도 언젠가는 급식시설에 가지 않으면 안 되는 날이 올지 몰라요. 노인이건 젊은이이건, 흑인이건 백인이건 피부색이 검든 희든 상관없이, 그리고 예쁜 얼굴을 가진 사람이건 때 묻은 얼굴을 가진 사람이건, 수염을 기른 사람이건 그렇지 않은 사람인건 상관없이 언젠가는 급식시설에서 줄을 서서 자신의 순서를 기다려야 할지도 몰라요. 급식시설에서 나는 나 자신에게 '왜'라는 질문을 던졌어요. 왜 양복을 입고 넥타이를 맨 사람들이 급식시설에 오는 것일까? 회사를 위해서? 그렇지 않으면 뭔가가 필요해서? 어쨌든 나는 누군가가 급식시설에 있지 않으면 안 된다고 생각하지는 않아요. 급식시설이 필요 없다는 뜻은 아니에요. 그러나 해고를 당하거나 희망이 없는 상황하에서 사람들은 자신이 원하지 않는 일들을 하도록 강요당해요. 오늘 나는 예전에 만난 적이 있는 남자를 봤어요. 그는 나에게 말을 건네지 않은 채 그냥 팔만 흔들었어요. 그것이 그가 나를 기억하고 있다는 것을 의미하는지 어떤지는 잘 모르겠어요. 하지만 만약 그가 나를 기억하고 있었다면, 그것은 하나의 신호일거예요. 즉, 내가 누군가 다른 사람의 생활에 관여했다는 신호에요. 슬픈 일은 그가 여전히 급식시설에서 급식을 받고 있다는 거예요. (중략) 나는 내가 만난 사람들과 그의 얼굴에 대해 여러 가지 생각을 했어요. 나는 새롭게 급식을 타러 오는 사람들에게 이전보다 더욱 주의를 기울이게 되었어요. 우리들 가운데 아주 뛰어난 사람들에게도 이런 일들이 일어날 수 있다는 사실을 깨닫게 되었으니까요.

(Yates, 1995, p. 72)

사회참가의 효과에 대해서 Quinn(1995)은 유익한 분석을 제시하고 있는데, 그 가운데서 Quinn은 지역사회활동에 대한 참가, 특히 빈곤지역에서의 활동은 리스크의 수준이 높은 행동을 억제하는 효과가 있을 수 있다는 점을 강조하고 있다. 미국에서 이루어진 Larson(1994)의 연구는 이러한 효과에 대해 실증적인 증거를 제공하고 있다. Larson은 있을 수 있는 참가의 형태로서 스포츠활동에 대한 참가, 예술, 취미활동에의 몰입, 학교 외 단체 및 클럽활동의 세 가지 유형을 들고 있다. 이 연구에서 연구자가 제시하고 있는 것들 가운데 가장 주목할 만한 결과는 단체 또는 조직에 대한 참가활동과 비행 사이에는 부(負)적 상관관계가 존재한다는 점이다. 특히 이는 연장자들에게 있어 두드러지게 나타났다. 이러한 상관관계는 그림 11-1에서 제시하고 있으며, 그림 11-1을 보면 비행경험과 조직활동에 대한 참가는 각각 연령대별로 비교적 고루 분포되어 있으며, 둘 간의 관계에서 부적 상관관계는 16-17세경에 가장 강하게 나타남을 알 수 있다. 이와 유사한 연구결과는 스포츠활동에서도 나타나는데, 상관관계는 위의 경우보다 약하게 나타났다. 이 조사를 통하여 사회참가가 청소년들에게 긍정적

| 그림 11-1 | 비행과 조직의 싱관관계

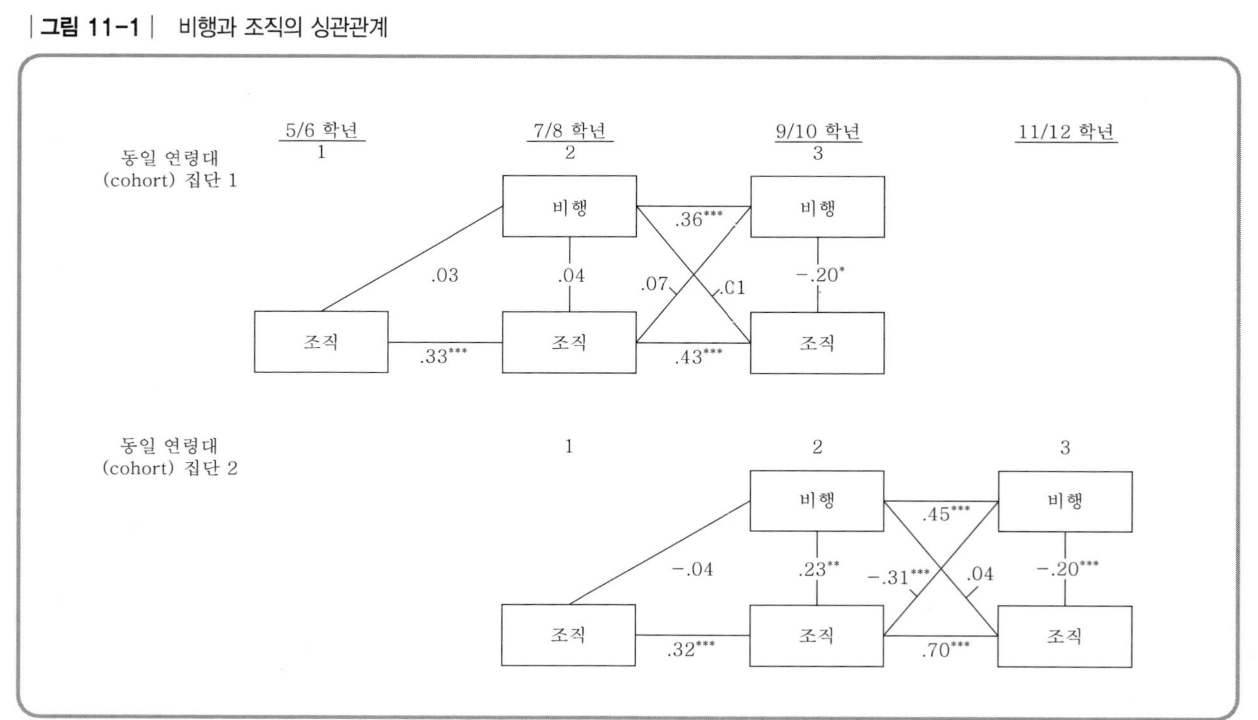

출처 : Larson(1994).

인 영향을 미친다는 점을 엿볼 수 있다. 아마도 이는 사회활동이 반사회적 행동을 예방 및 억제하는 완충효과를 지니고 있기 때문일 것이다.

다음으로 정치적 활동에 대한 참가로 주제를 바꿔보기로 한다. 청소년의 정치활동 참가를 설명하기 위한 하나의 지표가 되는 것이 투표행위이다. 오늘날의 청소년들에게 '무기력함'의 꼬리표를 달게 하는 가장 유력한 증거가 투표행위이다. 최근에 영국에서 발표된 연구는 1992년 선거에서 25세 이하의 45%가 투표를 하지 않았으며(Wilkinson, 1996), 1997년 선거에서도 마찬가지로 25세 이하 청소년 가운데 50%가 투표를 하지 않았다(British Youth Council, 1998)는 점을 보고하였다. 그러나 많은 연구자들이 지적하고 있는 것처럼 전통적인 정당정치에 대한 관심은 정치문제에 대한 일반적인 관심과 동일하지 않다. Bynner 등(1997)과 Roker 등(1999)은 오늘날의 청소년들이 환경, 복지, 인권 등과 같은 문제에 대해 관심을 가지고 적극적으로 참여하고 있지만, 정부의 정책이 그들의 생활에 있어 특별히 중요하다고 여기지 않는다는 사실을 강조하고 있다. 많은 연구를 통해 밝혀진 바로는 청소년들이 정치에 관심이 없다거나(Banks et al., 1992), 정치문제에 대해 자신감을 가지고 이야기할 만큼의 충분한 지식이 없다(Bhavnani, 1991)고 하지만, 사실은 청소년 가운데 많은 이들이 개별적인 정치문제에 대해서도 적극적으로 개입하며, 높은 수준의 이상주의적 기대를 가지고 있다.

청소년들의 정치참가에 대하여 Hackett(1997)은 몇 가지 중요한 지적을 한다. 첫 번째로, 정치참가는 정치 시스템에 관한 지식이나 의식의 수준과 필연적으로 관련되어 있다는 점을 지적하였다. Hackett에 따르면 청소년들이 관심을 가지는 중요한 정치문제에 대한 지식을 쌓아가기 위해서는 여러 가지 많은 노력들이 요구된다. 이 점에 대해서는 나중에 이타주의에 관한 Roker의 연구를 살펴볼 때 다시 다루도록 하겠다. Hackett이 지적하는 두 번째 문제는 최근의 교육 또는 고용제도의 변화가 청소년들의 지역사회에 참여하는 시간을 박탈하였다는 것이다. 많은 청소년들은 직업훈련이나 교육을 받는 것 이외에 아르바이트를 하고 있으며, 시간과 금전적인 부분에서의 제약이 자유로운 활동의 기회를 제한하고 있다는 것이다. 세 번째로, 성인의 시점에서 보았을 때 청소년의 정치참여가 가지고 있는 한 가지 문제점은 청소년의 정치참여가 힘의 균형에 변화를 가져온다는 것이다. 만약 성인들이 청소년에게 이러한 중요 사항에 관여할 것을 허락한다면 그것은 성인이 청소년들에 대해 가지고 있던 통제기능을 어느 정도 양보하지 않으면 안 되는 상황을 초래하기 때문에 대다수의 성인들에게는 수용하기 어려운 문제가 되는 것이다. 그러나 이로 인해 청소년들의 정치참여는 성인과 10대 청소년 모두에게 커다란 장점을 가져다 주었다. 청소년 인권운동에 참여한 청소년은 다음과 같이 이야기하고 있다.

그것은 우리 그룹이 설정한 방향이었다. 그룹이 활동을 시작하기 전에 내가 방향을 설정한다는 생각은 단지 머릿속에서만 맴돌고 있을 뿐이었다. 이 그룹이 그것을 실천에 옮기면서 처음으로 우리들은 우리 그룹의 운동은 우리들 자신의 손에 달려 있다는 것, 노동자, 아동지원기금, 아동권리동맹 등이 아니라 우리들 자신의 손에 달려 있다는 것을 깨달았다. 그것은 우리들에게 있어 두려움의 감정이었다. 17세에 불과한 내가 어른들의 도움을 거의 받지 않은 채 결단을 내린 것이다. 나는 책임감을 느꼈으며, 그것은 매우 유쾌한 감정이었다.

(Hackett, 1997, p. 86)

Roker 등(1997, 1999)은 다양한 종류의 사회참가, 사회활동에 대한 종단연구를 실시하였으며, 이 연구는 매우 중요한 의미를 지닌다. 이 연구에는 영국의 지리적 및 사회적으로 상이한 지역에 위치한 세 곳의 중학교에 다니고 있는 14-16세 청소년들을 대상으로 하고 있다. 1,000명 이상의 10대 청소년이 이 연구에 참여하였으며, 연구결과 청소년들은 여러 가지 형태

 청소년과 사회 : 청소년기의 심리, 건강, 행동 그리고 관계의 본질

의 향사회적 활동에 참여하고 있음을 알 수 있었다. 표 11-1은 과거 1년간 40% 이상의 청소년들이 청원서에 서명을 했으며, 70%가 자선모금활동을, 30% 이상이 자선활동에 참여하고 있음을 보여주고 있다. 이러한 활동 가운데는 학교에 의해 조직화된 지원활동도 있지만, 대부분의 활동은 학교의 개입 없이 청소년들이 자발적으로 참여한 것들이다. 참가의 수준에

| 표 11-1 | 지난 1년간 자원봉사활동 및 캠페인 활동 참여빈도(활동별 %)

활동내용	1회 이상		1회		없음	
	번호	%	번호	%	번호	%
청원서 서명	476	41.1	332	28.7	349	30.2
자선활동 지원	383	33.1	386	33.3	388	33.5
공공집회 참석	112	9.7	212	18.3	833	72.0
자선모금	813	70.3	221	19.1	122	10.6
리플렛 배포	214	18.5	227	19.7	714	61.8
자선의 날(red nose day) 참가	338	29.2	407	35.2	410	35.4
궐기집회, 행진 참가	66	5.7	128	11.1	961	83.9
국회의원에게 편지 보내기	53	4.6	133	11.5	971	83.9
환경단체활동 참가	77	6.6	180	15.5	901	77.8
제3세계 국가를 위한 자선행사 참가	166	14.4	339	29.3	651	56.4
아동 지원	239	20.7	276	23.8	641	55.4
불매운동	408	35.3	278	24.0	471	40.7
학교에서의 캠페인 활동	249	21.6	443	38.4	463	40.0
지역사회에서의 캠페인 활동	155	13.4	397	34.3	605	52.3

출처 : Roker et al. (1997).

---

3) 역자 주 : Oxford Committee for Famine Relief의 약자로, 1942년에 발족한 극빈자 구제 기관이며 옥스퍼드에 본부를 두고 있다.

서는 세 곳의 학교 사이에서 별 다른 차이가 나타나지 않았다.

전체 조사대상자 가운데 155명(약 13%)이 캠페인 조직의 일원으로 캠페인 활동에 참여하였는데, 숫자는 얼마 안 되지만 이들의 활동은 매우 중요한 의미를 지닌다. 이러한 조직은 다양하며, 그 가운데는 학대 스포츠 반대연맹, 앰네스티 인터내셔널(Amnesty International), 조류보호왕립협회, 월드비전 등이 포함되어 있다. 146명의 청소년들은 정기적으로 매주 자원봉사활동에 참가하고 있었다. 이러한 활동에는 청소년 자원지도자, 옥스팜(Oxfam)[3] 지원활동, 자연보호활동, 아동돌보기활동 등이 포함되어 있다. 이 그룹의 약 1/4이 부모 또는 형제가 이러한 활동에 참가하고 있기 때문에 자신도 참가하게 되었다고 응답하였으며, 17%는 친구가 참가하고 있기 때문에 자신도 참가하게 되었다고 응답하였다. 그리고 20%는 교회 또는 청소년클럽 등의 회원인 관계로 이러한 활동에 참가하게 되었다고 응답했다. 결과가 보여주고 있듯이, 여자청소년이 남자청소년에 비해 활동적이었으며, 나이가 어린 청소년들 가운데도 많은 이들이 이러한 봉사활동에 참여하고 있는 것으로 나타났다. 아울러 이미지의 문제는 남자청소년들에게서 두드러지게 나타났다. 남자청소년은 여자청소년에 비해 친구들로부터의 비판이나 놀림 등으로 인해 의욕을 상실하는 경우가 많았다. 소수민족 출신자들은 가족의 반대나 인종적 희롱, 학대의 유무 등으로 인해 큰 어려움을 겪고 있었다. 마지막으로 장소의 문제도 중요하다는 점을 알 수 있었다. 시골 출신자들은 이동이나 거리상의 문제로 인해 이러한 활동에 참가하는 데 큰 어려움을 겪고 있었다.

이 연구의 결과는 향사회적 활동이라고 하는 것이 단순히 개인적 변수에 의해 결정되는 것이 아니라 문화적, 사회적, 실제적 변수에 의해서도 영향을 받는다는 것을 보여주고 있다. 청소년의 지역사회에 대한 봉사 또는 사회활동을 충분히 이해하고자 한다면 앞으로의 연구에서는 이러한

청소년과 사회 : 청소년기의 심리, 건강, 행동 그리고 관계의 본질

요인을 고려할 필요가 있을 것이다. 위에서 언급한 연구에서도 나타난 바와 같이 향사회적 활동 참가는 개인의 자아실현에도 큰 영향을 미친다는 것이다. 이러한 내용은 다음에 소개할 두 명의 청소년들의 이야기를 통해 그대로 드러나고 있다.

> 나에게 있어 그것은 매우 기분이 좋은 일이에요. 나는 학교성적이 그다지 좋지 않아요. 그래도 나는 클럽(아동에게 운동을 가르치는 활동)에서 전문가에요. 나는 지식을 가진 사람이에요. 아이들은 나를 존경해요. 그러한 사실은 나를 매우 기분 좋게 만들어요. 그리고 나는 아이들을 조직한다거나 도와준다거나, 용기를 불어넣어주지 않으면 안 돼요. 이것은 정말로 전문가의 기술이 필요한 일이지요.
>
> (15세 남자청소년. Roker et al., 1997, p. 199)

> 그래요. 앰네스티에서의 활동이 나에게는 큰 영향을 미쳤어요. 동일한 목적을 위해 같이 일하고 같이 상대방을 걱정해 주며 서로 뜻을 같이 하는 친구들과 함께 있다는 것은 매우 기분 좋은 일이었어요. 동시에 나는 자신이 중요하다는 것을 느낄 수 있었어요. 우리들 나이에 인도네시아의 왕에게 편지를 써서 정치범에 대해 질문을 할 수 있는 사람들이 얼마나 있을까요?
>
> (15세 여자청소년. Roker et al., 1997, p. 199)

이러한 형태의 활동에 참여하는 것이 모든 청소년들에게 있어 매우 중요하지만, 특히 어떤 의미에서는 사회로부터 소외된 청소년들에게 있어서는 더욱 중요하다. Roker(1998)는 연구의 대상을 장애를 가진 청소년집단으로 확대하여 실시하였으며, 그들의 참가 가능한 사회활동의 기회를 모색하였고, 이러한 활동이 보통의 청소년들과 거의 동일한 효과를 가지고 있음을 확인하였다. 장애인을 위한 권리옹호단체의 캠페인 활동에 참가한 경험이 있는 여자청소년은 다음과 같이 이야기하고 있다.

나는 내가 많이 성장했다는 느낌을 받았어요. 이전에는 전혀 도전해 보거나
할 수 없었던 일들을 경험할 수 있었어요. 당신(면접자)에게 지금까지 이야
기 한 적이 없었던 것처럼, 나 자신에 대해서도 이런 이야기를 해 본적이 없
었어요.

(Roker et al., 1998, p. 737)

이 장의 초반부에서 저자는 사고와 행위의 관계에 대한 내용으로 마무
리를 짓는다고 언급했다. 인지과정, 즉 청소년기의 도덕적 및 향사회적 추
론의 발달을 탐구하고자 하는 이들과 사회적 행위에 관심을 가지고 있는
이들에게는 다소 흥미가 떨어질지도 모른다. 두 가지의 연구는 최근 각각
커다란 진전을 보이고 있으나, 지금까지 이 두 영역을 연결시키고자 하는
시도는 거의 이루어지지 못하고 있다. 결과적으로 우리들은 아직 추론과
행위와의 관련성에 대해 잘 모르고 있다. 한 가지 확실한 점은 사회참가가
향사회적 추론에 미치는 효과에 관한 부분이다. 사회참가경험은 인지발
달을 촉진하는 것일까? 개인적 주체성, 유능감, 정체성 그리고 자존감이
사회적 행위에 의해 영향을 받는다는 것은 확실하다. 그러나 향사회적 추
론에 대해서는 어떨까? 마찬가지로 자원봉사자와 비(非)자원봉사자의 지
적 발달에 관한 비교도 거의 이루어지지 않고 있다. 이 연구영역에서는 사
회에 초점을 맞추는 연구자와 개인에 초점을 맞추는 연구자의 공동노력
이 보다 높은 연구성과를 가져다 줄 것이다. 사고와 행위가 밀접하게 연관
되어 있다는 점은 의심의 여지가 없다. 앞으로 요구되는 연구들은 이들 둘
의 관련성을 보다 체계적으로 규명하는 일일 것이다.

1. 최근의 연구는 일반적으로 생각하는 것보다 많은 청소년들이 향사회적 활동에 참여하고 있다는 점을 밝히고 있다. 실제로 몇몇 환경하에서 10대 청소년은 개인적 또는 이상주의적 이유로 인해 이러한 활동에 참가한다. 그때 반드시 부모 또는 교사에게 이야기를 하는 것은 아니다. 상당수의 청소년들이 다른 이의 이익 또는 지역사회의 이익을 위한 활동에 참여하고 있다는 사실도 널리 알려져야 한다. 청소년기에 이타적 또는 향사회적 행동이 많이 보이는 것은 청소년들에 대한 부정적인 고정관념을 완화시키는 데 도움이 될 것으로 여겨진다.

2. 이타적 또는 향사회적 활동에 참가하는 것이 청소년들에게 있어 많은 장점이 된다는 것은 명백한 사실이다. 단기적으로는 그것이 자존감을 높이며, 정체성 발달을 돕고, 교육과 일 모두에 있어 새로운 가능성을 열어주는 것이다. 연구결과에 따르면 자원봉사활동에 참가하는 것은 청소년들에게 있어 장기적으로도 장점이 된다. 특히 그것은 지역사회에 대한 지향성을 높이며, 탈(脫)자기중심적 가치관을 형성하는 데 도움이 된다는 장점을 갖는다.

3. 이 영역의 연구결과에 따르면 자원봉사활동이나 캠페인 활동에 참가함에 있어서는 가족이 결정적인 촉진제 역할을 담당한다. 그러나 청소년들에게 이러한 활동에 참가하기 위한 기회를 제공함에 있어 학교, 지역사회의 역할도 무시할 수는 없다. 이러한 학교, 지역사회 활동의 기회제공 및 적극적인 홍보는 청소년들의 향사회적 활동참가를 증가시킨다고 할 수 있다.

4. 자원봉사 활동, 캠페인 활동에 참가하는 것은 그들의 능력이나 환경에 상관없이 모든 청소년들에게 도움이 된다. 장애를 가지고 있으면서 향사회적 활동에 참가하는 청소년들에 대한 연구가 보여주듯이, 자기 자신이 사회로부터 소외되어 있다고 느끼고 있는 청소년들에게 있어서

도 이러한 활동은 보통의 청소년들과 동일한 수준의 장점이 된다. 청소
년들에게 남을 위해 봉사하는 기회가 많이 제공되면 될수록 청소년들
의 인격적 · 사회적 발달에 대한 장점은 더욱 커진다고 할 수 있다.

참고도서

Bynner, J, Chisholm, L and Furlong, A (Eds) (1997) *Youth, citizenship and social change in a European context*. Ashgate. Aldershot.
A collection of essays looking at citizenship, participation, identity and the marginalisation of youth in a European context. The book offers an important overview of key social issues for those growing up in Europe today.

Hackett, C (1997) Young people and political participation. In Roche, J and Tucker, S (Eds) *Youth in society*. Sage. London.
A chapter in a book for Open University students, it provides a useful discussion of participation and its effects on young people.

Johnson, M, Beebe, T, Mortimer, J and Snyder, M (1998) Volunteerism in adolescence: a process perspective. *Journal of Research on Adolescence*. 8. 309–332.
An excellent journal article, setting volunteering in the context of the developmental process. A good summary of research on volunteering.

Torney-Purta, J (1990) Youth in relation to social institutions. In Feldman, S and Elliott, G (Eds) *At the threshold: the developing adolescent*. Harvard University Press. Cambridge, MA.
Once again this essay in the Feldman and Elliott text provides a comprehensive survey of the topic by one of the major figures in the area.

Yates, M and Youniss, J (Eds) (1999) *Roots of civic identity: international perspectives on community service and activism in youth*. Cambridge University Press. Cambridge.
A collection of articles reporting new research in this burgeoning field. Authors are an international mix, and include British, European and North American scholars. Much of the research breaks new ground, making this an especially interesting book.

청소년과 사회 : 청소년기의 심리, 건강, 행동 그리고 관계의 본질

12

스트레스, 대처와 적응
Stress, coping and adjustment

어떤 사람들은 청소년기를 스트레스로 가득한 시기라고 말하기도 한다. 이러한 사람들은 오늘날의 청소년들의 생활을 어렵게 만드는 다양한 요인들로 시험 스트레스, 마약이나 성관계와 관련된 동료들의 압력, 일이나 자격증에 대한 불안 등을 거론한다. 그러나 지역사회나 이웃사람들에 대해 생각해 볼 때, 많은 청소년들이 생활에 잘 적응하여, 어른들도 겁을 내는 문제에도 잘 대처하며, 여가를 즐기고, 시험준비를 하거나 시험을 치르기도 하여 정열을 가지고 노동시장에 합류하고 있다. 불리한 환경에서 자라난 청소년은 불리해지기 쉬움에도 불구하고 빨리 회복하거나 대처하면서 살아가는 경우가 많다. 이것은 어찌 보면 패러독스처럼 보이기도 한다. 청소년기라고 하는 인생단계는 많은 스트레스를 안고 있는 한편, 청소년들이 자원이나 능력을 가지고 있다는 것을 나타내는 증거들도 많다. 이 마지막 장에서 우리들이 밝히고자 하는 것이 바로 이 패러독스이다.

청소년들의 순응능력을 강조하는 것은 매우 중요하나, 그렇다고 해서 스트레스의 영향을 과소평가하거나, 청소년들이 성인기로 이행할 때 곤란이나 장벽에 직면하는 경우가 있다는 사실을 소홀히 해서는 안 된다. 이후에 설명하겠지만, 스트레스라고 해도 비교적 경미한, 일상적인 고민에서부터 부모를 잃는다고 하는 급성 스트레스, 지속적인 괴롭힘이나 빈곤생활 등 만성적인 스트레스에 이르기까지, 여러 유형의 스트레스가 있다. 이러한 스트레스 요인들은 다양한 사람들에게 다양한 방식으로 영향을 미친다. 어떤 사람들은 이에 잘 대처할 수 있으나, 어떤 사람들은 대처하지 못하고 스트레스로 인해, 여러 가지 정동적(emotional) 또는 신체적 장애를 일으키는 경우도 있다.

한편, 청소년들의 대처기술에 대한 지식의 축적이 청소년기에 대한 새로운 생각을 가능하게 하였다. 청소년기를 이른바, '문제의 단계'라고 생각하지는 않는다. 최근 우리들은 위험이나 스트레스 요인을 알아내고, 청소년이 일상생활 속에서 사용하는 대처과정을 이해하는 것에 관심을 두고 있다. 이러한 접근은 특히 중요하다. 왜냐하면, 이것은 장애보다도 순응을 강조한다고 하는 다른 시점에 의한 것이기 때문이다. 이 접근법은 제1장에서 개략적으로 설명했던 초점모델에 적합하며, 발달적 맥락주의를 강조하는 사고방식과도 일치한다. 이러한

개념들은 앞으로 이 장에서 스트레스나 대처과정을 밝히는 데 있어서 매우 중요
하다. 우리들은 우선, 청소년기의 이행에 대해 고찰하고, 이러한 이행 자체가 어
느 정도의 스트레스를 주고 있는지에 대해 생각해 볼 것이다. 그 다음으로, 스트
레스의 성질에 대해 논의할 것이며, 청소년기에 있어서 이것과 관련된 요인 몇
가지를 살펴볼 것이다. 뿐만 아니라 스트레스에 대한 대처과정을 밝히고, 위험
과 회복의 문제도 고찰할 것이다. 그리고 마지막으로, 청소년기에 있어서 잘 대
처한다는 것은 어떤 의미인지에 대해 다시 한번 개관하면서 본 장을 마무리할
것이다.

청소년기의 스트레스와 이행

Stress and transitions in adolescence

청소년기는 전통적인 생각으로는 흔히 스트레스라고 하는 것과 연관짓곤
했다. 그것은 무엇보다도 '질풍노도'의 개념으로 이해되었다. '질풍노도'
라고 하는 개념의 원류는 Schiller나 Goethe 등 독일 19세기의 문학자들이
다. 그러나 이것을 청소년기에 체계적으로 적용했던 최초의 인물은
Stanley Hall이며, 1904년에 발표한 고전이라고도 할 수 있는 텍스트에 그
러한 내용을 담았다. 이 텍스트에서 Hall은 상호간에 모순된 경향 사이를
계속해서 왔다 갔다 하는 시기이기 때문에 청소년들은 정동과 인간관계
양면에 있어서 동요를 경험한다고 설명하였다. Hall은 특히, 청소년기의
쾌활함 사이에 어떻게 타성과 무기력이 나타나게 되는지, 어떻게 애타심
과 이기주의가 공존하는지, 그리고 어떻게 동조의 욕구와 기성세대의 가
치관이나 행동양식에 도전하려고 하는 마음이 동시에 존재하는지를 설명
하였다. Muuss(1996)는 이러한 Hall의 이론에 대한 전체상을 정리하였다.

　　Hall의 책이 출판된 이래, 다른 많은 이론가들도 이 질풍노도의 개념
을 사용하게 되었다. 그리고 이 단어가 청소년기의 경험을 정확하게 요약

청소년과 사회 : 청소년기의 심리, 건강, 행동 그리고 관계의 본질

하고 있다고 하는 신념은 우리들의 문화 전반에 깊이 뿌리를 내리고 있다. 그러나 1950년대에 시작된 청소년기에 대한 실증적인 연구결과는 질풍노도라고 하는 개념에 중대한 한계가 있다는 것을 밝혀냈다. 그리고 연구자들은 많은 시간과 노력을 들여, 이 개념을 적절하게 사용하고자 하였다. Bandura의 유명한 논문 '폭풍의 10년 — 사실인가 허구인가?' (1964)나, Douvan과 Adelson(1966)의 주요 저서는 특히 그 영향력이 크다고 할 수 있다. 물론, 이 같은 테마를 사용했던 다른 연구성과들도 과소평가해서는 안 된다(예를 들어, Offer, 1969; Rutter et al., 1976; Coleman, 1978; Feldman and Elliott, 1990; Jackson and Bosma, 1992; Rutter and Smith, 1995).

이러한 연구들은 모두 거의 비슷한 결론을 내리고 있다. 분명히 소수의 청소년들은 스트레스로 가득찬 혼란스러운 청소년기를 체험할 수도 있겠지만, 많은 청소년들은 가족으로부터 소외되지 않으며, 중대한 정신과적 장애도 나타내지 않으며, 부모와의 의사소통이 완전히 중단되는 경우도 없이, 심각한 정체감의 위기를 경험하지도 않는다는 것을 밝혀 주고 있다. 이러한 전반적인 결론을 반영하고 있는 연구의 좋은 예가 이 연령집단의 스트레스와 행복감을 검토했던 Siddique와 D' Arcy(1984)의 연구다. 그들은 연구결과를 다음과 같이 정리하였다.

이 연구에서 조사대상이었던 청소년의 33.5%는 심리적 고뇌증상을 하나도 갖고 있지 않았으며, 39%는 다섯 개 이하의 증상(경미한 정도의 심리적 고뇌)을 호소하는 정도였다. 반면, 강한 심리적 고뇌를 호소했던 것은 27.5%였다. 즉, 다수의 사람들에게 있어서 청소년기로의 이행은 비교적 순조로우나, 소수의 청소년에게 있어서는 폭풍과 동요의 시기인 듯하다. (중략) 다수의 청소년들은 어른들과 잘 생활하고 있으며, 학교나 동료집단의 요구에도 잘 대응하고 있다. 그들은 자기 자신의 여러 가지 자원을 이용하여 환경 스

트레스 요인에 적응하고 있었으며, 이때의 심리적 고뇌의 흔적은 거의 찾아
볼 수 없었다.

(1984, p. 471)

이와 같은 실증적 연구에 의해 많은 청소년들에 대해 보다 광범위한 실상
을 얻을 수 있게 되었다. 이처럼 증거에 기반하여 이야기하자면, Hall이
청소년기는 질풍노도의 시기라고 했던 생각은 오해의 소지가 있는 것으
로 받아들일 수 있을 것이다. 심각한 동요는 소수의 청소년들에 의해 경험
될 뿐이다. 인생의 부분으로서의 청소년기는 그 자체가 본래 스트레스에
가득 차 있는 것이 아니다. 분명 스트레스에 가득한 청소년기를 보내는 사
람들도 있다. 따라서 우리들은 왜 일부 사람들이 청소년기를 스트레스가
가득한 시기라고 하는지 조금 더 자세하게 살펴볼 필요가 있다.

　우선, 주의해야만 하는 것은, 청소년기를 경험하면서 한 명의 개인이
매우 다양한 사건이나 변화 또는 이행을 경험한다고 하는 것이며, 그것들
중 어떤 것은 그 자체가 스트레스가 된다고 하는 것이다. 이러한 잠재적인
스트레스 요인(stressor)을 구별하는 한 가지 유효한 방법은 그것들을 세
가지 카테고리 중 어딘가에 분류하는 것이다(Hauser and Bowlds, 1990;
Rice et al., 1993). 세 가지 카테고리로는 규범적 사건, 비규범적 사건, 이
상적인 고민이 있다. 규범적 사건이라고 하는 카테고리는 모든 청소년들
이 경험하는 사건을 말하며, 예를 들어 사춘기의 발달이나 11-13세에 경
험하는 학교의 변화, 동료들의 압력 등이다. 여기서 중요한 것은 이러한
사건들은 모두 청소년들이 직면하지 않으면 안 되는 것이나, 통상적으로
는 비교적 예측 가능한 시기 내에서 발생한다고 하는 것이다. 이러한 사건
이 스트레스로 받아들여지게 될지는 이후에 고찰하게 될 일련의 요인에
의해 달라진다. 다음으로, 비규범적 사건은 이것이 청소년 개개인과 관련
되어, 그것도 언제나 발생할 수 있다는 점에서 규범적 사건과는 다르다.

 청소년과 사회 : 청소년기의 심리, 건강, 행동 그리고 관계의 본질

비규범적 사건으로는 질병, 상처, 친구관계의 끝, 부모의 불화나 이혼, 부모의 직업과 관련된 어려움 등이 포함된다. 마지막으로 일상적 고민은 작은 사건이나 그것이 쌓이고 쌓여, 규범적 내지는 비규범적 사건으로 인한 스트레스 요인과 연결된 경우에 큰 영향을 미치기도 한다.

　이 세 유형의 사건을 고찰하는 데 있어서, 그것들이 개개인에게는 얼마나 스트레스가 되는지를 결정하는 몇 가지 차원에 대해 생각해 볼 것이다. Rice 등(1993)은 사건의 수, 사건이 발생한 타이밍, 그리고 사건이 동시에 발생했는지 등은 모두 어떤 개인의 경험을 결정하는 열쇠가 된다고 설명하였다. 우선 첫 번째로는 어떤 청소년이 어느 정도 많은 변화를 경험하는가하는 문제이다. 변화의 수라고 하는 것은 그것만으로도 개인의 그 시점의 대처방법에 영향을 미친다. 모든 신체적, 심리적, 규범적 변화에 더해, 부모의 이혼, 전학, 친구를 잃는 것 등에 적응하지 않으면 안 되는 청소년들은 추가 사건에 대처할 필요가 없는 청소년들에 비해 분명히 더욱 불리한 상황에 놓이게 된다.

　두 번째는 타이밍의 문제이다. 이것이 적응에 영향을 미친다는 것을 보여주는 확실한 예는 사춘기 발달의 다양성이다. 제2장에서 설명했던 것처럼 청소년들이 사춘기에 들어서는 시기는 개인마다 다르다. 분명히 다수의 청소년들은 다른 청소년들과 보조를 맞추어, 이른바 '당연한 시기'에 사춘기에 들어설 것이나, 그 중에는 매우 빨리 또는 친구들과 비교해 매우 늦은 시기에 사춘기를 경험하는 소수의 청소년들도 존재한다. 따라서 너무 빨리 또는 너무 늦게 신체적 발달을 겪는 청소년들은 아직 준비가 되지 않은 사이에 또는 남겨졌다고 하는 감각을 가진 시점에서 사춘기를 경험하지 않으면 안 되는 것이다. 이처럼 사춘기와 같은 규범적 사건의 타이밍은 그 개인의 적응 전반에 차이를 가져다 주게 된다. 타이밍의 문제는 동시성의 문제와도 연결된다. 규범적 사건과 비규범적 사건이 동시에 발생하는 상황은 그 개인의 대처능력을 결정하는 중요한 요인으로 여겨져 왔다. 잠재적 스트레스 요인을 가져오는 사건이 동시기에 많이 발생하면 발생할수록 그 사람에게 있어서 그러한 사건에 대처하는 자원을 찾는 것은 보다 어려워진다.

제1장에서, Graber와 Brooks-Gunn (1996)의 논문에 대해 설명하면서, 이행과 전환점에 대한 그들의 주장을 소개했다. 요약하자면, 그들은 Rice 등(1993)과 같은 점을 지적하고 있다. 변화의 수와 변화의 타이밍과 변화의 동시성이 대처과정을 이해하는 데 매우 중요하다는 점에 동의하였다. 이는 또한, 제1장에서 설명했던 초점 모델의 배경에 있는 생각과도 비슷하다. Rice 등(1993)은 전기 청소년기의 발달 모델을 제안하였는데, 이 모델은 지금까지 설명했던 것들을 요약한 것이다. 그림 12-1에 제시한 것이 그 모델이다. 이 모델로부터 이러한 모든 각각의 변수들이 대처과정에 기여하고 있다는 것을 알 수 있으나, 이러한 요인들과 함께 개개인의 대처반응이나 유효한 지지, 완충효과도 고려할 필요가 있다. 우리들은 스트레스에 대해서 다른 모델을 검토한 후에, 이러한 요인들에 대해 설명할 것이다.

다른 연구자들이 잠재적 스트레스 요인에 대해 다소 다른 분류방법을 사용하고 있다는 것에 주목할 필요가 있다. Compas의 저서에서 널리 알려진 예를 볼 수 있다(Compas et al., 1993; Compas, 1995). 그가 설명하고 있는 것처럼 스트레스란 그것이 규범적인지 비전형적인지, 강도가 큰지, 작은지, 만성인지 급성인지 등의 몇 가지 차원과 관련하여 변화한다. 우리들이 특히 정신건강의 관점에서 청소년기의 이러한 사건들의 의미를 생각해 본다고 하면, 스트레스 요인을 크게 세 가지 카테고리로 나누어 생각하는 것이 도움이 된다고 그는 주장한다. 이 세 가지 카테고리란, 그의 용어를 빌리자면 일반적 또는 규범적 스트레스, 급격한 급성 스트레스,

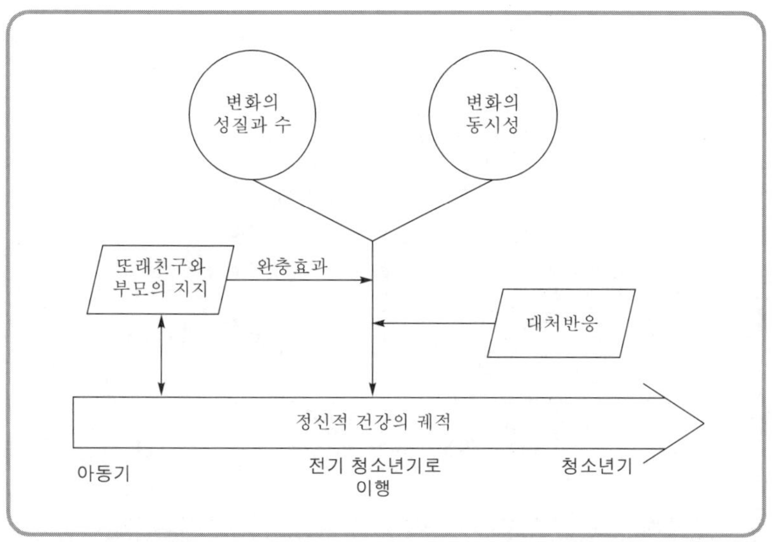

출처 : Rice et al. (1993).

심한 만성적 스트레스의 세 가지이다.

Compas가 지적하는 것처럼 모든 청소년들은 인생의 이 시기를 통과하게 되며, 이때 어느 정도의 일반적 스트레스를 겪게 되는데, 그것은 규범적 사건을 논의했을 때에 이미 규명된 견해이다. 그러나 Compas는 한 발 더 나아가, 급성 스트레스와 만성 스트레스를 구별하였다. 급성 스트레스의 예로는, 부모나 사랑하는 사람의 죽음, 상처나 사고 등을 들었다. 또한 만성 스트레스에 관해서는 빈곤이나 경제적 고통에 놓이게 되는 것, 인종차별, 부모의 정신병, 그 외에 장기간에 걸친 스트레스 요인을 들었다. 여기서 중요한 것은, Compas가 다른 유형의 스트레스는 청소년들의 정신건강에 다른 영향을 미친다고 언급한 것이다. 만약 효과적인 간섭을 하려고 한다면, 간섭은 그 특정 스트레스 요인 내지는 스트레스 요인의 조합

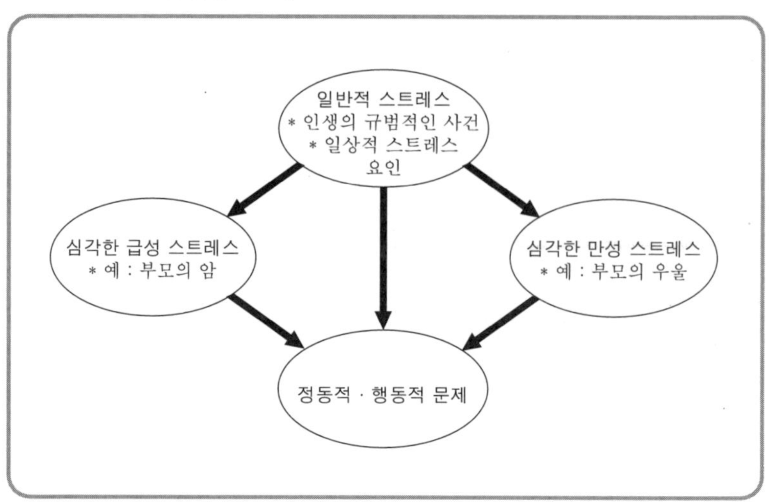

출처 : Compas(1995).

에 적합한 것이어야만 한다는 것이다. Compas에 의해 구별된 스트레스 유형을 그림 12-2에 나타냈다.

지금까지 우리들은 청소년들이 경험하는 것과 같은 스트레스 요인의 예를 몇 가지 간략하게 기술하고 타이밍 등 적응에 영향을 미치는 요인들에 대해 고찰하였다. 강조해 두고 싶은 것은, 청소년기로의 이행은 반드시 스트레스로 가득한 사건이 아니라고 하는 것이다. 만약 적절한 지지를 받고, 잠재적인 스트레스 요인이 겹치지 않도록 잘 조정한다면, 청소년들은 변화에 비교적 잘 순응한다고 할 수 있다. 여기서 중요한 것은, 타이밍, 동시성, 변화의 수라고 하는 문제로, 초점 모델이 주목하고 있는 것도 바로 이러한 문제인 것이다. 다른 요인들이 같은 경우, 즉 사건이 적절히 배치되고, 별로 많은 사건이 동시에 일어나지만 않는다면, 대처하는 일은 매우 용이해질 것이다. 우리들은 바로 이러한 모델에 의해 다수의 청소년들이 갖는 순응능력을 이해할 수 있는 것이다.

스트레스의 원인과 관련 요인
Causes and correlates of stress

지금까지 살펴본 것처럼 여러 가지 유형의 스트레스가 있으며, 청소년들에게 영향을 주는 스트레스 요인의 범위를 찾아보았다. 여기에서는 청소년기에 여러 가지 사건들이 어떻게 경험되는지를 규정할 때에 도움이 되는, 부가적인 요인들을 몇 가지 자세히 살펴볼 생각이다. 첫 번째로는 사건의 매개변수로 알려진 것들이다. 스트레스에 대한 문헌에서는 잠재적 스트레스를 가져오는 생활상의 사건에 관하여 그것에 대한 개인의 반응을 결정하는 여러 가지 매개변수에 대해 지금까지 많은 연구가 행해져 왔다(Lazarus and Folkman, 1991). 가장 일반적으로 거론되는 네 가지 매개변수는 빈도, 예측 가능성, 불확실성 그리고 통제감이다. 여기서 논할 것은 어떤 사건이라도 이러한 매개변수에 따라 다양해지며, 이 다양성은 스트레스 요인에 반응하는 개인이 그 스트레스 요인을 어떻게 지각하는지를 결정하는 데 있어서 중심적인 역할을 한다는 것이다. 이 점을 확실하게 하기 위한 한 가지 예로 왕따로 인한 피해자에 대해 생각해 보겠다. 여기서 이 사건은 매우 예측 불가능하며, 당사자가 사건에 대해 거의 통제 불가능하고, 사건이 어느 정도 빈도로 일어나는지도 불확실할 것이다. 따라서 이러한 사건은 강한 스트레스를 가져올 것이라고 예상할 수 있다.

Seiffge-Krenke(1995)는 스트레스의 결정 요인으로서, 사건의 예측 가능성이 특히 중요하다는 것을 강조하였다. 그녀의 관점에 의하면, 어떤 사건이 예측 불가능하면 불가능할수록 그 사건은 보다 높은 잠재적 스트레스가 된다는 것이다. 그 주요 이유는 이러한 상황하에서는 예기적인 대처가 불가능하기 때문이다. 심한 스트레스를 동반하는 사건은, 이를 테면 돌발사처럼 전혀 예측불가능한 상태에서의 사건이다. 다시 왕따 이야기로 돌아가 보면, 그 개인이 과거에 왕따피해를 입었던 적이 있다면, 내적으로든, 외부로부터의 도움에 의해서든 어떤 대처를 하는 것이 가능할 것이다. 그렇다고 해도 언제 괴롭힘을 당할 것인지 그 타이밍을 예측하는 것은 불가능하며, 그로 인해 준비했던 대처방법을 실행하는 것도 어렵게 된다.

많은 실증적 연구결과로부터 연령, 성별, 민족이라고 하는 중요한 변수가 개인이 경험하는 스트레스 유형에 영향을 미친다는 것은 분명하다. 연령에 관한 Larson과 Asmussen(1991)의 연구에서 볼 수 있듯이, 연령이 높은 청소년은 이성 친구나 학교 외 활동(일, 자연환경, 여가)영역에서 부정적인 감정을 갖기 쉬운 것에 반해, 가족이니 학교영역에서는 연령이 높은 청소년에게서 부정적인 감정수준이 높게 나타났다. 성별에 관해서는 많은 연구자가 젊은 남성과 젊은 여성은 스트레스 경험에 있어서 차이가 있다는 점을 지적하고 있다. 예를 들어, Compas와 Wagner(1991)는 청소년기에는 여성이 남성보다도 가족이나 친구관계 또는 성적 문제에 보다 많은 스트레스를 받는다고 보고하였다. 이러한 결과의 이유로는 여성이 보다 솔직하며 통찰력이 있기 때문이 아닌가라는 의견이 있다. 그러나 여성이 남성보다도 대인적 네트워크에 대한 긴장에 민감하기 때문은 아닌지라고 지적하는 연구자도 있다(예를 들어, Heaven, 1996). 우리들은 대처행동에 관한 성별 문제를 다음 절에서 보다 자세히 살펴볼 것이다.

스트레스에 관한 또 다른 성별차이는 제7장에서 설명했던 것처럼 청소년기의 젊은 여성의 우울 발생률이 높다는 것이다. Brooks-Gun(1991)이나 Petersen 등(1991)의 연구결과에 의하면, 우울은 여성의 경우가 그 수준이 더 높으나, 이것은 아마도 사춘기 동안, 또는 사춘기 이후의 호르몬 변화에 의한 것일 가능성이 있다는 결론이 지지되고 있다. 그러나

Brooks-Gun(1991)의 연구에 따르면, 부정적인 생활사건도 우울수준의 성별차이를 설명하는 데 적어도 같은 정도로 중요한 역할을 한다는 점에 주목할 필요가 있다고 한다. 또한, 청소년기에 들어선 여자아이의 경우에는, 신장이나 체중이나 그 외의 신체적 특징에 관심이 높아지면서, 동시에 자신의 신체상에 대한 불만도 높아진다고 하는 것이 이러한 결과를 부분적으로 설명하는 것은 아닌가라고 생각된다(Davies and Furnham, 1986). 민족이라고 하는 것도 스트레스 경험에 영향을 미치는 변수의 한 가지이다. Munsch와 Wampler(1993)는 미국에서는 아프리카계 미국인 청소년의 경우, 학교에서 정학처분이나 교사와의 문제를 일으키는 것에 대해 다른 민족 출신의 청소년들보다도 많은 스트레스를 받는 것으로 나타났다. 유럽계 미국인은 학교생활에서 과제로 인해 자신이 선택되는 것에 가장 큰 스트레스를 느끼며, 멕시코계 미국인의 경우에는 시험에서 실패하는 것이 가장 스트레스가 큰 학교경험이었다고 한다.

청소년들이 갖게 되는 일련의 스트레스 요인에 대해, 다음의 두 가지에 대해서도 언급을 해 둘 필요가 있다. 그것은 지루함과 고독감이다. 이 것들은 모두 청소년기에 어려움을 가져다 줄 수 있는 경험이 될 수 있기 때문이다. 우선 지루함에 대해서 생각해 보도록 하겠다. Frydenberg(1997)는 호주에서 행한 10대 청소년과의 인터뷰에서, 그들에게 스트레스를 주는 것들 중에 지루함이 자주 언급되었다고 보고하였다. 어떤 사람들의 경우에는 지루함이라고 하는 것은 말 그대로 아무것도 할 것이 없는 상태에서 발생하나, 다른 사람들에게 있어서 지루함은 자극이나 흥분에 대한 욕구를 반영하고 있는 것이다. 그것은 아마도 내부의 공허감에 대한 방어반응이나, 이러한 공허감은 이 연령의 청소년들에게 드문 일은 아니다. Frydenberg(1997, p. 23)는 이와 관련해 몇몇 청소년들의 이야기를 소개하였다.

'내 유일한 문제는 지루함이에요. 다시 내일이 있다고 하는 생각에 저는 참을 수가 없습니다. 저는 단지 하루를 열심히 노력하고 최선을 다 할 뿐이에요. 그리고는 도망치죠. 저는 어느 날 도망쳐 나와 정말로 제가 하고 싶은 것 한 가지만을 하죠.'

(15세 남학생)

'나는 쉽게 지루함을 느껴요. 예를 들어, 나는 누군가와 전화통화를 하면서 동시에 케이크를 굽거나 하죠. 그냥 가만히 앉아 아무것도 하지 않는다는 것은 참을 수가 없어요. 난 저희 교실에서 자주 건방진 말을 하는 학생이 되곤 하죠.'

(15세 여학생)

몇몇 연구자들은 고독감이 스트레스 요인이 될 수 있다고 보고 있다. 여러 연령대의 인간관계에 대한 태도 연구에서 Coleman(1974)은 혼자가 된다고 하는 것에 대한 불안이 가장 높은 수준에 이르는 것은 11세에서 13세에 걸쳐서이며, 그 이후에는 분명히 감소한다고 보고하고 있다. 이의 후속 연구에서는 혼자 있는 경험이 갖는 다양한 측면이 탐구되었다. 이때 분명한 한 가지 문제는 자발적으로 혼자가 되는 것과, 가족이나 친구와 강제적으로 떨어져 혼자가 된 경우를 구별하지 않으면 안 된다는 것이다. 몇 가지 연구, 예를 들어 Inderbitzen-Pisaruk 등(1992)은 고독감과 관련된 요인을 고찰하였으나, 거기에서는 고독감은 자발적인 것이라고 하기보다는 강제적인 것이라고 생각하였다. 이러한 연구에서는 중기 청소년기의 고독감은 자존감이 낮거나, 사회적 기술이 없다는 것을 자각하는 것 등과 관련이 있었다. 여기에는 성별차이도 나타났다. 남성의 경우에는 대인적 통제감이 낮아지는 경향을 보인 반면, 여성의 경우에는 사회적 불안이 높아지는 경향을 보였다.

Lason(1997)은 혼자가 되는 것의 건설적인 차원을 탐구하여, 청소년들은 아동기부터 청소년기로 이행하면서, 자기 혼자 있는 것의 이점을 보다 잘 활용할 수 있게 된다고 논하였다. 그는 특히, 연령이 높아지면 혼자 있는 시간을 보다 자발적으로 갖게 되며, 전기 및 중기 청소년기에 적절히 혼자 있는 시간을 갖는 것은 적응에도 좋은 결과를 가져온다고 하였다. 그는 이렇게 설명하고 있다. '혼자가 되는 것이란, 혼자 있는 시간이라는 점에서는 다르지 않으나, 전기 청소년기가 되면, 혼자가 된다는 것은 일상생활 속에서 사회적 경험을 보충하는 전략적 퇴거로서, 보다 건설적인 의미를 갖게 된다'(1997, p.80). 이에 대해, Goossens 등(Goossens et al., 1998; Goossens and Marcoen, 1999b)은 이와는 다른 접근법을 사용하여 고독감을 애착양식이라고 하는 개인성격의 특성과 연관시켰다. 그들은 안정된 애착을 경험했다고 평가된 청소년들은 고독감에 대해서 보다 긍정적인 태도를 보이는 것에 비해, 의존적인 애착을 경험했다고 평가된 청소년들은 고독감에 대처함에 있어 보다 곤란을 겪고 있는 것을 나타내었다. 이 연구는 몇 가지 요인이 연령, 자기상, 지각된 사회적 기술에 더해, 청소년기에 겪는 고독감과 관련되어 있다는 것을 명확히 했다는 점에서 중요하다.

이상의 논의로부터 스트레스라고 하는 것은 복합적인 개념이라고 하는 것이 분명할 것이다. 청소년기의 스트레스 경험에 대한 대처과정과의 관련에 대해 명확히 이해하려 한다면, 일련의 카테고리나 매개변수를 고려할 필요가 있다. Seiffge-Krenke(1995)는 이 테마에 대해 한 가지 유효한 도식을 제안하였다. 우리들이 만약 이 영역에서 적절한 주의를 한다면, 네 가지 주요영역을 구별하고 각각을 음미할 필요가 있다고 그녀는 제안했다. 그것은 스트레스 요인의 성질, 개인의 내적 자원, 유효한 사회적 지원 타입, 그리고 대처과정 그 자체이다. Seiffge-Krenke는 이러한 네 가지 요인은 순서대로 서로 관련되어 있다고 생각하였다. 즉, 우리들은 우선 스트

| **그림 12-3** | 스트레스와 대처에 관한 개념적 문제와 주요 의문점

출처 : Seiffge-Krenke(1995)

레스 요인에 주의를 두며, 그 다음으로 개인의 내적 자원에 주목하는 식으로 연관되어 간다는 것이다. 이 도식을 그림 12-3에서 보여주고 있다. 이러한 종류의 다이어그램이 문제 전체를 명확하게 반영하고 있다는 것에 모든 사람들이 동의한다고는 할 수 없으며, 저자 자신도 상황을 이 다이어그램을 통해 풀어 나가는 것에 한계를 느끼고 있다. 그럼에도 불구하고, 청소년기 스트레스를 복잡하게 하고 있는 주요한 문제를 해명하는데 있

청소년과 사회 : 청소년기의 심리, 건강, 행동 그리고 관계의 본질

어서 이 다이어그램은 매우 유용하다고 생각된다.

청소년기의 대처

Coping in adolescence

스트레스라는 주제를 고려하면서, 그리고 Seiffge-Krenke의 도식을 떠올리면서, 대처(coping)라고 하는 주제에 대해 살펴보도록 하겠다. 우선 중요한 점은 대처를 분류하려는 많은 시도들이 있었다는 것이다. 이에 대해 자세히 논의해 보기 전에, 이 분야의 주요한 연구자들에 대해 알아볼 필요가 있다. 우선, 앞에서 서술한 Compas의 견해부터 실펴보도록 하겠다.

Compas(1987)는 Lazarus(1966)에 의해 처음으로 제기된 정동중심의 대처[1]와 문제중심의 대처[2]라고 하는 구분을 청소년집단에 적용시켰다. 이 두 유형의 대처 모두는 스트레스 요인과 개인의 관계를 수정하는 기능을 갖는다. 문제중심의 대처의 경우, 사람들은 스트레스를 변화시키고, 약하게 하며 또는 스트레스를 제거하려 한다. 한편, 정동중심의 대처의 경우, 사람들은 스트레스 요인에 의해 생겨난 정동상태를 변화시키려 한다. 이 두 유형의 대처에 관한 유익한 고찰(Compas et al. 1993)에 의하면, 나이가 들면서 정동중심의 대처가 증가한다는 확실한 증거가 있으나(예를

---

1) 역자 주 : 정서중심 대처방법이라고도 함. 스트레스와 관련되거나 스트레스로부터 초래되는 정서상태를 통제하려는 대처방법. 스트레스 원인을 회피하거나 스트레스 상황을 인지적으로 재구성하는 방법으로, 개인이 상황의 긍정적 측면에만 선별적으로 주의를 기울여 대처하는 행위를 말한다.
2) 역자 주 : 개인이 행동을 변화시키든지 또는 환경적 조건을 변화시키려는 대처방법. 스트레스 요인에 작용하려는 노력으로, 문제해결이나 환경 간의 갈등적 관계를 변화시키려는 접근방법이다.

들어, Band and Weisz, 1988; Altschuler and Ruble, 1989를 참조), 아동기와 청소년기 동안에는 문제중심의 대처가 증가하지 않는다는 점을 지적하고 있다. 또한 이 두 가지 대처유형이 다른 기능을 갖는다는 것도 시사되었다(Compas, 1995 참조). 정동중심의 대처는 위협이나 강한 불안이 지각된 상황에서 보다 많이 적용되며, 문제중심의 대처는 스트레스 요인을 조절 또는 변화시킬 수 있다고 생각되는 환경 속에서 적용되는 듯하다.

　　Seiffge-Krenke(1993, 1995)는 대처에 대해 다른 분류가 가능하다고 설명하였다. 그녀의 설명은 Compas의 설명과는 많이 다르지 않으나, 스트레스 회피의 가능성을 적용한 제3의 카테고리를 포함하고 있다. Seiffge-Krenke의 용어에 의하면, 대처에는 세 가지 유형이 있다. 능동적 대처, 내적 대처, 그리고 철회(withdrawal)가 있다. 앞의 두 가지는 정동중심의 대처와 문제중심의 대처에 상응하며 자신의 기능을 발휘하는 것으로 생각되어지나, 세 번째는 스트레스 요인으로부터의 도피행동이며, 기능부전이라 생각된다. Seiffge-Krenke는 상황의 횡단적 대처 질문지(CASQ ; Coping Across Situations Questionnaire)를 개발하였는데, 이는 상정 가능한 20가지의 스트레스 대처전략을 그 내용으로 하고 있다. 전략에는 친구에게 기대기, 부모에게 기대기, 타협하기, 걱정을 그만두기, 최악의 상황을 상정하기, 문제를 잊어버리기 위해 술 또는 약물을 사용하기 등이 있다.

　　매우 비슷한 접근법이 Frydenberg와 그의 동료들(Frydenberg and Lewis, 1993; Frydenberg, 1997)에 의해 소개되었다. Frydenberg 등은 대처는 폭넓은 행동 레퍼토리를 사용할 수 있다는 것에 의존한다고 생각하였다. 그들은 대처행동은 매우 많기 때문에 어떤 개인의 대처기술로든 유효성을 얻으려 한다면, 일련의 선택의 폭을 설정할 필요가 있다고 하였다. 척도를 개발하고, 청소년기 대처척도라고 하여 열여덟 가지의 대처전략

청소년과 사회 : 청소년기의 심리, 건강, 행동 그리고 관계의 본질

을 포함시켰다. 그들의 연구는 청소년기 대처척도 등의 척도개발에 기반하고 있다(Patterson and McCubbin, 1987). 청소년기 대처척도의 열여덟 가지 카테고리는 사회적 지지 구하기, 걱정하기, 친구에게 투자하기, 긴장을 줄이기, 문제를 무시하기, 자기를 비난하기, 전문가의 도움을 얻기, 긍정적인 면에 초점을 두기 등이다. 이러한 방법은 개인의 대처에 선택의 폭을 넓혀주기 때문에 대처반응을 특정 분류에 끼워 맞추는 것보다 바람직하다. 그러나 대처는 이처럼 다양한 행동을 포함할 수 있다고 생각되므로, 방법론상의 문제가 발생한다.

여기서 우리는 대처전략의 사용에 있어서 발달적 경향의 고찰로 돌아가 보도록 하겠다. 앞에서 소개한 Compas 등에 의한 고찰(review)에 따르면, 문제중심의 대처를 적용함에 있어서는 연령에 따른 변화가 없으나, 정동중심의 대처를 적용함에 있어서는 확실한 증가현상이 나타난다는 점이 시사되었다. Frydenberg의 청소년기 대처척도를 사용했던 많은 연구가 호주 청소년 사이에서 대처전략의 발달적인 변화를 검토하고 있다(Frydenberg, 1997). 그 결론은 Compas의 주장과는 상당히 대조적이다. 연령에 따른 정동중심의 대처증가가 나타나지 않았던 것은 아니나, Frydenberg의 연구는 기능부전이라고 하는 대처가 후기 청소년기 사람들에게서 보다 많이 사용된다는 점에도 주목하고 있다. 특히, 여기서는 보다 장년그룹에 있어서는 자기비난의 증가와 함께, 약물이나 알코올의 사용과 같은 긴장을 저하시키는 전략이 보다 자주 사용되고 있다고 보고하고 있다.

Seiffge-Krenke(1995)에 의해 행해진 연구에서는 일정 대처전략의 적용에 관해서 15세가 전환점인 듯하다는 결과가 강조되고 있다. 비슷한 문제를 경험했다고 생각되는 다른 누군가에게 기대고 싶어 하는 경향이 증가하는 것과 마찬가지로, 스트레스의 원인이 되는 사람에게 직접 이야기

를 하는 청소년도 현저하게 증가하고 있다고 보고하고 있다. 그녀는 다음
과 같이 말한다.

> '우리들의 관찰에 의하면, 15세를 넘으면, 중요한 타자의 시점을 점차 이해
> 할 수 있게 되며, 그것이 타협이나 양보의 증가로 연결된다. 또한 가능한 해
> 결책에 대해서 생각하는 빈도도 증가하며, 반드시 더 나은 행동으로 이어지
> 는 것은 아니나, 대처의 선택지도 보다 풍부해지게 된다. 사회의 습관과 강
> 한 충동제어를 안다는 것은 행동을 제어하는 요인의 일부가 된다. 게다가
> 자기 자신의 한계를 점차 받아들이게 되면서 보다 현실 지향적이 된다.'
>
> (1995, p.221)

성별차이 또한 대처에 관한 문헌에서 큰 관심사로 나타나고 있나(평
론으로서 Hauser and Bowlds, 1990; Seiffge-Krenke, 1993; Frydenberg,
1997). 이 테마에 대한 논쟁의 중심적인 질문이 Frydenberg와 Lewis 논문
(Frydenberg and Lewis, 1993)의 타이틀에서 잘 표현되고 있다. 즉, '소년
은 스포츠를 즐기며, 소녀는 사람을 원한다.' 사실 대처전략을 선택하는
데 있어서 전형적인 성별차이가 있다는 것은 분명하나, 상황은 당연하면
서도 다소 복잡하다. 간단히 말하면, 남성이 적극적인 대처를 사용하여
외부로 작용해, 정면으로 문제에 맞서며, 문제해결의 도움이 되는 정보를
보다 많이 탐색하고, 공격적 또는 대책에 의한 테크닉을 사용하여 대인관
계상의 곤란에 대처하는 경우가 많다는 것이다. 또한 많은 연구에 의하면
여성과 비교해 남성은 부인(denial)을 보다 많이 사용한다고 한다.

반대로 소녀들은 소년들보다도 스트레스의 영향을 받거나, 생활 속에
서 스트레스로 가득 찬 사건을 나타내는 일이 많다는 것이 일관되게 보고
되고 있다. 소녀는 소년보다 실패나 곤란한 상황을 위협적으로 받아들이
며, 스트레스가 많은 상황 속에서 최악의 사태를 보다 많이 상상하는 경향

 청소년과 사회 : 청소년기의 심리, 건강, 행동 그리고 관계의 본질

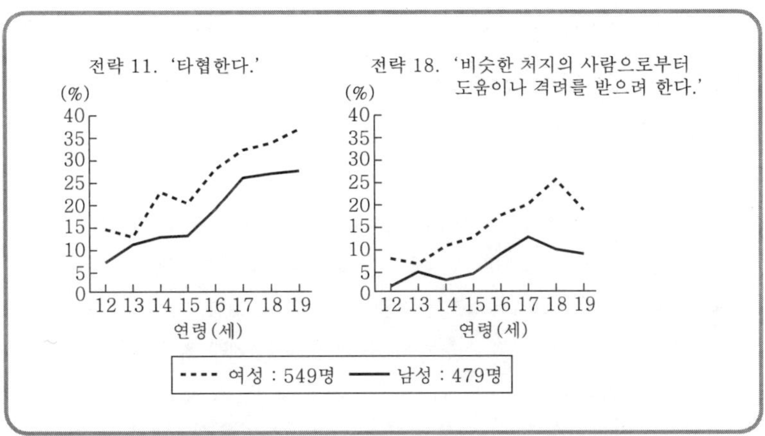

출처 : Seiffge-Krenke(1995).

이 있다. Seiffge-Krenke(1995)의 연구에서 소녀는 소년에 비해, 같은 스트레스를 네 배나 위협적으로 받아들이고 있었다. 스트레스에 대처하는 데 있어서 여성은 남성 이상으로 사회적 지지를 필요로 한다. 소녀나 여자 청소년은 부모나 다른 어른들보다 많은 의존경향을 보이며, 타인의 기대에 보다 민감하다. Schonert-Reichl과 Muller(1996)의 연구에 의하면, 도움을 필요로 하는 행동에 대해서 남성과 여성을 비교한 결과, 여자청소년은 부모, 친구 및 전문가로부터 원조를 받고자 하는 경향이 남자청소년에 비해 유의하게 높았다. 그림 12-4의 두 개의 그래프는 타인으로부터 격려를 원하는 것과 타협을 한다고 하는 이 두 가지 대처에 있어서의 성차와 연령 효과와의 조합을 나타낸 것이다. 이는 Seiffge-Krenke(1995)의 연구결과이다.

성별에 따른 청소년 비교는 여러 가지 면에서 상세하지 못하여 도움이 되지 않을지도 모르며, 같은 성별 내에서도 분명히 다양성이 존재한다. 그러나 위와 같은 주요한 차이를 아는 것은 분명 중요하며, 이 다양성이 무엇을 의미하는지를 생각하는 것 또한 중요하다. Seiffge-Krenke는 여성이 남성보다도 위험이 높은 상태에 있는지를 중요하게 다루고 있다. 그녀는 다음과 같이 말한다.

> 여성은 특별한 딜레마에 빠져있는 것처럼 보인다. 한편, 여성은 남성보다도 같은 사건에 기인한 것이라고 해도 — 중요한 타인과의 대인관계 문제를 동반할 경우 — 강한 스트레스를 받는 것처럼 보인다. 반면, 여성은 같은 사회적 관계를 사용하여 필요로 하는 대처방략을 보다 자주 활용한다. 여성의 사회적 및 심리적 의존에 의해, 우리들로서는 해결할 수 없는 딜레마에 빠지게 될 경우, 이렇게 이야기하고 싶을 것이다. 분명히 청소년기 여성보다 강한 의존성은 그녀들의 스트레스를 지각할 때의 성질과 그 증상과의 관련을 설명할 수 있는 한 가지 요인일 것이라고.
>
> (1995, p. 223)

대처는 연령이나 성별뿐만이 아니라 개인이 얻을 수 있는 사회적 지지에 의해서도 영향을 받는다. 그것이 그림 12-3의 도식에서 설명된 것이다. 여기서 몇 가지 관련 증거에 대해서 설명하도록 하겠다. 우선 가정 내에서의 지지에 대해서 살펴보면, 높은 레벨의 이러한 종류의 지지가 대처과정에 도움이 된다고 널리 인식되어 있다(Hauser and Bowlds, 1990; Heaven, 1996). 만약 부모가 비판적이지 않은 태도로, 정보와 원조를 제공해 줄 수 있다면, 그것 자체가 지지가 되어, 보다 일반적으로는 사회적 지지를 사용하도록 용기를 주는 모델이 된다. 부모로부터의 지지가 한정되어 있는 경우, 사람들은 기능부전의 대처전략을 적용할 것이라고 예상할 수 있다. 이 주제에 관한 중요한 연구로, Schulman(1993)은 네 가지 유형의 가족풍토에 주목함으로써, 이 풍토가 다른 대처 스타일의 사용에 어떻게 관계하고 있는지를 보여주었다. 가족이 구조화되어 있지 않고, 싸움

청소년과 사회 : 청소년기의 심리, 건강, 행동 그리고 관계의 본질

가족풍토	대처행동
1. 구조화 되지 않은 갈등지향 예 : 갈등적 교류가 자주 발생. 가족 내 지원 결여. 개인의 성장에 대한 지원 결여.	철회나 수동적으로 특징지어지는 비기 능적 대처를 많이 사용.
2. 통제 지향 예 : 구조화된 가족의 여러 활동. 명시된 가족규칙. 달성의 협조. 감정을 드러내지 않는 지시적 가족.	가족의 결정에 의존. 즉, 수동적이 되 기 쉬움.
3. 구조화 되지 않은 표출 : 독립 지향적 예 : 응집적·통일화됨. 감정의 표출, 개인의 독립지지, 달성에 대한 압력 없음	타인에게 조언이나 정보를 얻으려 하 며, 청년 스스로 행동방향을 계획함.
4. 구조화 된 표출, 지적 지향 예 : 가족관계 강조, 명백한 규칙, 독립지지	타인에게 조언이나 정보를 얻으려 하 며, 청소년 스스로 행동방향을 계획함.

출처 : Shulman(1993).

이 많은 가정에서 자라난 청소년들은 대처기술이 떨어지며, 특히 소극적이고 혼자 있으려는 경향이 있다. 구조화된 가정의 청소년들은 의존적인 스타일의 대처를 하는 경향이 있었다. 한편, 독립지향 또는 감정을 드러내는 가정의 청소년들은 계획을 세우거나, 사회적 지지를 얻기 위해 타인을 이용하는 등의 대처기술을 보여준다. 그 연구결과를 표 12-1에 요약하였다.

　이러한 견해는 MacIntyre와 Dusek(1995)의 진보적인 연구에 의해 지지되었다. 그들은 양육방식을 Maccoby와 Martin(1983)의 연구에 기반한 패러다임에 따라 분류하고 있으며, 이에 대해서는 제6장에서 서술하였다. 양육방식에는 권위적, 독재적, 태만적, 방임적 양육의 네 가지 방식이 있다. 결과는 부모가 권위적이었다고 생각되는 사람들(즉, 부모가 아이들을 가까이서 감독하고, 연령에 맞춘 배려와 보살핌을 제공해 준 경우)이 가장 사회적 지지를 잘 이용하고 문제중심의 대처를 하는 경향을 보였다. 이는 양육 스타일과 대처행동 사이에 있는 중심적인 매개요인이 개인적인 통제감과 관련되어 있다는 것을 시사하고 있다. 권위적인 부모의 양육은 능동성을 키워주며, 스트레스가 많은 상황 속에서 개인적 통제감을 높여준다. Compas 등(1991)의 연구와 같은 연구들은 문제중심의 대처와 높은 수준의 자기통제 간의 연계성에 대해서도 설명하였다. McIntyre와 Dusek 은 다음과 같이 설명한다.

> 부모의 양육실천과 대처경향의 관계는 간접적인 것처럼 보인다. 부모의 양육실천은 통제의 신념에 영향을 미치며, 이 통제신념은 대처경향에 영향을 준다. 연구자들은 청소년기 동안 아이들에게 미치는 부모의 영향은 아동기에 미치는 영향보다도 간접적이라는 것을 밝히고 있다.
>
> (1995, p. 507)

동년배의 친구들 또한 스트레스 상황에서 사회적 지지를 제공함에 있어 중요한 역할을 한다. 제8장에서 서술했던 것처럼, 청소년들은 성장하고 나이가 들면서 또래의 친구들에게 의지하게 된다. 그리고 Seiffge-Krenke(1995) 등의 연구에서 나타났듯이, '친구의 도움을 받아 문제를 해결하려 한다'고 하는 전략이 부모와 함께 문제를 논의한다고 하는 대답과 함께 가장 일반적인 대처법으로 조사되었다. 사실, Seiffge-Krenke(1995)의 연구에 따르면, 청소년기에는 친구에 대한 의존이 급격히 증가하여, 15-16세에는 부모의 중요성과 비슷해지나, 17-19세가 되면 부모보다도 친구의 중요성이 더 커진다고 한다.

Hirsch 등(1990)의 연구는 친구, 특히 학교 밖에서 만나는 친구들이 스

  청소년과 사회 : 청소년기의 심리, 건강, 행동 그리고 관계의 본질

트레스가 많은 상황에 대처하는 데 있어 얼마나 중요한지를 보여 주었다. 청소년기 초기 및 중기의 청소년들은 학교 밖의 친구를 싸움이 진행 중일 때나 문제에 대해 도움을 줄 중요인물로 생각한다고 한다. 그런 이유로, 55%의 청소년이 매일 친구와 만나며, 27%는 일주일에 한 번 이상 친구를 만난다고 한다. 또 다른 연구로, Hirsch와 Dubois(1989)는 어떤 것이 학교 밖의 생활에서 친구의 도움을 받는 것을 방해하는지를 알아보고자 하였다. 그들은 그 방해요인이 상황에 의한 것인지, 또는 사람에 의한 것인지를 검토하였다. 그 결과, 방해하는 것이 사회적 기술의 결여, 경쟁활동, 가정 내 대립 및 도덕적인 문제라고 하는 사실을 알았다. Frydenberg(1997)가 지적하는 것처럼, 만약 청소년기를 잘 넘기고 있는 사람이 사회적 지지를 이용할 수 있는 사람이라고 한다면, 사회적 지지 이용을 방해하는 것에 대해 보다 많은 것들을 알고 있을 필요가 있다. 이처럼, 사회적 기술이 결여된 사람은 '무엇을 부탁해야 좋을지를 모른다' 거나, '어떻게 부탁을 해야 할지를 모른다' 는 등의 감정을 갖게 된다고 보고하였다. 사회적 기술 훈련은 이러한 사람들에게 있어서 적절하며 유용한 도움이 될 것이다. Kuhl 등(1997)은 도움을 청하는 행동을 방해하는 장벽을 측정하는 도구개발에 대해 보고하였으나, 그것은 많은 사회과학자가 이 문제의 중요성을 인식하기 시작했다는 증거라고 할 수 있다.

지금까지 우리들은 평가가 갖는 중요성에 그다지 주의를 기울이지 않았으나, 여기서 이 문제를 좀더 자세하게 살펴보기로 하겠다. Lazarus, Compas, Frydenberg 등은 그들의 저술을 통해, 개인이 스트레스 요인에 대처하는 방법을 선택하는 데에는 평가과정이 중요한 역할을 한다는 사실에 대해 기술하고 있다. Lazarus와 Folkman(1991)는 그림 12-5에서 나타낸 것처럼 1차적 평가와 2차적 평가를 구별할 필요가 있다고 주장하였다. 이 모델에 의하면, 일차적 평가는 스트레스가 많은 사실 또는 도전에

| **그림 12-5** | 통제에 관한 신념, 대처, 정동적 고뇌에 관한 모델

출처 : Compas(1995).

의한 정동적인 영향과 관계가 있으며, 2차적 평가는 위협과 그에 대처하는 개인의 유능감의 적합성에 대한 인지적 사정과 보다 더 많이 관련되어 있다. 성공하는 대처방법은 일반적으로 평가과정과 밀접하게 연결되어 있다고 생각된다. 사람이 두 명 있으면, 두 명의 사람은 완전히 똑같은 스트레스 요인이라고 해도 전혀 다르게 평가할 수 있다. 반대로, 같은 사람이라도 같은 스트레스를 두 가지 다른 상황에서는 전혀 다르게 평가하는 경우가 있다. 그것은 아마도 기분이라거나, 그 날 이전에 경험했던 스트레스나, 그 시점에서 이용할 수 있는 대처자원의 인지 등에 의한 결과일 것이다. 개인이 계속해서 스트레스 요인에 대처할 수 있을지는 무엇보다도 먼저 평가과정의 결과에 의존하고 있다.

평가의 역할에 관한 좋은 예로는 Beardslee와 Podorefsky(1988)의 연구에서 찾아볼 수 있다. 그들은 부모의 우울에 직면했던 소년의 회복에 대해서 연구하였다. 그들은 회복한 청소년은 부모의 우울과 연관된 스트레스를 현실적으로 평가하고, 이 평가에 맞는 방법으로 행동을 했던 사람들이었다고 보고하였다.

저서의 내용에 따르면, 이러한 청소년들은 처음에는 부모의 우울을 변화시키거나 치료하고 싶다고 생각하였으나, 시간이 흐르면서 이것이 현실적인 목표가 아니라는 것을 알게 되었다. 그 후로 이 청소년들은 자신이 할 수 있는 모든 방법을 동원하여 우울증을 겪고 있는 부모나 다른 가족들을 지지하는 방향으로 주의를 돌렸다. 이러한 대응방법은 상황의 객관적인 성질과 매우 잘 일치하여, 이러한 청소년들은 자신의 부모들의 문제는 자기 자신이 컨트롤할 수 없다는 것을 인식할 수 있었다고 보고하고 있다. 반대로 부모의 상태가 변화할지도 모른다고 하는 가능성을 인정하려 하지 않은 청소년들은 가족으로 인해 지속되는 스트레스 상황으로부터 회복되는 경우가 적었다는 것을 알 수 있었다.

성공할 수 있는 대처방법의 또 한 가지 중요한 특징은, 자기통제와 관련이 있다. 그림 12-5에서 알 수 있는 것처럼, 자기통제는 2차적 평가과정과 연관되어 있으며, 지각된 우연성과 지각된 능력의 조합결과이다. Frydenberg는 '스트레스 요인을 통제할 수 있는지가 대처방법을 규정할 수 있다'(1997, p. 35)고 주장하였다. 그녀는 이것을 뒷받침하는 연구로서, 청소년들의 스트레스 요인에 관한 상대적인 통제 가능성을 검토했던 Compas 등(1988)의 연구를 인용하고 있다. Compas 등은 학업에 관한 스트레스 요인은 대인관계에 관한 스트레스 요인보다 통제 가능한 것으로 지각되며, 그 결과 학업 스트레스 요인에 대해서는 문제중심의 대처방법이 자주 적용되는 반면, 대인관계 스트레스 요인에 대해서는 정동중심의 대처가 자주 적용되고 있다는 것을 발견했다. 또한 Compas 등은 지각된 자기통제가 크면 클수록, 개인은 문제중심의 대처를 이용할 가능성이 높아진다고 하였다. 이 점에 대해서는 그림 12-5에 나타나 있다. Compas는 자신의 생각을 다음과 같이 요약하고 있다.

통제에 대한 신념과 문제중심의 대처는 상호 보충적인 관계에 있다. 자기 통제감이 높으면, 문제중심의 대처를 보다 자주 이용하게 되며, 만약 그것이 환경을 바꾸는 데 효과적인 경우에는 문제중심의 대처를 하고자 하는 노력이 통제감을 높여줄 것이다. 정동중심의 대처노력은 통제적 신념과는 관련되어 있지 않으나, 그 대신 정동적인 고뇌나 각성수준에 대응하여 각각 다른 정도로 사용된다.

(p. 259)

요약하면, 만약 문제중심의 대처와 정동중심의 대처의 구별이 대처 성공과 어떻게 관련되어 있는가를 묻는다고 하면 Compas 등은 다음과 같이 답할 것이다. 문제중심의 대처전략은 변화할 수 있는 지각된 환경 쪽에 방향이 맞춰진 경우에 보다 적합하다. 그에 반해, 정동중심의 대처전략은 환경을 조절할 수 없다는 것을 인식한 경우에 보다 적합하다. 따라서 중요한 발달과제는 변화 가능한 환경과 그렇지 않은 환경의 구별방법을 배우는 것이다. 스트레스를 만들어 내는 모든 사건이나 환경의 변화 가능성은 사건의 성질만이 아니라, 스트레스가 많은 사건에 직면했던 개인의 자원 및 능력에 의해서도 영향을 받기 때문에, 통제의 지각이 여기서는 중심적인 역할을 한다고 할 수 있을 것이다. 앞에서 인용했던 Frydenberg의 설로 돌아가면, 성공적인 대처는 통제감을 동반하지 않고서는 불가능하다는 것이다.

이 절에서 살펴본 것처럼, 대처는 몇 가지 다른 방식으로 분류된다. 가장 일반적인 분류는 정동중심의 대처와 문제중심의 대처로 구별된다는 것이다. 다수의 요인에 의해 이용되는 대처전략이 결정되나, 연령, 성별, 가족풍토에 의해 좌우되는 측면에 대해서도 설명했다. 또한 평가와 개인적인 통제의 역할에 대해서도 검토하였다. 다음으로 다소 다른 관점으로 유사한 문제를 검토했던 문헌의 내용으로 눈을 돌려보자. 이 연구 분야에

 청소년과 사회 : 청소년기의 심리, 건강, 행동 그리고 관계의 본질

서는 스트레스와 대처보다도 '위험'과 '회복력'이라고 하는 용어가 사용되었다. 그러나 다음에서 밝히는 것처럼, 제시된 문제들은 밀접하게 관련되어 있다.

위험과 회복력

폭넓게 살펴보면, 위험과 회복력에 대해 연구하는 사람들은 대처방법(coping)에 대해 연구하는 사람들보다 임상적 배경을 가진 연구자들인 경우가 많으며, 그들은 부분적으로 다른 용어들을 사용하곤 한다. 이 분야의 중요 텍스트로는 Garmezy와 Rutter(1983), Haggerty 등(1994), 그리고 Rutter(1995)의 저서를 들 수 있다. 위험과 회복력에 대한 개념들을 실증하는 실험적 그리고 이론적인 연구들을 보면, 주요 관심사가 심각한 만성적 스트레스 요인들에 있다는 것을 알 수 있다. 예를 들어, 이 분야의 첫 번째 중요한 연구들 중 하나로, Werner와 Smith(1982)의 연구를 들 수 있다. 연구대상은 인생의 초기 경험들로 인해 심리ㆍ사회적 장애의 위험을 가지고 있다고 생각되는 하와이의 청소년들이었다. 그들은 가난하게 태어났으며, 그들의 부모는 거의 교육을 받지 못하였거나, 정신질환이나 알코올 중독 등의 문제를 가지고 있었다. 그러한 위험요인들은 이 장의 앞에서 언급했던 Compas가 말한 심각한 만성적 스트레스의 예와 유사하다.

위험과 회복력에 대한 조사의 중심에는 두 가지 근본적인 의문점들이 있다. 첫 번째는 이후의 행동적, 정서적 문제들과 연합된 아동기의 변수들을 알아내고자 하는 것이다. 초기 여러 해 동안의 수많은 불운한 경험에 노출되었음에도 불구하고, 어떤 심각한 상처도 잘 헤쳐나가는 청소년들이 있으며, 어떻게 헤쳐나갈 수 있었는지에 관심을 갖는 것이다. 이 첫 번째 의문의 경우, 특정 요인들이 이후의 삶에 부정적인 적응위험을 높이는 것과 연관이 있다는 것을 분명히 알 수 있으며, 여기에는 가난과 환경적 어려움, 부모의 일탈이나 장애, 잘못된 양육, 약물남용, 가족갈등 그리고 가족붕괴가 포함된다. 그러나 연구결과에 따르면, 특수한 위험요인과 결과 간의 상호 관련성이 비교적 약하여, 하나하나의 위험요인들은 개인 간의 다양성을 거의 설명하지 못했다. 하와이나 뉴질랜드 크리스트처치에서 행해진 연구와 같은 주요 종단적 연구결과(Fergusson et al., 1994; Fergusson and Lynskey, 1996)는 청소년들에게 있어서 가난의 결과는 위험요인들과 가장 많이 연관될 수 있다는 사실을 제시해 주었다. 예를 들어, Fergusson과 그의 동료들은 위험에 대한 종단적 연구의 한 부분으로, 그들의 연구대상 중 가장 혜택을 받지 못한 5%의 아동들에 대해 조사를 하였다. 그들은 이 5%의 아이들이 전체 연구집단 중에서 가장 많은 혜택을 받은 50%의 아이들보다 다중문제를 가진 10대가 될 위험이 100배나 더 높았다고 보고하였다.

이 연구는 초기의 불이익의 영향을 최소화할 수 있는 요인, 또는 이에 대항할 수 있는 요인들에 관심을 가졌다. 그 결과, 회복력을 키우는 데 한 몫을 하는 것으로 보이는 요인 다섯 가지를 발견할 수 있었다.

1. **지식과 문제해결기술.** 수많은 연구들은 높은 지적 능력이 회복능력과 연관되어 있다고 보았다. Fergusson과 Lynskey(1996)는 크리스트처치 연구에서 회복력을 가진 10대들은 다른 아이들보다 보통 또는 보통 이상의 지능을 가졌다고 보고했다. Herrenkohl 등(1994)도 유사한 결과를 보고했다. 최소 평균지능은 청소년기의 회복력에 있어서 충분조건은 아니나 필요조건이라는 결론을 내놓았다.

 청소년과 사회 : 청소년기의 심리, 건강, 행동 그리고 관계의 본질

2. **외부적 흥미 또는 애착.** 많은 연구들은 가정 밖에서 강한 흥밋거리들을 키워나가거나, 직접적인 가족 외의 어른들에게 애착을 가질 수 있는 아이들은 가족의 역경에 대해 더 큰 회복력을 갖는다고 보고하였다. Jenkins와 Smith(1990)의 연구와 Werner(1989)의 연구 모두 회복력을 발달시키는 데 있어서 외부적 요소들의 역할을 강조하였다.

3. **부모와의 애착과 결속.** 최소한 부모 중 한 명과의 따뜻하며 지지적인 관계는 다른 형태의 불이익에 대해 그 아동 또는 청소년에게 보호요인이 될 수 있으며, 심각한 경제적 고난과 같은 충격을 최소화시킬 수 있다. 하와이에서 발표된 연구(Werner, 1989)를 비롯하여 Herrenkohl 등(1994) 그리고 Jenkins와 Smith(1990)의 연구들은 그러한 사례들을 입증하였다.

4. **초기 기질.** 아동기의 기질측정의 타당성에 대한 많은 의문점들에도 불구하고, 많은 연구들은 쉬운 기질을 가지고 있다고 분류되는 아이들이 10대가 돼서는 회복력을 가진 청소년으로 성장하는 것 같다고 보고하였다. 이러한 결론은 하와이 연구뿐만이 아니라 Wymane 등(1990)의 연구에서도 보고되었다.

5. **동료 효과.** 이 변수는 비교적 거의 주목받지 못한 부분이나, Fergusson과 Lynskey(1996)는 회복력이 있는 청소년들의 경우 비행 소년 소녀들과의 접점이 적은 것으로 나타났다고 보고했다. 이것은 긍정적 동료관계가 가정문제에 대응하는 데 큰 역할을 할 수 있다는 것을 보여주며, Werner도 하와이 연구에서 그러한 케이스를 보고하였다.

위험과 회복력에 대해 살펴본 이번 절을 종합해 보면, 흥미롭게도 위험 그 자체가 긍정적 영향을 줄 수도 있다는 것을 알 수 있다. Gore와 Eckenrode (1994)는 상황에 따라서 역경이 반대의 효과를 나타낼 수도 있다는 점을 지적하였다. 그들은 부모의 이혼이 청소년들이 집에 대해 더 큰 책임감을 갖게 해주며, 이것이 정서적, 사회적 성숙을 가져올 수 있는 가능성에 대해 언급하였다. 미국의 대공황(the Great Depression)에 대한 Elder의 고전적 연구(Elder, 1974)에서 그는 최소한 후기 10대 아이들의 경우, 가족의 고난이 그들을 노동시장으로 내몰며, 그 결과 사회적인 독립을 이루게 되었다고 하였다. 최소한 그가 연구했던 몇몇 가정에서는 이것이 자율성과 책임감이라고 하는 긍정적 결과를 가져왔다.

Elder와 Caspi(1988)는 스트레스 요인이 환경이나 성격에서 스트레스 요인이 이미 존재하고 있는 잠재적인 건강한 경향들을 촉진시킨다고 하는 '역설적 과정(accentuation process)'에 대해 이야기했다. 이러한 예들처럼 Gore와 Eckenrode(1994)는 만약 아이들이 동료집단에 관심을 갖거나 가족으로부터 그들 스스로가 순응할 수 있다면, 만성적인 스트레스를 받는 가정에서 살고 있는 청소년들이 더 나으며, 덜 우울하다고 하는 것을 보여주었다. 처음에 나타났던 가족을 거부한다고 하는 장애행동은 실제적으로는 더 적응적인 결과를 가져온다. Masten 등(1990)이 지적하였듯이, 후기 청소년기의 청소년들은 스트레스 상황을 통해 대처방안의 선택이라고 하는 지식과 통제, 보호적 관계능력을 증가시킬 수 있다. 이러한 능동적 대처의 개념은 우리가 제1장에서 요약했던 이론적 입장과 결부되며, 중점 모델과도 잘 연결된다.

결론

이 책에서 설명한 여러 주제들로 돌아가서 생각해 보면, 우리들은 여러 가지 주제들에 대해 살펴보았다. 우선, 우리들은 서구사회에 영향을 미친 사회적 변화들을 설명하지 않고서는 청소년기를 이해할 수 없다는 사실을 알았다. 우리들이 1980년대와 1990년대에 경험했던 노동시장의 변화, 가족기능의 전환, 정치적 그리고 관점에 있어서의 변화들은 청소년들이 성장하는 데 큰 영향을 미쳤다. 또한 우리들은 더 긴 과정을 거치게 되면서 청소년기로의 이행이 변화하였다는 것을 인식할 필요가 있다. 9세 또는 10세는 청소년기의 시작을 경험하는 시기이다. 반면에 19, 20, 21세의 전기 성인기에 경제적으로 독립하지 못하면서 청소년기가 계속된다.

이러한 요인들은 청소년기 단계에 대한 연구의 배경이 된다. 이 단계는 장기화된 시기이며, 주요 정동적, 신체적 그리고 사회적 변화가 일어나는 시기이다. 이러한 관점에서 봤을 때, 대처와 적응이라는 주제는 이 책의 마지막 장의 주제로서 적합하다. 우리는 청소년은 심리적 외상과 장애의 시기가 아니라는 관점을 계속해서 주장해왔다. 그러한 관점을 주장한 이론들은 경험적 증거와 일치하지 않는다. 청소년들의 대부분이 이성적으로 규범적인 스트레스에 잘 대응하는 것으로 판단된다. 그럼에도 불구하고, 물론 어려움을 경험하는 청소년들이 있으며, 대처문제에 대해 이해하는 것 또한 최상의 이성적인 적응을 인식하는 데 중요한 요소가 된다.

이러한 주제에 대해 저술한 연구자들(예를 들어, feldman and Elliott, 1990; Rice et al., 1993; Graber and Brooks-Gunn, 1996)은 스트레스의 타이밍, 청소년들이 경험한 변화의 양이나 수, 그리고 변화의 동시성이 그 개인이 대처를 잘 하느냐에 영향을 미친다는 점에 동의한다. 사회적 지지의 역할은 환경적 요인의 영향만큼 중요하다. 청소년들이 가난이나 역경

속에서 자라거나, 그들이 제 기능을 하지 못하는 부모 또는 폭력적인 가
정, 약물남용, 인종차별을 경험하면서 자라날 때의 대처는 지지적이며,
고정적이고, 경제적으로 안정된 환경 속에서 행하는 대처와는 매우 다를
것이라고는 보지 않는다. 제1장에서 개관했던 발달적 맥락주의에 관한 이
론적 관점과 연결된다고 할 수 있다.

이러한 의문점들에 더해, 우리들은 초점 모델에 중재의 개념(concepts
of agency)이라고 하는 또 한 가지의 요인이 더해져야 한다고 주장한다.
앞에서 논의된 많은 주제들이 개인적 통제 밖의 것들이었으나, 우리들은
환경에 적응하는 데 있어서 청소년들의 역할을 무시해서는 안 된다. 이
장에서 언급했던 많은 저자들은(예를 들어, Compas, Seiffge-Krenke and
Frydenberg) 대처과정 속에서 중요한 요소로 자기통제감이 중요하다고
주장할 것이다. 우리들은 더 앞으로 나아가, 청소년들이 청소년기로의
이행과정을 통해 청소년들이 경험한 변화를 조정하는 데 개인적 공헌이
필요하다는 것을 알았다. Feldman과 Elliott(1990, p. 495)이 언급한 것처
럼, 청소년들은 '그들이 조정하여 상황을 만들어간다.' 한 번에 한 가지
변화나 스트레스를 다루는 것은 가능하다. 한 번에 한 가지 문제를 다루
기 위해 공간을 마련하는 것도 가능하다. 이러한 사실들은 청소년들이 그
들 자신의 발달에서 능동적인 중재를 하는 것만큼 잘 대처한다는 것을 시
사한다.

시·사·점 *Implications for practice*

1. 기대했던 것처럼, 이 장에서 살펴보았던 자료들로부터 이끌어낸 실제
   에 대한 많은 시사점들이 있다. 우선, 스트레스의 다양한 유형을 구별

 청소년과 사회 : 청소년기의 심리, 건강, 행동 그리고 관계의 본질

할 필요가 있다. 자주 자용되었던 구별방법은 규범적인 스트레스와 비규범적인 스트레스와 일상적인 장애를 구별하는 것이다. 이 구별법은 Compas에 의해 더욱 발전되었으며, 그는 만성적, 그리고 급성적 스트레스를 구별할 필요가 있음을 주장하였다. 만성적 스트레스는 가난이나 다른 지속되는 환경적 요인들을 의미하며, 급성적 스트레스는 부모의 질병이나 이혼 또는 다른 유형의 심리적 외상에 의해 유발된다.

2. Seiffge-Krenke는 스트레스를 고려하는 데 있어서 네 가지 주요 요소들을 설명하였다. 이것들은 스트레스 요인의 성질, 개인의 내적 자원, 사회적 지지 가능성 그리고 대처과정 그 자체이다. 이러한 분석은 청소년들의 상황을 평가하는 데 있어서, 그리고 적합한 간섭의 범위를 평가하는데 있어 실무가들에게 도움이 된다.

3. 대처과정에 관해 많은 관심이 문제중심과 정동중심의 대처 사이의 차이에 모아졌다. 본질적으로 전자는 그 자체의 자원 또는 스트레스를 다룰 수 있는 상황에서 사용되며, 후자는 스트레스 요인에 의해 초래된 감정의 변화에 적용된다. Seiffge-Krenke는 이 두 가지 유형의 대처방법을 능동적 대처와 내적 대처라고 하였다. 또한 그녀는 스트레스에 대한 세 번째 반응으로 철회(withdrawal)를 포함시켰다. 철회를 하거나 스트레스를 피하는 것이 최상의 기능을 하는 상황이 있다는 것은 분명하나, 그녀는 이것이 주로 비기능적이라고 보았다. 그것은 문제 중심의 대처는 다른 연령이 바뀌어도 같은 수준을 보이나, 나이가 들면서 정동 중심의 대처가 증가한다는 것을 나타내기도 한다.

4. 청소년기의 대처방식에는 분명한 성별차이가 존재한다. 소년들은 능동적 대처를 사용하는 반면에 문제를 부정하는, 즉 스트레스로부터 회피하려는 경향을 보인다. 반면에 소녀들은 대처수단으로써 사회적 지지를 사용하려 하며, 정동중심의 대처전략을 사용한다. 또한 소녀와 젊은 여성들은 스트레스에 더 많은 영향을 받으며 남자들보다 같은 사건을 더 많은 스트레스로 인식한다.

5. 마지막으로 문제중심의 대처와 정동중심의 대처 간의 차이는 우리가
   주요한 발달적 과업을 발견하는 데 도움을 준다. 연구결과들은 문제중
   심 전략의 경우 문제가 다루어질 수 있을 때 더 적응적이라는 것을 보
   여 주었다. 정동중심 전략의 경우 스트레스 요인이 변화되지 못할 때
   더 큰 도움을 주었다. 따라서 대처기술의 발달에 대한 청소년들의 과제
   목표는 스트레스 요인이 변화할 수 있는지를 쉽게 알 수 있는 방법을
   배우는 것에 있어야만 한다. 청소년들이 스트레스 원천을 구분할 수 있
   으며, 대처유형에 대해 생각할 수 있으며, 사건평가에 대한 기술을 발
   전시킬 수 있게 된다면 이는 청소년기 동안의 건강한 정동적인 발달에
   도움을 줄 것이다.

참고도서

Frydenberg, E (1997) *Adolescent coping: theoretical and research perspectives.*
    Routledge. London.
This text provides a summary of research in the field, and includes chapters on
coping in gifted young people and in those suffering illness. A clear and compre-
hensive analysis of thinking in this important area. A good start for anyone look-
ing for an introduction to the topic.

Gore, S and Eckenrode, J (1994) Context and process in research on risk and
    resilience. In Haggerty, R, Sherrod, L, Garmezy, N and Rutter, M (Eds)
    Stress, risk and resilience in children and adolescents. Cambridge University
    Press. Cambridge.
A thoughtful and detailed article drawing conclusions from recent research on
risk and resilience. Strongly recommended.

Hauser, S and Bowlds, M (1990) Stress, coping and adaptation. In Feldman, S and
    Elliott, G (Eds) *At the threshold: the developing adolescent.* Harvard Univer-
    sity Press. Cambridge, MA.
Again the high standard of the Feldman and Elliott text is exemplified by this
chapter. Both authors are well-known figures, and the article is very worthwhile.

Rutter, M (Ed.) (1995) *Psychosocial disturbances in young people: challenges for
    prevention.* Cambridge University Press. Cambridge.
In this book Rutter draws together a range of contributions from distinguished
authors, who write about strategies for prevention in the context of emotional

청소년과 사회 : 청소년기의 심리, 건강, 행동 그리고 관계의 본질

disturbance. An unusual collection of articles, the result is a book which can be recommended to anyone interested in preventive work in the field of mental health.

Seiffge-Krenke, I (1995) *Stress, coping, and relationships in adolescence.* Lawrence Erlbaum. Mahwah, NJ.
The author is responsible for much innovative work on this topic, and this book summarises her research, and sets the findings in the context of other theoretical and empirical approaches to coping and adjustment. A valuable report of empirical investigations over a number of years, as well as a contribution to the theory of coping in adolescence.

Abell, S and Richards, M (1996) The relationship between body shape satisfaction and self-esteem: an investigation of gender and class differences. *Journal of Youth and Adolescence*. 25. 691–703.

Adams, G and Fitch, S (1982) Ego stage and identity status development: a cross-sequential analysis. *Journal of Personality and Social Psychology*. 43. 574–583.

Adams, G and Jones, R (1983) Female adolescents' identity development: age comparisons and perceived child-rearing experience. *Developmental Psychology*. 19. 249–256.

Adams, G, Gullotta, T and Montemayor, R (Eds) (1992) *Adolescent identity formation*. Sage. London.

Adams, G, Montemayor, R and Gullotta, T (Eds) (1996) *Psychosocial development during adolescence: progress in developmental contextualism*. Sage. London.

Adelson, J (1971) The political imagination of the young adolescent. *Daedalus*. Fall. 1013–1050.

Adelson, J, Green, B and O'Neill, R (1969) Growth of the idea of law in adolescence. *Developmental Psychology*. 1. 327–332.

Adelson, J and O'Neill, R (1966) The development of political thought in adolescence. *Journal of Personality and Social Psychology*. 4. 295–308.

Aggleton, P, Hart, G and Davies, P (1991) *AIDS: responses, interventions and care*. Falmer Press. London.

Aggleton, P, Whitty, G, Knight, A, Prayle, D and Warwick, I (1996) *Management summary of promoting young people's health: the health concerns and needs of young people*. Health Education Authority. London.

Agnew, R (1991) The interactive effects of peer variables on delinquency. *Criminology*. 29. 47–72.

Alexander, C, Somerfield, M, Ensminger, M, Johnson, K and Kim, Y (1993) Consistency of adolescents' self-report of sexual behaviour in a longitudinal study. *Journal of Youth and Adolescence*. 22. 455–472.

Allison, P and Furstenberg, F (1989) How marital dissolution affects children: variations by age and sex. *Developmental Psychology*. 25. 540–549.

Alsaker, F (1992) Pubertal timing, overweight, and psychological adjustment. *Journal of Early Adolescence*. 12. 396–419.

Alsaker, F (1995) Timing of puberty and reactions to pubertal changes. In Rutter, M (Ed.) *Psychosocial disturbances in young people: challenges for prevention*. Cambridge University Press. Cambridge.

Alsaker, F (1996) The impact of puberty. *Journal of Child Psychology and Psychiatry*. 37. 249–258.

Alsaker, F and Flammer, A (1998) *The adolescent experience: European and American adolescents in the 1990s*. Lawrence Erlbaum Associates. London.

Alsaker, F and Olweus, D (1992) Stability and global self-evaluations in early adolescence: a cohort longitudinal study. *Journal of Reseach in Adolescence*. 47. 123–145.

Altschuler, J and Ruble, D (1989) Developmental changes in children's awareness of strategies for coping with uncontrollable stress. *Child Development*. 60. 1337–1349.

Amato, P and Keith, B (1991) Parental divorce and the well-being of children: a meta-analysis. *Psychological Bulletin*. 110. 26–46.

Anderson, C and Ford, C (1987) Affect of the game player: short-term effects of highly and mildly aggressive video games. *Personality and Social Psychology Bulletin*. 12. 390–402.

Apel, H (1992) Intergenerative Bildungsmobilitat in den alten und neuen Bundeslandern. In Jugendwerk der Deutschen Shell (Ed.) *Jugend '92*. Vol. 2, pp. 353–370. Leske & Budrich. Opladen.

Archer, S (1982) The lower age boundaries of identity development. *Child Development*. 53. 1551–1556.

Archer, S (1993) Identity in relational contexts. In Kroger, J (Ed.) *Discussions on ego identity*. Lawrence Erlbaum. Hillsdale, NJ.

Archer, S and Waterman, A (1990) Varieties of identity diffusions and foreclosures: an exploration of subcategories of the identity statuses. *Journal of Adolescent Research*. 5. 96–111.

Arnett, J (1995) Adolescents' use of the media for self-socialisation. *Journal of Youth and Adolescence*. 24. 519–534.

Arnett, J (1998) The young and the reckless. In Messer, D and Dockrell, J (Eds) *Developmental psychology: a reader*. Arnold. London.

Arnett, J and Taber, S (1994) Adolescence terminable and interminable: when does adolescence end? *Journal of Youth and Adolescence*. 23. 517–538.

Arnett, J, Larson, R and Offer, D (1995) Beyond effects: adolescents as active media users. *Journal of Youth and Adolescence*. 25. 511–518.

Asher, S and Coie, J (1990) *Peer rejection in childhood*. Cambridge University Press. Cambridge.

Ashton, D, Maguire, M and Spilsbury, M (1990) *Restructuring the labour market: the implications for youth*. Macmillan. Basingstoke.

Babb, P (1993) Teenage conceptions and fertility in England and Wales: 1971–1991. *Population Trends*. 74. 12–22.

Babb, P and Bethune, A (1995) Trends in births outside marriage. *Population Trends*. 81. HMSO. London.

Back, L (1997) 'Pale shadows': racisms, masculinity and multiculture. In Roche, J and Tucker, S (Eds) *Youth in society*. Sage. London.

Backett, K and Davison, C (1992) Rational or reasonable? Perceptions of health at different stages of life. *Health Education Journal*. 51. 55–59.

Balding, J (1992) *Young people in 1991*. Schools Health Education Unit. Exeter.

Balding, J (1997) *Young people in 1996*. Schools Health Education Unit. Exeter.

Ball, S, Bowe, R and Gerwirtz, S (1996) School choice, social class and distinction: the realisation of social advantage in education. *Journal of Education Policy*. 11. 89–113.

Bancroft, J and Reinisch, J (1990) *Adolescence and puberty*. Oxford University Press. Oxford.

Band, E and Weisz, J (1988) How to feel better when it feels bad: children's perspectives on coping with everyday stress. *Developmental Psychology*. 24. 247–253.

Bandura, A (1964) The stormy decade: fact or fiction? *Psychology in the Schools*. 1. 224–231.

Banks, M, Breakwell, G, Bynner, J, Emler, N, Jamieson, L and Roberts, K (1992) *Careers and identities*. Open University Press. Milton Keynes.

Barber, B and Eccles, J (1992) Long-term influence of divorce and single parenting on adolescent family and work-related values, behaviours and aspirations. *Psychological Bulletin*. 111. 108–126.

Barenboim, C (1981) The development of person perception in childhood and adolescence. *Child Development*. 52. 129–144.

Bartley, M (1994) Unemployment and ill health: understanding the relationship. *Journal of Epidemiology and Community Health*. 48. 33–37.

Batchelder, T and Root, S (1994) Effects of an undergraduate program to integrate academic learning and service: cognitive, prosocial cognitive, and identity outcomes. *Journal of Adolescence*. 17. 341–356.

Bhattacharyya, G and Gabriel, J (1997) Racial formations of youth in late twentieth century England. In Roche, J and Tucker, S (Eds) *Youth in society*. Sage. London.

Baumrind, D (1971) Current patterns of parental authority. *Developmental Psychology Monographs*. 4. 1–102.

Baumrind, D (1991) The influence of parenting style on adolescent competence and substance misuse. *Journal of Early Adolescence*. 11. 56–95.

Beardslee, W and Podorefsky, D (1988) Resilient adolescents whose parents have serious affective and other psychiatric disorders: importance of self-understanding and relationships. *American Journal of Psychiatry*. 145. 63–69.

Beck, U (1992) *Risk society: towards a new modernity*. Sage. London.

Belle, D (1989) Gender differences in children's social networks and social supports. In D Belle (Ed.) *Children's social networks and social supports*. John Wiley. New York.

Berndt, T J and Zook, J M (1993) Effects of friendship on adolescent development. *Bulletin of the Hong Kong Psychological Society*. 30–31. 15–34.

Berry, J (1990) Psychology of acculturation. In Berman, J (Ed.) *Cross-cultural perspectives: Nebraska Symposium on Motivation*. University of Nebraska Press. Lincoln, NB.

Berzonsky, M (1992) A process perspective on identity and stress management. In Adams, G, Gullotta, T and Montemayor, R (Eds) *Adolescent identity formation*. Sage. London.

Bewley, B, Higgs, R and Jones, A (1984) Adolescent patients in an inner London general practice: their attitudes to illness and health care. *Journal of the Royal College of General Practitioners*. 34. 543–546.

Bhavnani, K-K (1991) *Talking politics: a psychological framing for views from youth in Britain*. Cambridge University Press. Cambridge.

Bierman, K L, Smoot, D L and Aumiller, K (1993) Characteristics of aggressive-rejected, aggressive (non-rejected), and rejected (non-aggressive) boys. *Child Development*. 64. 139–151.

Blackman, R and Jarman, J (1993) Changing inequalities in access to British universities. *Oxford Review of Education*. 9. 197–215.

Blackman, S (1987) The labour market in school: new vocationalism and issues of socially ascribed discrimination. In Brown, P and Ashton, D (Eds) *Education, unemployment and labour markets*. Falmer. London.

Blair, S, Clark, D, Cureton, K and Powell, K (1989) Exercise and fitness in childhood: implications for a lifetime of health. In Gisolfi, C and Lamb, D (Eds) *Perspectives in exercise science and sports medicine*. Benchmark Press. Indianapolis, IN.

Block, J and Robins, R (1993) A longitudinal study of consistency and change in self-esteem from early adolescence to early adulthood. *Child Development*. 64. 909–923.

Blyth, D, Hill, J and Thiel, K (1982) Early adolescents' significant others. *Journal of Youth and Adolescence*. 11. 425–450.

Blyth, D, Simmons, R and Zakin, D (1985) Satisfaction with body image for early adolescent females: the impact of pubertal timing within different school environments. *Journal of Youth and Adolescence*. 14. 207–226.

Bo, I (1996) The significant people in the social networks of adolescents. In Hurrelman, K and Hamilton, S (Eds) *Social problems and social contexts in adolescence*. Aldine De Gruyter. New York.

Boehnke, K, Silbereisen, R, Eisenberg, N and Palmonari, A (1989) Developmental patterns of prosocial motivation. *Journal of Cross-Cultural Psychology*. 20. 219–243.

Bogenshneider, K and Stone, M (1997) Delivering parent education to low and high risk parents of adolescents via age-paced newsletters. *Family Relations*. 42. 26–30.

Bolger, K, Patterson, C, Thompson, W and Kupersmidt, J (1995) Psychosocial adjustment among children experiencing persistent and intermittent family economic hardship. *Child Development*. 66. 1107–1129.

Bosma, H (1992) Identity in adolescence: managing commitments. In Adams, G, Gullotta, T and Montemayor, R (Eds) *Adolescent identity formation*. Sage. London.

Botvin, G (1990) Substance abuse prevention: theory, practice and effectiveness. In Tonry, M and Wilson, J (Eds) *Drugs and crime*. University of Chicago Press. Chicago.

Bourdieu, P (1977) Cultural reproduction and social reproduction. In Karabel, J and Halsey, A (Eds) *Power and ideology in education*. Oxford University Press. Oxford.

Brake, M (1985) *Comparative youth culture*. Routledge. London.

Breakwell, G and Fife-Shaw, C (1992) Sexual activities and preferences in a United Kingdom sample of 16–20 year olds. *Archives of Sexual Behaviour*. 21. 271–293.

Breakwell, G and Millward, L (1997) Sexual self-concept and sexual risk-taking. *Journal of Adolescence*. 20. 29–42.

Bridget, J (1995) *Lesbian and gay youth and suicide*. Paper presented at the National Children's Bureau, London. Quoted in Coyle (1998).

Brill, C (1994) The effects of participation in service-learning on adolescents with disabilities. *Journal of Adolescence*. 17. 369–380.

British Youth Council (1998) *State of the young nation*. British Youth Council. London.

Brody, G, Moore, K and Glei, D (1994) Family processes during adolescence as predictors of parent-young adult attitude similarity: a six-year longitudinal analysis. *Family Relations*. 43. 369–373.

Bronfenbrenner, U (1979) *The ecology of human development: experiments by nature and design*. Harvard University Press. Cambridge, MA.

Bronfenbrenner, U (1989) Ecological system theories. *Annals of Child Development*. 6. 187–249.

Brooks-Gunn, J (1991) How stressful is the transition to adolescence for girls? In Colten, M and Gore, S (Eds) *Adolescent stress: causes and consequences*. Aldine De Gruyter. New York.

Brooks-Gunn, J and Chase-Lansdale, L (1995) Adolescent parenthood. In Bornstein, M (Ed.) *Handbook of parenting: Vol. 3*. Lawrence Erlbaum Associates. Hillsdale, NJ.

Brooks-Gunn, J and Warren, M (1985) The effects of delayed menarche in different contexts: dance and non-dance students. *Journal of Youth and Adolescence*. 14. 285–300.

Brooks-Gunn, J, Petersen, A and Eichorn, D (Eds) (1985) The time of maturation and psycho-social functioning in adolescence: Parts 1 and 2. *Journal of Youth and Adolescence*. 14(3). 149–264 and 14(4). 265–372.

Brooks-Gunn, J, Attie, H, Burrow, C, Rosso, J and Warren, M (1989) The impact of puberty on body and eating concerns in athletic and non-athletic contexts. *Journal of Early Adolescence*. 9. 269–290.

Broomhall, H and Winefield, A (1990) A comparison of the affective well-being of young and middle-aged unemployed men matched for length of unemployment. *British Journal of Medical Psychology*. 63. 43–52.

청소년과 사회 : 청소년기의 심리, 건강, 행동 그리고 관계의 본질

Brown, B (1990) Peer groups and peer culture. In Feldman, S and Elliott, G (Eds) *At the threshold: the developing adolescent*. Harvard University Press. Cambridge, MA.

Brown, B (1996) Visibility, vulnerability, development, and context: ingredients for fuller understanding of peer rejection in adolescence. *Journal of Early Adolescence*, 16. 27–36.

Brown, B and Mounts, N (1989) *Peer group structure in single vs multi-ethnic high schools*. Paper presented at the Society for Research in Child Development conference. Kansas. April.

Brown, B, Mory, M and Kinney, D (1994) Casting adolescent crowds in a relational perspective: caricature, channel and context. In Montemayor, R, Adams, G and Gullotta, T (Eds) *Personal relationships during adolescence*. Sage. London.

Brown, B, Mounts, N, Lambert, S and Steinberg, L (1993) Parenting practices and peer group affiliation in adolescence. *Child Development*. 64. 467–482.

Brown, P (1987) *Schooling ordinary kids*. Tavistock. London.

Brown, P (1995) Cultural capital and social exclusion: some observations on recent trends in education, employment and the labour market. *Work, Employment, and Society*. 91. 29–51.

Brown, P and Lauder, H (1996) Education, globalisation and economic development. *Journal of Education Policy*. 11. 1–27.

Brown, P and Scase, R (1994) *Higher education and corporate realities*. UCL Press. London.

Bruno, J (1996) Time perceptions and time allocation preferences among adolescent boys and girls. *Adolescence*. 31. 109–126.

Buchanan, C (1991) Pubertal development, assessment of. In Lerner, R, Petersen, A and Brooks-Gunn, J (Eds) *Encyclopedia of adolescence*. Garland Publishing. New York.

Buchanan, C, Maccoby, E and Dornbusch, S (1996) *Adolescents after divorce*. Harvard University Press. London.

Bugenthal, D *et al.* (1989) Perceived control over care-giving outcomes. *Developmental Psychology*. 25. 532–539.

Buhrmester, D (1990) Intimacy of friendship, interpersonal competence, and adjustment during pre-adolescence and adolescence. *Child Development*. 61. 1101–1111.

Buhrmester, D and Furman, W (1987) The development of companionship and intimacy. *Child Development*. 58. 1101–1113.

Bulcroft, R (1991) The value of physical change in adolescence. *Journal of Youth and Adolescence*. 20. 89–106.

Bundesanstalt für Arbeit (1994) *Arbeitmarkst: 1994*. Amtliche Nachrichten der Bundesanstalt für Albeit, 43, Sondernummer. Nurnberg: BfA.

Bynner, J, Chisholm, L and Furlong, A (Eds)(1997) *Youth, citizenship and social change in a European context*. Ashgate Publishing. Aldershot.

Capaldi, D and Patterson, G (1991) Relation of parental transitions to boys' adjustment problems. *Developmental Psychology*. 27. 489–504.

Carle, J (1987) Youth unemployment – individual and societal consequences, and new research approaches. *Social Science and Medicine*. 25.

Cass, V (1984) Homosexual identity: a concept in need of definition. *Journal of Homosexuality*. 9. 105–126.

Chao, R (1994) Beyond parental control and authoritarian parenting style: understanding Chinese parenting through the cultural notions of training. *Child Development*. 65. 1111–1119.

Charlton, J (1995) Trends and patterns in suicide in England and Wales. *International Journal of Epidemiology*. 24. 45–52.

Chase-Lansdale, L, Brooks-Gunn, J and Paikoff, B (1991) Research and programmes for adolescent mothers: missing links and future promises. *Family Relations*. 40. 396–404.

Chase-Lansdale, L, Brooks-Gunn, J and Zamsky, E (1994) Young African-American multi-generational families in poverty: quality of mothering and grand-mothering. *Child Development*. 65. 373–393.

Chase-Lansdale, L, Wakschlag, L and Brooks-Gunn, J (1995) A psychological perspective on the development of caring in children and youth: the role of the family. *Journal of Adolescence*. 18. 515–556.

Chisholm, L and Hurrelmann, K (1995) Adolescents in modern Europe: pluralized transition patterns and their implications for personal and social risks. *Journal of Adolescence*. 18. 129–158.

Chitty, C (1989) *Towards a new educational system: a victory for the new right?* Falmer. London.

Christopher, J, Nangle, D and Hansen, D (1993) Social-skills interventions with adolescents: current issues and procedures. *Behaviour Modification*. 17. 314–338.

Churchill, R, Allen, J, Denman, S, Fielding, K, Williams, D, Hollis, C, Williams, J, von Fragstein, M and Pringle, M (1997) *Factors influencing the use of general practice based health services by teenagers*. School of Medicine, University of Nottingham. Nottingham.

Claes, M (1998) Adolescents' closeness with parents, siblings, and friends in three countries: Canada, Belgium and Italy. *Journal of Youth and Adolescence*. 27. 165–184.

Clark, M, and Ayers, M (1992) Friendship similarity during early adolescence. *Journal of Psychology*. 126. 393–405.

Clarke, R (Ed.) (1992) *Situational crime prevention*. Harrow & Heston. New York.

Clausen, J (1975) The social meaning of differential physical and sexual maturation. In Dragastin, S and Elder, G (Eds) *Adolescence in the life cycle*. John Wiley. New York.

Clausen, J (1991) Adolescent competence and the shaping of the life course. *American Journal of Sociology*. 96. 805–842.

Coakley, J and White, A (1992) Making decisions: gender and sport participation among British adolescents. *Sociology of Sport Journal*. 9. 20–35.

Cockett, M and Tripp, J (1994) *The Exeter family study*. University of Exeter. Exeter.

Coggans, N and McKellar, P (1994) Drug use among peers: peer pressure or peer preference? *Drugs: Education, Prevention and Policy*. 1. 15–26.

Coggans, N, Shewan, D, Henderson, M, Davies, J and O'Hagan, F (1990) *National evaluation of drug education in Scotland: final report*. Scottish Education Department. Edinburgh.

Coie, J and Dodge, K (1983) Continuities and changes in children's social status: a five year long longitudinal study. *Merrill-Palmer Quarterly*. 29. 261–282.

Coleman, J (1974) *Relationships in adolescence*. Routledge & Kegan Paul. London.

Coleman, J (1978) Current contradictions in adolescent theory. *Journal of Youth and Adolescence*. 7. 1–11.

Coleman, J (1990) *Teenagers and divorce*. Trust for the Study of Adolescence. Brighton, Sussex.

Coleman, J (1995) *Teenagers and sexuality*. Hodder & Stoughton. London.

Coleman, J (1996) Adolescents and suicide. In Williams, R and Morgan, G (Eds) *Suicide prevention: the challenge confronted*. HMSO. London.

Coleman, J (1997a) *Key data on adolescence*. Trust for the Study of Adolescence. Brighton, Sussex.

Coleman, J (1997b) The parenting of adolescents in Britain today. *Children and Society*. 11. 45–52.

Coleman, J and Coleman, E (1984) Adolescent attitudes to authority. *Journal of Adolescence*. 7. 131–141.

Coleman, J and Dennison, C (1998) Teenage parenthood: a review. *Children and Society*. 12. 306–314.

Coleman, J and Roker, D (Eds) (1998) *Teenage sexuality: health, risk and education*. Harwood Academic Press. London.

Coleman, J and Warren-Adamson, C (Eds) (1992) *Youth policy for the 1990s*. Routledge. London.

Coles, B (1995) *Youth and social policy*. UCL Press. London.

Coles, B (1997) Vulnerable youth and processes of social exclusion. In Bynner, J, Chisholm, L and Furlong, A (Eds) *Youth, citizenship and social change in a European context.* Ashgate Publishing. Aldershot.

Coley, R and Chase-Lansdale, L (1998) Adolescent pregnancy and parenthood: recent evidence and future directions. *American Psychologist.* 53. 152–166.

Collins, W and Repinski, D (1994) Relationships during adolescence: continuity and change in interpersonal perspective. In Montemayor, R, Adams, G and Gullotta, T (Eds) *Personal relationships during adolescence.* Sage. London.

Compas, B (1987) Coping with stress during childhood and adolescence. *Psychological Bulletin.* 101. 393–403.

Compas, B (1995) Promoting successful coping during adolescence. In Rutter, M (Ed.) *Psychosocial disturbances in young people.* Cambridge University Press. Cambridge, UK.

Compas, B and Wagner, B (1991) Psychosocial stress during adolescence: intrapersonal and interpersonal processes. In Colten, M and Gore, S (Eds) *Adolescent stress: causes and consequences.* Aldine De Gruyter. New York.

Compas, B, Malcarne, V and Fondacaro, K (1988) Coping with stressful events in older children and young adolescents. *Journal of Consulting and Clinical Psychology.* 56. 405–411.

Compas, B, Orosan, P and Grant, K (1993) Adolescent stress and coping: implications for psychopathology in adolescence. *Journal of Adolescence.* 16. 331–349.

Compas, B, Banez, G, Malcarne, V and Worsham, N (1991) Perceived control and coping with stress: a developmental perspective. *Journal of Social Issues.* 47. 23–34.

Conger, R, Patterson, G and Ge, X (1995) It takes two to replicate: a mediational model for the impact of parents' stress on adolescent adjustment. *Child Development.* 66. 80–97.

Conger, R, Ge, X, Elder, G and Simmons, R (1994) Economic stress, coercive family process, and developmental problems of adolescents. *Child Development.* 65. 541–561.

Connell, R (1971) *The child's construction of politics.* Melbourne University Press. Carleton, Virginia.

Conrad, D and Hedin, D (1982) The impact of experiential education on adolescent development. In Conrad, D and Hedin, D (Eds) *Youth participation and experiential education.* Haworth Press. New York.

Cooper, C (1994) Cultural perspectives on continuity and change in adolescent relationships. In Montemayor, R, Adams, G and Gullotta, T (Eds) *Personal relationships during adolescence.* Sage. London.

Corlyon, J and McGuire, C (1997) *Young parents in public care.* National Children's Bureau. London.

Costello, E (1989) Child psychiatric disorders and their correlates: a primary care paediatric sample. *Journal of the American Academy of Child and Adolescent Psychiatry.* 28. 851–855.

Cote, J (1996) Sociological perspectives on identity formation: the culture–identity link and identity capital. *Journal of Adolescence.* 19. 417–428.

Cote, J (1997) An empirical test of the identity capital model. *Journal of Adolescence.* 20. 577–598.

Cotterell, J (1996) *Social networks and social influences in adolescence.* Routledge. London.

Cowie, H and Rudduck, J (1990) Learning from one another: the challenge. In Foot, H, Morgan, M and Shute, R (Eds) *Children helping children.* John Wiley & Sons. Chichester.

Coyle, A (1991) The construction of gay identity. Unpublished PhD. University of Surrey.

Coyle, A (1993) A study of psychological well-being among gay men using the GHQ-30. *British Journal of Clinical Psychology.* 32. 218–220.

Coyle, A (1998) Developing lesbian and gay identity in adolescence. In Coleman, J and Roker, D (Eds) *Teenage sexuality: health, risk and education.* Harwood Academic Press. London.

Crockett, L, Losoff, M and Petersen, A (1984) Perceptions of the peer group and friendship in early adolescence. *Journal of Early Adolescence.* 4. 155–181.

Crockett, L, Bingham, C, Chopak, J and Vicary, J (1996) Timing of first sexual intercourse: the role of social control, social learning and problem behaviour. *Journal of Youth and Adolescence.* 25. 89–112.

Cross, M, Wrench, J and Barnett, S (1990) *Ethnic minorities and the careers service.* Department of Employment. London.

Csikszentmihalyi, M and Larson, R (1984) *Being adolescent: conflict and growth in the teenage years.* Basic Books. New York.

Csikzentmihalyi, M, Larson, R and Prescott, S (1977) The ecology of adolescent activity and experience. *Journal of Youth and Adolescence.* 6. 281–294.

Damon, W and Lerner, R (Eds) (1998) *Handbook of child psychology: Vol. 1.* John Wiley. New York.

D'Augelli, A and Hershberger, S (1993) Lesbian, gay and bisexual youth in community settings. *Americal Journal of Community Psychology.* 21. 421–448.

Davies, E and Furnham, A (1986) The dieting and body shape concerns of adolescent females. *Journal of Child Psychology and Psychiatry.* 27. 417–428.

Davies, J and Coggans, N (1991) *The facts about adolescent drug abuse.* Cassell. London.

Davis, J (1990) *Youth and the condition of Britain: images of adolescent conflict.* Athlone Press. London.

Dekovic, M and Meeus, W (1997) Peer relations in adolescence: effects of parenting and adolescents' self-concept. *Journal of Adolescence.* 20. 163–176.

Dennehy, A, Smith, L and Harker, P (1997) *Not to be ignored: young people, poverty and health.* Child Povery Action Group. London.

Dennison, C and Coleman, J (1998a) Teenage motherhood: experiences and relationships. In Clement, S (Ed.) *Psychological perspectives on pregnancy and childbirth.* Churchill Livingstone. Edinburgh.

Dennison, C and Coleman, J (1998b) *Adolescent motherhood: the relation betweeen a young mother and her mother.* Research report. Trust for the Study of Adolescence. Brighton.

Department for Education and Employment (DfEE) (1993) International statistical comparisons of the participation in education and training of 16 to 18 year olds. *Statistical Bulletin.* 19–93. London.

Department for Education and Employment (DfEE) (1994) *Employment Gazette.* 102. London.

DeRosier, M, Kupersmidt, J and Patterson, C (1994) Children's academic and behavioural adjustment as a function of the chronicity and proximity of peer rejection. *Child Development.* 65. 1799–1813.

Diamond, A and Goddard, E (1995) *Smoking among secondary school children in 1994.* HMSO. London.

Dishion, T, Patterson, G and Kavanagh, K (1992) An experimental test of the coercion model: linking theory, measurement, and intervention. In McCord, J and Tremblay, R (Eds) *Preventing anti-social behaviour.* Guilford. New York.

Dohrenwend, B and Dohrenwend, B (Eds) (1974) *Stressful life events, their nature and effects.* John Wiley. New York.

Dornbusch, S, Herman, M and Morley, J (1996) Domains of adolescent achievement. In Adams, G, Montemayor, R and Gullotta, T (Eds) *Psychosocial development during adolescence: progress in developmental contextualism.* Sage. London.

Dornbusch, S, Ritter, P, Liederman, P and Fraleigh, M (1987) The relation of parenting style to adolescent school performance. *Child Development.* 58. 1244–1257.

Douvan, E and Adelson, J (1966) *The adolescent experience.* John Wiley. New York.

Downs, W and Rose, S (1991) The relationship of adolescent peer groups to the incidence of psychosocial problems. *Adolescence.* 26. 473–492.

Drew, D, Gray, J and Sime, N (1992) *Against the odds: the education and labour market experiences of black young people.* Employment Department. Sheffield.

Drury, J, Catan, L, Dennison, C and Brody, R (1998) Exploring teenagers' accounts of bad communication: a new basis for intervention. *Journal of Adolescence.* 21. 177–196.

청소년과 사회 : 청소년기의 심리, 건강, 행동 그리고 관계의 본질

DuBois, D and Hirsch, B (1993) School/non-school friendship patterns in early adolescence. *Journal of Early Adolescence.* 13. 102–122.

Dunne, M, Donald, M, Lucke, J, Nilson, R and Raphael, B (1993) *National HIV/AIDS Evaluation and Survey in Australian secondary schools.* Commonwealth Department of Health. Canberra.

Dunphy, D (1972) Peer group socialisation. In Hunt, F (Ed.) *Socialisation in Australia.* Angus & Robertson. Sydney.

Durbin, D, Darling, N and Steinberg, L (1993) Parenting style and peer group membership. *Journal of Research on Adolescence.* 3. 87–100.

Durkin, K (1995) *Developmental social psychology.* Blackwell. Oxford.

East, P and Felice, M (1996) *Adolescent pregnancy and parenting.* Lawrence Erlbaum. Hillsdale, NJ.

East, P, Lerner, R, Lerner, J, Soni, R and Jacobson, L (1992) Early adolescent–peer group fit, peer relations, and psychological competence: a short-term longitudinal study. *Journal of Early Adolescence.* 12. 132–152.

Eccles, J, Flanagan, C, Lord, S, Midgley, C, Roeser, R and Yee, D (1996) Schools, families and early adolescents: what are we doing wrong and what can we do instead? *Developmental and Behavioural Paediatrics.* 17. 267–276.

Eder, D (1985) The cycle of popularity: interpersonal relations among female adolescents. *Sociology and Education.* 58. 154–165.

Egerton, M and Halsey, A (1993) Trends in social class and gender in access to higher education in Britain. *Oxford Review of Education.* 19. 183–196.

Eicher, J, Baizerman, S and Michelmann, J (1991) Adolescent dress, Part II: a qualitative study of suburban high school students. *Adolescence.* 26. 678–686.

Eisenberg, N (1990) Prosocial development in early and mid-adolescence. In Montemayor, R, Adams, G and Gullotta, T (Eds) *From childhood to adolescence.* Sage. London.

Eisenberg, N, Carlo, G, Murphy, B and Van Court, P (1995) Prosocial development in late adolescence: a longitudinal study. *Child Development.* 66. 1179–1197.

Elder, G (1974) *Children of the Great Depression.* University of Chicago Press. Chicago.

Elder, G and Caspi, A (1988) Human development and social change: an emerging perspective on the life course. In Bolger, N, Caspi, A, Downey, G and Moorehouse, M (Eds) *Persons in context: developmental processes.* Cambridge University Press. Cambridge.

Elkin, F (1960) *The child and society: the process of socialisation.* John Wiley. New York.

Elkind, D (1966) Conceptual orientation shifts in children and adolescents. *Child Development.* 37. 493–498.

Elkind, D (1967) Egocentrism in adolescence. *Child Development.* 38. 1025–1034.

Elkind, D and Bowen, R (1979) Imaginary audience behaviour in children and adolescents. *Developmental Psychology.* 15. 38–44.

Elliott, D, Huizinga, D and Ageton, S (1985) *Explaining delinquency and drug use.* Sage. Beverley Hills, CA.

Emler, N and Reicher, S (1995) *Adolescence and delinquency.* Blackwell. Oxford.

Enright, R, Shukla, D and Lapsley, D (1980) Adolescent egocentrism – sociocentrism and self-consciousness. *Journal of Youth and Adolescence.* 9. 101–116.

Epstein, R, Rice, P and Wallace, P (1989) Teenagers' health concerns: implications for primary health care professionals. *Journal of the Royal College of General Practitioners.* 39. 247–249.

Erikson, E (1968) *Identity, youth and crisis.* Norton. New York.

Erwin, P and Calev, A (1984) Beauty: more than skin deep? *Journal of Social and Personal Relationships.* 1. 359–361.

European Sports Charter (1975) *'Sport for all' charter.* European Sports Ministers' Conference. Brussels.

Evans, C and Eder, D (1993) 'No exit': processes of social isolation in the middle school. *Journal of Contemporary Ethnography.* 22. 139–170.

Eveleth, P and Tanner, J (1977) *Worldwide variation in human growth.* Cambridge University Press. Cambridge.

Eveleth, P and Tanner, J (1990) *Worldwide variation in human growth: 2nd Edition.* Cambridge University Press. Cambridge.

Facio, A and Batistuta, M (1998) Latins, Catholics and from the far south: Argentinian adolescents and their parents. *Journal of Adolescence.* 21. 49–68.

Farrell, C (1978) *My mother said . . . the way young people learn about sex and birth.* Routledge & Kegan Paul. London.

Farrington, D (1989) Self-reported and official offending from adolescence to adulthood. In Klein, M (Ed.) *Cross-national research in self-reported crime and delinquency.* Kluwer. Dordrecht.

Farrington, D (1995) The challenge of teenage antisocial behaviour. In Rutter, M (Ed.) *Psychosocial disturbances in young people: challenges for prevention.* Cambridge University Press. Cambridge.

Feather, N and O'Brien, G (1986) A longitudinal study of the effects of employment and unemployment on school-leavers. *Journal of Occupational Psychology.* 59. 121–144.

Feiring, C (1996) Concepts of romance in 15-year-old adolescents. *Journal of Research on Adolescence.* 6. 181–200.

Feiring, C and Lewis, M (1993) Do mothers know their teenagers' friends? Implications for individuation in early adolescence. *Journal of Youth and Adolescence.* 22. 337–354.

Feldman, S and Elliott, G (1990) *At the threshold: the developing adolescent.* Harvard University Press. Cambridge, MA.

Feldman, S, Rosenthal, D, Brown, N and Canning, R (1995) Predicting sexual experience in adolescent boys from peer rejection and acceptance during childhood. *Journal of Research on Adolescence.* 5. 387–412.

Felson, R (1985) Reflected appraisal and the development of self. *Social Psychology Quarterly.* 48. 71–78.

Fergusson, D and Lynskey, M (1996) Adolescent resiliency to family adversity. *Journal of Child Psychology and Psychiatry.* 37. 281–292.

Fergusson, D, Horwood, L and Lynskey, M (1994) The childhoods of multiple problem adolescents: a 15 year longitudinal study. *Journal of Child Psychology and Psychiatry.* 35. 1123–1140.

Fergusson, D, Lynskey, M and Horwood, J (1997) The effects of unemployment on juvenile offending. *Criminal Behaviour and Mental Health.* 7. 49–68.

Ferri, E (1984) *Step children: a national study.* NFER-Nelson. Windsor.

Fisher, S (1995) The amusement arcade as a social space for adolescents. *Journal of Adolescence.* 18. 71–86.

Fitzgerald, M, Joseph, A, Hayes, M and O'Regan, M (1995) Leisure activities of adolescent schoolchildren. *Journal of Adolescence.* 18. 349–358.

Flanagan, C, Jonsson, B, Botcheva, L, Csapo, B, Bowes, J, Macek, P and Sheblanova, E (1999) Adolescents and the social contract: developmental roots of citizenship in seven countries. In Yates, M and Youniss, J (Eds) *Roots of civic identity.* Cambridge University Press. Cambridge.

Fletcher, A, Darling, N, Steinberg, L and Dornbusch, S (1995) The company they keep: relation of adolescents' adjustment and behaviour to their friends perceptions of authoritative parenting. *Developmental Psychology.* 31. 300–310.

Fogelman, K (1976) *Britain's 16 year olds.* National Children's Bureau. London.

Ford, N and Morgan, K (1989) Heterosexual lifestyles of young people in an English city. *Journal of Population and Social Studies.* 1. 167–185.

Fraser, E (1999) Introduction to Special Issue on Political Education. *Oxford Review of Education.* 25. 5–22.

Freedman, R (1984) Reflections on beauty as it relates to health in adolescent females. *Women and Health.* 9. 29–45.

Frydenberg, E (1997) *Adolescent coping: theoretical and research perspectives.* Routledge. London.

Frydenberg, E and Lewis, R (1993) Boys play sport and girls turn to others: gender and ethnicity as determinants of coping. *Journal of Adolescence*. 16. 253–266.

Fryer, D (1995) Benefit Agency? Labour market disadvantage, deprivation and mental health. *The Psychologist*. 8. 265–272.

Fryer, D (1997) International perspectives on youth unemployment and mental health: some central issues. *Journal of Adolescence*. 20. 333–342.

Fuhrman, T and Holmbeck, G (1995) A contextual-moderator analysis of emotional autonomy and adjustment in adolescence. *Child Development*. 66. 276–285.

Fuligni, A and Eccles, J (1993) Perceived parent–child relationships and early adolescents' orientation towards peers. *Developmental Psychology*. 29. 622–632.

Funk, J (1993) Re-evaluating the impact of video games. *Clinical Pediatrics*. 32. 86–90.

Furlong, A and Cartmel, F (1997) *Young people and social change*. Open University Press. Milton Keynes.

Furlong, A and Raffe, D (1989) *Young people's routes into the labour market*. Industry Department for Scotland. Edinburgh.

Furlong, A, Campbell, R and Roberts, K (1990) The effects of post-16 experiences and social class on the leisure patterns of young adults. *Leisure Studies*. 9. 213–224.

Furnham, A and Gunter, B (1989) *The anatomy of adolescence*. Routledge. London.

Furntratt, E and Moller, C (1982) *Lernprinzip erfolg*. Peter Lang. Frankfurt.

Furstenberg, F, Brooks-Gunn, J and Chase-Lansdale, L (1989) Teenage pregnancy and child-bearing. *American Psychologist*. 44. 313–320.

Gaoni, L, Couper Black, Q and Baldwin, S (1998) Defining adolescent behaviour disorder: an overview. *Journal of Adolescence*. 21. 1–14.

Gardner, H (1984) *Frames of mind*. Heinemann. London.

Garmezy, N and Rutter, M (1983) *Stress, coping and development in childhood*. McGraw-Hill. New York.

Garnefski, N and Diekstra, R (1997) Adolescents from one parent, stepparent, and intact families: emotional problems and suicide attempts. *Journal of Adolescence*. 20. 201–208.

Gavin, L and Furman, W (1996) Adolescent girls' relationships with mothers and best friends. *Child Development*. 67. 375–386.

Gecas, V and Seff, M (1990) Families and adolescents: a review of the 1980s. *Journal of Marriage and the Family*. 52. 941–958.

George, T and Hartmann, D (1996) Friendship networks of unpopular, average, and popular children. *Child Development*. 67. 2301–2316.

Gibson-Kline, J (1996) *Adolescence: from crisis to coping*. Butterworth-Heinemann. Oxford.

Gilani, N (1995) A study of mother–daughter relationships in two cultures. Unpublished PhD dissertation. University of Sussex.

Giles, D and Eyler, J (1994) The impact of a college community service laboratory on students' personal, social and cognitive outcomes. *Journal of Adolescence*. 17. 327–340.

Gilligan, C (1982) *In a different voice*. Harvard University Press. Cambridge, MA.

Gilligan, C and Belenky, M (1980) A naturalistic study of abortion decisions. In Selman, R and Yando, R (Eds) *Clinical-developmental psychology*. Jossey-Bass. San Francisco, CA.

Gilligan, C, Lyons, N and Hanmer, T (1990) *Making connections: the relational worlds of adolescent girls at Emma Willard School*. Harvard University Press. Cambridge, MA.

Ginn, J and Arber, S (1995) Only connect: gender relations and ageing. In Arber, S and Ginn, J (Eds) *Connecting gender and ageing: a sociological approach*. Open University Press. Milton Keynes.

Gjerde, P and Shimizu, H (1995) Family relationships and adolescent development in Japan. *Journal of Research on Adolescence*. 5. 281–318.

Glendinning, A, Love, J, Shucksmith, J and Hendry, L (1992) Adolescence and health inequalities: extensions to McIntyre and West. *Social Science and Medicine*. 35. 679–687.

Glyptis, S (1989) *Leisure and unemployment*. Open University Press. Milton Keynes.

Goddard, E (1989) *Smoking among secondary school children in 1988.* OPCS Social Survey Division. HMSO. London.

Goddard, E (1996) *Teenage drinking in 1994.* HMSO. London.

Gofton, L (1990) On the town: drink and the new lawlessness. *Youth and Policy.* 29. 33–39.

Goggin, M (1995) Gay and lesbian adolescence. In Moore, S and Rosenthal, D (Eds) *Sexuality in adolescence.* Routledge. London.

Golding, J (1987) Smoking. In Cox, B (Ed.) *The health and lifestyle survey.* The Health Promotion Research Trust. Cambridge.

Goldman, R and Goldman, J (1988) *'Show me yours' – understanding children's sexuality.* Penguin. Ringwood, Australia.

Golombok, S, and Fivush, C (1994) *Gender development.* Cambridge University Press. Cambridge.

Goodnow, J and Collins, A (1990) *Development according to parents.* Lawrence Erlbaum. Hillsdale, NJ.

Goodyer, I (1994) Development psychopathology: the impact of recent life events in anxious and depressed school-age children. *Journal of the Royal Society of Medicine.* 87. 327–329.

Goossens, L and Marcoen, A (1999a) Relationships during adolescence: constructive versus negative themes and relational dissatisfaction. *Journal of Adolescence.* 22. 49–64.

Goossens, L and Marcoen, A (1999b) Adolescent loneliness, self-reflection and identity: from individual differences to developmental processes. In Rotenberg, K and Hymel, S (Eds) *Loneliness in childhood and adolescence.* Cambridge University Press. New York.

Goossens, L, Seiffge-Krenke, I and Marcoen, A (1992) The many faces of adolescent egocentrism: a European replication. Paper presented at Society of Research on Adolescence conference, Washington, DC.

Goossens, L, Marcoen, A, Van Hees, S and Van de Woestijne, O (1998) Attachment style and loneliness in adolescence. *European Journal of Psychology of Education.* 13. 529–542.

Gore, S and Eckenrode, J (1994) Context and process in research on risk and resilience. In Haggerty, R, Sherrod, L, Garmezy, N and Rutter, M (Eds) *Stress, risk and resilience in children and adolescents.* Cambridge University Press. Cambridge.

Gottfredson, M and Hirshi, T (1990) *A general theory of crime.* Stanford University Press. Stanford, CA.

Graber, J and Brooks-Gunn, J (1996) Transitions and turning points: navigating the passage from childhood through adolescence. *Developmental Psychology.* 32. 768–776.

Graham, J and Bowling, B (1995) *Young people and crime.* Home Office Research Study No. 145. Home Office. London.

Greenberger, E (1984) Defining psychosocial maturity in adolescence. In Karoly, P and Steffen, J (Eds) *Adolescent behaviour disorders.* Heath. Lexington, MA.

Greenberger, E and O'Neill, R (1990) Parents' concerns about the child's development: implications for fathers' and mothers' well-being and attitudes to work. *Journal of Marriage and the Family.* 56. 621–630.

Griffin, C (1993) *Representations of youth.* Polity Press. London.

Griffiths, M (1995) *Adolescent gambling.* Routledge. London.

Grob, A (1998) Dynamics of perceived control across adolescence and adulthood. In Perrig, W and Grob, A (Eds) *Control of human behaviour: mental processes and awareness.* Lawrence Erlbaum Associates. Hillsdale, NJ.

Grotevant, H and Cooper, C (1985) Patterns of interaction in family relationships and the development of identity exploration in adolescence. *Child Development.* 56. 415–428.

Grotevant, H and Cooper, C (1986) Individuation in family relationships: a perspective on individual differences in the development of identity and role-taking skill in adolescence. *Human Development.* 29. 82–100.

Grotevant, H and Cooper, C (1998) Individuality and connectedness in adolescent development: review and prospects for research on identity, relationships and context. In Skoe, E and von der Lippe, A (Eds) *Personality development in adolescence: a cross-national and lifespan perspective.* Routledge. London.

Grunebaum, H and Solomon, L (1987) Peer relationships, self-esteem and the self. *International Journal of Group Psychotherapy*. 37.475–511.

Gunnell, D, Peters, T, Kammerling, R and Brooks, J (1995) Relation between parasuicide, suicide, psychiatric admissions and socio-economic deprivation. *British Medical Journal*. 311. 226–230.

Hackett, C (1997) Young people and political participation. In Roche, J and Tucker, S (Eds) *Youth in society*. Sage. London.

Hagell, A and Newburn, T (1996) Family and social contexts of adolescent re-offenders. *Journal of Adolescence*. 19. 5–18.

Haggerty, R, Sherrod, L, Garmezy, N and Rutter, M (Eds) (1994) *Stress, risk and resilience in children and adolescents: processes, mechanisms and interventions*. Cambridge University Press. Cambridge.

Hale, S (1990) A global developmental trend in cognitive processing speed. *Child Development*. 61. 653–663.

Halsey, A (1992) *Opening wide the doors of higher education*. Briefing Paper No. 6. National Commission on Education. London.

Hammer, T (1996) History dependence in youth unemployment. *European Sociological Review*. 13. 17–33.

Hansen, D, Giacoletti, A and Nangle, D (1995) Social interactions and adjustment. In Van Hasselt, V and Hersen, M (Eds) *Handbook of adolescent psychopathology: a guide to diagnosis and treatment*. Lexington Books. New York.

Hanson, S (1988) Divorced fathers with custody. In Bronstein, P and Cowan, C (Eds) *Fatherhood today: men's changing role in the family*. Wiley. Chichester.

Harlan, W, Harlan, E and Grillo, C (1980) Secondary sex characteristics of girls 12 to 17 years of age: the US Health Examination Survey. *Journal of Pediatrics*. 96. 1074–1078.

Harrington, R (1995) Depressive disorder in adolescence. *Archives of Disease in Childhood*. 72: 193–195.

Harris, C (1993) *The family and industrial society*. Allen & Unwin. London.

Hart, D and Fegley, S (1995) Prosocial behaviour and caring in adolescence. *Child Development*. 66. 1346–1359.

Hart, D, Yates, M, Fegley, S and Wilson, G (1996) Moral commitment in inner-city adolescents. In Killen, M and Hart, D (Eds) *Morality in everyday life: developmental perspectives*. Cambridge University Press. New York.

Harter, S (1988) The construction and conservation of the self: James and Cooley revisited. In Lapsley, D and Power, F (Eds) *Self, ego and identity*. Springer-Verlag. New York.

Harter, S (1989) Causes, correlates, and the functional role of global self-worth: a life-span perspective. In Kolligian, J and Sternberg, R (Eds) *Perceptions of competence and incompetence across the life-span*. Yale University Press. New Haven, CT.

Harter, S (1990) Self and identity development. In Feldman, S and Elder, G (Eds) *At the threshold: the developing adolescent*. Harvard University Press. Cambridge, MA.

Harter, S and Monsour, A (1992) Developmental analysis of conflict caused by opposing attributes in the adolescent self-portrait. *Developmental Psychology*. 28. 251–260.

Hartup, W (1996) The company they keep: friendships and their developmental significance. *Child Development*. 67. 1–13.

Haskey, J (1996) Population review 6: families and households in Great Britain. *Population Trends*. 85. 7–24.

Hatfield, E and Sprecher, S (1986) Measuring passionate love in intimate relationships. *Journal of Adolescence*. 9. 383–410.

Hauser, S and Bowlds, M (1990) Stress, coping and adaptation. In Feldman, S and Elliott, G (Eds) *At the threshold: the developing adolescent*. Harvard University Press. Cambridge, MA.

Hauser, S, Book, B, Houlihan, J, Powers, S and Noam, G (1987) Sex differences within the family: studies of adolescent and family interaction. *Journal of Youth and Adolescence*. 16. 199–213.

Hawton, K (1992) By their own hand: suicide is increasing rapidly in young men. *British Medical Journal*. 304. 1000.

Hawton, K, Fagg, J and Simkin, S (1996) Deliberate self-poisoning and self-injury in adolescents: a study of characteristics and trends in Oxford: 1976–1989. *British Journal of Psychiatry*. 169. 202–208.

Hawton, K, Fagg, J, Simkin, S and Bale, L (1999) Deliberate self-harm in adolescents in Oxford: 1985–1995. *Journal of Adolescence*. In Press.

Heaven, P (1994) *Contemporary adolescence*. Macmillan. London.

Heaven, P (1996) *Adolescent health: the role of individual differences*. Routledge. London.

Hendry, L (1983) *Growing up and going out*. Pergamon. London.

Hendry, L (1987) Young people: from school to unemployment? In Fineman, S (Ed.) *Unemployment: personal and social consequences*. Tavistock. London.

Hendry, L (1992) Sports and leisure. In Coleman, J and Warren-Adamson, C (Eds) *Youth policy in the 1990s*. Routledge. London.

Hendry, L (1993) Learning the new 3 Rs. *Aberdeen University Review*. 189. 33–51.

Hendry, L and Kloep, M (1996) Is there life beyond 'flow'? Proceedings of 5th Biennial Conference of the EARA, University of Liege, May 1996.

Hendry, L and Singer F (1981) Sport and the adolescent girl: a case study of one comprehensive school. *Scottish Journal of Physical Education*. 9. 19–29.

Hendry, L, Glendinning, A, Reid, M and Wood, S (1998) *Lifestyles, health and health concerns of rural youth: 1996–1998*. Report to Department of Health, Scottish Office. Edinburgh.

Hendry, L, Roberts, W, Glendinning, A and Coleman, J (1992) Adolescents' perceptions of significant individuals in their lives. *Journal of Adolescence*. 15. 255–270,

Hendry, L, Shucksmith, J, Love, J and Glendinning, A (1993) *Young people's leisure and lifestyles*. Routledge. London.

Hengeller, S, Cunningham, P, Pickrel, S and Brondino, M (1996) Multi-systemic therapy: an effective violence prevention approach for serious juvenile offenders. *Journal of Adolescence*. 19. 47–62.

Hermann-Giddens, M, Slora, E and Wasserman, R (1997) Secondary sexual characteristics and menses in young girls seen in office practice. *Paediatrics*. 99. 505–512.

Herrenkohl, E, Herrenkohl, R and Egolf, B (1994) Resilient early school-age children from maltreating homes: outcomes in late adolescence. *American Journal of Orthopsychiatry*. 64. 301–309.

Hetherington, M (1993) An overview of the Virginia longitudinal study of divorce and remarriage with a focus on early adolescence. *Journal of Family Psychology*. 7. 39–56.

Hetherington, M and Clingempeel, W (1992) Coping with marital transitions: a family systems perspective. *Monographs of the Society for Research in Child Development*. 57.

Hickman, P (1997) Is it working? The changing position of young people in the UK labour market. In Roche, J and Tucker, S (Eds) *Youth in society*. Sage. London.

Hill, J (1988) Adapting to menarche: familial control and conflict. In Gunnar, M and Collins, W (Eds) *21st Minnesota Symposium on Child Psychology*. Laurence Erlbaum. Hillsdale, NJ.

Hill, P (1993) Recent advances in selected aspects of adolescent development. *Journal of Child Psychology and Psychiatry*. 34. 69–100.

Hillier, L, Harrison, L and Warr, D (1998) 'When you carry condoms all the boys think you want it': negotiating competing discourses about safe sex. *Journal of Adolescence*. 21. 15–30.

Hirsch, B and DuBois, D (1989) The school–nonschool ecology of early adolescent friendships. In Belle, D (Ed.) *Children's social networks and supports*. John Wiley. New York.

Hirsch, B and DuBois, D (1991) Self-esteem in early adolescence: the identification and prediction of contrasting longitudinal trajectories. *Journal of Youth and Adolescence*. 20. 53–72.

Hirsch, B, Engel-Levy, A, DuBois, D and Hardesty, P (1990) The role of social environments in social support. In Sarason, B, Sarason, I and Pierce, G (Eds) *Social support: an interactional view*. John Wiley. New York.

Hodgson, R and Abbasi, T (1995) *Effective health prevention: literature review*. Health Promotion, Wales. Cardiff.

Hofstede, G (1983) Dimensions of national cultures in 50 countries and 3 regions. In Deregowski, J, Dzurnwiecz, S and Annis, R (Eds) *Explications in cross-cultural psychology*. Swets & Zeitlinger. Lisse, The Netherlands.

Hoge, D, Smit, E and Crist, J (1995) Reciprocal effects of self-concept and academic achievement in sixth and seventh grade. *Journal of Youth and Adolescence*. 24. 295–314.

Hogue, A and Steinberg, L (1995) Homophily of internalised distress in adolescent peer groups. *Developmental Psychology*. 31. 897–906.

Holland, J, Ramanazoglu, C, Sharpe, S and Thomson, R (1998) *The male in the head*. Tufnell Press. London.

Holland, W and Fitzsimons, B (1991) Smoking in children. *Archives of Disease in Childhood*. 66: 1269–1274.

Holmbeck, G, Paikoff, R and Brooks-Gunn, J (1995) Parenting adolescents. In Bornstein, M (Ed.) *Handbook of Parenting: Vol. 1*. Laurence Erlbaum. Mahwah, NJ.

Hope, S, Power, C and Rodgers, B (1998) The relationship between parental separation in childhood and problem drinking in adulthood. *Addiction*. 93. 505–514.

Huizinga, D and Elliott, D (1986) Reassessing the reliability and validity of self-report measures. *Journal of Quantitative Criminology*. 2. 293–327.

Hunter, F (1985) Adolescents' perception of discussions with parents and friends. *Developmental Psychology*. 21. 433–440.

Hunter, J, Higginson, I and Garralda, E (1996) Systematic literature review: outcome measures for child and adolescent mental health services. *Journal of Public Health Medicine*. 18. 197–206.

Hurrelmann, K and Losel, F (1990) *Health hazards in adolescence*. De Gruyter. New York.

Inderbitzen-Pisaruk, H, Clark, M and Solano, C (1992) Correlates of loneliness in midadolescence. *Journal of Youth and Adolescence*. 21. 151–168.

Inhelder, B and Piaget, J (1958) *The growth of logical thinking*. Routledge & Kegan Paul. London.

Ives, R (1990) Sniffing out the solvent users. In Ashton, M (Ed.) *Drug misuse in Britain: national audit of drug misuse statistics*. Institute for the Study of Drug Dependence. London.

Jackson, P and Warr, P (1987) Mental health of unemployed men in different parts of England and Wales. *British Medical Journal*. 295. 525.

Jackson, S and Bosma, H (1992) Developmental research on adolescence: European perspectives for the 1990s and beyond. *British Journal of Developmental Psychology*. 10. 319–338.

Jacobson, L and Wilkinson, C (1994) Review of teenage health: time for a new direction. *British Journal of General Practice*. 44. 420–424.

Jaffe, M (1998) *Adolescence*. John Wiley. New York.

Jahnke, H and Blanchard-Fields, F (1993) A test of two models of adolescent egocentrism. *Journal of Youth and Adolescence*. 22. 313–326.

Jarvinen, D and Nicholls, J (1996) Adolescents' social goals: beliefs about the causes of social success, and satisfaction in peer relations. *Developmental Psychology*. 32. 435–441.

Jeffs, T and Smith, M (1990) *Young people, inequality and youth work*. Macmillan. London.

Jenkins, J and Smith, M (1990) Factors protecting children living in disharmonious homes: maternal reports. *Journal of the American Academy of Child and Adolescent Psychiatry*. 29. 60–69.

Jennings, M and Niemi, R (1971) *The political character of adolescence*. Princeton University Press. Princeton, NJ.

Jennings, M and Niemi, R (1981) *Generations and politics.* Princeton University Press. Princeton, NJ.

Jessor, R and Jessor, S (1977) *Problem behaviour and psychosocial development: a longitudinal study of youth.* Academic Press. New York.

Johnson, A, Wadsworth, K, Wellings, K and Field, J (1994) *Sexual attitudes and lifestyles.* Blackwell. Oxford.

Johnson, M, Beebe, T, Mortimer, J and Snyder, M (1998) Volunteerism in adolescence: a process perspective. *Journal of Research on Adolescence.* 8. 309–332.

Jones, D and Costin, S (1995) Friendship quality during pre-adolescence and adolescence. *Merrill Palmer Quarterly.* 41. 517–535.

Jones, G (1995) *Leaving home.* Open University Press. Milton Keynes.

Jones, G and Wallace, C (1990) Beyond individualisation: what sort of social change. In Chisholm, L, Buchner, P, Kruger, H-H and Brown, P (Eds) *Childhood, youth and social change: a comparative perspective.* Falmer. London.

Jones, G and Wallace, C (1992) *Youth, family and citizenship.* Open University Press. Milton Keynes.

Jonsson, I and Arnman, G (1991) Skolan och klassklyftorna. In Statens Ungdomsrad (Ed.) *Uppvactvilkor*, pp. 27–32. Stockholm. Statens Ungdomsrad.

Juang, L and Silbereisen, R (1998) Parenting in various ecological niches and across time. Presentation at the 6th Biennial Conference of the EARA, Budapest. June.

Junger-Tas, J, Terlouw, G and Klein, M (1994) *Delinquent behaviour among young people in the Western world: first results of the international self-report delinquency study.* Kugler. Amsterdam.

Kaffman, M (1993) Kibbutz youth: recent past and present. *Journal of Youth and Adolescence.* 22. 573–604.

Kail, R (1991) Developmental change in speed of processing during childhood and adolescence. *Psychological Bulletin.* 109. 490–501.

Kalakoski, V and Nurmi, J-E (1998) Identity and educational transitions: age differences in adolescent exploration and commitment. *Journal of Research on Adolescence.* 8. 29–47.

Katchadourian, H (1990) Sexuality. In Feldman, S and Elliott, G (Eds) *At the threshold: the developing adolescent.* Harvard University Press. London.

Keating, D (1990) Adolescent thinking. In Feldman, S and Elder, G (Eds) *At the threshold: the developing adolescent.* Harvard University Press. Cambridge, MA.

Keating, D and Sasse, D (1996) Cognitive socialisation in adolescence: critical period for a critical habit of mind. In Adams, G, Montemayor, R and Gullota, T (Eds) *Psychosocial development during adolescence: progress in developmental contextualism.* Sage. London.

Keith, N (1994) School-based community service. Special Issue of the *Journal of Adolescence.* 17. 311–409.

Kiernan, K (1997) *The legacy of parental divorce: social, economic and demographic experiences in adulthood.* Centre for the Analysis of Social Exclusion. London.

Killeen, D (1992) Leaving home. In Coleman, J and Warren-Adamson, C (Eds) *Youth policy in the 1990s.* Routledge. London.

Kinney, D (1993) From 'nerds' to 'normals': the recovery of identity among adolescents from middle school to high school. *Sociology of Education.* 66. 21–40.

Kirchler, E, Palmonari, A and Pombeni, M (1995) Developmental tasks and adolescents' relationships with their peers and their family. In Jackson, S and Rodriguez-Tome, H (Eds) *Adolescence and its social worlds.* Erlbaum. Hove.

Klee, H (1991) Sexual risk among amphetamime users: prospects for change. Paper presented at the 5th Social Aspects of OADs Conference, London. March.

Kleiber, D and Rickards, W (1985) Leisure and recreation in adolescence: limitation and potential. In Wade, M (Ed.) *Constraints on leisure.* Charles C Thomas. Springfield, IL.

Kloep, M (1998) *Att vara ung I Jamtland.* Uddeholt. Osterasen.

Kloep, M (1999) Love is all you need? Focussing on adolescents' life concerns from an ecological perspective. *Journal of Adolescence.* 22. 49–64.

Kloep, M and Hendry, L (1999) Challenges, risks and coping. In Messer, D and Millar, S (Eds) *Exploring developmental psychology*. Arnold. London.

Kohlberg, L (1970) Moral development and the education of adolescents. In Purnell, R (Ed.) *Adolescents and the American high school*. Holt, Rinehart & Winston. New York.

Kohlberg, L (Ed.) (1981) *The philosophy of moral development: Vol. 1*. Harper & Row. San Francisco, CA.

Kohlberg, L (Ed.) (1984) *The psychology of moral development: Vol. 2*. Harper & Row. San Francisco, CA.

Kohlberg, L and Gilligan, C (1971) Twelve to sixteen: early adolescence. *Daedalus*. 100. No.4. 1068–1072.

Kohlberg, L and Gilligan, C (1972) The adolescent as philosopher; the discovery of the self in a post-conventional world. In Kagan, J and Coles, R (Eds) *Twelve to sixteen: early adolescence*. Norton. New York.

Kohlberg, L and Nisan, M (1984) Cultural universality of moral judgement stages: a longitudinal study in Turkey. In Kohlberg, L (Ed.) *The psychology of moral development: Vol. 2*. Harper & Row. San Francisco, CA.

Kolvin, I, Miller, F, Scott, D and Fleeting, M (1990) *Continuities of deprivation*. Avebury. Aldershot.

Kosky, R (1992) Adolescents in custody: a disciplining or disabling experience. In Kosky, R, Eshkevari, H and Kneebone, G (Eds) *Breaking out: challenges in adolescent mental health in Australia*. Canberra: Australian Government Publishing Service.

Kracke, B and Noack, P (1998) Continuity and change in family interactions across adolescence. In Hofer, M, Youniss, J and Noack, P (Eds) *Verbal interactions and development in families with adolescents*. Ablex Publishing. Norwood.

Kracke, B, Oepke, M, Wild, E and Noack, P (1998) Adolescents, families and German unification: the impact of social change on anti-foreigner and anti-democratic attitudes. In Nurmi, J-E (Ed.) *Adolescents, cultures and conflicts*. Garland. New York.

Kraft, P (1993) Sexual knowledge among Norwegian adolescents. *Journal of Adolescence*. 16. 3–21.

Kremer, J, Trew, K and Ogle, S (Eds) (1997) *Young people's involvement in sport*. Routledge. London.

Krisberg, B, Schwartz, I, Fishman, G and Guttman, E (1986) *The incarceration of minority youth*. Hubert Humphrey Institute of Public Affairs. Minneapolis, MN.

Kroger, J (1985) Relationships during adolescence: a cross-national comparison of New Zealand and United States teenagers. *Journal of Youth and Adolescence*. 8. 47–56.

Kroger, J (Ed.) (1993) *Discussions on ego identity*. Lawrence Erlbaum. Hillsdale, NJ.

Kroger, J (1996) *Identity in adolescence: the balance between self and other. 2nd Edn*. Routledge. London.

Kroger, J and Green, K (1996) Events associated with identity status change. *Journal of Adolescence*. 19. 477–490.

Kruger, H (1990) Zwischen Verallgemeinerung und Zerfaserung: Zum Wandel der Lebensphase Jugend in der Bundesrepublik Deutschland nach 1945. In H H Kruger and L Chisholm (Eds) *Kindheit und jugend im interkulturellen vergleich*, pp. 113–123. Leske & Budrich. Opladen.

Kuhl, J, Jarkon-Horlick, L and Morrissey, R (1997) Measuring barriers to help-seeking behaviour in adolescents. *Journal of Adolescence*. 26. 637–650.

Kurdek, L and Fine, M (1994) Family acceptance and family control as predictors of adjustment in young adolescents: linear, curvilinear, or interactive effects? *Child Development*. 65. 1137–1146.

Lamborn, S and Steinberg, L (1993) Emotional autonomy redux: revisiting Ryan and Lynch. *Child Development*. 64. 483–499.

Lapsley, D (1992) Pluralism, virtues, and the post-Kohlbergian era in moral psychology. In Powers, F and Lapsley, D (Eds) *The challenge of pluralism, education, politics and values*. University of Notre Dame Press. Notre Dame, IN.

Larson, R (1994) Youth organisations, hobbies and sports as developmental contexts. In Silbereisen, R and Todt, E (Eds) *Adolescence in context: the interplay of family, school, peers and work in adjustment.* Springer-Verlag. New York.

Larson, R (1997) The emergence of solitude as a constructive domain of experience in early adolescence. *Child Development.* 68. 80–93.

Larson, R and Asmussen, L (1991) Anger, worry and hurt in early adolescence: an enlarging world of negative emotions. In Colten, M and Gore, S (Eds) *Adolescent stress: causes and consequences.* Aldine De Gruyter. New York.

Larson, R. and Richards, M (1989) The changing life space of early adolescence. *Journal of Youth and Adolescence.* 18. 501–509.

Larson, R, Richards, M, Moneta, G, Holmbeck, G and Duckett, E (1996) Changes in adolescents' daily interactions with their families from ages 10 to 18: disengagement and transformation. *Developmental Psychology.* 32. 744–754.

Lask, J (1994) Parenting in adolescence. *ACPP Review and Newsletter.* 16. 5. 229–236.

Lazarus, R (1966) *Psychological stress and the coping process.* McGraw-Hill. New York.

Lazarus, R and Folkman, S (1991) *Stress, appraisal and coping.* Springer. New York.

Lees, S (1993) *Sugar and spice: sexuality and adolescent girls.* Penguin. London.

Leffert, N and Petersen, A (1995) Patterns of development in adolescence. In Rutter, M and Smith, D (Eds) *Psychosocial disorders in young people.* John Wiley. Chichester.

Lerner, R (1985) Adolescent maturational changes and psychosocial development: a dynamic interactional perspective. *Journal of Youth and Adolescence.* 14. 355–372.

Lerner, R, Lerner, J and Tubman, J (1989) Organismic and contextual bases of development in adolescence. In Adams, G, Montemayor, R and Gullotta, T (Eds) *Biology of adolescent behaviour and development.* Sage. London.

Lerner, R, Lerner, J, Jovanovic, J, Talwar, R and Kucher, J (1991) Physical attractiveness and psychosocial functioning among early adolescents. *Journal of Early Adolescence.* 11. 300–320.

Levesque, R (1993) The romantic experience of adolescents in satisfying love relationships. *Journal of Youth and Adolescence.* 22. 219–252.

Levitt, M, Guacci-Franco, N and Levitt, J (1993) Convoys of social support in childhood and early adolescence: structure and function. *Developmental Psychology.* 29. 811–818.

Lewin, K (1980) Field theory and experiment in social psychology. In Muuss, R (Ed.) *Adolescent behaviour and society: 3rd Edn.* Random House. New York.

Leyva, F and Furth, H (1986) Compromise formation in social conflicts. *Journal of Youth and Adolescence.* 15. 441–451.

Lipsey, M (1995) What do we learn from 400 research studies on the effectiveness of treatment with juvenile delinquents? In McGuire, J (Ed.) *What works? reducing reoffending.* Wiley. Chichester.

Lloyd, B and Lucas, K (1997) *Smoking in adolescence: images and identities.* Routledge. London.

Loeber, R and Stouthamer-Loeber, M (1986) Family factors as correlates and predictors of juvenile conduct problems and delinquency. In Morris, M and Tonry, M (Eds) *Crime and justice: Vol. 7.* University of Chicago Press. Chicago.

Lowden, S (1989) *Three years on: the reaction of young people to Scotland's action plan.* Centre for Educational Sociology, University of Edinburgh. Edinburgh.

Lyon, J (Ed.) (1996) Adolescents who offend. Special Issue of the *Journal of Adolescence.* 19. 1–109.

Lyon, J (1997) Gender and crime. In Kremer, J and Trew, K (Eds) *Gendered psychology.* Arnold. London.

Maccoby, E (1990) Gender and relationships: a developmental account. *American Psychologist.* 45. 513–520.

Maccoby, E (1998) *The two sexes: growing up apart, coming together.* Belknap. Cambridge, MA.

Maccoby, E and Martin, J (1983) Socialisation in the context of the family: parent–child interaction. In Hetherington, E (Ed.) *Handbook of child psychology.* Wiley. New York.

McCord, J (1979) Some child-rearing antecedents of criminal behaviour in adult men. *Journal of Personality and Social Psychology*. 37. 1477–1486.

MacDonald, R (Ed.) (1997) *Youth, the 'underclass' and social exclusion*. Routledge. London.

Macfarlane, A (1993) Health promotion and children and teenagers (editorial). *British Medical Journal*. 306(6870). 81.

Macfarlane, A, McPherson, A, McPherson, K and Ahmed, L (1987) Teenagers and their health. *Archives of Disease in Childhood*. 62. 1125–1129.

McFarlane, A, Bellissimo, A and Norman, G (1995) Family structure, family functioning, and adolescent well-being: the transcendent influence of parenting style. *Journal of Child Psychology and Psychiatry*. 36. 847–864.

McGuire, J (1995) *What works? Reducing reoffending: guidelines from research*. John Wiley. Chichester.

McIntosh, H (1996) Adolescent friends not always a bad influence. *American Psychological Association Monitor*. 16.

McIntyre, J and Dusek, J (1995) Perceived parental rearing practices and styles of coping. *Journal of Youth and Adolescence*. 24. 499–509.

Macintyre, S (1989) West Scotland Twenty-07 Study: health in the community. In Martin, C and MacQueen, D (Eds) *Readings for a new public health*. Edinburgh University Press. Edinburgh.

Mackay, G (1996) *Senseless acts of beauty: cultures of resistance since the 1960s*. Verso. London.

McKenna, C (1993) *Drug use and related needs in East Lothian*. Scottish Drugs Forum. Glasgow.

McLoughlin, D and Whitfield, R (1984) Adolescents and their experiences of divorce. *Journal of Youth and Adolescence*. 7. 155–170.

Maffesoli, M (1996) *The time of the tribes*. Sage. London.

Magnusson, D and Bergman, L (1990) A pattern approach to the study of pathways from childhood to adulthood. In Robins, L and Rutter, M (Eds) *Straight and devious pathways from childhood to adulthood*. Cambridge University Press. Cambridge.

Magnusson, D and Stattin, H (1998) Person–context interaction theories. In Damon, W and Lerner, R (Eds) *Handbook of child psychology: Vol. 1*. John Wiley. New York.

Malmberg, L and Trempala, J (1997) Anticipated transition to adulthood: the effect of educational track, gender, and self-evaluation on Polish and Finnish adolescents. *Journal of Youth and Adolescence*. 26. 517–538.

Marcia, J (1966) Development and validation of ego-identity status. *Journal of Personality and Social Psychology*. 3. 551–558.

Marcia, J (1980) Identity in adolescence. In Adelson, J (Ed.) *Handbook of adolescent psychology*. Wiley. New York.

Marcia, J (1993) The relational roots of identity. In Kroger, J (Ed.) *Discussions on ego identity*. Lawrence Erlbaum. Hillsdale, NJ.

Marsh, H (1987) The big-fish-little-pond effect on academic self-concept. *Journal of Educational Psychology*. 79. 280–295.

Marsh, H (1989) Age and sex effects in multiple dimensions of self-concept. *Journal of Educational Psychology*. 81. 417–430.

Marsh, H, Byrne, B and Shavelson, R (1988) A multi-faceted academic self-concept: its hierarchical structure and its relation to academic achievement. *Journal of Educational Psychology*. 80. 366–380.

Marsh, H, Richards, G and Barnes, J (1986) Multidimensional self-concepts: the effect of participation in an outward bound programme. *Journal of Personality and Social Psychology*. 50. 195–204.

Marshall, S (1995) Ethnic socialization of African-American children: implications for parenting, identity development, and academic achievement. *Journal of Youth and Adolescence*. 24. 377–396.

Marshall, W and Tanner, J (1970) Variations in the pattern of pubertal changes in boys. *Archives of Disease in Childhood*. 45. 13–23.

Martinez, R and Dukes, R (1997) The effects of ethnic identity, ethnicity, and gender on adolescent well-being. *Journal of Youth and Adolescence*. 26. 503–516.

Masten, A, Best, K and Garmezy, N (1990) Resilience and development: contributions from the study of children who overcome adversity. *Development and Psychopathology*. 2. 425–444.

Mazor, A (Ed.) (1993) Kibbutz adolescents. Special Issue of the *Journal of Youth and Adolescence*. 22. 569–714.

Measham, F, Newcombe, R and Parker, H (1994) The normalisation of recreational drug use among young people in north-west England. *British Journal of Sociology*. 45. 287–313.

Meeus, W (1989) Parental and peer support in adolescence. In Hurrelmann, K and Engel, U (Eds) *The social world of adolescents: international perspectives*. De Gruyter. Berlin.

Merten, D (1996) Visibility and vulnerability: responses to rejection by non-aggressive junior high school boys. *Journal of Early Adolescence*. 16. 5–26.

Meschke, L and Silbereisen, R (1997) The influence of puberty, family process, and leisure activities on the timing of the first sexual experience. *Journal of Adolescence*. 20. 403–418.

Miller, B and Bingham, C (1989) Family configuration in relation to the sexual behaviour of female adolescents. *Journal of Marriage and the Family*. 51. 499–506.

Mirzah, H (1992) *Young, female and black*. Routledge. London.

Mitchell, A (1985) *Children in the middle*. Tavistock. London.

Mitchell, A (1998) Accentuating the positive: HIV/AIDS and STDs prevention and education. In Coleman, J and Roker, D (Eds) *Teenage sexuality: health, risk and education*. Harwood Academic Press. London.

Mizen, P (1995) *The state, youth training and young people*. Mansell. London.

Monck, E, Graham, P, Richman, N and Dobbs, R (1994) Self-reported mood disturbance in a community population. *British Journal of Psychiatry*. 165. 760–769.

Montagna, W and Sadler, W (Eds) (1974) *Reproductive Behavior*. Plenum. New York.

Montemayor, R and Brownlee, J (1987) Fathers, mothers and adolescents: gender based differences in parental roles during adolescence. *Journal of Youth and Adolescence*. 16. 281–291.

Montemayor, R, McKenry, C and Julian, P (1993) Men in midlife and the quality of father–adolescent communication. *New Directions in Child Development*. 62. 59–72.

Moore, S (1995) Girls' understanding and social constructions of menarche. *Journal of Adolescence*. 18. 87–104.

Moore, S and Rosenthal, D (1991) Adolescents' perceptions of friends' and parents' attitudes to sex and sexual risk-taking. *Journal of Community and Applied Social Psychology*. 1. 189–200.

Moore, S and Rosenthal, D (1995) *Sexuality in adolescence*. Routledge. London.

Moore, S and Rosenthal, D (1998) Adolescent sexual behaviour. In Coleman, J and Roker, D (Eds) *Teenage sexuality: health, risk and education*. Harwood Academic Press. London.

Moore, S, Rosenthal, D and Mitchell, A (1996) *Youth, AIDS, and sexually transmitted diseases*. Routledge. London.

Mountain, A (1990) *Lifting the limits*. National Youth Bureau. Leicester.

Mounts, N and Steinberg, L (1995) An ecological analysis of peer influence on adolescent grade point average and drug use. *Developmental Psychology*. 31. 915–922.

Munsch, J and Kinchen, K (1995) Adolescent sociometric status and social support. *Journal of Early Adolescence*. 15. 181–202.

Munsch, J and Wampler, R (1993) Ethnic differences in early adolescents' coping with school stress. *American Journal of Orthopsychiatry*. 63. 633–646.

Murphy, J and Gilligan, C (1980) Moral development in late adolescence and adulthood: a critique and reconstruction of Kohlberg's theory. *Human Development*. 23. 77–104.

Murray, F (1990) The conversion of truth into necessity. In Overton, W (Ed.) *Reasoning, necessity and logic: developmental perspectives*. Erlbaum. Hillsdale, NJ.

Muuss, R (1996) *Theories of adolescence: 6th Edn*. McGraw-Hill. New York.

Nakkula, M and Selman, R (1991) How people 'treat' each other: pair therapy as a context for the development of interpersonal ethics. In Kurtines, W and Gewirtz, J (Eds) *Handbook of moral behaviour and development: Vol. 3*. Erlbaum. Hillsdale, NJ.

Nasstrøm, A-C and Kloep, M (1994) The effect of job practicing on the psychological well-being of unemployed youth. *Arbete och Halsa*. 33. 79–88.

Nelson, J, Smith, D and Dodd, J (1990) The moral reaoning of juvenile delinquents: a meta-analysis. *Journal of Abnormal Child Psychology*. 18. 231–239.

Newcomer, S and Udry, J (1985) Oral sex in an adolescent population. *Archives of Sexual Behaviour*. 14. 41–46.

Niemi, R and Junn, J (1996) For a reinforced citizenship in the United States. *Prospects*. 26. 37–46.

Nisbet, J and Shucksmith, J (1984) *Learning strategies*. Routledge & Kegan Paul. London.

Noack, P and Kracke, B (1997) Social change and adolescent well-being: healthy country, healthy teens. In Schulenberg, J, Maggs, J and Hurrelmann, K (Eds) *Health risks and developmental transitions during adolescence*. Cambridge University Press. Cambridge.

Noack, P, Hofer, M, Kracke, B and Klein-Allerman, E (1995) Adolescents and their parents facing social change: families in East and West Germany after unification. In Noack, P, Hofer, M and Youniss, J (Eds) *Psychological responses to social change*. Walter De Gruyter. Berlin.

Noller, P and Callan, V (1991) *The adolescent in the family*. Routledge. London.

Norman, P and Bennett, P (1996) Health locus of control. In Conner, M and Norman, P (Eds) *Predicting health behaviour*. Open University Press. Milton Keynes.

Nucci, L and Webber, E (1991) The domain approach to values education: from theory to practice. In Kurtines, W and Gewirtz, J (Eds) *Handbook of moral behaviour and development: Vol. 3*. Erlbaum. Hillsdale, NJ.

Nurmi, J-E (1997) Self-definition and mental health during adolescence and young adulthood. In Schulenberg, J, Maggs, J and Hurrelmann, K (Eds) *Health risks and developmental transitions during adolescence*. Cambridge University Press. Cambridge.

Nutbeam, D, Macaskill, P and Smith, C (1993) Evaluation of two school smoking education programmes under normal classroom conditions. *British Medical Journal*. 306. 102–107.

O'Bryan, L (1989) Young people and drugs. In MacGregor, S (Ed.) *Drugs and British society: responses to the social problem in the 1980s*. Routledge. London.

Ochiltree, G (1990) *Children in Australian families*. Longman. Melbourne.

Offer, D (1969) *The psychological world of the teenager*. Basic Books. New York.

Offer, D, Ostrov, E, Howard, K and Dolin, S (1992) *The Offer Self-Image Questionnaire for Adolescents – revised*. Western Psychological Services. Los Angeles, CA.

Office of Populations Censuses and Surveys (OPCS) (1995) *General household survey*. HMSO. London.

Ohri, S and Faruqi, S (1988) Racism, employment and unemployment. In Bhat, A, Carr-Hill, R and Ohri, S (Eds) *Britain's black population: a new perspective*. Gower. Aldershot.

Olweus, D. (1984) Aggressors and their victims: bullying at school. In Frude, N and Gault, N (Eds) *Disruptive behaviour in schools*. John Wiley. London.

Osofsky, J, Hann, D and Peebles, C (1993) Adolescent parenthood: risks and opportunities for parents and infants. In Zeannah, C (Ed.) *Handbook of infant mental health*. Guilford. New York.

O'Koon, J (1997) Attachment to parents and peers in late adolescence and their relationship with self-image. *Adolescence*. 32. 471–482.

Paikoff, R, Brooks-Gunn, J and Carlton-Ford, S (1991) Effect of reproductive status changes on family functioning and well-being of mothers and daughters. *Journal of Early Adolescence*. 11. 201–220.

Palladino, G (1996) *Teenagers: an American history*. Basic Books. New York.

Palmonari, A, Pombeni, M and Kirchler, E (1989) Peer groups and the evolution of self esteem in adolescence. *European Journal of Psychology of Education*. 4. 3–15.

Papini, D and Clark, S (1989) Grade, pubertal status, and gender-related variations in conflictual issues among adolescents. *Adolescence.* 24. 977–987.

Papini, D and Sebby, R (1987) Adolescent pubertal status and affective family relationships: a multivariate assessment. *Journal of Youth and Adolescence.* 16. 1–16.

Park, A (1994) *England and Wales youth cohort study 4: young people 18–19 years old in 1991.* Employment Department. London.

Parker, H, Aldridge, J and Measham, F (1998) *Illegal leisure: the normalisaton of adolescent recreational drug use.* Routledge. London.

Parker, J and Asher, S (1987) Peer relations and later personal adjustment: are low-accepted children at risk? *Psychological Bulletin.* 102. 357–389.

Parkhurst, J and Asher, S (1992) Peer rejection in middle school: sub-group differences in behaviour, loneliness, and interpersonal concerns. *Developmental Psychology.* 28. 231–241.

Patterson, G, Reid, J and Dishion, T (1992) *Antisocial boys.* Castalia. Eugene, OR.

Patterson, G and Stouthammer-Loeber, M (1984) The correlation of family management practices and delinquency. *Child Development.* 55. 1299–1307.

Patterson, G, Dishion, T and Chamberlain, P (1993) Outcomes and methodological issues relating to treatment of antisocial children. In Giles, T (Ed.) *Handbook of effective psychotherapy.* Plenum. New York.

Patterson, J and McCubbin, H (1987) Adolescent coping style and behaviours: conceptualization and measurement. *Journal of Adolescence.* 10. 163–186.

Patton, W and Noller, P (1984) Unemployment and youth: a longitudinal study. *Australian Journal of Psychology.* 36. 399–413.

Payne, J (1995) *Routes beyond compulsory schooling.* Youth Cohort Paper No. 31. Employment Department. London.

Perry, T (1987) The relation of adolescents' self-perceptions to their social relationships. Unpublished doctoral dissertation, University of Oklahoma. Norman, OK.

Perschy, M (1997) *Helping teens work through grief.* Taylor & Francis. Washington, DC.

Petersen, A and Crockett, L (1985) Pubertal timing and grade effects on adjustment. *Journal of Youth and Adolescence.* 14. 191–206.

Petersen, A and Hamburg, B (1986) Adolescence: a developmental approach to problems and psychopathology. *Behaviour Therapy.* 13. 480–499.

Petersen, A, Sarigiani, P and Kennedy, R (1991) Adolescent depression: why more girls? *Journal of Youth and Adolescence.* 20. 247–271.

Philip, K and Hendry, L (1997) *Young people, lifestyles and health in the nineties: a literature review.* Centre for Education Research, University of Aberdeen. Aberdeen.

Phinney, J (1992) The multi-group ethnic identity measure: a new scale for use with adolescents and adults from diverse groups. *Journal of Adolescent Research.* 7. 156–176.

Phinney, J (1993) A three-stage model of ethnic identity development. In Bernal, M and Knight, G (Eds) *Ethnic identity: formation and transmission among Hispanics and other minorities.* State University of New York Press. Albany, NY.

Phinney, J and Devich-Navarro, M (1997) Variations in bicultural identification among African-American and Mexican-American adolescents. *Journal of Research on Adolescence.* 7. 3–32.

Phinney, J and Goossens, L (Eds) (1996) Identity development in context. Special issue of the *Journal of Adolescence.* 19. 401–500.

Phinney, J and Rosenthal, D (1992) Ethnic identity in adolescence: process, context and outcome. In Adams, G, Gullotta, T and Montemayor, R (Eds) *Adolescent identity formation.* Sage. London.

Phoenix, A (1991) *Young mothers?* Polity Press. London.

Piaget, J (1932) *The moral judgement of the child.* Routledge & Kegan Paul. London.

Plancherel, B and Bolognini, M (1995) Coping and mental health in early adolescence. *Journal of Adolescence.* 18. 459–474.

Platt, W (1984) Unemployment and suicidal behaviour: review of the literature. *Social Science and Medicine.* 19. 93–115.

Pombeni, M, Kirchler, E and Palmonari, A (1990) Identification with peers as a strategy to muddle through the troubles of the adolescent years. *Journal of Adolescence.* 13. 351–369.

Power, T and Shanks, J (1988) Parents as socializers: maternal and paternal views. *Journal of Youth and Adolescence.* 18. 203–220.

Prause, J and Dooley, D (1997) Effect of underemployment on school-leavers' self-esteem. *Journal of Adolescence.* 20. 243–260.

Pritchard, C (1992) Is there a link between suicide in young men and unemployment? A comparison of the UK with other European countries. *British Journal of Psychiatry.* 160. 750–756.

Pugh, G, De'Ath, E and Smith, C (1994) *Confident parents: confident children.* National Children's Bureau. London.

Quadrel, M, Fishoff, B and Davis, W (1993) Adolescent (in)vulnerability. *American Psychologist.* 48. 102–116.

Quinn, P (1995) Positive effects of participation in youth organisations. In Rutter, M (Ed.) *Psychosocial disturbances in young people.* Cambridge University Press. Cambridge.

Quinton, D and Rutter, M (1988) Parents with children in care: current circumstances and parenting skills. *Journal of Child Psychology and Psychiatry.* 25. 211–230.

Raffe, D (1990) The transition from school to work. Content, context and the external labour market. In Wallace, C and Cross, M (Eds) *Youth in transition.* Falmer. London.

Ramsey, B (1990) Dangerous games: UK solvent deaths 1983–1988. *Druglink.* 5. 8–9.

Rattansi, A and Phoenix, A (1997) Rethinking youth identities: modernist and post-modernist frameworks. In Bynner, J, Chisholm, L and Furlong, A (Eds) *Youth, citizenship and social change in a European context.* Ashgate. Aldershot.

Reisman, J (1985) Friendship and its implications for mental health or social competence. *Journal of Early Adolescence.* 5. 383–391.

Reiss, M (1993) What are the aims of school sex education? *Cambridge Journal of Education.* 23. 125–126.

Resnick, M, Bearman, P, Blum, R, Bauman, K, Harris, K, Jones, J, Tabor, J, Beurhring, T, Sieving, R, Shew, M, Ireland, M, Bearinger, L and Udry, J (1997) Protecting adolescents from harm: findings from the national longitudinal study on adolescent health. *Journal of the American Medical Association.* 278. 823–832.

Rest, J (1973) The hierarchical nature of moral judgement. *Journal of Personality.* 41. 86–109.

Rice, K, Herman, M and Petersen, A (1993) Coping with challenge in adolescence: a conceptual model and psycho-educational intervention. *Journal of Adolescence.* 16. 235–252.

Richards, M (1996) *The interests of children at divorce.* Edition Bruylant. Brussels.

Richards, M (1997) *The socio-legal support for divorcing parents and their children.* In Conference Papers of 'Teenagers and Divorce', a conference sponsored by Relateen, Belfast, 18 April 1997.

Rietveld, H (1994) Living the dream. In Redehead, S (Ed.) *Rave off: politics and deviance in contemporary culture.* Avebury. Aldershot.

Riley, T, Adams, G and Nielsen, E (1984) Adolescent egocentrism: the association among imaginary audience behaviour, cognitive development and parental support and rejection. *Journal of Youth and Adolescence.* 13. 401–438.

Rippl, S and Boehnke, K (1995) Authoritarianism: adolescents from East and West Germany and the United States compared. In Youniss, J (Ed.) *After the wall: family adaptations in East and West Germany.* New Directions for Child Development. No. 70. Winter. Jossey-Bass. San Francisco, CA.

Roberts, H, Dengler, R and Magowan, R (1995) *Trent Health Young People's Survey Results.* Trent Lifestyle Survey 1995 March; 1992–1994, 3. 51.

Roberts, K (1995) *Youth and employment in modern Britain.* Oxford University Press. Oxford.

Roberts, K (1997) Structure and agency: the new youth research. In Bynner, J, Chisholm, L and Furlong, A (Eds) *Youth, citizenship and social change in a European context.* Ashgate. Aldershot.

Roberts, K and Parsell, G (1992a) Entering the labour market in Britain: the survival of traditional opportunity structures. *Sociological Review.* 30. 727–753.

Roberts, K and Parsell, G (1992b) The stratification of youth training. *British Journal of Education and Work.* 5. 65–83.

Roberts, K, Brodie, D, Campbell, R and York, C (1989) *Fit for life.* Health Promotion Research Trust. London.

Robins, L (1978) Sturdy childhood predictors of adult antisocial behaviour: replications from longitudinal studies. *Psychological Medicine.* 8. 611–622.

Robinson, B (1988) *Teenage fathers.* Lexington Books. Lexington, MA.

Robinson, D (1995) *The impact of cognitive skills training on post-release recidivism among Canadian federal offenders.* Correctional Research and Development, Correctional Service of Canada. Ottawa.

Robson, P (1996) Young people and illegal drugs. In Macfarlane, A (Ed.) *Adolescent medicine,* pp. 131–138. Royal College of Physicians. London.

Rodgers, B and Pryor, J (1998) *Divorce and separation: the outcomes for children.* The Joseph Rowntree Foundation. York.

Rodgers, B, Power, C and Hope, S (1997) Parental divorce and adult psychological distress: evidence from a national birth cohort. *Journal of Child Psychology and Psychiatry.* 38. 867–872.

Roe, K (1995) Adolescents' use of socially disvalued media: towards a theory of media delinquency. *Journal of Youth and Adolescence.* 24. 617–631.

Roker, D (1998) *Worth more than this: young people growing up in family poverty.* The Children's Society. London.

Roker, D and Coleman, J (1997) Education and advice about illegal drugs: what do young people want? *Drugs: Education. Prevention and Policy.* 4. 71–81.

Roker, D and Coleman, J (1998) 'Parenting teenagers' programmes: a UK perspective. *Children and Society.* 12. 359–372.

Roker, D and Coleman, J (1999) Supporting parents of teenagers: a school-based intervention and evaluation. *Psychology of Education Review.* 23. 32–35.

Roker, D, Player, K and Coleman, J (1997) *Challenging the image: young people as volunteers and campaigners.* Trust for the Study of Adolescence. Brighton.

Roker, D, Player, K and Coleman, J (1998) Challenging the image: the involvement of young people with disabilities in volunteering and campaigning. *Disability and Society.* 13. 725–741.

Roker, D, Player, K and Coleman, J (1999) Exploring adolescent altruism: British young people's involvement in voluntary work and campaigning. In Yates, M and Youniss, J (Eds) *Roots of civic identity.* Cambridge University Press. Cambridge.

Roscoe, B and Skomski, G (1989) Loneliness among late adolescents. *Adolescence.* 24. 947–955.

Rosenberg, M (1965) *Society and the adolescent self-image.* Princeton University Press. Princeton, NJ.

Rosenberg, M (1979) *Conceiving the self.* Basic Books. New York.

Ross, R., Fabiano, E and Ewles, C (1988) Reasoning and rehabilitation. *International Journal of Offender Therapy and Comparative Criminology.* 32. 29–35.

Rotheram-Borus, M, Hunter, J and Rosario, M (1994) Suicidal behaviour and gay-related stress among gay and bisexual male adolescents. *Journal of Adolescent Research.* 9. 498–508.

Rowland, T (1991) Influence of physical activity and fitness on coronary risk factors in children: how strong an argument? *Paediatric Exercise Science.* 3. 189–191.

Rowley, K and Feather, N (1987) The impact of unemployment in relation to age and length of unemployment. *Journal of Occupational Psychology.* 60. 323–332.

Rutter, M (Ed.) (1995) *Psychosocial disturbances in young people: challenges for prevention.* Cambridge University Press. Cambridge.

Rutter, M and Smith, D (Eds) (1995) *Psychosocial disorders in young people.* John Wiley. Chichester.

Rutter, M, Giller, H and Hagell, A (1998) *Antisocial behaviour by young people.* Cambridge University Press. Cambridge.

Rutter, M, Graham, P, Chadwick, O and Yule, W (1976) Adolescent turmoil: fact or fiction? *Journal of Child Psychology and Psychiatry.* 17. 35–56.

Sampson, R and Lamb, J (1994) Urban poverty and the family context of delinquency: a new look at structure and process. *Child Development.* 65. 523–540.

Savin-Williams, R and Berndt, R (1990) Friendship and peer relations. In Feldman, S and Elliot, G (Eds) *At the threshold: the developing adolescent.* Harvard University Press. Cambridge, MA.

Savin-Williams, R and Rodriguez, R (1993) A developmental, clinical perspective on lesbian, gay and bisexual youths. In Gullotta, T, Adams, G and Montemayor, R (Eds) *Adolescent sexuality.* Sage. London.

Schofield, M (1965) *The sexual behaviour of young people.* Longman. London.

Schonert-Reichl, K and Muller, J (1996) Correlates of help-seeking in adolescence. *Journal of Youth and Adolescence.* 25. 705–732.

Schweinhart, L and Weikart, D (1980) *Young children grow up.* High/Scope. Ypsilanti, MI.

Schweinhart, L, Barnes, H and Weikart, D (1993) *The High/Scope Perry Preschool study through age 27.* Scope Educational Foundation. Ypsilanti, MI.

Seiffge-Krenke, I (1993) Stress and coping in adolescence. Special Issue of the *Journal of Adolescence.* 16. 225–349.

Seiffge-Krenke, I (1995) *Stress, coping, and relationships in adolescence.* Lawrence Erlbaum. Mahwah, NJ.

Seiffge-Krenke, I (1998) *Adolescents' health: a developmental perspective.* Lawrence Erlbaum. London.

Selman, R (1977) A structural-developmental model of social cognition. *Counselling Psychologist.* 6. 3–6.

Selman, R (1980) *The growth of interpersonal understanding: developmental and clinical analyses.* Academic Press. London.

Selman, R and Schultz, L (1990) *Making a friend in youth: developmental theory and pair therapy.* University of Chicago Press. Chicago.

Selman, R, Beardslee, W, Schultz, L, Krupa, M and Podorefsky, D (1986) Assessing adolescent interpersonal negotiation strategies. *Developmental Psychology.* 22. 450–459.

Sharp, D and Lowe, G (1989) Adolescents and alcohol – a review of the recent British research. *Journal of Adolescence.* 12. 295–307.

Shavelson, R, Hubner, J and Stanton, G (1976) Self-concept: validation of construct interpretations. *Review of Educational Research.* 46. 407–441.

Shayer, M (1979) *Science reasoning tasks.* National Foundation for Educational Research. Slough.

Shayer, M and Wylam, H (1978) The distribution of Piagetian stages of thinking in British middle and secondary school children: 2. *British Journal of Educational Psychology.* 48. 62–70.

Shayer, M, Kuchemann, D and Wylam, H (1976) The distribution of Piagetian stages of thinking in British middle and secondary school children. *British Journal of Educational Psychology.* 46. 164–173.

Shorter-Gooden, K and Washington, N (1996) Young, Black and female: the challenge of weaving an identity. *Journal of Adolescence.* 19. 465–476.

Shucksmith, J and Hendry, L (1998) *Health issues and adolescents: growing up and speaking out.* Routledge. London.

Shucksmith, J, Hendry, L and Glendinning, A (1995) Models of parenting: implications for adolescent well-being within different types of family context. *Journal of Adolescence*. 18. 253–270.

Shulman, S (1993) Close relationships and coping in adolescence. *Journal of Adolescence*. 16. 267–284.

Shulman, S and Seiffge-Krenke, I (1997) *Fathers and adolescents*. Routledge. London.

Siddique, C and D'Arcy, C (1984) Adolescence, stress and psychological well-being. *Journal of Youth and Adolescence*. 13. 459–474.

Siegler, R (1988) Individual differences in strategy choices: good students, not-so-good students, and perfectionists. *Child Development*. 59. 833–851.

Sigel, R and Hoskin, M (1981) *The political involvement of adolescents*. Rutgers University Press. New Brunswick, NJ.

Silbereisen, R and Kracke, B (1993) Variation in maturational timing and adjustment in adolescescence. In Jackson, S and Rodriguez-Tome, H (Eds) *The social worlds of adolescence*. Erlbaum. Hove.

Silbereisen, R and Kracke, B (1997) Self-reported maturational timing and adaptation in adolescence. In Schulenberg, J, Maggs, J and Hurrelmann, K (Eds) *Health risks and developmental transitions during adolescence*. Cambridge University Press. Cambridge.

Silbereisen, R, Boenkhe, K and Reykowski, J (1986) Prosocial motives from 12 to 18: a comparison of adolescents from Berlin and Warsaw. In Silbereisen, R, Eyferth, K and Rudinger, G (Eds) *Development as action in context*. Springer-Verlag. Berlin.

Silbereisen, R, Noack, P and von Eye, A (1992) Adolescents' development of romantic friendship and change in favourite leisure contexts. *Journal of Adolescent Research*. 7. 80–93.

Silbereisen, R, Lamsfuss, S, Boehnke, K and Eisenberg, N (1991) Developmental patterns and correlates of prosocial motives in adolescence. In Montada, C and Bierhoff, H (Eds) *Altruism in social systems*. Hogrefe & Huber. New York.

Silverberg, S and Steinberg, L (1990) Psychological well-being with early adolescent children. *Developmental Psychology*. 26. 658–666.

Simmons, R and Blyth, D (1987) *Moving into adolescence: the impact of pubertal change and school context*. Aldine De Gruyter. New York.

Simmons, R and Rosenberg, M (1975) Sex, sex-roles and self-image. *Journal of Youth and Adolescence*. 4. 229–256.

Simms, M and Smith, C (1986) *Teenage mothers and their children*. DHSS Research Report No. 15. HMSO. London.

Simpson, B, McCarthy, P and Walker, J (1995) *Being there: fathers after divorce*. Relate Centre for Family Studies. Newcastle University. Newcastle.

Skellington, R and Morris, P (1992) *Race in Britain today*. Sage. London.

Small, S and Eastman, G (1991) Rearing adolescents in contemporary society. *Family Relations*. 40. 455–462.

Smetana, J (1988) Adolescents' and parents' conceptions of parental authority. *Child Development*. 59. 321–335.

Smetana, J (1989) Adolescents' and parents' reasoning about actual family conflicts. *Child Development*. 60. 1052–1067.

Smetana, J and Asquith, P (1994) Adolescents' and parents' conceptions of parental authority and personal autonomy. *Child Development*. 65. 1147–1162.

Smith, C (1996) *Developing parenting programmes*. National Children's Bureau. London.

Smith, D (1995) Towards explaining patterns and trends in youth crime. In Rutter, M (Ed.) *Psychosocial disturbances in young people: challenges for prevention*. Cambridge University Press. Cambridge.

Smith, R (1985) Occupationless health: I feel really ashamed: how does unemployment lead to poorer mental health? *British Medical Journal*. 291. 1409–1413.

Smith, T (1997) Adolescent gender differences in time alone and time devoted to conversation. *Adolescence*. 32. 483–496.

청소년과 사회 : 청소년기의 심리, 건강, 행동 그리고 관계의 본질

Smithers, A and Robinson, P (1995) *Post 18 education: growth, change and prospect.* Council for Industry and Higher Education. London.

Speak, S (1997) *Young single fathers: participation in fatherhood.* Joseph Rowntree Foundation. York.

Spencer, M and Dornbusch, S (1990) Challenges in studying minority youth. In Feldman, S and Elliott, G (Eds) *At the threshold: the developing adolescent.* Harvard University Press. London.

Spoth, R, Redmond, C, Hockaday, C and Shin, C (1996) Barriers to participation in family skills preventive interventions and their evaluations. *Family Relations.* 45. 247–254.

Statens offentliga utrednigar (SOU) (1994) *Ungdomars valfard och varderingar.* Rapport No. 73. Civildepartementet. Stockholm.

Stattin, H and Kerr, M (1999) Parental monitoring: how much do we really know? *Child Development.* In press.

Stattin, H and Magnusson, D (1990) *Pubertal maturation in female development.* Erlbaum. Hillsdale, NJ.

Stattin, H and Magnusson, D (1996) Anti-social development: a holistic approach. *Development and Psychopathology.* 8. 617–645.

Stein, J and Reiser, L (1994) A study of white middle-class adolescent boys' responses to 'semenarche' (the first ejaculation). *Journal of Youth and Adolescence.* 23. 373–384.

Stein, M (1997) *Transition from care.* Barnardos. Barkingside, Essex.

Steinberg, D (1987) *Basic adolescent psychiatry.* Blackwell Scientific Publications. Oxford.

Steinberg, L (1987) Impact of puberty on family relations: effects of pubertal status and pubertal timing. *Developmental Psychology.* 23. 451–460.

Steinberg, L (1988) Reciprocal relations between parent–child distance and pubertal maturation. *Developmental Psychology.* 24. 122–128.

Steinberg, L (1990) Autonomy, conflict and harmony in the family relationship. In Feldman, S and Elliott, G (Eds) *At the threshold: the developing adolescent.* Harvard University Press. London.

Steinberg, L (1996) *Adolescence: 4th Edn.* McGraw-Hill. New York.

Steinberg, L and Silverberg, S (1986) The vicissitudes of autonomy in early adolescence. *Child Development.* 57. 841–851.

Steinberg, L, Dornbusch, S and Brown, B (1992) Ethnic differences in adolescent achievement: an ecological perspective. *American Psychologist.* 47. 723–729.

Steinberg, L, Lamborn, S, Darling, N and Dornbusch, S (1994) Over-time changes in adjustment and competence among adolescents from authoritative, authoritarian, indulgent and neglectful families. *Child Development.* 65. 754–770.

Steinberg, L, Mounts, N, Lamborn, S and Dornbusch, S (1991) Authoritative parenting and adolescent adjustment across various ecological niches. *Journal of Research on Adolescence.* 1. 19–36.

Sternberg, R (1988) *The triarchic mind.* Viking Penguin. New York.

Stewart, F (1992) The adolescent as consumer. In Coleman, J and Warren-Adamson, C (Eds) *Youth policy in the 1990s.* Routledge. London.

Stoller, C, Offer, D, Howard, K and Koenig, L (1996) Psychiatrist's concept of the adolescent self-image. *Journal of Youth and Adolescence.* 25. 273–283.

Strasburger, V (1995) *Adolescents and the media: medical and psychological impact.* Sage. London.

Sullivan, T and Thompson, K (1994) *Introduction to social problems: 3rd Edn.* Macmillan. London.

Surridge, P and Raffe, D (1995) The participation of 16–19 year-olds in education and training: recent trends. Centre for Educational Studies Briefing Paper No.1. University of Edinburgh. Edinburgh.

Sutherland, P (1992) *Cognitive development today: Piaget and his critics.* Chapman. London.

Tanner, J (1962) *Growth at adolescence.* Blackwell Scientific Publications. Oxford.

Tanner, J (1973) *Scientific American.* 229.

Tanner, J (1978) *Foetus into man.* Open Books. London.

Tanner, J, Whitehouse, R and Takaishi, M (1966) *Archives of Disease in Childhood.* 41.

Taris, T and Semin, G (1997) Parent–child interaction during adolescence and the adolescent's sexual experience: control, closeness and conflict. *Journal of Youth and Adolescence.* 26. 373–398.

Thomson, R and Holland, J (1998) Sexual relationships, negotiation and decision-making. In Coleman, J and Roker, D (Eds) *Teenage sexuality: health, risk and education.* Harwood Academic Press. London.

Thornberry, T and Christenson, R (1984) Unemployment and criminal involvement: an investigation of reciprocal causal structures. *American Sociological Review.* 49. 398–411.

Thornton, A and Camburn, D (1987) The influence of the family on premarital attitudes and behaviour. *Demography.* 24. 323–340.

Thornton, D and Reid, R (1982) Moral reasoning and type of criminal offence. *British Journal of Social Psychology.* 21. 231–238.

Thornton, M, Chatters, L, Taylor, R and Allen, W (1990) Sociodemographic and environmental correlates of racial socialization by black parents. *Child Development.* 61. 401–409.

Thornton, S (1997) The social logic of subcultural capital. In Thornton, S and Gelder, K (Eds) *The subcultures reader.* Routledge. London.

Tiggemann, M and Winefield, A (1984) The effects of unemployment on the mood, self-esteem, locus of control, and depressive affect of school leavers. *Journal of Occupational Psychology.* 57. 33–42.

Tizard, B and Phoenix, A (1993) *Black, white or mixed race?* Routledge. London.

Tobin-Richards, M, Boxer, A and Petersen, A (1983) The psychological significance of pubertal change: sex differences in perceptions of self during early adolescence. In Brooks-Gunn, J and Petersen, A (Eds) *Girls at puberty: biological and psychological perspectives.* Plenum Press. New York.

Tobler, N (1986) Meta-analysis of 143 drug treatment programmes: quantitative outcome results of programme participants compared to a control group. *Journal of Drug Issues.* 16. 537–567.

Torney-Purta, J (1990) Youth in relation to social institutions. In Feldman, S and Elliott, G (Eds) *At the threshold: the developing adolescent.* Harvard University Press. Cambridge, MA.

Townsend, J, Roderick, P and Cooper, J (1994) Cigarette smoking by socio-economic group, sex and age: effects of price, income and health publicity. *British Medical Journal.* 309. 923–927.

Townsend, J, Wilkes, H, Haines, A and Jarvis, M (1991) Adolescent smokers seen in general practice: health lifestyle, physical measurements, and response to antismoking advice. *British Medical Journal.* 303. 947–950.

Treboux, D and Busch-Rossnagel, N (1995) Age differences in parent and peer influences on female sexual behaviour. *Journal of Research on Adolescence.* 5. 469–488.

Tremblay, R and Craig, W (1995) Developmental crime prevention. In Tonry, M and Farrington, D (Eds) *Building a safer society: strategic approaches to crime prevention.* University of Chicago Press. Chicago.

Tremblay, R, Vitaro, F, Bertrand, L, LeBlanc, M, Boileau, H and David, H (1992) Parent and child training to prevent early onset of delinquency: the Montreal longitudinal study. In McCord, J and Tremblay, R (Eds) *Parenting anti-social behaviour: interventions from birth to adolescence.* Guilford. New York.

Trew, K (1997) Time for sport? Activity diaries of young people. In Kremer, J, Trew, K and Ogle, S (Eds) *Young people's involvement in sport.* Routledge. London.

Tromsdorff, G and Kornadt, H-J (1995) Prosocial and antisocial motivation in adolescents in East and West Germany. In Youniss, J (Ed.) *After the wall: family adaptations in East and West Germany.* New Directions for Child Development, No. 70. Winter. Jossey-Bass. San Francisco, CA.

Turiel, E (1978) The development of coneepts of social structure. In Glick, J and Clarke-Stewart, K (Eds) *The development of social understanding*. Gardner. New York.

Turtle, J, Jones, A and Hickman, M (1997) *Young people and health: the health behaviour of school aged children*. Health Education Authority. London.

Udry, J (1990) Hormonal and social determinants of adolescent sexual initiation. In Bancroft, J and Reinisch, J (Eds) *Adolescence and puberty*. Oxford University Press. Oxford.

Udry, J and Billy, J (1987) Initiation of coitus in early adolescence. *American Sociological Review*. 52. 841–855.

Ullah, P and Brotherton, C (1989) Sex, social class and ethnic differences in the expectations of unemployment and psychological well-being of secondary school pupils in England. *British Journal of Educational Psychology*. 59. 49–58.

Urberg, K, Degirmenicioglu, S, Tolson, J and Halliday-Scher, K (1995) The structure of adolescent peer networks. *Developmental Psychology*. 31. 540–547.

Van Acker, J (1997) The family project approach. *Journal of Adolescence*. 20. 419–430.

Van Roosmalen, E and Krahn, H (1996) Boundaries of youth. *Youth and Society*. 28. 3–39.

Verkuyten, M (1993) Self-esteem among ethnic minorities and three principles of self-esteem formation. *International Journal of Psychology*. 28. 307–321.

Verkuyten, M (1995) Self-esteem, self-concept stability, and aspects of ethnic identity among minority and majority youth in the Netherlands. *Journal of Youth and Adolescence*. 24. 155–176.

Vernberg, M (1990) Psychological adjustment and experiences with peers during early adolescence: reciprocal, incidental, or unidirectional relationships? *Journal of Abnormal Child Psychology*. 18. 187–198.

Vogel, J, Andersson, L, Davidsson, U and Hall, L (1987) *Ojamlikheten I Sverige*. Rapport No. 51. Statistiska Centralbyran. Stockholm.

Voran, M (1991) Grandmother social support to adolescent mothers: correlates of support and satisfaction. Unpublished Masters dissertation. University of Virginia.

Wadsworth, M (1979) *Roots of delinquency: infancy, adolescence and crime*. Martin Robertson. Oxford.

Wakschlag, L, Chase-Lansdale, L and Brooks-Gunn, J (1996) Not just 'Ghosts in the Nursery': contemporaneous intergenerational relationships and parenting in young African-American families. *Child Development*. 67. 2131–2147.

Walker, L (1989) A longitudinal study of moral reasoning. *Child Development*. 60. 157–166.

Wallerstein, J and Blakeslee, S (1989) *Second chances: men, women and children a decade after divorce*. Ticknor & Fields. New York.

Ward, S and Overton, W (1990) Semantic familiarity, relevance, and the development of deductive reasoning. *Developmental Psychology*. 26. 488–493.

Waterman, A (1982) Identity development from adolescence to adulthood: an extension of theory and review of research. *Developmental Psychology*. 18. 341–358.

Waterman, A (1992) Identity as an aspect of optimal psychological functioning. In Adams, G, Gullotta, T and Monteymayor, R (Eds) *Adolescent identity formation*. Sage. London.

Waterman, A and Goldman, J (1976) A longitudinal study of ego identity development at a liberal arts college. *Journal of Youth and Adolescence*. 5. 361–369.

Waterman, A and Waterman, M (1971) A longitudinal study of changes in ego identity status during the freshman years at college. *Developmental Psychology*. 7. 167–173.

Waterman, A, Geary, P and Waterman, M (1974) A longitudinal study of changes in ego identity status from the freshman to the senior year at college. *Developmental Psychology*. 10. 387–392.

Webster-Stratton, C (1996) Early intervention with video-tape modelling: programmes for children with oppositional defiant disorder or conduct disorder. In Gibbs, E and Jensen, P (Eds) *Psychosocial treatments for child and adolescent disorders*. American Psychological Association. Washington, DC.

Webster-Stratton, C and Herbert, M (1994) *Troubled families – problem children*. Wiley. New York.

Wellings, K, Field, J, Johnson, A and Wadsworth, J (1994) *Sexual behaviour in Britain*. Penguin. London.

Wentzel, K and Erdley, C (1993) Strategies for making friends: relations to social behaviour and peer acceptance in early adolescence. *Developmental Psychology*. 29. 819–826.

Werner, E (1989) High risk children in young adulthood: a longitudinal study from birth to 32 years. *American Journal of Orthopsychiatry*. 59. 72–81.

Werner, E and Smith, R (1982) *Vulnerable but invincible*. McGraw-Hill. New York.

West, D (1982) *Delinquency: its roots, careers and prospects*. Heinemann. London.

West, D and Farrington, D (1977) *The delinquent way of life*. Heinemann. London.

West, P and Sweeting, H (1996) Nae job, nae future: young people and health in a context of unemployment. *Health and Social Care in the Community*. 4. 50–62.

Wilkinson, H (1996) But will they vote? The political attitudes of young people. *Children and Society*. 10. 242–244.

Wilkinson, R (1990) Income distribution and mortality: a natural experiment. *Sociology of Health and Illness*. 12. 391–412.

Williams, H (1996) *Health and illness in adolescents: a national overview*. Health of the young nation. Department of Health. London.

Williams, R and Ponton, L (1992) HIV and adolescents: an international perspective. Special Edition of the *Journal of Adolescence*. 15(4).

Williamson, H (1997) Status Zer0 and the 'underclass'. In MacDonald, R (Ed.) *Youth, the 'underclass' and social exclusion*. Routledge. London.

Williamson, H and Butler, I (1995) Children speak: perspectives on their social worlds. In Brannen, J and O'Brien, M (Eds) *Childhood and parenthood*. Proceedings of the International Sociological Association Committee for Family Research Conference, 1994. Institute of Education. London.

Willis, P (1990) *Common culture*. Open University Press. Milton Keynes.

Wilson, P (1995) Working space: a mentally healthy young nation. *Youth and Policy*. 51. 60–63.

Winefield, A (1997) The psychological effects of youth unemployment: international perspectives. Special Issue of the *Journal of Adolescence*. 20. 237–352.

Winefield, A, Tiggemann, M, Winefield, H and Goldney, R (1993) *Growing up with unemployment: a longitudinal study of its impact*. Routledge. London.

Winn, S, Roker, D and Coleman, J (1995) Knowledge about puberty and sexual development in 11–16 year olds: implications for health and sex education in schools. *Educational Studies*. 21. 187–201.

Wold, B and Hendry, L (1998) Social and environmental factors associated with physical activity in young people. In Biddle, S, Sallis, J and Cavill, N (Eds) *Young and active?* Health Education Authority. London.

Woodroffe, C, Glickman, M, Barker, M and Power, C (1993) *Children, teenagers and health: key data*. Open University Press. Milton Keynes.

Wyman, P, Cowen, E, Work, W and Parker, G (1991) Developmental and family milieu correlates of resilience in urban children who have experienced major life stress. *American Journal of Community Psychology*. 19. 405–426.

Wyshak, G and Frisch, R (1982) Evidence for a secular trend in the age of menarche. *New England Journal of Medicine*. 306. 1033–1035.

Yates, M (1995) Community service and identity development in adolescence. Unpublished PhD dissertation. Catholic University of America. Washington, DC.

Yates, M (1999) Community service and political-moral discussions among adolescents: a study of a mandatory school-based program in the United States. In Yates, M and Youniss, J (Eds) *Roots of civic identity: international perspectives on community service and activism in youth*. Cambridge University Press. Cambridge.

Yates, M and Youniss, J (Eds) (1999) *Roots of civic identity: international perspectives on community service and activism in youth*. Cambridge University Press. Cambridge.

Youniss, J and Smollar, J (1985) *Adolescent relations with mothers, fathers and friends.* University of Chicago Press. Chicago.
Youniss, J, McLellan, J, and Strouse, D (1994) 'We're popular, but we're not snobs': adolescents describe their crowds. In Montemayor, R, Adams, G and Gullotta, T (Eds) *Personal relationships during adolescence.* Sage. London.
Zakin, D, Blyth, D and Simmons, R (1984) Physical attractiveness as a mediator of the impact of early pubertal changes in girls. *Journal of Youth and Adolescence.* 13. 439–450.
Zani, B (1993) Dating and interpersonal relationships in adolescence. In Jackson, S and Rodriguez-Tome, H (Eds) *Adolescence and its social worlds.* Lawrence Erlbaum. Hove.
Zaslow, M (1989) Sex differences in children's responses to parental divorce: samples, variables, ages and sources. *Americal Journal of Orthopsychiatry.* 59. 118–141.
Zick, C and Allen, C (1996) The impact of parents' marital status on the time adolescents spend in productive activities. *Family Relations.* 45. 65–71.
Ziehe, T (1994) *Kulturanalyser.* Brutus. Stockholm.
Zimmerman, M, Copeland, L, Shope, J and Dielman, T (1997) A longitudinal study of self-esteem: implications for adolescent development. *Journal of Youth and Adolescence.* 26. 117–142.
Zinneker, J (1990) What does the future hold? Youth and socio-cultural change in the FRG. In Chisholm, L, Buchner, P, Kruger, H-H and Brown, P (Eds) *Childhood, youth and social change: a comparative perspective.* Falmer. London.

Index 찾아보기

저자소개

John C. Coleman, PhD

1940년생으로 캐나다의 맥길(McGill)대학을 졸업한 후, 영국의 런던 (London)대학에서 박사학위를 취득하였다. 런던의 미들섹스병원에서 임상심리사 교육을 받았으며, 왕립런던병원 정신과 주임강사로 14년간 재직하였다. 현재, 청소년연구재단 소장이며, 영국심리학회 특별회원이다. 학술잡지 *The Journal of Adolescence*의 편집장을 역임하였으며, Routledge사의 *Adolescence and Society* 시리즈를 편집하고 있다. 영국을 대표하는 국제적인 청소년 심리학자이다.

Leo B. Hendry, PhD

1935년생으로 애버딘(Aberdeen)대학에서 박사학위를 취득하였으며, 현재 애버딘대학 명예교수이다. 노르웨이 과학기술대학 아동연구센터 임상심리학과 교수이며, 청소년기뿐만 아니라 생애발달 및 학습전략에 관해서도 연구하고 있다. 저서로는 *Lifespan Development : Resources, Challenges and Risks*(Marion Kloep와 공저, 2002) 등이 있다.

역자소개

○ **강영배**

명지대학교 청소년지도학과

일본 토호쿠(東北)대학 교육학 박사

명지대학교 청소년문제연구센터 선임연구원을 거쳐, 현재 극동대학교
사회복지학부(청소년학과) 교수로 재직중

주요 저서로는, "韓國における青少年の職業意識構造に關する研究"(박
사학위 논문), "왜 장래 직업을 희망하지 않는가 : 고등학생들의 직
업미결정성향 분석(교육사회학연구, 2004)", "청소년의 직업불안정
화에 관한 연구"(청소년학연구, 2005), "변화하는 청소년과 직업세
계(북코리아, 2006)" 등이 있다.

e-mail : kyb0904@hanmail.net

○ **김기헌**

성균관대학교 사회학과

성균관대학교 사회학박사

한국노동연구원 책임연구원, 일본 토호쿠(東北)대학 박사후 연구원을
거쳐, 현재 한국청소년개발원 부연구위원으로 재직중

주요 저서로는, "일하는 고등학생들: 재학 중 시간제 취업이 학업성취
에 미치는 영향"(한국사회학, 2003), "가족배경이 교육단계별 진학
에 미치는 영향"(한국사회학, 2004), "교육과 직무의 불일치: 한·일

대학졸업자들을 중심으로"(교육사회학연구) 등이 있다.
e-mail: kihuns@youthnet.re.kr

◯ 이은주

이화여자대학교 심리학과

일본 토호쿠(東北)대학 의학대학원(뇌기능장애전공) 박사과정 재학중

현재 우송대학교 의료사회복지학과 교수로 재직중

주요 저서로는, "아동발달과 발달장애(특수교육, 2002)", "기억의 신경
심리학(2003)", "표정을 해부하다"(군자출판사, 2003) 등이 있다.

e-mail : haccobe@gmail.com

청소년과 사회 : 청소년기의 심리, 건강, 행동 그리고 관계의 본질

2006년 3월　1일 초판 1쇄 인쇄
2006년 3월 15일 초판 1쇄 발행

지은이 ㅣ John C. Coleman, Leo B. Hendry
옮긴이 ㅣ 강영배 · 김기헌 · 이은주
펴낸이 ㅣ 이종춘
펴낸곳 ㅣ 성안당 .com

주소 ㅣ 경기도 파주시 교하읍 문발리 출판문화정보산업단지 536－3
전화 ㅣ 031-955-0511
팩스 ㅣ 031-955-0510
홈페이지 ㅣ www.cyber.co.kr
등록 ㅣ 1973. 2. 1 제13-12호

ISBN ㅣ 89-315-7177-1
정가 ㅣ 18,000원

※ 잘못된 책은 구입하신 서점에서 바꾸어 드립니다.